该书出版得到"华南师范大学岭南文化传承发展
与全媒体传播交叉学科创新平台资助"

岭南信仰研究

LINGNAN XINGYANG YANJIU

贺璋瑢 著

上海三联书店

序

在这本新著正式推出之前,作者贺璋瑢教授嘱我为其写几句话。作为多年一起工作的老同事,我自命对她的为人和为学还是比较清楚的,故不作推辞,欣然从命。不过,在认真拜读过书稿之后,我却多少有些意外。首先,她的知识面比我想象的要广博。贺教授在硕士阶段专攻印度史,拿的是历史学学位;在博士阶段专攻中国古代思想,拿的是哲学学位。这两个不同学科的知识汇集一起,往往会碰撞出创造性的火花来。因此我便设想,她的主要学术实践活动必定就是遨游于历史学和哲学这两个领域之内。如今看来我明显估计不足。从目前这个书稿看,贺教授不仅在历史学和哲学领域游刃有余,而且在宗教学、人类学、社会学、笔记文学和游记旅游学等方面均有所涉猎。整个书稿共收入二十七篇文章,从写作体裁看,包括专论、散文、读后感、访问记、调研报告及建言献策等多种类型;从撰述内容看,涉及儒教、天主教、基督新教、伊斯兰教、佛教、道教、民间信仰、巴哈伊教、女性主义、中医中药及养生等多种话题。这个把各种体裁和各种内容收拢无遗的集子,最大的好处就是让读者有多种选择余地,于是它便很有可能成为老少咸宜、雅俗共赏的对象。

其次,贺教授的开放和宽容心态也超出我的想象。面对历史上和现实中多种文明竞争的局面,人们似乎都会根据自身的条件和判断力去作出某种本能的反应。在宗教信仰领域,我本以为贺教授作为一个过来人,会毫不例外地在意识形态方面选边站。这本书稿的相关内容却证明我的想法是错的。贺教授在分析了耶稣会士利玛窦"联儒排佛"的传教策略之后指出:明末清初的耶稣会士这种"拉一打一"的做法显然违背了基督的博爱精神;利玛窦等人之所以会这样做,是基于对佛教的不理解。其逻辑结论必然是:假设他们透彻地理解了佛教之后,就会像后来入华的新教传教士那样,不仅与佛教和平相处,而且从中获得教益。我认为贺教授的这一见解是耐人寻味的。在她看来,世界上各不同宗教间虽然存在着差异,但也存在着许多的共性;人们不需要总是纠缠于相互的差异上,而是应当大力挖掘共性,因为这些共性集中反映了人类的共同追求,因而具有普世价值的特性。这种认识非常难能可贵,正是基于这一认识,她才会在继儒教和基督教之后,继续关注其他的宗教,甚至新兴的巴哈伊教。

其三,贺教授在书中所表现出来的现实性情怀,更是令人印象深刻。不少人在现实中稍遇挫折便会逃遁到自己的书斋里,关起门来专心致志地从事个人的精神旅游。本人即属于这样一种类型。贺教授对此甚为不屑。她批评广东高校的某些研究宗教的学者不愿意主动与外界打交道,虽然她没有使用"闭门造车"等字眼,但她的指责不仅有针对性,而且合情合理,我自然是口服心服的。与我截然不同,贺教授是一位经世致用的学者,她一直抱有入世和现实性情怀。例如,她不仅对明清之际入华的耶稣会士排挤佛教的做法感到不满,而且对当今中国基督教不能实现中国化感到遗憾。她关心广东各种宗教信仰的和平发展,不辞劳苦,亲自带领学生跨山涉水,进行广泛的田野调查。为了顺利推进研究工作,她与广东省、广州市及各地方相关政府管理当局保持密切的接触和联系。她对宗教管理、文物保护、旅游景点规划、社会公益服务等等,均表现出浓厚的兴趣。

总而言之,我们从贺教授的这部新书中可以更加直观地了解到她的为人处事的风格和特色,这正是所谓"文如其人";观其文即知其人,这对于著述者而言,是一种何等美妙的自剖内里的手段啊。至于书中涉及到的具体叙述和观点,聪明的读者自会作出自己的评判,而无需我在这里班门弄斧。

林中泽
丙申年仲春
谨识于广州华南寓镜园

目　录

第一章
天主教与基督教

十九世纪初至二十世纪初
基督新教在广州之发展

　　基督新教传入广州始于清中叶。1807年,英国伦敦传道会派传教士罗伯特·马礼逊(1782—1834)来华传教。他是基督新教第一个进入广州的传教士。马礼逊在中国传教达25年之久(1807—1834年,其间曾返英作3年休假),他没有建立任何教会,由他私下洗礼的信徒不过5人,但他毕生的工作却为新教在广州乃至中国后来的发展起了重要的铺垫作用。至20世纪初,传入广州的外国差会共有15个。其中美国9个,英国3个,德国2个,美国、加拿大联合1个。各差会在广州争相发展势力,扩充传教地盘,其活动区域从十三行一带向全市各个方向发展,先后在广州市建立起教堂30多间。经过几十年的艰苦努力,基督教在广州的传教事业终于呈现出一片繁荣兴旺的景象。

　　从19世纪初—20世纪初,基督新教在广州的百余年发展大致分为两个阶段:

　　第一阶段:1807—1842年,这是新教在广州的艰难草创时期。此时正处在鸦片战争前夕,西方正企图打开中国的大门,而清朝政府昧于世界大势,对外采取"闭关"政策,使中国处于与世隔绝的状态。清廷只允许西方人在广州一口作短暂居留和贸易,其居住与活动也仅限于十三行而已,对于传教则严加禁止。清廷三令五申其禁教令,对信徒缜密巡捕和压抑,这无疑使得传教事业在中国困难重重,难以开展。1835年,传教士史蒂芬在《中华丛报》上撰文,提出在华宣教的4点困难。一、束缚外人的法律;二、禁止外国宗教的法例;三、中国的教育系统;四、语言。[1] 对传教士而言,文化、语言的问题均可以凭己力用时间来克服,惟独政治的障碍却无法凭己力改变。因而传教士们一方面对中

---

[1] *Chinese Repository* Ⅲ 9 , Art. (Jap 1835), p428.

国的闭关政策作出严厉的抨击,并主张传教事业攀结于商业和军事扩展突入中国,正是这种态度使早期传教士与后来发生的中国与西方国家的冲突、战争结下纠缠不清的关系,一再成为后人对其批评与指责的根据;另一方面,传教士将传教工场转移至华人聚居而又邻近中国的南洋一带,在那里建立起对华传教的根据地。

正因为以上原因,自马礼逊 1807 年抵达广州,至 1842 年鸦片战争签订南京条约,此 35 年间进入广州的传教士只有 24 人,这 24 人中又有一些后来去了澳门、南洋等地,24 人中较有影响的有英国伦敦会的马礼逊、美国美部会的裨治文(1801—1861)、卫三畏(1812—1884)、伯驾(1804—1887)等,他们大多借助在广州的外国驻华商业机构任职之便,进行秘密传教。至 1840 年,广州先后受洗的华人不过 7 人,但评价新教早期传教成就的标准,并不在于它吸收了多少信徒,而在于它为后来的工作所奠定的基础。马礼逊等人的工作,主要围绕以下几个方面展开:

第一,文字布道,"无声传教"。基督教的全部思想来自于圣经。所谓"工欲善其事,必先利其器"。所以圣经的翻译是一件刻不容缓的急务。马礼逊来华之后就致力于此事。从 1807 年开始,马礼逊历时 5 年之久,将《新约全书》译成中文,并在广州秘密排印两千部。从 1814 年起,马礼逊与另一位传教士米伶(1785—1822)合作,又用了五年的时间,将《旧约全书》译成中文,基督教的《圣经》因而得以完整地介绍入中国。在译经的同时,马礼逊以非凡的毅力,着手编撰《英华字典》,于 1822 年编完并出版,历时 14 年,合计二卷六大本 4594 页,此字典成为中国英汉字典的嚆矢。裨治文是第一位受美国美部会派遣来华的传教士,他继承了马礼逊的事业,注重译经。由于他从原文逐句直译,而不在意文辞典雅,因此与伦敦会意见相左。他后来另起炉灶,与美国克睦存、文惠廉两位牧师另行重译,分别于 1857 与 1862 年译就《新旧约全书》。中文圣经的翻译,大量中文传教书籍的准备,使得传教士们以文字布道成为可能,他们藉派发书刊,使人从阅读入手逐渐接受基督之信仰,此种文字工作因而被称为"无声传教"。

第二,医药布道。传教士在接受海外传道训练时,为传教之方便,一般都要学习基本医药常识,以借施医赠药之便传播福音。马礼逊力倡以施医赠药的方式作为布道手段。他于 1820 年在澳门开设中医诊所,聘一擅长中医中药的华人为主治医生,为贫苦百姓治病,此为基督教在华行医施药传教之始创。1827 年,裨治文受其影响,极力呼吁美部会派医药传教士来华。1834 年,毕业于耶鲁大学的伯驾(1834—1889)受美部会的派遣到达广州,他是第一位来华的医生传道士。伯驾来广州后发现广州患眼疾的人相当普遍,据统计仅广州一地就有 4750 名盲人,还有许多患其他眼疾的病人。1835 年 11 月,伯驾在广州租得十三行内的新豆栏街丰泰行 3 号开设眼科医局,又称新豆栏医局,这是西方传教士在广州也可以说是在中国开设的第一所西医医院(这所医院即是著名的博济医院的前身)。据说开诊六周内约有 450 人来求诊,病人不仅要求治眼疾,也要求治疗别种疾病。在医局开设后的第一年,一共诊治病人 2152 人次,其中治眼疾的种类有 47 种,其他疾病 23 种。第二年求医者日增,每日平均就诊者 200 至 300 不等,多时竟达 600 人。[1] 林则徐曾因患疝气病间接求诊于伯驾,林获治后对该院甚为嘉许。伯驾在医治病人的同时施行布道。他邀请第一个华人牧师梁发来他的医院布道。伯驾非常敬佩梁发的布道本领,说:"他用极其动听的话,诉说救主的生平和遗教,并指挂在墙上的《病者获愈》的图画,对他的听众说,那些病人之所以获愈,乃由于救主的赐福和医生们能遵守耶稣的诫命及其遗法以治病之故"。[2] 为了推动医药传教事业,1838 年 2 月,在东印度公司医生郭雷枢的倡导,裨治文、伯驾等人的共同努力下,英美在华商人纷纷捐款响应,在广州成立了中华医药传教会。该协会设立之目的即"本以基督仁慈之爱心,藉医疗疾病对中国人民宣传福音"。协会呼吁各国传道会派遣医生来华支持该会开设医院之工作。为扩大联系,该会还在英国的伦敦、爱丁堡,美国的波士顿、纽约、费城等地设立代理处,向英美各界人士一再陈述向中国派遣医药传教士的重要性。医药布道对于中国人民逐渐接受西方文明,并进而熟悉、了解基督之信仰产生了重要影响。

第三,个人布道,即借传教士与华人交往之关系、人情之建立,作为传播信仰的媒介。由于可想而知的各种原因,传教士直接在华对中国人传教比较困难,最早的中国基督新教徒都是在南洋一带受洗入教,然

---

① 李志刚:《基督教早期在华传教史》,台湾商务印书馆,1985 年,第 248 页。
② 麦沾恩:《中华最早的布道者梁发》,第 230—231 页。

后回国来帮助传教士发展传教事业的。近代早期基督新教最著名的信徒是梁发。1811—1812年,他经手印刷马礼逊所译的"路加福音"与部分新约书信,由之开始了解基督之信仰。他后来受马礼逊的派遣,随传教士米怜前往马六甲的一家印刷所工作,并在那儿受米怜付洗成为基督徒。1820年,梁发为其妻付洗,黎氏成为中国第一位基督教女信徒。1823年,马礼逊按立梁发为伦敦会宣教士,他是第一位中国国籍的新教宣教士。从1831年开始,梁发在广州为人宣教付洗。至1840年,他先后为七人秘密付洗,这七人中有四名是女性。早期中国基督徒中另一位较出色的人士为何进善,他也是在马六甲受洗并接受神学训练,后来回广州开展传教工作的。

第二阶段:1842—1910年,这是新教在广州的蓬勃发展时期。1842年,中英《南京条约》签订后,广州作为五个通商口岸之一,对外开放。传教士也获得了自由传教的官方认可,其传教事业因而出现较大的改观。尤其在19世纪后四十年,广州的基督教会在各项不平等条约制度的保护之下,获得了前所未有的进展,表现在以下几方面:

第一,广州的传教差会与人数明显上升。鸦片战争前,进入广州的差会只有前面提到过的两个,即英国伦敦会和美国美部会。鸦片战争后至清朝末年,七十多年间进入广州的差会共有15个,其中较为重要者有:

北美长老会:1844年,该会派第一位传教士哈巴牧师来广州,不久他去澳门办书馆。1847年,哈巴与花莲治将书馆迁到广州估衣街,翌年成立广州中会,哈巴任会长。1849年租屋宣道,不久闭会。1860年,该会复入广州,1862年建立一支会(逢源堂前身),1872年建立二支会(仁济堂前身),1881年建立三支会(中华堂前身)、四支会(双门底福音堂),1891年建立五支会(芳村堂前身)、养济支会及黄沙堂。该会在广州创办的社会事业有柔济女医院(柔济医院前身)、端拿护士学校、夏葛医学校、疯人病院(市精神病院前身)、明心书院(专收失明儿童)、真光书院(真光女子中学前身)、培英学校(培英中学前身)、格致书院(岭南大学前身)等,并从美部会伯驾医生手中接办了博济医院。北美长老会所办教堂、医院、学校及其他慈善事业颇多,在广州影响较大。

美南浸信会:1844年,美南浸信会罗孝全、叔末士两牧师相继从香港抵广州,在联兴街鸭栏铺设简易教堂布道,并引荐在澳门受浸的信徒杨庆助理教务。1846 年该堂毁于火，罗租用南关东石角一地建堂，称粤东浸信教会。1847 年，洪秀全就是在此听到基督教义并结识罗孝全的（罗后来在南京一度当过洪秀全的顾问）。罗还另购紫洞艇在珠江河面作浮水讲堂。1854 年，该会再派牧师基律夫妇来广州，两年后，纪好弼牧师也接踵而至。1858 年基律在东横街租屋设堂宣教，纪好弼在小北状元桥租铺设宣道所。至 1860 年，该会组织两广浸信联会，并作为联会成员。其在广州创办的宣教事业和文化教育、医疗慈善等公益事业，影响较大。

信义会：原名巴陵会，与巴色会、巴勉会统称"三巴教会"，属德国信义宗。1844 年，郭士立牧师在香港组织德华传道会来广州传教。同年，郭士立创了"福汉会"，这是近代中国最早的向中国内地民众布道的团体。1846 年，福汉会在广州设立了分站。1851 年郭士立逝世后，德华传道会由"三巴教会"接手分管粤穗教务。1856 年，柏林信义会牧师何必力来广州传道，初在油栏门设堂，名"信义堂"，并创办德华书院和男女学堂。该会在广州先后创建教堂 3 间，会址设在下芳村礼拜堂。其社会事业侧重于教育和医药两方面。

英国循道公会华南教区：原系英国卫斯理宗的循道公会。1851 年，该会派传教士小卑士泰来广州传教，初在西堤粤海关附近租屋流动传道，散发福音书。1861 年迁南关增沙购屋作礼拜堂，并设华南教区办事处。1862 年，又建十甫堂和高第堂，发展教务。

同寅会：原名"群兄弟会"。1898 年美国人巴色古来广州开设基址，先在洲头嘴设福音堂、医院及学校，后迁岐兴里。

基督复临安息日会：又名"六日会"，因此会是以礼拜六为安息日，在此日守礼拜，故名。1897 年该会在东山梅花村一带三育路、福音路（今福今路）、农林下路等处开设教会、医院、学校。该会注重基督复临的教理，教规很严，教徒均不得饮酒吸烟。

鸦片战争后，来广州传教的传教士人数也有明显增加。另外一个前所未有的变化即是陆续有女传教士来穗开展传教工作。比较著名的有：美籍女传教士赖玛西，她于 1882 年创立明心书院，专收失明女孩。美籍女传教士那夏理（即著名传教士那夏礼之妹），她于 1872 年创办真光书院，只收女生，这所书院是广州市最早的教会女中真光女子中学的前身。美籍女传教士富玛利，她于 1899 年创办柔济女医院，该院以妇

产科出名,当时闺妇名媛就医者不少。1902 年富玛利得赖端拿夫人捐
助又创办了端拿护士学校,1905 年又得夏葛先生捐助建女医学校暨宿
舍,名夏葛医学校。属于美南浸信会的女传教士惠理敦于 1872 年来广
州传教,1909 年创办慕光馨目院。著名传教士纪好弼于 1888 年偕夫
人来广州,纪夫人是其丈夫开展传教工作的得力助手,后来惠理敦女士
因病回国后,她接管了慕光馨目院。还有基伶夫人,她于 1891 年与丈夫
基伶一起抵广州任传道职务。1909 年,她在东山觅得一小屋,招收学生
八人,开办妇女圣经学校,这即是后来有名的培贤妇女圣经学校的前身。

第二,这一时期传教士们通过不同的工作来传播基督信仰,开堂布
道,宣讲教义,而医疗、文字出版、教育、慈善等工作则成为整个传教事
业的核心。

1. 设堂布道,发展信徒,开展多种多样的宗教活动,扩大影响。广
州市最早的基督教堂是由美南浸信会传教士罗孝全创建于东石角的粤
东浸信会堂。至 1910 年,广州有教堂 29 间。基督新教的宗教活动除
经常在教堂举行聚会(主日崇拜、祈祷会、布道会等,由牧师或者传道者
负责进行宗教宣传,非教徒亦可参加)外,其宗教活动还有如下几方面:

(1) 家庭聚会,以探访教友的名义在教徒的家中进行聚会,间或有
牧师进行讲道。

(2) 研究会,由牧师主持,内容有查经讲座及问题的讨论等。

(3) 女传道会,每周有周会,举行查经讲道,另外还有祷告会、研究
会等。

(4) 主日学,主要对象为儿童,差不多每个教堂都有举办,按年龄
及文化水平分班,讲授简单的宗教道理,教唱诗歌。

(5) 奋兴布道会,吸收信徒与非信徒举行,主要对象为非教徒,每
年有一至十次不等,每次数天或一个星期,其内容都是宣传宗教,通过
这种集会集体发展信徒。

(6) 文字布道会,出版书刊会刊。

基督教在广州的宗教机构还有两广浸信会神学院(1880 年由纪好
弼牧师创办,原名"教学圣经班",1903 年改名"传道学校"。1915 年又
改名为"神道学校")、信义圣经学院(1866 年由韩士伯、何必力创办)、
培贤女子神学院(1908 年创办,属两广浸信联会,次年改名为"培贤妇
孺学校")。

2. 教会医疗卫生事业。广州教会系统的医疗卫生事业,除早期美部会医生传教士伯驾的创业之外,作出特别贡献的,还有美国长老会牧师嘉约翰(1824—1901)。他于1854年来中国,次年接掌伯驾主持的眼科医局,不久回国。1858年他再来广州,重开医局,命名为"博济医院",这是中国最早的教会医院之一。嘉约翰任该院院长达44年之久。嘉约翰的贡献有三:一、扩大医院的规模,他利用在国内募得的资金,另觅新址,于1866年建成一所新的医院。1898年,他在广州建立了近代中国第一所精神病院。二、编写医学教材和书籍,介绍西医知识。1859年出版的《种痘书》虽只有6页,但对于推广种牛痘以及预防天花的流行起了普及知识的作用。1871年,嘉约翰所编的《西医略释》《眼科撮要》《割症全书》《炎症》和《化学初阶》相继问世。此外,早在1868年,嘉约翰就在广州发行《广州新报》,介绍西医常识。1884年,该报更名为《西医新报》月刊。1887年,文惠廉倡议成立了中华博医会,嘉约翰为会长,并创办了《博医会报》,这是19世纪下半叶在华出版的唯一的西医学术刊物。三、培养西医人才。1862年,博济医院开始招收男生。4年后,由嘉约翰创办的南华医学校正式招收医科男生。1879年,首次招收3名女生入校学医。嘉约翰一生共培养了西医约150人,编译西医、医书34种。共诊治病人七十四万人次,施行手术四万九千人次。[1] 他实现了其"为了基督,要爱病人如同兄弟"的誓言。

　　另一位在广州介绍西方医学的著名传教士,是英国伦敦会牧师合信(1816—1876),他在广州译著并出版了医学书籍三部,一是《全体新论》,此书详细介绍了人体骨骼主要部位,脏腑、脑、肌肉及五官的功用,特别介绍了哈维之血液循环说。二是《博物新编》,这主要是一部集合地质、天文及鸟兽昆虫的博物学著作。三是《妇婴新说》,此书与华人管茂才合撰而成。概要论述妇产科和儿科治疗学,对妇女妊娠记载尤详。合信还在上海译著并出版主要医书两部,这五部书又被称为《西医五种》或《合信五种》。[2]

　　这一阶段基督新教在广州所办的著名的医院除博济医院以外,还有1848年合信在沙基开设的惠爱医局、1899年成立的柔济医院。尤

---

① 顾长声:《从马礼逊到司徒雷敬》,第178—185页。
② 赵璞珊:"合信〈西医五种〉及在华影响",载《近代史研究》1992年第2期。

为值得一提的是前面曾提到过的女传教士富玛利,她于1899年在广州莲源西街创办了广东女医学校,当时该处是长老会一支会,与柔济医院并端拿护士学校相邻,1905年得美慈善家夏葛氏巨款捐助,遂以其名命名该校。早期广东的女医生多由此校培训,在上世纪20年代该校被公认为全国两所甲级女子医学院之一。

3. 教会文字出版事业。自马礼逊始,传教士历来重视文字出版事业。鸦片战争前,由于广州严禁出版传教书籍,传教士的文字出版基地主要在南洋一带,其所著述的中文书籍及小册子,以宗教性质的居多,也有少量介绍西方历史、文化、天文、地理之常识的出版物。1833年,曾创办"福汉会"的郭士力牧师在广州创办了名为《东西洋考每月统计传》的杂志,郭自述创办这一杂志的宗旨是为消除中国人对西方人的偏见,便于中国人了解西方的艺术、科学和教义。这个杂志所登载的内容十分丰富,有新闻、宗教、历史、地理、哲学、时论、工艺、商贸等,该杂志一时间影响很大,还被带往北京、南京等城市散发。1834年,广州的外侨成立了一个名为"益智会"的团体,裨治文为秘书。该会的宗旨就是为在中国刊行中文书籍,推广实用知识,开启中国人的思想。裨治文在1835年提出过一个出版计划,准备印行世界通史、世界地理和世界地图。鸦片战争后,教会的文字出版事业有了较大的改观,介绍西方实用知识的书籍报刊也随之增多,出现了专门的教会书店。如长老会在双门底(今北京路)办的圣教书楼(该书楼后来被卖给耶稣救世教会,改称救世书楼),广东公理传道会在十八甫办的星导书楼。尤为值得一提的是1898年湛罗弼牧师在沙面创办的广州美华书局。1902年,书局还创办了《真光杂志》,在教内外有一定影响。该书局还在仁济路建五层大楼名曰光楼,其楼下设立南华基督教图书馆。美华书局曾一度因厂房大、设备好、工人多(约百余人)而执广州印刷业的牛耳。20年代中,该书局迁往上海。据统计,书局在广州时就已有出版物逾百种,销售书籍达十万册。另外,各教会团体和教堂还先后不定期地出版宗教月刊,较为有影响的有东山浸信会的《朝曦》月刊、长老传道会的《自理》月刊、仁济堂的《仁济》月刊等,促进了教会图书事业的发展。

4. 教会教育事业。一般认为,中国近代化的新式学校是由西方传教士首倡的,广州的情况也是如此。传教士在广州办教育有一个发展过程,起初主要是应传教的需要,为教会培养各类传教人员,后来随着教会的发展和广州教徒乃至社会的需要,尤其是当传教士们发现纯粹的传道进展非常缓慢,进而提倡以办学来辅助传教。1877 年,在第一届全国传道士大会上,美国长老会传教士狄考文作了著名的"基督教会和教育的关系"的发言,指出基督教和教育之间存在着"强烈的天然的亲和力,这使它们紧密地联系在一起"。他认为通过教育可以"使基督教的信仰和伦理道德渗透到整个社会结构中去",从而"使中国基督教化"。[1] 他的发言较为完整地表达了主张以办学方式推进基督教福音事业的传教士们的心声。广州的教会也行动起来了,开始独立兴办近代的初级、高级小学、中学、高中、女子学校、师范学校及教会大学等,其中比较著名的学校有:

格致书院:1884 年,美国长老会的哈巴牧师在广州筹建教会学校,并回美国筹款,为此成立了纽约策事局,最后在广州沙基金利埠租赁校舍开学,名为"格致书院"。1888 年开课,最初只有学生十余人,学校的宗旨是"本诸基督精神设施最高水准之教育"。1893 年,格致书院纽约策事局向纽约州立大学请求立案,使在广州之格致书院成为纽约大学的附校,确定以英语教学为主,照抄纽约大学的课程,学生毕业可领纽约大学的证书。1900 年义和团运动发生,学校于该年迁澳门,中文校名改为"岭南学堂"。1904 年,岭南学堂迁回广州,广州各教会正式宣布它为广州基督教之最高学府。这所岭南学堂即岭南大学的前身。

传教士们在广州创办的著名中学有:培英中学(美国长老会那夏礼牧师于 1882 年创办,只收男生)、圣三一中学(英爷公会 1909 年创办)、中德中学(信义会 1898 年创办)等。著名教会女中有:真光女子中学(这是广州最早的教会中学,由那夏礼牧师的妹妹那夏理女士于 1872 年创办,当时名真光书院,只收女生,1901 年改称真光学堂,1912 年更名为私立真光女子中学)、培道女子中学(1888 年美南浸信会的美容懿美女士创办于五仙门,后迁东山)、协和女子中学(1909 年,碧卢夫人创办慈爱保姆传习所,后来美国长老会、加拿大长老会等相继加入,改名协和女子师范学校,后又改名为协和女子中学)。此外,传教士们

---

[1] *Records of the General Conference of the Protestant Missionaries of China*, 1877, pp. 171 - 180.

在广州办的小学也有十几间。

在教会学校中,传教士为了传播近代的知识,在课程上设置了不少西学的内容。同时为了使培养的人才能顺利地踏入社会步入仕途,他们也刻意安排了一些有关中国古典文史的课程。如培正中学最初的课程设置为:圣经、数学、格致、地理、四书、五经及时文等,后来又增加天文、英文、历史三科,以后又增加化学一科。培道女子中学最初课程比较单一,以后又增设了地理、算术、卫生、英文等课程。

5. 教会慈善事业。传教士在广州创办的较为著名的慈善机构有:明心书院(又名瞽目学校。1882 年,北美长老会的女医生传教士赖马西创办该院,专收失明女孩,后来也收失明男孩。这些学生毕业后或当传道、教员,或凭手工谋生,均能自食其力)、慕光馨目院(1909 年浸信会女宣教士惠理敦创办该院,后来由著名牧师纪好弼的夫人接手办理,该院学生由院终生给养。学生功课有:宗教、音乐、织工等,院方还将学生制品出售以助经费)、两广浸信会孤儿院(1906 年,两广浸信会联合开会,湛罗弼牧师倡议在广州开办孤儿院,收养信徒的遗孤,给以教养,该提议获得通过。后来在东山培正小学南侧建院,该院对入院儿童除给以抚养外,还办小学给以正规教育,毕业后经考试合格可以免费进培正或培道中学学习)等。

综上所述,西方传教士来华正是中国社会新旧交替的时期,腐朽的满清王朝正在走向衰亡,中国近代化的社会正在孕育诞生。传教士们一方面担负其传教的使命,另一方面则从事了许多世俗活动。他们通过建医院、印行书刊、办教育、举办慈善事业等事工,多方协助中国社会中下层的民众,开启民智,传播西方近代科学文化知识,推广医疗卫生常识,介绍西方学术思想,移风易俗等,均在非常艰难困苦的环境中创设与扩展开来。西方传教士程度不同地参与了当时中国社会生活的各个方面,对中国社会的近代化产生了重要影响。历史事实表明,传教士的社会、政治影响要大于宗教影响,他们是中国近代化事业的同道者、参与者与促进者。

首先,他们把属于西方文化、宗教传统的宗教信仰带到了中国,在他们的教区范围内建立了基督教会,发展了众多的信徒(到 1900 年,广州已有信徒近五千人),使基督教在中国社会扎下了根,其后基督教在华传教虽也经历了难以言表的无数艰辛,但基督信仰却代代传承下来。

其次,教会的医疗卫生事业,不仅输入了西方近代的医术和西药,以及近代的医院制度、医学教育(包括护理教育),同时也培养了广州最初的一批西医人才,他们成为广州乃至广东省医疗事业发展的骨干与中坚。中国早期医史专家陈邦贤在《中国医学史》一书中对教会的医疗卫生事业作出了公正的评价。他说:"……逐渐证明:外国医院组织充实,尤优于中国,外国医术减轻人民痛苦,救免夭亡,同时中国人反对基督教之偏见亦渐消除……各医院之功绩不独为人治愈疾病,减少死亡率,而训练甚多中国助手,翻译西国书籍为汉文,传布西国医学知识于中国,其功亦不少也……各省著名之教会医院,皆资本雄厚,规模极大,驰名全国,每年活人无数,使中国医学,日渐欧化。"[1]

再次,传教士"来华传教,对中国最大贡献,实在于知识之传播,思想之启发,两者表现于兴办教育与译印书籍,发行报刊……举凡世界地理、万国史志、科学发明、工艺技术,亦多因西洋教士的介绍而在中国推广"。[2] 教会的教育事业开启了中国近代新式教育的先声。国人通过教会教育的途径,对西方的敌意和误解大大减少,西方的知识逐渐为人们所接受。同时,传教士将西方先进的科学文化课程(包括体育课等)和近代的教育理论与方法带进学校,对广州乃至广东的教育近代化起了促进作用。教会学校且在一定程度上弥补了近代广州教育落后造成的学校不足和资金缺乏的困难,培养了大批各方面的人才。最重要的是,受教育者从教会学校中得到的影响并不仅仅来自教材的内容和课程的设置,而且来自其受教育的氛围中的一种精神、气质的培养和熏陶,甚至包括教育者的人格感召。20世纪初广东以孙中山为首的革命党人个个都是基督徒,就是一个明显的例子。

最后,传教士倡导男女平等,他们鼓励妇女摆脱一些封建传统习俗,如缠足、歧视女婴等。德国传教士花之安在1864年来广东以后,即以中国古代儒家经典比附基督教教义,撰写了贯通中西的《自西徂东》。在这部书中,他借用中国古代儒家的思想,糅合基督教的观点,对缠足予以激烈的批评。此书于1888年以广学会名义重印,在当时产生过很

[1] 陈邦贤:《中国医学史》,上海商务印书馆,1937年,第109页。
[2] 王尔敏:《近代中国与基督教论文集》序言,林治平:《近代中国与基督教论文集》,台湾宇宙光出版社1981年,第3页。

大影响。传教士提倡女子教育,开办女学,以致"截至辛亥革命前夕,新教教徒设立的学校,在中国仍然是使妇女受教育的机会与中国男子大体相等的仅有的学校"。[①] 教会女校培养了广州最早的职业女性和妇女人才。在一个被男女有别文化观念所笼罩的国度,教会女校的活动对广州的近代妇女解放运动产生了深刻持久的影响。

(原稿刊载于《世界宗教研究》2001 年第 2 期)

---

① 费正清主编:《剑桥中国晚清史》(中译本),中国社会科学出版社,1985 年,第 627—628 页。

山脚下的十字架

——广东揭西县棉湖镇玉石村天主教信仰的考察

目前,对中国乡村天主教的研究多以地域性研究为主。笔者去年曾指导一个本科生科研小组对广东揭西县棉湖镇玉石村的天主教会的历史与现状进行了比较深入的田野调查,学生们通过实地采访、问卷调查以及查阅相关档案资料等方式,获得了棉湖镇玉石村天主教会的第一手资料,本文试图通过棉湖镇玉石村的天主教会个案来具体分析和阐述宗教在当今中国乡村社会的社会功能。

一、玉石村天主教信仰的历史溯源

"玉石村原名白石村,创于明代,原有韦、林、辜、张四姓聚居,清康熙年间,贡山王氏奕振搬迁到这里,后来,韦、林、辜、张四姓迁居异地,白石村归王氏,遂易名为玉石。"① 玉石村现在是属于贡山的五个自然村之一。贡山地处揭西县棉湖镇东北部,距棉湖镇区还有 4.6 公里,玉石村离棉湖镇中心大约有 45 分钟的自行车路程,四周都是山,只有一条路进入该村,这里真正是一个被山包围的偏僻山村。村里有一所小学,仅招收一、二年级的学生。读到三年级的学生就要到村子以外上学。到 2009 年 6 月华南师大历史文化学院的本科生调研小组去村里实地考察时,村里有 426 户,1460 人左右,其中天主教徒有 464 人。②

---

① 贡山乡志编纂组:《贡山乡志》,1990 年。
② 户数的数据是从玉石村村委会会计王书文那里得来的,根据这位会计手头的玉石村所有户主的名称,将村中所有户主都抄下来,再让其帮我们挑出哪一户是天主教。关于天主教徒的数据是从玉石村天主教堂的教务组成员王进发那里得来的。

由于大多数的青壮年去外面打工,村里的老人和小孩居多。玉石村附近的几个村子,天主教徒就比较少了,天主教徒多的村子也不过几户而已。众所周知,潮汕地区的民间信仰传统比较深厚和发达,这里的民间信仰大都带有"多神崇拜"的泛神主义倾向,这就使得矗立在玉石村的天主教堂,有点像是"鹤立鸡群"之感。曾有学者做过揭西县一个名为上山子村的天主教村落的田野调查①,这是目前能够找到的研究天主教在潮汕农村地区的历史、现状以及影响的唯一个案。但上山子村虽然地处潮汕地区,其村民却是属于客家民系且操客家语,而潮汕文化和客家文化在宗族、语言和文化传统等方面是有差异的。本文的研究对象——揭西县棉湖镇玉石村,则是一个地处潮汕地区且操潮汕语系的偏僻山村,因而有别于操客家语的天主教村落的研究。

① 见刘昭瑞的《上帝的山葡萄园——关于揭西县一个天主教教徒村的调查与思考》,此文收录在黄淑娉教授主编的《广东族群与区域文化研究调查报告集》一书中,该书已由广东高等教育出版社 1999 年出版。

揭西县的天主教历史悠久。据《揭西县志》记载,光绪十八年(1892),法籍曾德基神父到棉湖传教,建立了揭西县的棉湖堂区,因此这一年被认为是天主教传入揭西之始。光绪三十四年(1908)由法籍樊懋超神父接任本堂,两年后,也就是在1910年,樊懋超神父又将天主教传入了偏僻的玉石村。据说当时玉石村与邻乡水吼村长期发生械斗,当时玉石村的人少,屡战不胜。后因樊神父的帮助,打赢官司,之后神父在村里开始布道,讲述天主教的十诫等。神父的布道感动了当地的村民,因而受洗皈依天主教的人渐渐多了起来,加之亲戚或邻居们的相互影响,当时几乎全村的人都信教。

村民们皈依天主教除了与樊神父热忱的布道分不开外,也有如下具体原因。其一,神父来到当地传教得到了当时的当地政府的尊重,这就决定了日后天主教能给当地村民一种权威感。其二,当时匪患颇多,神父将村民们组织起来实行村子里的集体自保,教堂也为村民提供庇护的场所。其三,最初教堂会向村民发放农药、复合肥、米等,这些东西对于村民来讲非常宝贵,贫穷的乡民们自然会在利益的影响下走进教会。其四,也是最重要的,来此传教的神父绝色、绝财、绝意,其个人品质和道德水平表现出的无私、高尚与善良逐渐感动了淳朴的乡民,乡民们因对神父的日渐了解与信任而产生了对天主教的浓厚兴趣,对天主教从怀疑转而信仰。

当然,玉石村乡民们的信仰并不稳固,时常也会有反复,如当贡山的大乡绅以分配公田相诱惑,宣称放弃天主教信仰的村民就能在宗族中分到公田时,一些已皈依了天主教的信徒放弃了天主教的信仰。当教堂后来不再向村民们发放物品时,天主教对部分村民的吸引力也因之渐渐下降。再加之信仰天主教就意味着不能再敬拜祖先,有些人认为这是背弃祖先、不忠不孝的行为,思想深处还是有一定的抵触。但不管怎样,天主教的信仰还是在这个偏僻的乡村扎下了根。

1915年,在樊神父的鼓励和引导下,教友王道省、王通仁等人在村中购得一块80平方米的土地,建起村里的第一座教堂,取名为圣母堂,内设圣母殿,圣堂内还安置有一座铜钟。从这时起,教堂的钟声就开始定期地在这个小山村敲响,天主教的教义也渐渐被质朴虔诚的乡民们所接受,并传承了下来。20世纪40年代初,太平洋战争发生后,教会之外来养助断绝,和敬谦主教乃命各地教徒自行筹措,此为汕头棉湖的天主教会自立之先声。

1949年中华人民共和国成立后，国家的政治、经济、思想、文化等方面都发生了根本的变化，新政府虽从未禁止过信教，但从社会变迁的角度来看，国内政治运动此伏彼起，一波接一波，其中有些运动并不直接针对宗教问题，但却无一例外地波及到宗教，波及到人们的信仰。1951—1952年，汕头教区的外籍神职人员全部离境回国，有个别传教士还被驱逐出境。汕头教区的天主教会从此和中国其他地方的天主教会一样，真正摆脱了外国修会的控制，走上了独立自主、自办教会的道路。1956年6月汕头市天主教爱国会正式成立，爱国会于1957年在全汕头地区天主教界开展社会主义教育运动，历时一年多。这以后天主教的崇拜活动虽然时常受到时局的影响，但包括玉石村在内的天主教堂的崇拜活动还是若断若续地进行着。

至"文化大革命"中，由于政治运动的影响，包括玉石村在内的汕头所有的天主教教堂此时停止了一切宗教活动，爱国会的一切活动也随之停止。与此同时，包括玉石村在内的汕头的整个天主教会遭到很大的摧残，陷入灭顶之灾。神父和一些信仰较为坚定的骨干教徒都被抓去批斗，天主教的祭拜物品尽数被毁，玉石村的教堂被收归集体使用，先后作为学校、文化室、玉华潮剧团等的所在地。教堂的钟声也成为了学校上下课的铃声。教徒们也不再允许信天主了。但是，尽管没有了信仰的外在环境，还是有些虔诚的天主教徒会在自己家里悄悄地读经、祈祷，仰望他心中的上帝。

上个世纪70年代末，中国开始了改革开放，中国共产党的十一届三中全会后，由于宗教信仰自由政策的贯彻落实，玉石村的天主教堂原址被归还，村里的教徒们又重新公开开始了自己的敬拜活动，教堂的钟声又开始回荡在这个偏僻的山村。与基督新教相比，教堂作为宗教活动的场所对于天主教来说显得更为重要。由于教堂的年久失修，破烂不堪，1984年，由教友王作贤发动南洋友人捐资重建天主堂。当时有华侨王尚金等捐资一万余元，加上村里教友的集资，大家有钱的出钱，没钱的出力，乡亲们齐心合力仅用了一个多月时间就建起了一座新的面积包括正堂60平方米、小楼20平方米的玉石村天主堂，堂前有30平方米的空地和一条绕村后100米长的平坦的水泥路。玉石村天主堂虽小却很精致，里面有着天主教传统的各样陈设和布置，教堂内墙的两壁上各分布六幅图,描述的是耶稣受难的整个过程。二楼还有一个小小的"忏悔室"。"忏悔室"的门上贴有"万有真原"四个字。经过多年政治上的风风雨雨,玉石村的老教徒中有的早已放弃了天主教信仰,也有一直坚持信仰的,也有以前放弃了信仰、当信仰的宽松环境到来时又重新恢复信仰的,当然也不断有新教徒加入进来。当然,教会成员数量的增加最主要的渠道是血缘和姻缘的网络关系,以前者为主,即有的是天主教家庭的成员一出生就受洗成为天主教徒的,"家庭传教"是中国天主教的历史传统,玉石村也不例外。有的是嫁到天主教家庭后受其影响从而受洗皈依的,受亲戚关系或邻里关系影响而皈依天主教的则不多见。

二、玉石村天主教信仰的现状考察

为要理解玉石村天主教会的实践形态,需要从它的日常运作的过程去理解和分析。对于玉石村这样一个偏僻的小山村而言,能有自己的教堂实属不易。教堂就是信徒的家。为了管理好教堂事务,玉石村的天主堂还设立了专门的教务组,教务组成员由村里比较热心的且德高望重的教徒担任,设有组长、副组长和五个组员,教务组中有一个专门的会计,负责教堂的财务登记和资料的记载,有一个专门的出纳,负责教堂财务的支出和资料的保管。教务组的主要工作包括教堂的财务登记与日常开销、教堂的常规活动安排与每次参加活动的人员记载以及一些资料的保管、存档和上报。教堂的各样经费一般多来自本村教徒的捐赠。在这个教务组的辛勤工作和努力下,玉石村天主堂的各样事务均处理得有条不紊、利索干净。值得一提的是,这个教务组的成员中,有2人有高中学历,3人有初中学历,其余2人是小学学历,这个教务组的成员也算得上是当地的"文化精英"了。

1. 常规的宗教活动有:

作为天主教信徒,玉石村的信徒们每年都会隆重纪念天主教四个最重大的节日:即耶稣复活瞻礼(又称复活节,时间在每年春分后第一个月圆后的第一个星期日)、圣神降临瞻礼(耶稣复活后第50日天主圣神降临,教会规定这一天为圣神降临的节日,因此又称"五旬节")、圣母升天瞻礼(纪念圣母玛利亚"肉身和灵魂一同升天"的节日,也称圣母升天节,日期为8月15日)与耶稣圣诞瞻礼(即圣诞节)。

以下图左图右,系玉石村天主教徒家中墙壁上的瞻礼单:

几乎每一个玉石村天主教徒们家中的墙上都贴着一张本年度的瞻礼单。瞻礼单即是记载天主教教会全年礼仪的日历,上面非常清楚地标明了本年度中所有天主教的大大小小的宗教节日和纪念日等。除了四大瞻礼外,还有如圣人殉道的纪念日等等。每一年的年初时玉石村的天主教徒都能够在较大的棉湖教堂买到如上图类似的瞻礼单。而他们每年的宗教活动基本上都是根据这样的瞻礼单来有条不紊地安排与进行的。此外,常规的宗教活动主要有:

(1)读圣经 玉石村的天主教徒每天早晚都会读经,他们称之为早课、晚课。玉石村的教堂从周一至周六早晚都会有人到村里的天主教堂去读经,早课一般是从六点开始,前去参加的人多是50岁以上的老人,偶尔会有几个小孩跟着大人一起去。参加晚课的人相对要多些,除了老人外,主要多了妇女与小孩,晚课一般从晚上七点开始,早课与晚课的持续时间均为一小时左右。遇有重大节日和长辈的忌日,教堂有时会比平常安排多读些经文。村里教堂早晚的诵读经活动通常是由一个年老的人带头诵读,去的人就跟着诵读,读经时一般是男的坐在右边,女的坐在左边,有些经文是男女一齐诵读的,有的经文是女一句男一句轮着接下去读的。读经前教堂的钟声会响起,好似提醒人们该去教堂读经了。是否去教堂读经是自愿的,到场读经的人是断断续续来到的,农忙时节去教堂读经的人会明显减少。每个天主教的家庭都备有有关天主教的基本经典书籍和不同主题的经文小册子,其实读经时大家一般都不用拿着小册子读,因为他们早已烂熟于心,可以脱口背出。背不出来的小孩子，可以照着经文小册子读。

周日即"主日"的早、晚教堂也会有读经活动。教堂里的经文小册子、《圣歌集》等一般都是玉石村天主堂向汕头堂区购买的，也有外地教堂赠送的。除了教堂的集体读经活动外，因受到工作、农活、家务等等的牵绊，另外还有一些随机的客观原因（比如天气，下雨等）的影响，玉石村的天主教徒也可以在家自行读经，读经的时间也是自行安排。

（2）做弥撒　按照天主教的传统，玉石村的天主堂每个周日都应举行主日弥撒。由于玉石村的教堂比较小，没有专门的神父，玉石村的教堂隶属于棉湖天主堂区的管辖范围，棉湖天主堂管辖区域比较大，下辖棉湖、河婆、五经富等四五个距离比较远的镇的天主教堂区，而棉湖教堂只有一位专任神父，这位专任神父常常不得不东奔西跑辗转周围各地堂区主持各种各样的宗教活动和宗教仪式（如葬礼、婚礼、弥撒等等）。按照天主教的传统，弥撒是要由神父来主持的，而神父不能保证每个周日都来玉石村。加之玉石村地理位置比较偏僻，且位于群山之中，玉石村距离棉湖镇的中心教堂也比较远，玉石村的天主教徒们不可能每个周日都前往地处棉湖镇镇中心的棉湖教堂参加弥撒。于是玉石村的教徒们就变通地将周日去教堂读经来代替主日弥撒，然后由教务组安排人带领其他信徒集体祷告，吟诵祷告词。有时一些口齿伶俐的年轻女子也会被安排为大家讲道或讲圣母圣徒们的故事等。可以说，在没有神父的情况下，玉石村天主教堂的每个主日仍然有着简约而庄严的宗教仪式。遇到神父来村里的时候，就会举行比较大型的弥撒。做大型弥撒的这一天对于淳朴的村民而言，无疑是一个隆重的节日，村里许多非基督徒都会来观看，邻村的信徒也会赶来参加。

由于棉湖堂专任神父的忙碌，没有办法时时兼顾到玉石村的宗教活动，于是村里的信徒会推选教友代表，遇到具体的宗教活动如婚礼、洗礼、丧礼等具体事务，神父又抽不开身来此举行仪式时，相关的人家会与教友代表协商，请德高望重、信仰虔诚的教徒来举行相关仪式。

（3）聚会讲见证　揭西县玉石村天主教信徒的宗教活动除了教堂崇拜以外还有个人读经祷告和聚会两种形式。在日常生活中，教徒早晚课除了向天主教求福保佑一天平安之外，每当遇到重大选择之时，要随时随地向天主祈祷。在礼拜天及重大活动如婚礼丧葬，教徒们会集中在教堂或教友代表家里，开始连续多天的读经、讲道、唱赞美诗、讲见证等,在整个过程中,讲见证时教徒们可以畅所欲言,尽情表达自己的理解、看法和建议。通过群体聚会,可以增加彼此感情的联络。尤其是大家既是亲戚又同是天主的信徒,大家聚在一起同吃同乐,用他们自己的话即"团圆"一下,大家更可以感受到"一家人"那种休戚与共的情感和从这种"集体"中感受到的"力量"。此外,偶尔的聚会,也使大家体验到生活的娱乐与欢乐。尤其是天主教信徒的家庭聚会,与教堂内庄严肃穆之气氛形成鲜明对比,大家有说有笑,青年男女相互嬉闹。小孩子好吃好喝做游戏,在文化落后的山区,有这样的机会实在难得。所以,许多平时不太热衷教会活动的年轻人特别是孩子此时也纷纷不请自到。

（4）每年十月村里天主教徒参加的"追思先亡"活动。玉石村的天主教徒是不过世俗的"清明节"的,而每一年十月的"追思先亡"活动就相当于他们的"清明节",此时村里的天主教徒都会上山去巡山,全家人会来到祖先的坟前,除去一年来的杂草,然后点燃白色圆柱形的蜡烛,或者献上鲜花,然后就开始诵读有关经文,这就是他们全部的祭祀活动了,他们不会献上各样吃的供品,其对祖先的"追思"较非天主教徒(祭祀之前要准备很多东西,如香、元宝蜡烛、供品等)在清明节所进行的有着民间传统的祭祖活动而言更为简单。

2. 就玉石村天主教信徒们的信仰现状而言,从调查中得知:

（1）玉石村天主教徒平时祈祷的主要内容:如图所示:

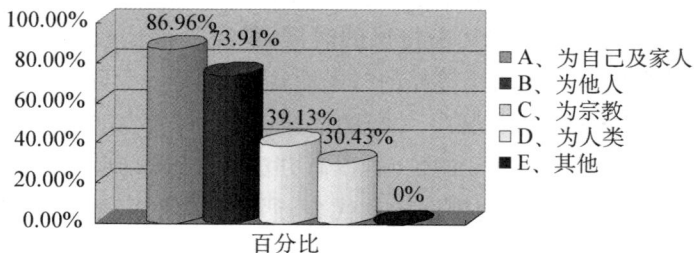

在调查问卷中有这样一道题目:"您平常祈祷的主要内容是什么"。对于这道多项选择题的调查结果显示:有86.96％的天主教徒在平时的祈祷中以自己和家人作为祷告的主要对象;对于除自己和家人以外的其他人进行祈祷的天主教徒有73.91％;将天主教在当地的传播与发展作为祈祷的主要内容的占人数的39.13％;而为全世界的天主教徒、为世界和平、为全人类作为祈祷主要内容的占到所有受访天主

教徒的 30.43%。

（2）信仰在信徒一生中的重要程度：如图所示：

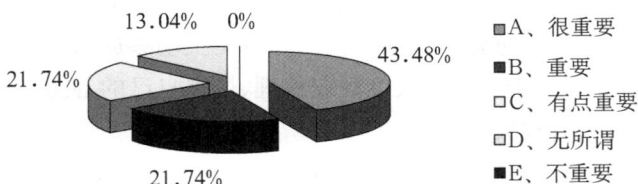

信仰天主教在信徒的一生中重要性是怎样的？对于这个问题，43.48%的信徒认为信仰天主教在自己的一生中很重要；认为"重要"的信众占总人数的 21.74%，与认为此事"有点重要"的人数比例相同；对于信仰天主教在自己一生中的重要性表示无所谓的信徒有13.04%。在受访者中，没有任何一个信徒认为信仰天主教对于自己来说不重要。综上可以看出，有接近 87% 的人认为，信仰天主教在自己的一生中是一件相对来说比较重要的事情，只不过不同的人所认为的重要程度稍有不同，其中对此问题持"很重要"看法的信徒几乎占到一半。

（3）玉石村天主教徒参加宗教活动后的自我感受：如图所示：

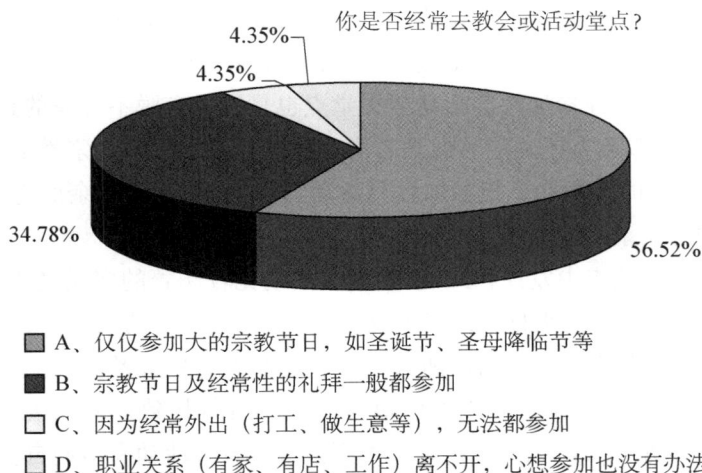

你是否经常去教会或活动堂点？

　　■ A、仅仅参加大的宗教节日，如圣诞节、圣母降临节等
　　■ B、宗教节日及经常性的礼拜一般都参加
　　□ C、因为经常外出（打工、做生意等），无法都参加
　　□ D、职业关系（有家、有店、工作）离不开，心想参加也没有办法

在问及参加宗教活动（如读经、主日弥撒、宗教节日等）后的感受时，有高达 69.57% 的信徒认为自己感觉到"轻松"；而感觉到"与主的

距离更近"、"满足"、"快乐"的教徒分别都占到总人数的 8.70%。由此可见,天主教徒参加宗教活动(不论大小)与否,感受是总体一致。这与从采访当地村民的过程中村民们的表述吻合。在参加完宗教活动后有将近七成的教徒会感觉自己很轻松。因可见主动参加宗教活动和自觉履行宗教行为,对于玉石村天主教徒梳理、调整自己的心态和培养自身的宗教情感是有较大助益。

（4）玉石村天主教徒参与教会活动的参与状况：如图所示：

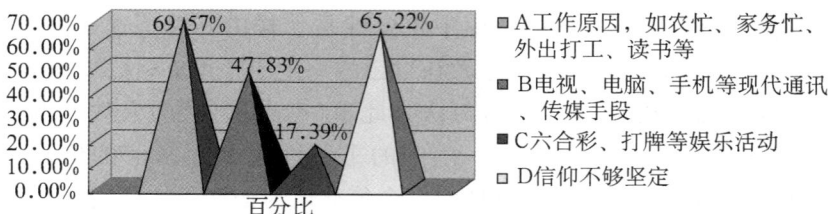

在对于上述"您是否经常去教会或活动堂点"的回答中,56.52%的人表示自己仅仅只参加大型的宗教节日,比如圣诞节、圣母降临节等;表示自己宗教节日及经常性的礼拜一般都参加的天主教徒占34.78%;因为经常外出打工、做生意等而使得自己无法参加教会活动的人,与因为职业关系(如有家、有店、有工作)离不开、心想参加但没有办法离开的人所占比例相同,都为 4.35%。从中可见,受访者中有超过三成的人能够经常性地参加教会活动,包括在周末举行的主日弥撒。受访者即使无法经常性参加教会活动或去堂点也是因为有脱不开身的具体原因,其中大多数人还是能够做到有取舍地选择参加大型的宗教节日;另外有 8.7%的人并非不想参加教会活动,只是实在是心有余而力不足,有种种的无奈,并非故意。

在实地调查中发现,参加教会相关活动比较频繁的多是老年人,其次是年龄比较小的小孩子或者妇女,而参加教会活动的青壮年、中年的男人在数量上明显少于前面两者。有接近七成的受访者认为由于工作原因,如农忙、家务忙、外出打工、在学校念书等等导致他们无法按时参加教会活动。65.22%的受访者认为不去参加教会活动有他们自身信仰不够坚定的原因。47.83%的教徒认为电视、电脑、手机等现代通讯、传媒手段对于其不去教堂也有一定影响。另有17.39%的教徒认为也有受到六合彩、打牌等娱乐活动的干扰而不去教会的。由此可见,随着经济的发展,民众文化素质的提高,社会流动性的增大,价值观趋向多元,这促使人们的生活方式发生许多变化,也影响着其宗教信仰,如愈来愈多的青壮年教徒为了追求自己的理想,通过外出求学、打工、做生意等途径,逐渐游离乡村的生活环境。继续留在乡村的信徒,迫于生活的压力,也不得不首先考虑现实的物质、金钱等问题,加之当地打牌、六合彩等活动盛行,上述这些因素都影响了人们对宗教活动的参与。另一方面,当然也与这群人对天主教信仰的虔诚度有关。在实地调查采访过程中,不少中老年的天主教徒曾多次谈到,自己的子女虽然是从一出生就受洗、在小的时候也多次参加过由教堂在暑假寒假所举办的讲述天主教道理、义理的培训课程,并成功通过神父的考验领取坚振,但是他们对于天主教的理解还是不够深入,因此不像父辈们那么虔诚地参加宗教活动。长辈们对此也无可奈何。

（5）出现信仰冲突时天主教徒的态度：如图所示（见下页）。

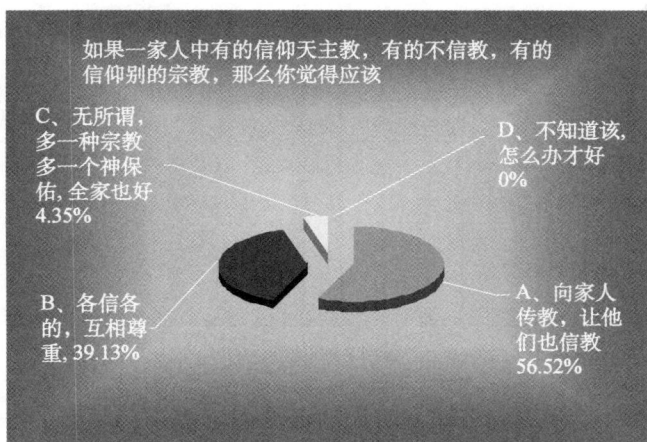

另外,人们宗教情感的深浅也可以从与其他宗教或者信仰之间的对比与冲突中明显看出来。当被问及"如果一家人之中有的信仰天主教,有的不信教,有的信仰别的宗教,那么你觉得应该"这样比较尖锐而又现实的问题时,有56.52％的天主教徒选择了向自己的家人传教,让他们也信教。有39.13％的天主教徒选择了"各信各的,互相尊重";而剩下的4.35％的教徒则对于这个问题表示无所谓,多一种信仰、多一个神保佑也是好的。从这里可以看出,玉石村的天主教徒对于天主教以外的宗教信仰持比较开放、开明的态度,他们不会强迫家人必须有与自己一样的信仰。但是他们维护自己的天主教信仰的态度也是比较坚决的。

（6）玉石村的天主教徒在年龄、文化程度与性别结构方面的差异。

玉石村的天主教徒在年龄、文化程度与性别等方面存在着一定差异。为了对玉石村天主教堂信众信仰状况有一个整体的了解,调研组的同学专门设计了《玉石村村民天主教信仰状况调查问卷》,在当地村民的协助下,采取随机抽样的方式请该村信仰天主教的信徒给予配合完成问卷调查,并在此基础上对部分村民进行了访谈。以下是对玉石村天主教信徒的问卷及访谈的结果所作的分析。

就信众的年龄结构而言：玉石村天主教信徒的年龄结构显示出以中年和老年人为主的特点,信众的年龄跨度比较大。

图一：各年龄段信众比例

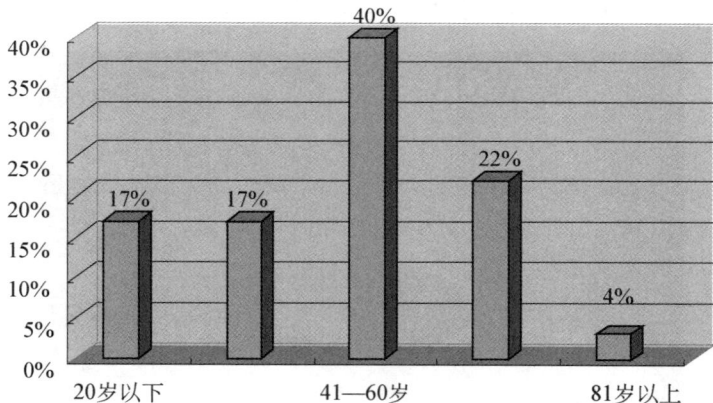

如图所示,玉石村各个年龄段的信徒都有,其中 41 至 60 岁年龄段的信徒所占的比例最高,为 40%,61 至 80 岁的年龄段次之,为 22%。该图表明,玉石村天主教信徒结构中老年人居多,信众中 66% 为中老年人,而 20 岁以下的信众比例只有 22%。究其原因,或许有二,首先,年轻人接受教育的概率及受教育的程度均比中老年人高,这就决定了年轻人与中老年人对信仰的理解以及信教的实际行动不一样,中老年人认为必须信教的时候,年轻人或许觉得没有多大必要,年轻人把更多的精力用于学习文化与科学知识。其次,由于玉石村是广东比较偏远的乡村,当地经济不发达,因此很多年轻人都离家到大城市工作,留在本村的年轻人本就不多,外出打工的年轻人的信仰状况因此很难统计。

就信众的文化程度而言:玉石村天主教信徒的文化程度以小学文化程度为主。

如图所示:玉石村天主教信徒的文化水平以小学文化程度为多,所占比例为57%,这说明由于玉石村地处偏僻,经济相对落后,当地乡民的受教育程度普遍较低,大部分人只有小学学历,而这部分乡民由于长时期生活在本村,因此他们潜移默化地受到老一辈的信仰习惯的影响。

图二:不同文化程度的信众比例

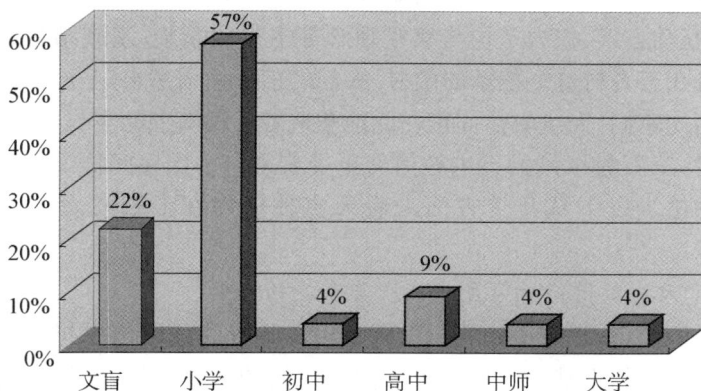

就信众的性别结构而言:信徒中以女性居多。

图三:男女信众比例

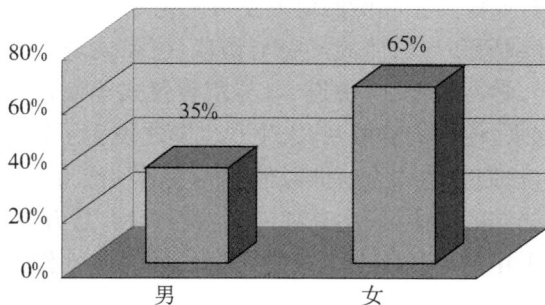

如图所示:女性信众比例为65%,而男性信众比例只占35%,女性信徒比例几乎是男性信徒的两倍。值得注意的是:在年过60岁以上的老人中,男女信徒的比例是比较平均的。而在60岁以下的中年人中,信徒中以妇女居多,而去教会的小孩子多半是出自于信仰比较虔诚的家庭。玉石村的天主教徒在年龄、文化程度与性别结构方面的差异与中国其他乡村的天主教的情况基本相似，即信徒普遍的文化程度不高，老年人多，妇女多，这部分人属于社会的弱势群体，他们更需要心灵的慰藉，更有自觉的精神与心灵的追求。

三、天主教信仰在玉石村发挥的社会功能

在玉石村这个四周被山包围的偏僻的山村，天主教已深深扎根于普通乡民信徒的心中。众所周知，在中国广大的农村，乡民之间的人际关系、互动方式、权力结构与家族观念等本来和家族、宗族结构息息相关。可在玉石村这个偏僻的山村，人们的信仰话语来自《圣经》、神父和信教的先辈们，天主教信仰正在此地塑造着一种新型的乡村社区；但与此同时，玉石村乡民的天主教信仰也受着来自中国民间传统的文化的巨大冲击。以下从几个方面来看天主教信仰在玉石村发挥的社会功能。

1. 天主教信仰对天主教徒及其家庭的影响

一般而言，宗教道德的积极因素可以为提高信徒的思想与道德品质作出积极的贡献。而且宗教信仰与人们的心灵世界、精神生活和社会行为等都密切相关。天主教信仰对玉石村天主教徒日常生活正发挥着许多积极的作用与影响，这些作用与影响对于我们思考如何建设社会主义新农村，如何建立和谐的地方乡村文化是有启迪作用的。

通过实地调研和与信徒的接触与访谈，可以发现玉石村的许多信徒通过读圣经、学习教义、听讲道、参与宗教仪式等使自己在信仰上变得逐渐成熟起来，他们的价值观、人生观也随之发生了较大的转变。当然，就其而言，他们普遍认为信仰对他们的生活和行为方式无疑有很大的影响，在信徒们的心中，天主是独一无二的真神，是万事万物、宇宙人类之主宰，天主在很大程度上也决定了他们的命运。作为个体的人在现实生活中是不能把握自己命运的，只能仰望且依赖全知全能的天主，他们真诚地相信天主的保佑，有信徒往往会把常人眼中视为偶然遭遇到的顺利或幸运的事情看成是天主对自己虔诚祷告的赏赐，把常人眼中视为偶然遭遇到的不顺利或倒霉的事情看成是信仰不虔诚或因"犯罪"而受到的惩罚，这时他们就会反省自己的言行。可见天主教的信仰

对于这些信徒来说并不仅仅是起到心灵的慰藉作用，更重要的是他们在天主的引导下，不仅获得了面对生活的勇气，还会使他们以更积极的心态去面对生活中的人和事。

天主教信仰对天主教徒家庭的婚姻也具有明显影响。虽然当今的年轻一辈的天主教信徒择偶时不会和老一辈的天主教徒那样，过多地考虑对方家庭的宗教信仰状况。但还是有许多的天主教徒将对方及其家庭是否信仰天主教作为择偶的重要因素，他们会更倾向于选择宗教信仰相同者作为伴侣，因为他们认为这样做会在日后的生活中减少很多因为信仰不同而产生的不必要的矛盾，这也说明了他们对自己的信仰认同程度也比较高。有不是天主教徒的女性当嫁到玉石村天主教徒的家庭后，也多半因为日渐受到丈夫和大家庭成员的影响而受洗皈依天主教的。年轻的天主教徒举行婚礼时通常会请来神父在教堂主持婚礼。

在家庭观念上，有天主教信仰的家庭成员的关系一般都是比较和睦的，他们一般都比较能自觉遵守圣经中天主的教导，认为既然夫妻是一体的，他们的婚姻也得到了天主的祝福，那么人就要自觉地为维护婚姻和为了婚姻的长久幸福付出自己的努力。如果有人为了个人的情欲而置婚姻家庭而不顾的话，会受到教会所给予的"禁革"的处分。所谓禁，就是禁领圣餐，革即革出教门。因为在其看来，婚姻的结合既是男女双方的爱情，也是天主的祝福。教会要求教徒婚后必须遵守承诺相互忠贞相爱，奉献牺牲。离婚是天主教不赞成也很难接受的。正因如此，天主教徒们对于婚姻的态度会很谨慎。在这个小山村里有天主教信仰的家庭离婚的事情是比较少的，但还是有一方是天主教徒、一方不是而最终离婚的例子。一般而言，有天主教信仰的家庭氛围大都是和谐温馨、其乐融融的。

有将近一半还多的玉石村的天主教信徒认为天主教信仰对他们的日常生活或多或少都是有影响的。如在着装上，天主教信徒去教堂或是参加天主教的宗教活动时，一般都会穿比平常要保守或传统一些的衣服。尽管玉石村的教堂只是一个偏僻小山村里的教堂，但淳朴的乡民们还是听从神父的教导，都懂得尊重教堂这种神圣庄严的场合，不会"阔领短衣露躯体"、"短裙热裤失恭敬"地进教堂。在其看来，整齐的服饰可以表达对天主的尊重，因为教堂是神圣的向天主祈祷的地方。衣服端庄与否也会影响到别人参与礼仪及祈祷,当然教堂也没有明文严格死板的穿着规定,一般只要求不要在圣堂内穿着过分性感即可。

在饮食方面,天主教徒需要在一些特别的时间如一些重要的忏悔及补赎日子和时期(如四旬期、逢周五纪念主受难的日子等)践行斋戒。在天主教里,这项习惯也广泛地运用在基督徒内心忏悔的表达上,并且与祈祷和施舍配合一起施行,共同来表示人对自己、对天主、对他人的关系的改善。教会还有关于大斋和小斋的具体规定:1)大斋:六十岁以下的成年信友应守大斋,即大斋日只可饱食一餐,其他两餐可略进一些食物。2)小斋:十四岁以下的信友应守小斋,及每周五禁食肉类(鱼虾不在此列),或神父规定的其他食物。玉石村的信徒,特别是一些虔诚的中老年信徒基本上会践行斋戒。在斋戒以外的时间里,天主教信徒的饮食和当地其他的乡民的饮食习惯大致相同。斋戒对天主教徒来说是一种克己的形式表达,在传统上,主要是以饮食上的节制或是以不吃肉食来作为表达。然而克己并非与自己作对,或单单为了自我的益处而行之,之所以如此做,乃是为了珍爱自己、皈依天主、疼惜他人。六十岁以上的老人免大斋,十四岁以下的小孩免小斋,是出于对其身体的照顾。

玉石村天主教信徒的房间布置与普通村民的最大的不同之处是其摆设的不同。天主教徒的家中一般会贴有宗教特色的对联,还有一些家庭宗教装饰:有些家庭会供奉十字架、圣像、圣经、玫瑰珠(念珠)等,目的也是为提醒教徒自己,要以天主教精神兴家立业。

困难和问题是每个人在日常生活中经常遇到的,玉石村的天主教徒当在生活中遇到困难时,他们一般是自己解决,或者向教友寻求帮助,比较少去找村干部帮忙。这反映出天主教社区这样的群体有其特定的关系网,他们会比较倾向于依赖这个关系网,而不是各级政府。

2. 天主教信徒如何与当地具有浓郁潮汕地方特色信仰的乡民相处

近代天主教最初作为异域文化,在中国广大的乡村社会得到立足和扩散的过程,实际上也是其渐渐与乡土社会文化相互融合和发生嬗变的过程。玉石村天主教徒的身份具有双重性质,他们既是教徒,也是家族、宗族系统里面的一员。天主教自从传入潮汕地区起,这种宗教信仰就给当地的教徒生活的各个方面带来了冲击并引发了一系列的文化碰撞。在上百年的时光过去后,这种文化碰撞的结果所带来的并不是激烈的冲突,而是一种相安无事与彼此的尊重。

就玉石村而言,天主教徒的宗教活动,非天主教徒一般是不参加的。村里的天主教徒周日会去教堂做弥撒,而非天主教徒会常在村里的老爷庙上香。每年不信天主教的乡民都会有自己的迎神活动,天主教徒也会前去观看,但不会参加。可以说,在玉石村,天主教徒和非天主教徒之间基本上是两不相扰,各拜各的神,没有或没有明显的冲突。形成了一种乡村社会中不同信仰彼此和谐共生的局面。

玉石村天主教徒除了参加天主教的常规的、大型的宗教节日活动以外,也参加其他世俗的娱乐和民间节日活动,如看潮剧、看皮影戏等等;也过中国的传统节日春节、元宵节、端午节、中秋节和冬至等(只是不过"清明节")。但是他们过这些传统节日的形式与非教徒稍有不同。譬如玉石村的天主教徒在过春节、元宵节等传统节日时也会在门口贴对联,但对联的内容与其信仰是紧密相关的。如过春节时,他们会贴这样的对联:上联是"辞旧岁数算神恩",下联"迎新春静思主爱"。横批是:"神爱世人"。又如上联是"恩惠平安赐世人"、下联是"全能荣耀归上帝"、横批是"荣神益人"。他们也吃团圆饭、看春节联欢晚会等,但天主教徒的家庭中节日的气氛明显没有非天主教徒家庭来得那么浓厚,在天主教徒心中,宗教节日的重要性远远超过中国传统节日。有的教徒表示他们过宗教节日时是真心的,过传统节日则只是形式而已。如过中秋节时,他们只是家里人团圆团圆,吃些应节食品而已,不会像非天主教徒过得那么"隆重"。

玉石村的天主教徒虽然不过"清明节",不在这一天去扫墓,但在"清明节"这一天,玉石村的王姓的天主教徒也会和其他的王姓村民们一起去祭扫共同的祖先,即"王氏祖先坟茔",但是他们不像非天主教徒那样,带供品、点香火、烧纸钱等进行祭拜,而只是将祖先坟茔上的杂草除掉,最多献上几束鲜花以示对于先祖的怀念。需要说明的是,对于非天主教徒全年的一系列带有民间的地方传统文化特色的祭祀活动,包括祭祖活动,天主教徒都是不参加的。他们也不过"七月半"(即所谓的"鬼节")。天主教徒的家庭若遇丧葬之事,他们一般都会按照天主教的礼仪举行简单而隆重的葬礼,不烧香、不烧纸、不摆祭品、不拜鬼神,不像当地许多人要对去世的亲人举行从"头七"到"五七"等较长时间的悼念和祭祀活动。在进行实地问卷调查的过程中,所有受访的天主教徒

（不论年龄），都表达了自己在这一点上与非天主教徒之间所存在的差异。

不过，玉石村天主教徒和非天主教徒的信仰在观念和礼仪上虽有不同，但他们彼此之间能保持一种较为和谐的共存共生状态，加之教内外的通婚，许多家庭呈现出信仰的多元化、家庭内部成员之间虽信仰不同但彼此尊重的状态。在同学们进行实地问卷调查的过程中，有一个正在当地读小学四年级的 10 岁小女孩向我们的同学讲述了她的家庭。在她家里，母亲是天主教徒，因为外公外婆家一直都信仰天主教，她的父亲是非天主教徒，拜当地的神，俗称"拜老爷"①。而这个小女孩出生在她的外公外婆家里（玉石村），出生不久就在玉石村的天主教堂受洗。每个月的初一和十五以及其他一些民间信仰的纪念日，她的父亲就会去拜神、拜祖先等，但她和母亲、弟弟（也是出生不久就受洗的）都不会随父亲去祭拜别神。当问及她父亲有没有叫她或者她的弟弟、她的母亲一起过来拜神祭祖时，小女孩点头表示，她父亲有叫她和家里人一起拜神祭祖，但是她母亲、她自己和她弟弟，则从来都不会随父亲去拜祭，父亲也不会勉强他们。一家人中也相互尊重彼此不同的信仰与拜祭对象。

在此基础上，不同信仰的族群之间形成了一种"扯不断的乡亲情谊关系"，这种关系使得人们经常会超越宗教信仰的界限而去努力维持它。大家不会因信仰不同而不来往。所以每逢重要节日和邻居亲戚家的重大事件，不同信仰之间的乡亲们依然会互相探视抚慰，同喜同乐，同难同悲。在玉石村，乡亲邻里之间的关系是和睦的，天主教信徒之间互相关心、互相探访，天主教信徒的家庭与非天主教信仰的家庭也有相互的关心和探访，他们之间的关系并非隔阂与冷漠。据调查得出，有27％的教徒从没与邻居发生过冲突，42％的教徒与他人偶有冲突。这说明了教徒与非教徒在朝夕相处之中建立了一种相互的理解、体谅与尊重。在请当地教徒自评与非教徒相处得如何的时候，有 47.83％的

---

① "拜姥爷"是潮汕地区一种传统的民间风俗，是一种对神的祭祀活动。其历史悠久，祭祀对象庞杂，影响非常广泛。在潮汕地区，不同的时节有不同的"老爷"要拜，范围之广，涉及的神仙之多，超乎一般人的想象，每月除了初一十五要拜家里的地主爷之外，一年里还有天公（玉皇大帝）、佛祖（如来佛祖）、观音娘娘、土地公公、财神、月娘（月神）、门神、祖宗等等。

人觉得非常好,有 43.48％的人认为是比较好,没有一个教徒觉得自己和非教徒相处得不好。

生活中您和他人(如邻居)发生过冲突吗? 如图所示:

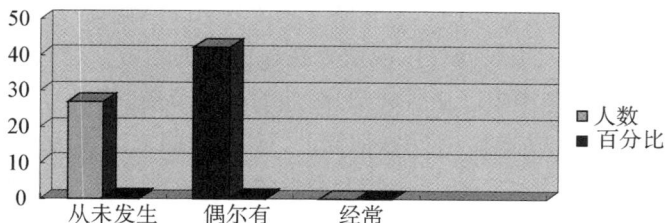

普通的乡民们也认为天主教徒是依靠对天主的信仰来生活的,教徒们以发扬天主对人类的"爱"的信仰为人生观的基础,有天主信仰的人也表现出了对人的真诚善良与友爱,不管信不信天主教,大家在追求美好与幸福的生活这一点上是相同的,他们之间并没有本质上的差异和冲突,乡民们也没有觉得天主教就是当地传统文化的"异类",反而觉得天主教就像当地传统文化的一部分而已。本来也是,天主教传到这个山村已有一百多年的历史,已经完全融入到当地的文化传统中,人们并没有用"另类"的眼光来看这种信仰,也没有刻意去留心在人群中有这种信仰的人与周围人的不同。

或许正因为如此,玉石村这个偏僻的小山村的民风淳朴,村民们和谐相处,邻里之间相互关心、相互扶助,"犯罪"在这里是从来没有听说的,就是其他地方常见的小偷小摸之类,也是从来没有的。大多数村民们的摩托车、自行车都不会上锁而随意地放在门外面,甚至常常有乡亲出门而不锁自家院门的。"尊老"是玉石村的村民们尤其引以自豪的,村民们的"尊老"意识特别强,这已成为全村人共同的道德观念和舆论底线。如果哪个小辈对家中老人不尊敬或无理冒犯,会受到全村人的谴责。

改革开放以来,玉石天主堂经常组织教友学习政府的各项宗教政策、法令、法规,引导教徒爱国爱教,关注社会,爱人如己,遵纪守法,服务人群,做一个合格公民,为周围的人们作出榜样,且积极完成国家各项任务。几年来教务组组织教徒访贫问苦,不仅关心本村的教友,还帮助邻村(典竹村、洪山洞等村)的教友,以及热心向教外人传教。在他们看来,一个好的天主徒,也必然是一个遵守基本道德规范的好公民。天主教的伦理道德价值观,诸如诚实守信,尊己重人,正义良知,谦虚忍耐,克己节俭,人格平等,宽仁博爱等,正被玉石村这个偏僻山村的天主教信徒们努力践行着,并影响到没有这种信仰的乡民们也如此去行,从而使整个村子呈现出和谐友善、同舟共济的社会风貌。

3. 天主教信仰在潮汕文化传统中的处境化、乡土化

潮汕地区的天主教徒可以说是处在很浓郁的地方文化传统即潮汕文化传统的重重包围中。众所周知,潮汕的岁时节俗、礼仪习俗、用品服饰等均有特色,自成体系,在宗教信仰上,有"三山国王"、"天后"、"玄天上帝"等潮人普遍崇拜的对象。一些天主教的信徒在皈依天主教之前就是拜祖先、拜鬼拜神的人,在皈依天主教之后,在缺乏神职人员教牧和自身文化层次较低的情况下,原有的信仰和习俗也会自然而然地渗进他们的天主教信仰之中;当然,天主教本身也面临了一个乡土化处境化的问题。

天主教信仰在潮汕文化传统中的处境化、乡土化首先表现在教堂语言的当地化上,自天主教的梵二①会议以后,天主教允许各地方教会采用当地语言举行弥撒。直到 1994 年,中国的天主教界才开始全面改革拉丁礼仪,推进中文礼仪,强调宗教语言的中文化、礼仪的简洁化、教会习俗的本地化及地方化等。20 世纪 90 年代以来棉湖天主教堂的两任神父均是当地人,他们采用潮汕方言以及客家方言来传道布教、做弥撒,与之前用拉丁文传道布教、做弥撒更能深入当地教徒心灵,这对于当地教会的发展具有十分重要的现实意义,近年来棉湖镇与玉石村的天主教人数呈现出稳定发展与此不无关系。

天主教信仰在潮汕文化传统中的处境化、乡土化随处可见,从玉石村天主教徒的家庭陈设来看,耶稣像、圣母像与佛教道教的符咒、照妖镜、财神、门神、寿星、去世老人的相片等常常挂在一起;天主教的教历旁边往往也会贴上一张农村常用的旧历,每个天主教的家庭还备有"圣水",这是在遇到重要节日或举行大型弥撒时,信徒们从棉湖镇教堂取

---

① 梵蒂冈第二次大公会议于 1962 年 10 月 11 日由教宗约翰二十三世主持召开,会议上提出了教会革新与合一的要求。七个月以后,保罗六世被选为教宗的继承者,并在第二期大会的开幕词中更清楚地说出大公会议的目标有四点:一、认识教会本身,特别在加深研究有关主教的职分与主教和教宗间的关系;二、教会的自我革新,就在增强教会和基督间的关系;三、各教派基督徒间的合一;四、教会应如何面对现代世界。在他的主持下,大会于一九六五年十二月八日圆满闭幕。参见史仲文、胡晓林主编:《世界全史·世界当代宗教史》,第 095 卷,[EB/OL]. http://gz.eywedu.com/shijielishi/index.htm,2010 - 04 - 14。

来的经过神父祝圣的圣水。所谓圣水即是一些清水加盐后然后经由神父祝圣因而具有了"圣"的意义,玉石村每个天主教徒的家里都会备有圣水,每当家人出远门都会通过撒如此之圣水来祈祷平安或祝福,遇有家庭成员的忌日时,家人就会在家里的圣像前边念经文,边洒圣水,祝祷逝去亲人灵魂的平安。

众所周知,潮汕地区的地方文化比较重视宗族家族的人际网络,尊祖敬宗修族谱是很盛行的,受其影响,玉石村的有些天主教徒的家庭虽不烧纸碣头,但也照样上坟、修家谱,他们的家族认同感也很强,天主教徒之间的人际关系、互动方式、权力结构与家族和宗族等还是息息相关的。

在玉石村这样偏僻的乡村社会,天主教对乡民们除了具有上述的精神慰藉、道德教化等功能之外,还具有以下功能:文化传播:玉石村天主教信徒的文化程度原本都不高,但信仰使得他们自小接受较为系统的宗教教育,家中也有一些有关天主教的几本经典书籍、不同主题的经文小册子和其他一些关于信仰的读物,能够经常翻翻看看,他们的识字能力与口才均有不同程度的提高,一些信徒往往能娴熟地运用信仰的话语来开导和劝慰人。社会互动:天主教信仰在一定程度上扩大了人们的生活和交往圈子,促进了乡民之间的交流和互动,并培养了邻里乡亲之间的守望相助、共同扶持的精神。闲暇功能:如在家或在教会的读经、祷告、唱赞美诗,以及在春节等世俗节日里和圣诞等宗教节日表演节目等,在一些经济条件相对要好些的家庭还有 DVD 之类的电子设备,方便人看与信仰相关的碟片等。对地方传统文化的革新:玉石村天主教徒在重要的民俗节日里不会大吃大喝,不"拜老爷",不过清明节,也不过"鬼节",举行丧葬活动时不烧香、不烧纸,这些都不同于潮汕地区特有的地方传统文化。

综上所述,正因为当前农村存在着文化、娱乐、教育和心理慰藉等多重需要,农民生存的社会空间和心理需求空间有限,而由于基层政权的服务理念、服务能力等因素的制约,农民的复杂而多样化的需求一定程度上难以满足,尤其在偏僻的山村。在这种情势下,天主教恰恰能以其自身的社会功能在一定程度上发挥积极作用,满足人们的需求,从而成为建设具有中国特色的和谐乡村社会的思想资源之一。不容置疑,对于玉石村这个有着一百多年天主教传承历史的山村而言,天主教也是人们不应忽略的。它早已不是外来的,而是"祖传天主教",属于本土的传统的思想资源之一。

(原稿刊载于《宗教学研究》2013 年第 1 期)

宗教对话、理解与宽容如何成为可能

——从利玛窦的联儒抗佛说起

　　明末清初，随着耶稣会传教士的来华，基督教开始在中国历史上留下比较明显的"印记"。当时天主教在京畿地区、江南地区与福建地区都有所发展，而且在中国上层社会、士大夫阶层中也得到明显的响应，甚至清初的皇帝如康熙对天主教也还抱着友善的态度。耶稣会传教士之所以有如此建树，与其所运用的"利玛窦策略"即以天主教来附会儒理，"合儒"、"补儒"进而"超儒"密切相关，利玛窦本人自觉地把"儒学化"作为天主教适应中国社会的前提条件，且努力寻找天主教与儒学的可沟通之处。事实证明，以利玛窦为代表的耶稣会传教士所采取的"本土化"的传教策略相当成功，世人也常对利玛窦的传教策略大加赞扬。

　　笔者在这篇文章中并不想加入对利玛窦的传教策略大加赞扬的"合唱"中（尽管这种"合唱"笔者认为也是必要的，因为利玛窦的"成功"给了我们许多启示）。笔者以为，利玛窦的传教策略和传教实践其实还有值得再审视或者批评的地方，尤其是利玛窦联儒抗佛的既定方针为天主教在华的发展客观上也带来了不利与负面影响，如果说第一次的儒耶对话还比较成功的话，而佛耶的第一次对话则是失败的，前者的成功与利玛窦等在儒学面前的谦卑与尊重不无关系，而后者的失败也与利玛窦等在佛教面前的傲慢与轻看不无关系。2012 年恰逢天主教的梵二会议①五十周年，这次会议被公认为天主教开启了与现代世界和不同宗教之间对话，从而走向开放与包容的划时代的事件。作为一名研究宗教的学者，笔者觉得以诚实的态度对利玛窦的传教策略重新加以审视、反省与思考很有必要，因为这种审视、反省与思考或许也能带给我们一些启发，探索在这个全球化、强调多元文化的后现代，宗教之

---

① 50 年前即 1962 年 10 月 11 日，在教宗约翰二十三世主持下，梵蒂冈第二届大公会议在罗马圣彼得大教堂正式揭幕，这次会议历时三年，举行了四期集会，即为梵二公会议。

间的对话、理解与宽容如何成为可能。

一

可以说,最早进入中国内地的耶稣会士罗明坚、利玛窦等,从一开始就对中国的以儒、道、释为代表的文化传统有一个基本判断,在其看来,这三者中他们最需要联合的是儒家,最不需要放在眼里的是道教,在其看来,道教更接近于巫术而不是宗教,而佛教作为有明确教义教理、有一整套仪礼仪轨和规章制度的宗教则是他们在中国传教的最大对手或障碍。他们对佛教的这种先入为主的判断使其采取了"联儒排佛"、拉一打一的传教策略。

不过,我们得想想,明末来华的天主教的传教士们究竟对佛教有多少了解?这里或许有必要简要回顾一下佛教在欧洲的流传与影响。西方对佛教的了解,可能始于公元前4世纪后半叶。据传著名的怀疑主义者皮浪(?—前275年)曾随希腊马其顿王亚历山大东征随军进入印度,他或有可能把佛教思想带入希腊世界。佛教的造像直接导源于希腊艺术,即犍陀罗艺术①,这已是公认的事实。在早期汉译佛典中也可以发现希腊哲学的影子。早在20世纪90年代时,杜继文先生在他的一篇论文中曾提及"从巴门尼德的'存在'论,到柏拉图的'理念'论,都能看到与有部思想的相通之处。这不单是理论的比较,也有史实作根据。有部的活动中心是犍陀罗和迦湿弥罗,这是希腊化的重点地区之一。公元前二世纪初,希腊人曾在这里建立大夏。它的著名统治者弥兰陀王曾用兵恒河流域,是佛教的积极扶植者。现存两个汉译本的《那先比丘经》,就是记述弥兰皈依佛教一事的。此经的结构颇特殊,既非用'佛说'的形式(经),也非署名的论议(论),而是采取问答的方式阐发哲理;它不崇尚戒律和禅定,而突出智慧的作用和智者的地位,这都反映了希腊的风格。此经有巴利文本,而以汉译本部分最为古老,据考

---

① 犍陀罗地区原为印度次大陆古代十六列国之一,1世纪时成为贵霜帝国中心地区,文化艺术很兴盛,犍陀罗艺术主要指贵霜时期的佛教艺术而言。因其地处于印度与中亚、西亚交通的枢纽,又受希腊、大夏等长期统治,希腊文化影响较大,它的佛教艺术兼有印度和希腊风格,故又有"希腊式佛教艺术"之称。

证,原文可能是希腊文。在思想上,《那先比丘经》即属于说一切有部。"[1]

在古希腊之后,西方与佛教的接触与了解似乎鲜有人论及,直到13世纪,西方才有了关于佛教的论述,这就是13世纪时来过中国的威尼斯商人马可·波罗的游记。马可·波罗在游记中记载了他所见到的藏传佛教、汉传佛教以及南传佛教,作为粗通文墨的商人,他的记载极其简略和肤浅,且他的商人出身令他把几乎全部的注意力都集中在物质财富而不是在宗教上。但在地理大发现之前,他的游记在欧洲却比较有影响。如利玛窦在研究中国与"契丹"的关系时,就多次提到马可波罗及其游记。[2]

15、16世纪时,随着"大航海时代"的到来,西方的商人、外交官和传教士等随同商船和兵舰大批来到东方,他们把自己的所见所闻以日记、游记、书信或报告等形式传达给西方。要说明的是,这类出版物的作者们在中国的活动区域主要是广东、福建一带,因此其对中国的介绍主要是对中国南方的介绍,又由于这些作者或资料提供者或不懂中文、或在中国时间短、或道听途说的居多,因此这些出版物中的信息许多是片面和错误的,而这类含有许多片面和错误信息的出版物就成为当时欧洲人了解中国或包括佛教在内的中国文化的主要来源。如西班牙籍学者、天主教奥斯丁修会的修士门多萨的《大中华帝国史》的第1卷第2册,内容就涉及中国人的宗教信仰和偶像崇拜、中国人的迷信行为、中国人的生死轮回报应论等。由于信息的不准确,加之天主教的传教士们囿于其护教的立场,对基督宗教以外的宗教一概视之为"异教",利玛窦等对佛教采取轻蔑和排斥的态度就不足为怪了。

或许正因为以上的原因,罗明坚和利玛窦从一开始就对佛教没有好感,但因传教之需要,他们又不得不借助于佛教所提供的方便。刚入广东肇庆时,罗明坚和利玛窦削发剃须,穿上了和尚们的袈裟,这明显是受到范礼安(Akxandre Valignani,1538-1606)在日本传教经验的

---

[1] 见杜继文:"中国佛教的多民族性与诸宗派的个性"一文,原载中国社会科学1990年第11期。

[2] 刘俊徐、王长川合译:《利玛窦全集(2)·利玛窦中国传教史》(下),台北光启出版社1986年,第481页。

影响。范氏曾指示传教士穿上僧服,因为他在日本如此曾受到高度尊重。1583 年,当罗明坚和利玛窦一行来到广东肇庆时,耶稣会士的"无家室"之累很容易使中国的官员和百姓们将其等同于佛教的和尚,为了打开在中国内地传教的局面,罗明坚和利玛窦也乐得配合当地官员和百姓对其的误解,佛教最初也给他们带来了实际的便利,肇庆当地的知府王泮把他们安排在与佛教寺院天宁寺相通的一座住所里居住。当他们在肇庆建造了教堂和住处后,王泮特送来两块牌匾,一块刻有"仙花寺",另一块刻"西来净土"。据利玛窦的书信,当神父们在肇庆的临时住所对公众开放时,前来访问的人除了官员、学者和普通百姓之外,还有"崇拜偶像的人"。① 无疑,这"崇拜偶像的人"中就有不少佛教信徒,于是来访者当中有人在神父的住所里上香,免灾祈福,也就不足为奇了。这就难怪肇庆的官员和百姓都把这些西来和尚们的宗教与佛教混为一谈了。

利玛窦渐渐发现,他们外表上的和尚装束,实际上对其传教工作并没有什么实际的好处,因为这种装束不便于同中国官方和文人学者交往。经过在肇庆几年的观察,利玛窦认为佛教的僧众在中国人尤其是官吏心目中地位低下,当利玛窦对中国的儒家传统有一定的了解之后,他就决定不管是在内心还是在外表上都要极力向儒家靠拢,而与佛家划清界限了,何时放弃这身"和尚装束"只是时机问题了。

1589 年,利玛窦一行被迫从肇庆来到韶州(即今天的韶关),韶州方面的官员将其落脚点安排在著名的佛教圣地南华寺(南华寺是中国中国佛教名寺之一,是禅宗六祖慧能宏扬"南宗禅法"的发源地,当时就已有建寺千多年的历史了)。南华寺最初对其表现出友好的姿态。令人遗憾的是,南华寺僧人的友好接待却遭到了利玛窦的冷遇。如利玛窦记述道,南华寺的僧人们"全身披上整齐的法衣,佯装着很高兴他到来,前去迎接他,把这些地方指给他们看。他们彬彬有礼地把整个寺院交给他,向他保证寺里的一切都归他处置……抵达的当天,他就被飨以盛宴,然后又被引导游览寺里的名胜……寺里的僧官还把六祖的尸身指给他们看……对于寺里的居住者来说,最怪的事似乎莫过于神父们

① 刘俊徐、王长川合译:《利玛窦全集(1)·利玛窦中国传教史》(上),台北光启出版社 1986 年,第 136 页。

并不礼敬他们的偶像。"①从这些字里行间不难看出南华寺的僧人们对利玛窦到来的示好。

利玛窦对南华寺僧人的示好并不领情，他坚持另觅地方建造教堂，他对韶州有关官员解释说，"寺院似乎根本不适合他们居住。它离城太远，也离知识阶层和官员们太远，而他们习惯于生活在这些人当中，犹如在他们同侪之中一样。他解释说，这些寺里的和尚声名狼藉，跟他们住在一起很不安全，他的教规和有关教规的书籍也和他们的全然不同。然后他补充说：'我们不信奉偶像，我们只信奉天和地的唯一真神。'"②

利玛窦后来在韶州光孝寺旁边买地建屋，光孝寺的和尚们在其购地交涉期间也给予了热情的照应，但利玛窦对此也表现出了冷淡与漫不经心。最初，当地的僧人们对利玛窦一行的无礼并没有心怀芥蒂，"1591 年当神父麦安东在韶州逝世时，前来参加葬礼的人还有不少当地的佛教僧侣，他们都为死者服丧致哀。渐渐利玛窦对当地僧人的无礼、不友好与心怀戒心引起了僧人们的不满。1592 年 6 月，有赌徒突袭了神父们的住所，利玛窦后来在致罗马总会长的信函中明确提及，住在邻近的光孝寺的和尚们至少知道这个阴谋，他们曾叫邻人不要施救。"③"后来罪犯的家属们趁巡按御史到访之际，掀起了一场集体告状活动，意图把神父们从韶州赶出去。而他们密谋和聚集的地方竟是一座寺庙的神像前。"④聪明的利玛窦虽没有采取过激的反应，但他心里一定对此有自己的看法和判断。

1595 年，在其中国友人瞿太素的建议下，利玛窦决定重新蓄发留须，身着儒装，真正以"西儒"而不是以"西僧"面目来示人了。他说："……我们决定彻底放弃迄今为止我们在这个国度中一直使用的僧侣的名字。在他们看来，僧侣就像是修士；但是，地位低下。……僧侣信奉的异教……是没有念过书的穷人中最卑微的……"他还说："任何有身份的人都不会同僧侣们十分亲近的。"⑤利玛窦以"西儒"面目示人的

---

① 利玛窦、金尼阁著，何兆武校：《利玛窦中国札记》，何高济、王遵仲、李申译，中华书局 2005 年，第 238 页。
② 同上书，第 239 页。
③ 罗渔译：《利玛窦全集(3)·利玛窦书信集(上)》，台北光启出版社 1986 年，第 127 页。
④ 同上书，第 134 页。
⑤ (意)利玛窦：《利玛窦中国书札》，芸娸译，宗教文化出版社 2006 年，第 15 页。

决定标志着以耶稣会士为代表的天主教传教士与佛教僧侣的正式决裂,这种决裂使得天主教与佛教的关系实质上进入了相互对抗之阶段。

也就在这一年,利玛窦又去到了南昌,后来又先后去到南京与北京等地,在其所到之处,他与佛教的僧人们之间都有过或多或少、断断续续的交往,而这种"交往"对其双方来说都是一种不愉快不友好的经历。如他在南京曾与佛教人士有过两场公开辩论,第一场辩论在他和年过七旬的佛教居士(他是京城御史之一,以道德和学问兼优闻名)李汝祯之间展开,利玛窦本想争取李汝祯皈依天主教,"在他们的第一次辩论中,利玛窦神父逼得他不得不承认,偶像崇拜就像是一个半好半烂的苹果一样,人们可以接受其中好的部分而抛弃其余部分。"①这场辩论的结果是不欢而散。

在李汝祯的安排下,利玛窦和当时著名的佛教禅师雪浪大师黄洪恩(即三淮)之间展开了第二场公开辩论,利玛窦认为三淮"同那些由于懒散无知而声名狼藉的一般寺僧大不相同。他是一位热情的学者、哲学家、演说家和诗人,十分熟悉他所不同意的其他教派的理论。"②利玛窦留下了一份十分详尽的关于这场辩论的记述资料,他说当时他和三淮"就宗教问题进行了一场争论……利玛窦和三淮就创造的含义以及人类头脑在这创造过程中所发挥的作用进行论辩,争论愈来愈激烈,大部分时间两个人都是相互大声叫骂,面红耳赤。"③据利玛窦的记述,当三淮在辩论中处于下风时,"那位名僧力图掩盖自己的无知,便鼓动另一场大嚷大叫,把他的论点的价值付之于随之而来的喧嚣。最后,东道主担心有人出言不逊会伤害这一方或那一方,就结束了这场辩论……宴会结束以后,只有那位僧人不肯承认失败,尽管所有的人都一致认为他失败了。"④当然,利玛窦自认为上述这两场辩论都是自己取得了胜利。

---

① 利玛窦、金尼阁著,何兆武校:《利玛窦中国札记》,何高济、王遵仲、李申译,中华书局2005年,第363页。

② 利玛窦、金尼阁著,何兆武校:《利玛窦中国札记》,何高济、王遵仲、李申译,中华书局2005年,第365页。

③ (美)史景迁:《利玛窦的记忆之宫——当西方遇到东方》,陈恒、梅义征译,上海远东出版社2005年,第343页。

④ (美)史景迁:《利玛窦的记忆之宫——当西方遇到东方》,陈恒、梅义征译,上海远东出版社2005年,第367页。

显然，单从利玛窦的记录来看，双方都是从护教的心态出发，竭力贬低对方的教义或理论以此来证明自己信仰的优越，而没有尽量尝试理解对方信仰的思想体系。双方讨论的是什么内容已经不重要，重要的是利玛窦参与这场辩论的动机不是为了了解和学习佛教，而是为了护教。这就使得双方都是自说自话。

1601 年，利玛窦终于如愿来到了北京，他在北京的主要任务除了结交官员和士大夫之外，就是著书立说，用文字来宣传天主教和攻击佛教。也就在同一年，其《天主实义》在北京重刻出版。著名的晚明四大高僧之一、紫柏真可（即达观）先他一年即 1600 年也来到北京，1602 年，京师掀起一场攻击狂禅的运动，思想性格颇受佛学浸染、晚年遁入佛门的李贽因"敢唱乱道，惑世诬民"而锒铛入狱，并在狱中以自杀殉志。李贽对天主教传教士持相当友好的态度，曾三次面晤利玛窦，并题《赠利西泰》诗一首，对之盛赞有加。作为李贽的朋友的利玛窦对此并没有流露出半点哀伤，反而幸灾乐祸之情溢于言表。[1]

第二年，即 1603 年，紫柏因遭诬陷涉嫌宫廷罪案入狱并也罹难狱中。利玛窦与紫柏同在京师的时间仅两年左右，这二人虽都彼此知道对方的大名，但从未谋面。根据利玛窦的说法，二人之间还有过一段"不愉快"的经历。据利玛窦说，紫柏曾以十分傲慢的态度对待他，他曾派人送信给利玛窦，说"他想会见利玛窦神父，如果神父也能像某些官员那样，先去拜访他并屈膝参见他的话"，[2]而利玛窦也以牙还牙，当即告诉送信的人，说"他不想跟他学任何东西，但是如果他达观想学点什么，那么欢迎他来学"。利玛窦的意思是，最好避免和这个人的卑贱阶层有任何接触。"这个大骗子的傲慢简直无法容忍。他在撒旦的学校里还能学到别的什么呢？诚实的人是受不了这些的。"[3]当紫柏在狱中圆寂后，利玛窦用带有几分嘲讽与刻薄的语气写道："他死后，他的名字成了那些枉自吹嘘不怕肉体受苦的人的代号；但是他忘记了自己的吹嘘，当他挨打时他也像其他凡人一样地呼叫。官员有令，他的尸体不

① 刘俊徐、王长川合译：《利玛窦全集(2)·利玛窦中国传教史》(下)，台北光启出版社，第374 页。
② 利玛窦、金尼阁著，何兆武校：《利玛窦中国札记》，何高济、王遵仲、李申译，中华书局 2005年，第 438 页。
③ 同上。

得收葬。他们怀疑他只是装死，他可能施展这样那样的鬼计逃脱。他们简直不能相信他一挨鞭子就死掉了。"①从利玛窦对紫柏的上述只言片语中，不难看出他对当时佛教领袖人物的鄙视态度。

二

人们不难发现利玛窦著述中对佛教的指斥和批判的文字，这些文字主要集中在他的两部重要著作，亦即《利玛窦中国札记》和《天主实义》中。"札记"一书共分五卷，在第十章"中国人的各种宗教派别"中对佛教有专门介绍；《天主实义》则是利玛窦用功最勤、最为处心积虑之作。此书从初稿到刊刻长达十余年之久，在此期间，他都在不断修改完善这部书稿。由于篇幅所限，笔者在此并不打算就利玛窦这两部著作中对佛教的指斥和批判作全面介绍，仅撷取与本文的"宗教对话、理解与宽容"有关联的几点而阐述之。

其一，利玛窦缺乏对佛教的平视与尊重。他认为，天主教比佛教的历史更悠久，也更为优越。佛教中的诸如"天堂"、"地狱"等概念显然是从天主教那里剽窃而来的，进而武断地否认佛教作为一种宗教的独立性。他在《天主实义》第三篇中写道："天主教，古教也。释氏西民，必窃闻其说矣。凡欲传私道者，不以三四正语杂入，其谁信之？释氏借天主天堂地狱之义，以传己私意邪道，吾传正道，岂反置弗讲乎？释氏未生，天主教人已有其说。"②

在"札记"一书中，利氏确切地指出佛教是耶稣纪元65年（即东汉明帝永平八年）由天竺传入中国的，而这一时期"正和使徒们传播基督的教义是同一个时期。巴多罗买（Bartholomew）在上印度（Upper India）——即印度斯坦及其邻近国家——传道，同时多默（Thomas）正在下印度把福音传向南方。"据此，利玛窦断定"中国人听说过基督福音书中所包含的真理，受到感动而发生兴趣，想要接触它并向西方学习它；这并不是超出可能范围以外的事。然而，或是由于他们使臣方面的

---

① 利玛窦、金尼阁著，何兆武校：《利玛窦中国札记》，何高济、王遵仲、李申译，中华书局 2005 年，第 439 页。

② 朱维铮主编：《利玛窦中文著译集》，复旦大学出版社 2007 年，第 26 页。

错误,或是因为他们所到国家的人民对福音的敌意,结果中国人接受了错误的输入品,而不是他们所追求的真理。"①这个"错误的输入品"指的是佛教,而此处的"真理"当然是指基督宗教了。这一贬一褒就充分说明了利玛窦的护教和贬斥佛教的立场。

利玛窦还认为佛教的教义"有些概念是从我们西方哲学家那里得来的"。他举例说,印度人承认四元素说;而轮回说,则"听起来很像毕达哥拉斯(Pythagoras)的学说,只是他们加进了很多解说,产生了一些更糊涂、更费解的东西。这种哲学似乎不仅是从西方借来的,而且实际上还从基督教福音书中得到了一线启发。"②

当然,他也注意到了天主教与佛教的相似性。他竟然认为,"在被人们称为佛教与道教的不同教义的基本主题中,都含有对基督教三位一体的拙劣模仿,亦即把三个分离的神混为一体。"③佛教强调善恶报应,以及僧人们的独身、朝圣和乞求布施。他还提及佛教的"一些非宗教的礼节在某些方面,和我们教会的仪式很近似,例如说他们唱经和我们格里高利的唱经没有什么差别。他们的庙宇里也有塑像,他们献祭时所穿的袍服也和我们的差不多。"④

利玛窦对佛教僧人的评价却是很低的,他认为在"这种寺院特殊作奴仆的阶层被认为是,而且也的确是,全国最低贱和最被轻视的阶层……他们由作奴仆而成为弟子,以后再接替师父的位置和津贴。人们采用这种继承的办法以便保持职位。但他们里面决没有一个人是心甘情愿为了过圣洁生活而选择了参加这一修士的卑贱阶层的。他们也和师父一样既无知识又无经验,而且又不愿学习知识和良好的风范……所以他们天生向恶的倾向就随着时间的推移而每况愈下……虽然这个阶级不结婚,但是他们放纵情欲,以致只有最严厉的惩罚才能防止他们的淫乱生活……虽然他们的卑鄙无耻是出了名的,但这并不妨

① 利玛窦、金尼阁著,何兆武校:《利玛窦中国札记》,何高济、王遵仲、李申译,中华书局2005年,第106页。
② 同上。
③ (美)史景迁:《利玛窦的记忆之宫——当西方遇到东方》,陈恒、梅义征译,上海远东出版社2005年,第159页。
④ 利玛窦、金尼阁著,何兆武校:《利玛窦中国札记》,何高济、王遵仲、李申译,中华书局2005年,第106页。

碍有很多人请他们帮忙办丧事。"①

其二,利玛窦对佛教的有关教义与观念嗤之以鼻,作出了居高临下的独断式的判定与论断,并将佛教斥责为邪教。如"不管他们的教义中可以有怎样的真理之光,但不幸却都被有害的谎言所混淆了。他们对天和地的观念以及说天地是惩恶奖善的地方等等,都是十分混乱的;他们无论在天上或地上,都从不寻求死者灵魂的永生,这些灵魂被认为过一些年之后就重新诞生在他们所假定的许多世界中的某一个世界里。在那里,如果他们想要弥补罪过的话,就可以为自己过去的罪恶赎罪。这只不过是他们所用以影响这个不幸国家的许多荒谬的学说之一。"②

利玛窦在《天主实义》第二篇里,着力批判了佛教的空的理论以及从空无当中产生万物万事的说法,"佛氏谓色由空出,以空为务";利玛窦不解佛教关于万物之间普遍联系、平等起源的缘起思想,因而对佛教的缘起性空之理论作出了独断式评价,即"曰无曰空,与天主理大相剌谬,其不可崇尚,明矣"。③

利玛窦对佛教的灵魂与业报轮回的观念进行了最为详尽的批判。他的《天主实义》第五篇的标题是"辩排轮回六道、戒杀生之谬说,而揭斋素正志"。他列举了六条理由,与佛教的业报轮回观念针锋相对。即一,如果灵魂可以轮回,迁转来世他身,"或为别人,或为禽兽,必不失其本性之灵,当能纪念前身所为,然吾绝无能记焉,并无闻人有能记之者焉,则无前世,明甚"④。二,如果前世罪人转为今世禽兽,使今世禽兽具有人魂,那么,今日禽兽之魂与前世禽兽之魂不同。"然吾未闻有异也,则今之魂与古者等也。"⑤三,魂有三品,人与禽兽、草木各有不同之魂,唯有人类之魂"视其独能论万物之理,明其独有灵魂休矣。而佛氏云禽兽魂与人魂同灵,伤理甚矣"。⑥ 四,人与禽兽体态不同,"则其魂亦异……既知人之体态不同禽兽,又安能与禽兽相同哉! 故知释氏所

① 利玛窦、金尼阁著,何兆武校:《利玛窦中国札记》,何高济、王遵仲、李申译,中华书局2005年,第108—109页。
② 同上书,第107页。
③ 朱维铮主编:《利玛窦中文著译集》,复旦大学出版社2007年,第15页。
④ 同上书,第49页。
⑤ 同上书,第50页。
⑥ 同上书,第50页。

云人之灵魂,或托于别人之身,或入于禽兽之体,而回生于世间,诚诳词矣。"①五,"夫云人魂变兽,初无他据,惟疑其前世淫行曾效某兽;天主当从而罚之,俾后世为此兽耳。然此非刑也,顺其欲,孰为之刑乎……"若将前世罪人变为今世禽兽,并不能起到惩恶之效,反而顺肆其欲,更生恶端,如"暴虐者常习残杀,岂不欲身着利爪锯牙,为虎为狼,昼夜以血污口乎……故轮回之谎言荡词,于阻恶劝善无益,而凡有损也。"②六,轮回之说废农事畜用,乱人伦。"谓人魂能化禽兽,信其说则畜用废。谓人魂能化他人身,信其说将使夫婚姻之礼,与夫使令之役,皆有窒碍难行者焉?"如果我们所杀或所役使之牛马是父母的前身,那我们怎能忍心为之?忍心为之则乱人伦,不忍心为之则废日用农事。又诚依轮回之说,若我们所娶嫁之人或役使之人竟是我们的前世父母,"此又非大乱人伦者乎?"③从上述文字中不难看出,他过于简单地理解佛教的轮回观,也无法去思考此种观念背后的道德寓意,因此,他的论断就显得有些武断。

针对佛教的戒杀,利玛窦也提出了异议。"他完全反对佛教徒用灵魂转生论散布动物与人类一样,是同属一体的地球上的生物,从而应当忌食动物产品的教义。利玛窦力图说明,只能把斋戒看作一种修行补赎的方式,它使人们铭记自己之罪,能在头脑中一直对自己躯体与意志的脆弱保持警戒。"④在1605年发表的《畸人十篇》中,利玛窦坚持认为为赎罪而斋戒是正当的,他重申了对佛教徒提倡斋戒的前提进行了驳斥。

其三,利玛窦对佛教的修行方法也进行了批评。利玛窦认为,佛教的"顿悟成佛"、诵念成佛等修行方式太过简便易行,难免会导致善有恶报、恶有善报的不合理结局,使人们对今世积善、来世得福缺乏真诚信念,助长人类天性中为恶的倾向。他说:"呼诵南无阿弥陀佛,不知几声,则免前罪,而死后平吉,了无凶祸。如此其易,即可自地狱而登天堂乎?岂不亦无益于德,而反导世俗以为恶乎?小人闻而信之,孰不遂私

---

① 朱维铮主编:《利玛窦中文著译集》,复旦大学出版社 2007 年,第 51 页。
② 同上书,第 51 页。
③ 朱维铮主编:《利玛窦中文著译集》,复旦大学出版社 2007 年,第 52 页。
④ (美)史景迁:《利玛窦的记忆之宫——当西方遇到东方》,陈恒、梅义征译,上海远东出版社 2005 年,第 341—342 页。

欲,污本身,侮上帝,乱五伦,以为临终念佛者若干次,可变为仙佛也。天主刑赏,必无如是之失公失正者。"①在其看来,若真如此,则宗教扬善去恶、救世济人的意义则会顿失。

利玛窦对佛教的上述攻击引起了佛教僧人与信众的不满,一位名叫虞淳熙的佛教居士学者"在经过一定时间的准备之后,通过书信对利玛窦的观点作了回击,他质问利玛窦,为什么不花点心血对佛教经典著作做仔细研究,而就对佛教进行诽谤? 为什么他自视有权对接受了佛教影响的几代受人尊敬的儒家学者们进行谴责? 他指出,无论如何,从利玛窦在中国发表的著作来看,佛教与基督教在道德的其他领域在相当大的程度上是重合的。虞淳熙还给利玛窦寄去一份中国佛教基础著作的阅读目录表。他认为,这会使利玛窦对事情的本质有一个更加清楚的认识。"②

实事求是地说,虞淳熙的"质问"和他的两个"为什么"是合情合理的,而他主动提供中国佛教基础著作的阅读目录的做法也是善意的,说明他至少希望利玛窦在对中国佛教有基本的了解后再作评判。利玛窦并没有接受虞淳熙的建议,他给虞淳熙复了一封相当长的信,阐释天主教与佛教之间根本宗旨上的对立,并深信,佛教违背了"十诫"的第一诫即拜偶像。虞淳熙则把自己的两封原信和利玛窦的复信一同交给了他的师傅、明末江南著名的佛教禅师云栖袾宏,而云栖袾宏此前或已阅读过《天主实义》与《畸人十篇》等书。"他告知虞淳熙,利玛窦的论证过于浅薄,不值得答复反驳。"他说:"然格之以理,是浅陋可笑。而文亦太长可厌。"③云栖袾宏认为利玛窦的书信文笔远远比他发表过的著作高雅得多,他猜想有可能是一位中国学者替他写的。云栖袾宏显然有小觑利玛窦之意,他也低估了利玛窦的宏愿、勇气与才华。

三

由上可见,利玛窦对佛教并没有进行深入的研究,他对佛教的理解

① 朱维铮主编:《利玛窦中文著译集》,复旦大学出版社2007年,第5283—5284页。
② (美)史景迁:《利玛窦的记忆之宫——当西方遇到东方》,陈恒、梅义征译,上海远东出版社2005年,第341—342页。
③ 云栖袾宏:《云栖法录》。

与认识是贫乏肤浅的,可谓是一知半解,且多有误解,甚至可以说他对佛教的理解仅限于一般民间佛教信仰,其批评也多非理性。而他对佛教的批判则是一种直观的、不深入的、简单的以天主教的立场为基点的居高临下的批判,在这种批判中没有聆听,没有对话,更没有贴近的理解和宽容。站在我们今天的时代来看待问题的话,或许我们能从利玛窦的"联儒抗佛"中反思到以下几点:

第一,从利玛窦"联儒抗佛"的策略来看,未必是最佳的传教策略,"联儒抗佛"从表面上看有合理性,因佛教作为一种宗教和天主教的分歧是明显的,既然是不同的宗教,肯定就有竞争,利玛窦对佛教的责难和批判,当然是出于护教的立场。这就是为什么利玛窦适应中国传统的策略曾遭到天主教其他修会的激烈反对,但在对佛教的认识及其对此所持的态度却是一致的。利玛窦对中国佛教的"建构"和理解构成了其他传教士心目中的佛教观的理论基础和基本判断。这种状况直到19世纪新教来华时才有所改变,新教传教士们对佛家的态度渐渐有了不同于以往的一些变化,不管他们是出于什么动机,正是从他们开始,才开始对佛教有了一些认真的研究,如李提摩太对《大乘起信论》的翻译。

以利玛窦为代表的天主教传教士显然没有注意这样一个事实:当他们远涉万里来中国传教时,佛教在中国已有千多余年的历史,并且已经成为了一个地地道道的中国宗教了。佛教在这段历史长河中已成为中国文化传统中不可分割的组成部分,它在中国大地上的被接受和"中国化",使得它成为了中国儒释道三教中的其中一个"道统",丰富的佛教哲学与伦理思想已经渗透到包括了儒学和道教在内的中国文化的骨髓和命脉中,佛教的文化基因已经广泛存在于中国的上至士大夫、下至贫民百姓的血液和生命中,利玛窦的联儒抗佛之策略,大有拆散中国三教和合正统的态势,其对佛教的不尊重、不理解与对抗,更容易促使具有反天主教情绪的文人士大夫与佛教居士、僧人结为同盟,从而对天主教在中国的传教事业造成负面和不利的影响,这种负面和不利的影响在利玛窦时期由于其为人处事的圆通和周详还不太明显,当利玛窦去世后,这种负面和不利的影响就越来越明显了。如继任耶稣会在华传教的负责人意大利人龙华民认为应该扫除一切阻碍天主教真理的因素,为此他采取了直接深入到民间,且采取简单和不加掩饰地与包括佛教在内的中国文化传统相对立的传教方法,加之天主教的其他修会也是如此,最后导致了礼仪之争与天主教的退出中国,也从而导致了晚明以来的基督教与中国宗教对话的全面失败。

其实,宗教对话产生的前提首先是承认对方宗教的价值及独立性,任何一种宗教都不是真理的高大全本身,也不能完全垄断真理。如果把自己的宗教凌驾于对方宗教之上,相信只有自己所信仰的宗教才拥有真理和绝对的权威,那么这样只能招致对话的失败。

第二,佛教作为一种宗教与天主教的相同之处其实比天主教和儒家的相同之处要多得多,如同前面提到过的晚明佛教居士学者虞淳熙所言,"佛教与基督教在道德的其他领域在相当大的程度上是重合的。"况且佛教中的禅宗,是佛教中国化的产物,禅宗和儒家之间的关系和内在联系也是不言自明的,只是外来的传教士们对此看得不明白而已。传教士们若是能以对待儒家的态度,即先虚心学习,对佛教作一番深入的了解,然后找到切合点,或许能更好地适应中国的中国文化与宗教生态环境。

第三,以利玛窦为代表的天主教传教士在晚明中国的"抗佛"说明其思维方式及方法论仍局限在西欧中世纪的传统神学框架之内,自然也不可能超出他们固有的时代来进行各宗教间的比较研究。他们认定只有天主教才掌握了全部的真理,乃是唯一的普世宗教,并以此为尺度来责难其他宗教,他们有他们的时代局限性。当然,宽容精神是一种现代精神,也是现代文明的核心原则之一。我们不能苛求 500 年前的人,只是 500 年后的时代已经是全球化、后现代的时代了,如今强调的是各民族、各种文化的多样性,强调的是对话、理解与宽容。不同的文化、不同的宗教之间依然有竞争,但这种竞争不一定是你死我活的竞争,也可以是相互了解后的理解、宽容基础上的竞争。而且就宗教而言,各个宗教之间可能最需要的是对话和沟通,理解和宽容。

对话和沟通,理解和宽容应该成为当代人的生活方式和常数,人与人之间是如此,国与国之间是如此,在对话和沟通的基础上达成的是相互之间的理解,在理解的基础上才能和谐共处于同一个星球。50 年前即 1962 年 10 月 11 日,在教宗约翰二十三世主持下,梵蒂冈第二届大公会议在罗马圣彼得大教堂正式揭幕,这次会议历时三年,举行了四期集会,即为梵二会议。这次会议的召开乃天主教因应"时代的征兆",在新的历史时期对自身的一次重新认识，就在这次会议上，天主教决定向现代世界开放，提出了"与时代共进"（Aggiornamento）的口号。会议邀请了东正教和新教的代表列席旁听这是此次会议的亮点之一。要知道：自从东西教会大分裂，天主教就与东正教少有来往；同时自从宗教改革、新教分裂出去之后，新教一直被天主教看做异端邪说，彼此少有来往。东正教和新教的代表列席旁听不能不说是一个重大的进步，显示出教廷开放的胸襟和改革的决心。这次会议努力回答的问题之一就是：天主教信仰与世界上的其他宗教信仰的关系，如天主教与其他基督宗教的关系、与非基督宗教的关系、与犹太教的关系，与无信仰者的关系等等。梵二会议不再把天主教会等同于世界上唯一的真教会，也修改了过去一味强调的"教会之外无救恩"①的教条，并开始承认其他的宗教并不在拯救历史之外，而在拯救历史之内。别的宗教也反映了"真理之光"。"天主公教绝不摈弃这些宗教里真的圣的因素，并且怀着诚恳的敬意，考虑他们做事的生活方式，以及他们的规诫条与教理。这一切虽然在许多方面与天主公教所坚持、所教导的有所不同，但往往反映着普照人类的真理之光。"②这就等于宣告了"教会之外亦有救恩"。在梵二通过的三项宣言中，其中一项就是《信仰自由宣言》。

梵二会议之后，天主教对其他宗教和基督宗教内部的宗派更加包容，开始注重宗教的对话，梵二会议标志着天主教会从传统的自我中心的独断式思维中走出来，向世界开放，不再以居高临下，而是以平等和对话的姿态来处理与其他宗教的关系，这表明了天主教的与时俱进，以及教会在现代性语境中对自我的重塑，更表明天主教的最上层已经承认这个星球的宗教生态的多样性、复杂性，并愿意与不同的宗教对话，求同存异，和而不同，寻求相互的包容与理解而不是冲突。五十而知天命，在梵二会议五十年后的今天，我们梳理它的精神和思想原则，对于在我们这片土地上构建和谐的宗教文化生态环境应该有不言而喻的作用和意义。

---

① 意即天主教把握着全部和绝对的真理，不加入天主教会，就不可能获得灵魂的拯救。天主教一直把"教会之外无救恩"当做对待非基督徒、东正教徒和新教徒的定则甚至信条。

② "教会对非基督宗教态度宣言"第2节，见《天主教梵蒂冈第二届公会议文献》，上海光启社2005年，第470页。

　　中国的天主教会是否也需要反省历史,反省自己在中国这片大地上与其他的宗教之间的关系,从而创造性地开拓与包括佛教在内的中国文化的融合呢? 当年利玛窦提出"联儒抗佛"时是从传教策略上来考虑的,但实践证明效果并不好。如何更好地与中国其他宗教相处,今天仍是基督教要解决的重要课题。当然,也不止是基督宗教,佛教是否也需要同样的反省呢? 如此,宗教对话、理解与宽容才成为可能……

　　　　　　　　　　(原稿刊载于《民族宗教研究》2013 年第 3 辑)

护教与宣教

——对《真光杂志》在非基运动中对基督教歧视 与压迫女性的回应之反思

　　广州美华浸信会印书局是 20 世纪 30 年代以前华南地区规模最大、影响最广的基督教出版机构，在它所出版的大量的宗教书刊中，《真光杂志》在中国基督教出版界属于比较有影响的杂志之一，享有"教会报明星"的美誉，也被视为美华浸会书局文字布道的最重要的阵营。该杂志由美南浸信会传教士湛罗弼牧师（Rev. Roberts E. Chambers)于 1902 年 2 月在广州创刊，最初的名字是《真光月刊》，1906 年改名为《真光报》，1917 年改称《真光杂志》。该杂志的内容包括论说、故事、教会新闻、时事、新闻等。其宗旨是"藉以通教会之消息，发真理之辉光，旁及各国新闻格致杂说，凡此益人智慧、加人信德，未必无小补云此布。"①笔者在这篇文章中将以这份杂志为对象，主要就 20 世纪 20 年代《真光杂志》在非基运动中对基督教歧视与压迫女性之责难的回应作一番探讨，时至今日，类似的对基督教的责难还是有的，人们究竟应该怎样对基督教的女性观和性别意识作更为全面的了解与探讨？这或许是教内和教外人士都值得深思的问题。

一

　　不容置疑，在中国的近代历史上，随着基督教在中国的传播，基督教旗帜鲜明地反对女子缠足、主张放天足、大力提倡一夫一妻制、身先士卒的实践女子教育等，凡此种种，对于改善和提高当时中国妇女的社会地位有积极意义。

----

① "目录页中的宗旨说明"真光月报,1902 - 04,(2),第 1 页。

20 世纪初是中国基督教的迅速发展时期,教会的布道事工、文字事工、教育事工、医药事工、社会事工,以及文字事工等,均呈现出一片欣欣向荣的景象。可谁也不曾想到,1922 年 4 月,由于世界基督教学生同盟在北京清华大学开会,在基督教力量比较强大的上海,率先爆发了"非基督教运动"(简称"非基运动"),并迅速蔓延到北京、天津、唐山、太原、南昌、杭州、广州、厦门等大城市,引发了全国性的反基督教运动。当时一些著名学者、在校大学生盲目地高举社会主义、民族主义、实用主义等大旗,对基督教进行了来势汹涌的猛烈攻击,而参加"非基督教运动"者包括了不同党派的人士,如有共产党、国民党、国家主义者、民族主义者和无政府主义者等,许多著名的知识分子和为数相当可观的报刊也参加到讨伐基督教的行列中来。细心去辨析的话,不难发现 1919 年后的学生运动对当时宗教间的争论产生了很大影响,"非基督教运动"承袭了五四反传统的思想,并渐渐突破了新文化运动对宗教批判的范畴,其政治化的倾向越来越明显,终至发展成将基督教直接与帝国主义视为一体而加以攻击与诽谤。

正是在"非基督教运动"期间,基督教的女性观和性别意识也成了基督教被"非"的其中一个方面,当然,对基督教女性观和性别意识的批评与当时关于中国社会性质的讨论也不无关系,有人认为中国的落后在于中国的女性太封建太落后了,中国要想进步,解放妇女则刻不容缓。对基督教的女性观的批评,始于 1921 年 2、3 月间刊登在《广东群报》所属的《劳动与妇女》周刊上署名为"拈华"的一篇标题为"基督教与妇女"的文章,1921 年 3 月至 5 月的《真光杂志》有署名"函人"的作者则发表了"批评拈华君基督教与妇女的谬误"一文对这篇文章做出了回应。一年后,即在 1922 年 3 月 15 日的非基督教同盟的《先驱》半月刊的第 4 号(名为《非基督教学生同盟号》)中,拈华的这篇文章又再次被全文发表,在该文章的开篇中,作者写道:"大凡宗教家,没有不是和我们女子为难的……我当初以为西方有圣人,传的是基督教,化行文明各国,一定可以诚心信仰,去到天堂寻安乐土,殊不知他那刻薄的教理,与古代东洋诸国是一样的,对于女子仍是含有许多轻蔑下贱的意思。人说西方诸国优待女子,疑是宗教的关系,其实大大的不然……基督教,在根本上把女子看作男子的附属品……"①接着作者以《圣经·创世记》中夏娃是由亚当的肋骨所造的事实以及摩西十诫中的第十诫为例②,认为《圣经》以"世上人类出现,究竟是男生女呢? 还是女生男呢? 至现在人类胎生的科学大昌明的时代,尚不能下定论,二几千年前的人,想象定论,未免太武断了。无非是任意造谣,污蔑女性的人格罢。"且《圣经》将"妇女与奴婢牛驴牺畜等同视为一样东西,你看可怜不可怜!"③再接着作者不嫌麻烦,从旧约的律法书和新约的保罗书信中搜罗基督教重男轻女以及压迫女人的具体经文,来说明旧约的"礼法尊严如我中华老式腐败的家规,也不曾听见用这些法门作践人呀"。④ 而"保罗独身一生,笃信宗教,所以他对于妇女决无同情,极其憎恶"⑤,他的许多教导实是"此真骇人听闻的愚民教化,正与我国'女子无才便是德'那句话,适相符合。"⑥

显然,拈华的文章有点偏激和武断的味道,她从女子当争取平等权利和独立人格的层面来批评基督教,认为基督教在这方面并没有提供积极的可资利用的思想资源,因而不能成为中国女性所应依靠的信仰,因此,基督教应如传统的孔孟之道一样被人扬弃才是。在文章的结尾处,拈华不无蛊惑地宣称:"可怜我同胞,自有史以来,受野蛮的掠夺,受宗教的束缚,受经济的压迫,无半点自由,无一毫人格,久而久之,自己也就忘却自己是人,不承认自己是人了。姊妹们呀! 以后我们与其信那耶稣的教,不如信我们自己求做人的教为善,做人的法子如何呢? 要看《劳动与妇女》报⑦。这报,才是我们苦同胞的救世真主。大圣经、

---

① 拈华:"基督教与妇女"原载《劳动妇女》第 2 期(1921 年 2 月 20 日),参中华全国妇女联合会,妇女运动历史研究室编《五四时期妇女问题文选》,三联书店 1981 年版,第 87 页。

② 摩西十诫中第十诫的经文是"不可贪恋他人的房屋;也不可贪恋人的妻子、仆婢、牛驴,并他一切所有的"。

③ 中华全国妇女联合会、妇女运动历史研究室编:《五四时期妇女问题文选》,三联书店 1981 年版,第 87 页。

④ 同上书,第 88 页。

⑤ 同上书,第 89 页。

⑥ 同上书,第 89—90 页。

⑦ 1921 年 2 月 13 日,《劳动与妇女》在广州创刊。该刊是宣传妇女与劳动者的解放的刊物。沈玄庐、陈独秀、谭平山、陈公博等人为该刊主要编辑和撰稿者。该刊与《新青年》《广东群报》,成为当时广东地区宣传马克思主义的重要喉舌。——笔者注

大法典呢!"①至于女子究竟应该如何才能争取到平等权利和拥有独立人格?拈华则没有进行深入讨论和提出积极可行的建议,只是呼吁大家接受《劳动与妇女》报提供的办法与建议等。与非基运动中的许多文章一样,这篇文章并没有对于基督教将"妇女与奴婢牛驴牲畜等同视为一样东西"作较为客观的有事实依据的研究,因此其针对基督教关于女性的立场、观点的批评难免带有偏差性或扭曲性的解读。

这种偏差性或扭曲性的解读当然不止发生在"拈华"这儿。如1922 年 3 月 31 日《广东群报》发表的以"宗教与贞洁运动"为题的文章,便认为淫业不过污及肉体,宗教污及精神,若贞洁运动应积极推行的话,那么就更要推行非宗教运动,特别是要"非"基督教。1922 年 4 月 1 日,正当基督教联会联同各界举行请愿废娼大巡行之际,就在同一天《广东群报》发表的鲁易的"我对于今天贞洁运动废娼运动的怀疑"的文章,该文全篇都是为娼妓辩护,说当娼是光明正大的事,是现代社会自然的产物。作者更是荒谬地把社会之有娼妓,归罪于基督教,说基督教帮助资本主义诱胁妇女成娼妓,现在又假扮慈善想引人入骗人的天国。紧接着,《广东群报》4 月 4 日和 5 日刊登的何觉甫的"基督教与贞洁运动"一文则走得更远,作者甚至认为"——基督教是不贞洁的渊源,——基督教启导多妻制,——基督教启导卖淫制度,——贞洁运动是基督教的把戏,——真贞洁的人们被假贞洁的人们愚弄,——小不贞洁的娼妓被大不贞洁的基督教牺牲,——贞洁运动应取的态度:——对于制造不贞洁的资本制根本革命,——对于启导到不贞洁的基督教猛烈攻击。"②上述言论可谓是不顾事实的恶意攻击了。

对于上述基督教欺压女性的带有偏差性或扭曲性的解读和恶意攻击,《真光杂志》给予了积极回应,除了上述提及的"函人"的回应外,张亦镜③以

---

① 中华全国妇女联合会、妇女运动历史研究室编:《五四时期妇女问题文选》,三联书店 1981年版,第 90 页。

② 转引自张亦镜:"纠正非基督教学生同盟的言论之谬误(总论)",《真光》21 卷 8 号(1922年 5 月),第 9—10 页。

③ 张亦镜(1871—1931),又名张文开,中国教会著名文字传道人,《真光杂志》的主笔,他于1905 年开始加入该杂志的工作,在非基运动前夕,《真光杂志》已经由他来主事,全权负责了。他在该杂志工作有 25 年之久。张亦镜的文字在知识分子中间具有很大的影响,就其题材而言主要分为两大类,一类是各类阐释基督教信仰的书册;另一类是站在基督教信仰的立场上与当时反基督教的各种言论辩论的护教长文。

"批评拮华的基督教与妇女"为题发文作出了反击。

　　张亦镜本着"基督教是在乎基督自身"的立场,认为若要考察基督教与女性的关系,当以耶稣基督的言行为准。所以"今拮华只从基督前的旧约和基督后的保罗书函下攻击,不能于基督自身即四福音耶稣言行中搜出他看轻妇女的证据,犹非孔而不于孔子的言行找瑕疵,徒据三代前的典谟训诰及孟荀与汉末诸儒的论著,已经是不对题;况且基督教的精神,是在乎平等自由博爱三大主义,无论男女,总是上帝的子女,一样的看待,那有看轻妇女的道理。"①

　　应该说,张亦镜的批评是比较到位的。即使是在时隔约半个世纪后的女性主义神学大行其道的 20 世纪 60、70 年代,谁也不能否认耶稣基督对女性的完全尊重和在此基础上他与许多女子建立的感人真挚的关系。在《新约》的四福音书中,记载了耶稣是如何认真对待他身边的每一位女性的,记载了耶稣对女性的精神追求的鼓励和尊重,耶稣不仅允许女性听他讲道或者跟从他学习,且在讲道中常常运用一些贴近女性生活的例子与比喻,以便于女性能够更好地理解与领受福音,由于耶稣一视同仁地向所有人宣讲他的福音,有很多女性成为他的积极追随者。耶稣有一些很亲近的女性朋友,她们常常像门徒一样跟随在他身边,不管耶稣去哪儿讲道,她们都相随同行。这在当时的时代与社会环境中都是极为罕见的现象。谁也不能否认,积极参与耶稣的事工的,除了十二位男性门徒外,尚有一小群默默无闻的女性,她们矢志跟随、至死忠心。这些事实本身是对耶稣看轻女性的最有力的驳斥。

　　针对基督教是多妻制的源头之论点,张亦镜反驳道:"你但看基督教中严格的一夫一妻制度,和女子求学做事的情形是怎样,就可以知道基督教决不是蔑视女性。"②其实,对基督教稍有了解的人,都会觉得"基督教是多妻制的源头"的观点简直就不值一驳,在人类的历史上没有那个宗教信仰是像基督教这样不遗余力、一以贯之地倡导一夫一妻制了。可以毫不夸张地说,一夫一妻制的婚姻制度正是在基督教的倡导和推动下,才在世界范围内真正建立的。而对于基督教是不贞洁的

---

① 亦镜:"批评拮华的基督教与妇女",《真光》第 21 卷第 10—11 号(1922 年 6 月 1 日),第 86 页。

② 同上书,第 86—87 页。

渊源,且启导卖淫制度的指控,张亦镜以《圣经·约翰福音》中著名的耶稣对待行淫时被捉的女人和那些意图惩治那个女人的一班犹太男人的故事,来说明"这可见耶稣看待女人与看待男人是一样的。女人不得犯奸淫的罪,男人也不得犯奸淫的罪……他不主张用摩西那样不平等的旧律法来苛待女人,和说文士与法利赛辈是与那妇人有同等的罪,待男人这样宽恕,待女人也应该这样宽恕的话就意在言表了……那一句女人要这样,男人也要这样,把双方的人格道德一律提高,然后才是真男女平等。这是基督教最显明的男女平等的真理。"[①]显而易见,张亦镜力证基督教信仰的立场并不是如反基督教的"拈华"等所言,反之基督教实实在在是倡导男女平等的,是真心实行自由、平等、博爱的宗教,故"今日一般鼓吹新思潮者,说什么打破偶像,破除迷信,改造家庭,解放女子……在我们做基督教的,已经实行了一百多年。"[②]张对其宗教信仰的自豪之情跃然纸上。

今天的人们在检视 20 世纪 20 年代那段非基运动的历史时,不难发现非基运动中对基督教的批评有的是过于政治化,或过于意识形态化,如批评甚至强调基督教是资本主义的化身,基督教与资本家狼狈为奸,教会、青年会是资本主义间接掠夺无产阶级的工具,基督教徒、青年会会员,是资本主义的党徒,是猎人的猎狗等。耶稣"原来是一个刻薄的资本家赞美者",以及拈华所说的"基督教,在根本上把女子看作男子的附属品"。[③] 等。

显然,这些责难并不是出于理性,也不是本于实事求是的态度,因之显得偏激和不靠谱,而《真光杂志》作为一份基督教的杂志,除了出于"护教"的立场而针对上述攻击而据理据事实作出反驳外,更是要借助这种机会来"宣教",力争减少人们对于基督教的误解。如有署名"刘维汉"的作者以《约翰福音》中的耶稣与撒玛利亚妇人论道的著名故事为例,来强调耶稣不是站在资产阶级之中的,他是要来打破贫富阶级,打破男女的束缚的。甚至可以说,耶稣更靠近受逼迫的阶级和女性。"耶

---

① 亦镜:"批评拈华的基督教与妇女",《真光》第 21 卷第 10—11 号(1922 年 6 月 1 日),第 87—88 页。

② 张文开(即张亦镜):《教会与新思潮》,《中华基督教会年鉴》第 6 册(1921 年),捌,第 136 页。

③ 拈华"基督教与妇女",见《五四时期妇女问题文选》,三联书店 1981 年版,第 87 页。

稣既为拯救贫穷的人而来,则贫穷人得听福音是正当的,是应当的……事实上穷人固已多蒙耶稣的接待,对于孤苦伶仃,少依无靠的寡妇,他更是格外关心……对这等命苦可怜、人所不齿的人,耶稣特为在她身上行出一件惊人的事来,明言自己为弥赛亚,并揭破她的秘密,使门徒知道人子来乃是召罪人悔改。"[①]

为了行文的方便起见,笔者不嫌麻烦地将这个耶稣与撒玛利亚妇人论道的故事简要叙述如下:

在耶稣传道的时代,犹太教传统认为撒玛利亚人是异教徒,因而犹太人一般不与之交往,而撒玛利亚的女人被犹太人认为"从摇篮时期就开始有月经",是不洁的女人,因而惟恐避之不及。此外,这个撒玛利亚的女人还是个罪人,因为她已经有 5 个丈夫,而现在和他在一起的男人,还不是她的丈夫。因而她有这三重不利身份,即撒玛利亚人、不洁的女人与罪人。而耶稣与她的谈话,既突破了种族的偏见,又突破了男女的界限,而且还冲破了宗教的规条。因为按照礼仪洁净的条例,犹太人不从非犹太人器皿中取食物或饮料。当时耶稣不仅礼貌地向这位女子要水喝,且还向她宣讲神的道理,鼓励她一同讨论有关"活水"之神学话题。经文是:"有一个撒玛利亚的妇人来打水。耶稣对她说:'请你给我水喝。'(那时门徒进城买食物去了)撒玛利亚的妇人对他说:'你既是犹太人,怎么向我一个撒玛利亚妇人要水喝呢?'原来犹太人和撒玛利亚人没有来往。耶稣回答说:'你若知道神的恩赐,和对你说给我水喝的是谁,你必早求他,他也必早给了你活水。'妇人说:'先生,没有打水的器具,井又深,你从哪里得活水呢? 我们的祖宗雅各将这井留给我们,他自己和儿子并牲畜也都喝这井里的水,难道你比他还大吗?'耶稣回答说:'凡喝这水的,还要再渴;人若喝我所赐的水就永远不渴。我所赐的水要在他里头成为泉源,直涌到永生。'妇人说:'先生,请把这水赐给我……'"[②]耶稣还耐心地向这位撒玛利亚妇人说:"妇人,你当信我……你们所拜的,你们不知道;我们所拜的,我们知道,因为救恩是从犹太人出来的。时候将到,如今就是了,那真正拜父的,要用心灵

[①] 刘维汉:"耶稣为什么对撒玛利亚妇人论道",《真光》第 25 卷第 11 号(1926 年 11 月),第 56—57 页。

[②]《圣经·约翰福音》4:7—15。

和诚实拜他,因为父要这样的人拜他。神是个灵,所以拜他的,必须用心灵和诚实拜他。"①

耶稣对这位撒玛利亚女人的礼貌而又诚恳的态度,既使得这位女子吃惊,也使得他的那些作为犹太人的门徒们吃惊。"当下门徒回来,就希奇耶稣和一个妇人说话。"②要知道:在当时流行的拉比的教导是"人不得与女人打招呼"。而这位撒马利亚女子当即就心里感动,"信"了耶稣,她顾不得她的水罐子,迫不及待地往城里去,为耶稣向众人作美好的见证。结果"那城里有好些撒马利亚人信了耶稣"③。

……

回到《真光杂志》的刘维汉的文章中来,他指出,在当时的犹太社会,对女子的束缚,社交不公开的情形,正是造成男女不平等的重要因素之一。"此等防闲,乃卑视女性的表现,赞成男尊女卑的风气。"所以,耶稣特以此来打破传统,表明他主张男女平等,因为"观于门徒回来之希奇,大有子路不悦之慨,便可推知耶稣为谋男女之平等,尊重女子之人格,自然不看女子若妖魔。弱小人,趋而避之,不与接谈。"④作者还认为,耶稣的教诲更得弱势女性、贫穷女性和受欺压的女性们接受和支持的。反观之,"如今日之贵族名媛,号称时髦女子者……那么就使她真遇着耶稣,也未必能得耶稣的教诲,退一步说,就是耶稣能对她讲永生大道,她也未必能领受吧。"⑤"反之,那些受欺压的女性阶级却是接受耶稣的教诲,而且支持他的布道工作。"耶稣"这种宽大的主义,无畏的精神,终得到多数女子的同情,接济金钱,援助他布道的事工"⑥。刘维汉的文章可以说是有力地批驳了非基督教运动以来的一些人在基督教关于女性权益问题上的批评。

除了反驳非基督教运动者对基督教的责难外,《真光杂志》还针对人们在一些具体问题如爱情婚姻上的"时髦"提出了毫不含糊的批评。

---

① 《圣经·约翰福音》4:21—24。

② 《圣经·约翰福音》4:27。

③ 《圣经·约翰福音》4:39。

④ 刘维汉"耶稣为什么对撒玛利亚妇人论道",《真光》第25卷第11号(1926年11月),第57页。

⑤ 同上。

⑥ 同上。

如当时的人们猛烈批判旧式无爱的婚制，呼吁恋爱婚姻革命的到来。一些名噪一时的知识分子们的爱情与婚姻态度的大胆超前行为，常令时人惊叹。如陈独秀在北大教书时，不顾众人反对，与文艺青年的妻妹高君曼私奔杭州同居等。又如1923年有一场引发不少知识分子参与讨论的北京大学教授谭熙鸿（又名谭仲逵）的结婚事件[①]，当时担任北大哲学系教授的张竞生在《晨报》副刊上发表了《爱情的定则与陈淑君女士事的研究》的文章，张竞生在文章中提出来一个"爱情四定则"，即第一，爱情是有条件的。这些条件主要包括：感情、人格、状貌、才能、名誉、财产等等。第二，爱情是可以比较的。第三，爱情是可以变迁的。第四，夫妻为朋友的一种。按此四定则，陈淑君的爱情发生变迁无可厚非，即使她和沈厚培已经结婚也可以离婚再嫁。而《真光杂志》的作者们一方面批评这些随心所欲的"时髦"的爱情与婚姻观，另一方面也强调传统中国家庭观的价值是有其意义的。如署名"陈金镛"（他是现代著名考古学家陈梦家之父，对中国基督教教育与文字出版事业有重要贡献）的文章称，"我们中国周公的创作，理当保存。虽有些繁文缛节，不合现势之处，应该删除。然而那种重要地方，岂不应该保守。可惜现在的学者，一意孤行，向着新的里面乱攒。说婚姻制要革除它，先几年还提倡说文明结婚，后几年又提倡说自由结婚，近几年想不到大倡特倡说自由恋爱，仿佛要到自由的光明路，非打破婚姻制度撤除家庭范围不可。"[②]

随着社会上有关女性权益问题（如受教育权利、工作的权利与参政的权利等）的争议与讨论，当时在教会内出现了有关女性是否有讲道的权利的争议与质询，这种争议与质询对教会的一些传统和做法产生了冲击。《真光杂志》在介绍《妇女在会堂中应怎样》这本书时在"编辑按语"中明确表达了自己的观点，指出："保罗所以说妇女不可在会堂中讲道或说闲话，是按当时社会的风俗……这无非是社会的俗例，并不是一定的律法。"故"基督教讲女人的地位升高，与男子平等，现在女人若

---

① 1923年谭熙鸿的妻子陈纬君过世了，两个月内，谭和自己的妻妹陈淑君女士同居并宣布结婚，不久，广东有一个叫沈厚培的青年在《晨报》上写文章《谭仲逵（即谭熙鸿）丧妻得妻，沈厚培有妇无妇》，说他和陈淑君早有口头婚约，骂谭熙鸿是横刀夺爱，骂陈淑君是背信弃义。于是，京沪两地的青年人纷纷写文章批判谭熙鸿。

② 陈金镛："创作与因袭"，《真光》第22卷5号（1923年5月），第33页。

按着规矩,也能在公会中祷告和讲道"①,不难看出,《真光杂志》是赞成女性在如"会堂"这样的公众场合有祷告和讲道的权利的。要知道,在后来的女性主义神学运动中,关于女性在教会中除了听道而不能讲道常常是被人诟病的理由之一,时至今天,在中国教会女性的讲道权利已不容置疑,并已成为普遍存在的现象,而现在来看《真光杂志》的上述表述,不能不佩服其编辑的不保守和开放的胸襟。

综上所述,面对 20 世纪 20 年代的这场非基运动,当时的基督教界有两种态度,一种是我行我素,不予理睬;另一种则是像《真光杂志》这样地通过文字来积极护教和宣教。1920 年,即在"非基督教运动"的前夕,经书局董事会议决,湛罗弼牧师不再担任主撰,《真光》从书局书报部独立出来,交由张亦镜全权办理。非基运动兴起后,《真光杂志》先后刊登了二十余篇非基运动中较有影响的文章,对它们逐篇进行批驳,张亦镜用如椽巨笔在《真光杂志》上撰文不止,差不多该杂志的每一期上都有他辩驳的文章,并于 1927 年编辑出版了《批评非基督教言论汇刊》,汇刊的 13 篇文章中就有 9 篇出自他本人的手笔。《真光杂志》的胆略和卫道精神大受基督教界的赞扬,以至这几期汇刊印了又印,共印了 4 万余册,仍供不应求。张亦镜的这些积极护教的文章,使得杂志与他个人的声名大为提高,《真光杂志》的发行量一时大为上升,《真光》初时的销量在 400—500 份之间,随后逐年增加,1915 年增至 1500—1600 份,②1925 年,销量总数则达 4500 份③。

可以说,张亦镜护教的贡献在中国非基督教运动的历史上占有重要一页。他本人也为此付出了极大的辛劳。据最早为张亦镜作传的欧阳佐翔牧师的描述:"文开先生每天竟做十五六个小时的工作。一年四季,不论三伏天,例假日,刮风或下雪,他总是早晨三四时起床,一枝斑管,两瓶墨水,一把剪刀,一瓶浆糊,一壶清水,便是他终日形影不离的伴侣。除了会客、穿衣、吃饭之外,大部分时光,都埋头作表述、编辑、发稿、阅报、写信等工作。他主编每一册《真光》,无论哪一篇,哪一句,哪一字,都经他宵肝劳瘁所呕出来的心血渲染过,都有他的生命存在。"

---

① "妇女在会堂中应怎样",《真光》第 22 卷 3 号(1923 年 3 月),第 6 页。
② 范祎:"教会报业之进步",《中华基督教会年鉴》,1915,(2),第 131 页。
③ 王治心:"基督教新闻事业",《中华基督教会年鉴》,1925,(8),第 138 页。

可以肯定,《真光杂志》在非基督教运动期间所刊出的护教文章也起到了宣教的积极作用,使教外人士增加了对基督教和对《圣经》的了解,尤其张亦镜的文章在知识分子中产生巨大反响,纠正了不少人对基督教和对《圣经》的偏见和误解,其对护教和宣教所做的贡献有目共睹。有人"称真光为教会之王者有之,称真光长于辩驳,有卫道的热诚者有之,真光乃由少数人赏识变为大多数人欢迎。因之1924年全国基督教协进会为筹备全国基督教杂志,征求同道的意见的答案,以爱阅真光者居最多,真光乃在教会杂志中占有一个特殊的地位,凡是教会中人,差不多都知道本国有一份杂志,命名真光。"①

三

当我们今日来看这段20世纪20年代非基督教运动的历史时,透过《真光杂志》对基督教歧视与压迫女性的回应所持的护教和宣教立场及其文章,笔者以为,非基督教运动的历史已经过去了有近一百年之久,虽然历史的场景已发生了很大的变化,但是今天的人们对基督教在女性观和性别意识的问题上仍存在许多误解,如常有人将《圣经·创世记》中"亚当的先被造,夏娃的后被造,而且夏娃是从亚当的肋骨所出"的故事以及《圣经·新约》保罗书信的某些表述来证明基督教的歧视和不尊重女性。不言而喻,和任何有影响的宗教一样,在《圣经》中和在基督教的历史中找到这方面的例证并不困难,困难的是人们需要对圣经的经文和基督教的历史作更深入的探讨和研究,对圣经的经文之背后所隐含的深意和整个基督教历史对人类社会的影响做更为全面和更实事求是的研究,而对于教会内的人士而言,如何有效地护教和宣教则始终是一个重要的课题。而20世纪20年代《真光杂志》在非基督教运动期间的护教和宣教则在这方面给了人们积极有益的启示。

(2012年四川大学基督教研究中心主办的"基督教文字传媒与中国近代社会"学术研讨会所提交的论文)

---

① 曾郁根:"廿五年来之两广浸信会概观",真光杂志,1927-06,26(6),第3页。

基督教女青年会服务社会的轨迹探寻及思考

——以广州基督教女青年会为例

基督教女青年会简称女青年会（Young Women's Christian Association,简称 YWCA）是一个具有基督教性质的社会服务团体,作为国际性组织分支遍布全世界。回顾历史,基督教女青年会于 1855 年由英国的金纳德夫人（Lady Kinnaird）倡导与组织在伦敦成立,本着基督"爱人如己"、"非以役人乃役以人"的精神,为社会大众服务。最初,女青年会是在英国的女青年中进行宗教和社会服务工作。不久,女青年会就相继传入欧美其他国家。1894 年世界女青年会在英国成立。至 1919 年世界上已有 35 个国家建立了女青年会,是当时妇女运动中最大的组织。

基督教女青年会由美国传入中国。1890 年在杭州弘道女中成立了我国的第一个学校女青年会。1908 年在上海成立了我国第一个城市女青年会。1911 年,在清政府即将被推翻的前夕,在革命思想、社会改良思潮甚为流行的广州,由几位热心社会事业的基督徒女性发起,于 1912 年正式成立了广州基督教女青年会,这是继上海之后在全国第二个成立的城市女青年会。本文将就广州基督教女青年会百多年来如何服务社会造福人群的轨迹做一个大致的梳理,并就在中国经济快速发展的今天,基督教女青年会作为一个宗教社会服务团体如何利用自身优势、更好地践行其服务社会、造福人群的目标谈谈自己的思考或浅见。

一、1949 年前基督教女青年会服务社会造福人群的轨迹

1949 年中华人民共和国成立以前女青年会服务社会造福人群的轨迹可以大致分为两个时段：

1. 筚路蓝缕创业和引领时代风气的时期(1912—1936 年)

最初中国的女青年会是以"中国中等阶级妇女"为服务对象,着力培养中国女界未来的领袖,因而常被人称之为"小姐会"、"太太会",早期的活动区域为各地的大中城市。20 年代初,非基督教运动爆发,国民革命兴起,中国社会的产业经济出现了较快发展的势头,这种情形促使中国的基督教会重新思考在新形势下教会的如何发展和社会形象的问题,女青年会也不例外。在 1923 年召开的女青年会的第一次全国代表大会上,明确宣布"女青年会的宗旨是促进女子德、智、体、群之兴趣,俾得协助教会,引导女子,使之能得救主耶稣完满之生活,而建设天国于世上"。在 1928 年召开的女青年会的第二次全国代表大会上,其确定的宗旨为"本基督教之精神,补助发展各地女青年会,服务社会,造福人群"。"服务社会,造福人群"的八字方针第一次明确地提了出来,这次会议还强调了将农村女性和劳工女性确定为女青年会的两大主体而非仅仅是服务对象,并为此制定了具体的事工计划。1926 年,丁淑静女士成为女青年会的第一任中国总干事,此时女青年会的工作重点和方向已渐渐转向服务劳工女性和社会改造。可见女青年会的工作在上世纪的 20 年代呈现出一条清晰的轨迹,即从创办初期的集中于基督徒女性、有钱有闲的太太小姐、受过教育的女性和学生,转而面向社会各阶层的女性和儿童,工作目标从过去的以注重个人修养为主(如办查经班、布道会、祈祷会等)向德育、智育、体育、群育的全面转变。女青年会的会徽就形象地表达了其注重德、智、体、群的精神与内涵:

如图所示,基督教女青年会的会徽为蓝色的等边三角形加一横条。

三边代表德、智、体,中间一横代表群。

德——表示爱人如己的精神;

智——表示要不断增长知识;

体——表示要有健康的身体;

群——表示团结合作、群策群力的精神。

正是在上述背景下,包括广州女青年会在内的各地女青年会在当时的主要工作均围绕以下几方面展开:一是发展四育(即德、智、体、群),引领时代的社会改良之风气。为此,通过向社会各界募捐,1924 年时,女青年会建成了有游泳池、儿童游乐场、球场等的初具规模的会

所。至 1932 年，女青年会在丰宁路 104 号（近人民中路 322 号）的会
所，有职工学校、图书馆、礼堂、幼稚园、儿童游乐场、游泳池、球场、义务
医疗室等，为广州各阶层的女性开展"德、智、体、群"四育活动提供了良
好场所。1930 年 3 月，女青年会在其机关刊物《广州女青年》上刊登了
欢迎女青年加入本会的启事《请到女青年会去》，也体现了"德、智、体、
群"四育的精神。全文如下：

请到女青年会去

哪里去？哪里去？爱国青年，
请到女青年会去前去前去！
服务慈善精神在这里。
哪里去？哪里去？强健青年，
请到女青年会去前去前去！
游玩场游泳池在这里。

哪里去？哪里去？慕道青年，
请到女青年会去前去前去！
实行人格救国在这里。

哪里去？哪里去？活泼青年，
请到女青年会去前去前去！
合群广交切磋在这里。

就发展德育而言，女青年会所提倡的德育，即追求真理，培养高尚
的道德，发扬"爱人如己"、"非以役人，乃役以人"的基督精神。女青年
会经常组织各种宗教活动，如开设查经班、布道班、主日会、灵修会，举
办宗教演讲等，宣传基督教的思想，以提升女青年的道德。女青年会还
长期举办各种演讲会，如名人演讲、培德演讲、公共卫生演讲、儿童幸福
演讲等，召开各种讨论会，开展社会问题讨论、家庭问题讨论等，以提升
公民道德和公民的社会责任。

就发展智育而言，女青年会先后开办了职工学校、免费的平民学
校、女工夜校、职工学校（设家事即家政、商业、工艺、美术等数科）、选课

补习学校、幼稚园（广州的第一所幼稚园）等，举办"儿童智力健康比赛"和"儿童世界展览大会"等。

就发展体育而言，基督教男女青年会自成立起就是我国体育运动的推动者，女青年会把当时西方国家流行的女子排球、垒球、网球等引进广州，在其办的《广州女青年》期刊中进行推介，并发专文介绍了"体育与人生的关系"，打破"柔"为女德的传统观念。女青年会每学期均组织中学生开展游泳（女青年会的游泳池是当时广州唯一面向女性开放的游泳池）、球类（篮球、排球、垒球）、国语、戏剧、歌诗、演说等六项比赛。

就发展群育而言，女青年会通过举办丰富多彩、形式多样的高层次的联谊、聚会、文娱、交际等群育活动，增强会员之间的凝聚力，增进女界和公众对青年会的了解和参与度，扩大其社会影响力和群众联系面。另外，还开设有少女游戏领袖训练班、少女事业领袖训练班等，很多人在其举办的活动和培训中，其领导能力、口头表达、交际能力都得到很好的锻炼和提升。

还需要指出的是，当 20 年代初广州妇女解放运动兴起，出现"废娼"运动时，女青年会积极投身其中，提出"贞洁"、"自重"口号，号召妇女冲破封建束缚，参与社会生产活动，并为从良及受侮辱被遗弃的妇女提供单身宿舍。

可以说，从 20 年代初—1936 年，这十几年是 1949 年以前广州女青年会发展最为顺遂和稳定的时段，女青年会在引领时代风气、改良社会、移风易俗等方面做出了卓越的成就与贡献。

2. 抗日救亡到共和国成立的时期（1937—1949 年）

1937 年，日本发动全面侵华战争，抗日救亡成了当时时代的主题，广州女青年会竭尽全力投入到抗日救亡中，成了广州市最活跃、最持久的抗日妇女团体。当时已经有一些中共党员和一些进步女性参与到女青年会的活动中来，推动女青年会组织了广州妇女歌咏团，并成立了女青年会地下党支部。支部成员带头义务去女工识字班当老师，以合法身份到工厂女工群众中去工作并宣传抗日。1937 年 12 月，广州各妇女团体在女青年会组织成立了"广东妇女团体联席会议"，联合妇女力量一致抗日，女青年会加入其中。联席会议的每一次会议都是在女青年会的礼堂召开。从 1938 年 4 月起，联席会议在女青年会举办妇女战时讲习班,每三个月为一期。

抗日战争中,女青年会的工作主要在以下几方面展开:一是宣传抗日,调动妇女抗日热情。为此女青年会积极开展战时民众教育,如每周至少一次集会,邀请剧团来女青年会礼堂唱歌演戏,宣传抗日。开办民众夜校,宣讲抗战尝试、抗战读本等。邀请名人作抗战演讲,如郭沫若、廖承志等都在女青年会做过演讲。二是战区服务,为了支持中国军队的抗战,多次组织和参加募捐活动,为前线战士征募棉衣、救护药品、慰劳物品和慰劳金等。随着抗战的深入,女青年会还于1937年12月成立了战时服务团,服务团内又分为救济股、训练股、慰劳股、宣传股,其工作重点主要放在后方宣传、救济服务上。战时服务团经常到各地医院、荣军大队或居民点开展多种形式的抗日宣传活动,在日军轰炸广州时,战时服务团参加抢救受伤市民,并组织妇女救护队与中华救护总队联合组成一队,准备了许多救伤药物及床架,到遭受轰炸的灾区进行救护。三是开展难民救济,1938年8月广州沦陷后,女青年会迁往香港,积极参与了救助难民的工作,在澳门开办救济粥场。1938年后韶关成为广东省的政治、经济、军事与文化中心,女青年会在此设有办事处,配合抗战需要,协助救济难民、输散物资,办营养食堂,开设女子宿舍,慰劳荣军和学生救济等。

1945年8月,抗日战争结束,全国暂时有了一个较和平的时期,女青年会随之迁回广州,并满怀希望地投入了抗战后的修建重复工作。当时的广州百废待兴,急需大量女工,而当时的女工多为文盲和半文盲,女青年会为此开办了培训妇女劳工骨干的6所女工夜校,课程设有常识、语文和算术,基本上按照上海女青年会女工夜校的模式来办学。当时的中共地下党组织也很懂得利用这个阵地,因此,劳工夜校的学生不仅学习了文化科学知识,而且还懂得了许多革命道理和形式,夜校的许多老师和学生在1949年后就成为了广州妇女干部队伍中的骨干力量。1949年10月14日解放军入城时,女青年会的同工及夜校的女工学员和老师在全市首先动员起来,煮了一锅又一锅的开水和黄豆粥慰问解放军,派发妇联印制的《告全市姐妹书》,迎接解放。不难看出,女青年会中的进步人士利用了女青年会的特殊身份,为当时的许多中共地下党的革命活动提供了掩护,为解放战争的最后胜利作出了一定的贡献。

由上可见，从 1912—1949 年，不管时局如何动荡，广州基督教女青年会本着基督之爱的精神，以服务社会造福人群为宗旨，面向社会，为女界和社会各界举办各种有益活动，参加者有基督徒也有非基督徒，后者居多。可以说，在广州的近代史上，女青年会为推动女性的解放、提倡两性平等、维护女性权益和社会公益事业，做出了诸多贡献。

二、1949 年后基督教女青年会服务社会造福人群的轨迹

1949 年中华人民共和国成立后女青年会服务社会造福人群的轨迹也可以大致分为两个时段：

1. 共和国成立后受到左的思潮和各种运动冲击、活动渐趋停止的阶段（1950—1978 年）

1949 年 3 月 24 日，全国妇女民主联合会成立，女青年会全国协会是三大初创会员单位之一。5 月 4 日，全国民主青年联合会成立，女青年会全国协会与男青年会全国协会一道，是四个初创单位会员之一。从 1950 年开始，女青年会恢复了会员各种兴趣学习班，并组织定期的新知学习讲座。从 1952 年开始，女青年会在附近社区和教区招募缴费会员，开展如烹饪、舞蹈、俄语、英语、钢琴、编织、车衣、戏剧等活动，丰富了广州市民的业余文化生活。

抗美援朝战争爆发后，女青年会积极参加捐献飞机大炮支援志愿军的活动，并把女青年会的车缝班改为支前被服加工厂，日夜为志愿军缝制军被和军服。1953 年 10 月，女青年会的总干事还代表广州妇女界参加了第三次赴朝慰问团，

1951 年，三自革新反帝爱国运动兴起后，女青年会的工作和人事无疑受到较大影响，在此艰难处境下，女青年会还是勉力开展自己的工作。广州的反右运动开始后，女青年会的会长被错划为右派。50 年代后期，举国上下都投入了大跃进、人民公社化运动，男女青年会和教会一样实行大收缩。不久，全国开始大炼钢铁，女青年会的会所成了炼钢之所，女青年会的活动全部停止，工作人员被安排到工厂、农场，会务被迫停止。从 50 年代后期—1978 年，由于受到各种政治运动的冲击，女青年会的会址被改作他用，会务实际上是处于停滞状态。文革期间，女

青年会的人员受到冲击,女青年会的招牌也被红卫兵拆除了。

2. 复会新生、重绽光彩的阶段(1979 年—现在)

1979 年底,全国十大城市允许恢复基督教男女青年会活动,经过一段时间的筹备,在停止了近 20 年的活动后,广州男女青年会的牌子再次挂起。接着,女青年会的各项事工也开始了逐渐恢复和发展。在近三十多年的时间里,前十年(1979—1989)可以说是一个重新打基础的阶段,在这一阶段,女青年会积极促成落实宗教房产政策,建设新会所(该会新建的穗花新村会所是广州海珠区辖内最早的多功能社区服务中心之一),重建董事会和同工队伍等,并积极使传统的各项事工(如各种教育培训中心、健身院和欣光合唱团等的成立、青少年服务、长者服务的开展等)得以逐渐恢复和重新走上发展的轨道,并与时俱进地开展各类文化教育培训、文娱康体方面的活动。此外,女青年会还积极参加各项社会公益活动,关注弱势群体。该会自复会以来先后向"广州市宗教界支持民族教育基金会"、"广州市宗教界广东扶贫日"、希望工程、残疾人福利、华东水灾、东南亚海啸救灾、西部开发、汶川地震、青海玉树地震、南方冰雪灾害等各类慈善赈灾事业捐款,至 2009 年上半年,累计捐款 43 万多元。近年来,女青年会还整合社会资源,组织高校社工系、心理系师生到劳教所、戒毒所、少教所开展戒毒帮教活动,不断拓宽服务社会造福人群的路子与途径。

需要指出的是,从 1990 年到现在,女青年会开始了渐渐转型,探索更好地服务社会、造福人群、再创辉煌的新阶段,这当中她们做成了几件值得一提的大事:

其一是开展涉外家政保姆服务培训。早在 1996 年,女青年会就开广州地区之先河,成功开设了涉外家政培训班,涉外家政班每期两个月,48 个课时。开设的课程有英语、插花、西餐、熨衣、家居卫生、婴幼儿护理课程、西方礼仪和习俗、涉外家政服务员工作要求、宠物饲养等,并聘请外籍义工上部分课程,带学员进入外籍雇主家实习,课程结束后进行笔试和英语口语考核,通过考核后获得女青年会颁发的中英文结业证书。女青年会还随机对学员进行家访以及对学员的人品进行了解,确保招收品行良好的学员,对外籍雇主负责。学员上岗后还对其工作情况进行跟进。

至 2012 年 6 月,女青年会共举办了 52 期涉外家政培训班,有

1217 名学员获得结业证书,超过 900 名学员上岗,2007 年 5 月,在 10 多家涉外家政保姆中介中,女青年会涉外家政培训班名列第一。涉外家政培训自开办以来一直都是女青年会传统优势培训项目,多年来受到广大雇主(雇主来自美国、英国、日本、澳大利亚、意大利、德国、荷兰、新西兰与印度等国)和学员的欢迎。经女青年会培训的的家政助理诚实敬业,工作勤勉,普遍受到外籍雇主的好评。有的优秀学员还被市妇联评为"星级保姆"、"标兵保姆",或在广州电视台专栏节目中获"心水保姆"的称号。

其二是开展连南国际小母牛项目。"国际小母牛项目组织"是一个非官方、非盈利的国际乡村发展机构,通过向小型农户提供禽畜、技术培训及相关服务来消除饥饿和贫困,并改善环境。这个组织自 1944 年创立以来,已在世界 128 个国家和美国 35 个州扶持过 700 多万个家庭致富。这个扶贫项目要求"受助农民必须将头胎产下的小母牛无偿赠给其他农户并帮助他们把牛养好"(称为"礼品传递")。广东连南地处粤北石灰岩山区,土壤贫瘠,是广东著名的穷乡僻壤之地。2004 年 9 月,在女青年会的引荐下,小母牛项目正式落户连南,几年来,这个项目给当地的农村社区带来明显的变化,如家庭收入增加,大部分农户添置了家用电器,有的还新建了房屋。当地政府还为配套项目修路、引水,加强了基础设施建设。女青年会在项目的牵线和执行过程中,对小母牛项目点开展对口扶贫,如送医送药,对当地妇女进行卫生保健培训,向当地敬老院、小学捐款,为村民赠送书籍、棉被及其他生活用品。

其三是开展艾滋病预防宣传培训。广州地处改革开放的前沿,经济发达,早期吸毒感染艾滋病的人较多,另外由于外来人口多,流动性大的原因,艾滋病感染者由吸毒转为性传播的人数逐年增加,艾滋病防控的工作在广州更显迫切与突出。女青年会是广东地区最早开展艾滋病预防干预的社会组织之一。2006 年,该会得到爱德基金会的资助,女青年会利用教会网络资源,先进行骨干培训,然后向大众培训来扩大宣传。2007 年,女青年会与广东省基督教两会合作,将广东省分成粤中、粤东与粤西三个大区进行宣传培训工作,两年共开展 6 次骨干培训,12 次集中式大众培训,并发放了 3000 多份宣传手册。2007 年底,女青年会开拓新的宣传方式,组建了 7 支演出队,通过演剧的形式深入社区、广场、中学、大学城、农村、工厂、港口向大众宣传艾滋病预防常识,由于这种形式的宣传很受欢迎,该会一直坚持至今。2008 年,女青年会获得全球基金第六轮艾滋病防治项目的资助,于是又开展了"发廊性工作者艾滋病预防干预项目",组建一支义工骨干队伍走街串巷深入城乡结合部的发廊、沐足、按摩、小型旅馆等处,干预服务对象 149 人、232 人次,从 2009 年 5 月起,还组织义工小组逢周日前往广州市第八人民医院探访慰问住院的艾滋病人。

2009 年 7 月,女青年会正式实施"中盖"项目(即卫生部和国家防治艾滋病办公室与美国比尔及梅琳达·盖茨基金会艾滋病防治合作项目),以专业社会工作方法——小组工作方式,组织开展"关爱生命你我同行"感染者小组系列活动,该会专门辟出一个房间设立"健康大使咨询室",开展电话咨询、心理疏导、个案探访、故事收集、生产自救、社区自愿服务、劳动技能培训、养生讲座等。后来又在此基础上专门拿出会所的一层楼正式成立广州市首家"艾滋病感染者活动中心",从专业社工角度接入艾滋病感染者关怀,为感染者提供一个社交平台,培养同伴教育员,构建同伴支持网络,干预心理危机。并帮助感染者开展手工制作,尝试生产自救,还帮助感染者与相关部门沟通,办理低收入保险,申请廉租房等民政救助手续等,不难看出,通过上述活动,广州市女青年会走在了"民间抗艾"的前列。2009 年和 2010 年,女青年会连续两年获得广东省中盖艾滋病项目综合排名一等奖的荣誉。

其四是设立广州益人社会工作服务中心,承接政府购买服务项目。2010 年 10 月 8 日女青年会成立广州益人社会工作服务中心,"益人"之名蕴涵着"荣神益人"之意。2011 年,广州市委市政府提出对社会建设升级转型,创新社会管理,作为有悠久历史和优良传统的社会服务机构,女青年会迎来了再上新台阶的大好机遇。2012 年 7 月,"益人中心"通过投标成功承接从化市的"城郊街家庭综合服务中心"项目,8 月正式与城郊街道签订服务协议,这是该会承接的首项政府购买服务项目,10 月 12 日,"从化市城郊街家庭综合服务中心"正式揭牌对外服务。目前该服务中心拥有 12 名全职社工,其中包括 7 名持证社工以及拥有二十多年实务经验的资深社工。该中心占地 1300 平方米,设置20 个功能区,涵括 6 大类专业服务,中心着力于通过提供专业的社会服务,以满足社区内个人(长者服务、儿童、青少年服务与残障服务等)及家庭的多元化需求。

其五是积极开展推广义工运动,女青年会积极倡导志愿精神,持续吸收义工,开展义工培训,充分利用、整合义工资源开展各样社会服务。目前女青年会已拥有13支义工队伍,在册义工近1000余人,长期风雨无阻地开展长者服务、戒毒帮教、艾滋病、结核病、麻疹的防治宣传和患者关怀、社区义务按摩服务、"欢乐学堂"周日营义工服务、居家助残养老服务、青年领袖培训等,取得了良好的社会反响。女青年会同时也是中山大学、华南农业大学、广东商学院社工系学生的实习基地,该会还与广东的多所大学合作,吸引高校学生源源不断地参与到该会的义工队伍中来。该会还组织开设了义工管理、项目管理、导师培训、程序策划、游戏带领等系列培训课程,外树形象,内强素质,提高义工的素质,近年来该会的义工队伍有2—3倍增长,并连年都有义工被评为广州市志愿服务先进个人和优秀义工。

近年来,女青年会又与白云区恒福社会工作服务社签订合作协议,为该社属下的新市街家庭综合服务中心提供专业督导顾问服务。按照协议要求,该会于2013年9月1日至2014年6月30日期间,派出具备督导资质的工作人员为新市街家庭综合服务中心的社工提供实务教育,传授有关社工管理理念、模式、工作程序、标准等知识,并为社工提供相应培训,以促进其服务工作的专业化、本土化发展,提升具有社工业务知识的工作水平,推动其提高服务质量。同时该会督导还将向新市街家庭综合服务中心提供业务管理、服务模式、工作程序和标准等具体实务指导意见,协助中心提升业务水平,并完成家庭综合服务中心购买合同的相关内容。要说明的是,广州的家庭综合服务中心督导服务大多是由机构聘请香港或者内地的资深社工,以个人名义提供服务。而广州基督教女青年会采用机构名义输出督导服务,可以有效地发挥不同督导的特长,确保督导服务时间。提供更优质的本土督导服务,是在社会管理创新大背景下的一个有益的尝试。

此外,女青年会还发起成立了全国首个地中海贫血援助项目,参与广东佛山市"小候鸟驿站"、"青苹果之家"和"聚心园服务中心"等社会服务项目,为服务对象提供了优质服务,取得显著社会效果。

由上可见,在近二十几年的时间里,女青年会不断创新服务理念,关注社会需要,大胆把握机遇,不断开拓创新,与时俱进地拓宽服务形式,拓展社团发展的新路径,为构建和谐广州作出了应有的贡献。

三、思考或感想

回顾历史,一个女性的民间团体何以能在中国社会的百年沉浮中顽强生存下来并始终恪守其创立之初的宗旨,履行着自己的使命,答案只有一个,"那是基于一代又一代的"女青年会人"承载着团体的使命,以促进女性的发展和社会的进步为己任,以在不同的历史时期的服务创新见证了团体存在的价值"①。女青年会百多年来服务社会造福人群的轨迹清晰可循,在百多年的时间里,上帝赐予广州基督教女青年会事工的各样恩惠,而女青年会通过服务社会造福人群的途径在广州的历史上、在当今的社会中树立起了自己的良好形象,真正以实际行动"荣神爱人",为上帝作了美好的见证。

需要指出的是,基督教女青年会(也包括男青年会)和基督教会既有共性又有所区别。"其共性在于:基督教女青年会同样是以见证上帝是爱的福音为己任,遵循耶稣基督服侍的教训,服务社会,造福人群。同时,和教会相比,基督教女青年会又有自己的独特性:她不仅向教内,同时也注重向教外、向社会开展服务事工和见证基督教对人群的关爱"②。

可以说,女青年会的社会服务工作早已实现了三个突破,即一是突破了宗教的限制,其所服务的人群不是仅限于基督徒,二是突破了性别的限制,其所服务的人群也不是仅限于女性。三是突破了年龄的限制,其所服务的人群更不是仅限于青年,而是覆盖从青少年到老年的比较广泛的年龄段。

不过,女青年会作为一个社会服务团体,在当下依然面临着许多困难和挑战,最大的困难和挑战恰恰来自于自己的名称——"女青年会",这个名称本身表明了其团体的宗教背景,表明了其是属于宗教、带有宗教背景,不能搞宗教活动、只能搞社会服务的社会团体(女青年会是在民政部门登记的具有法人地位的名正言顺的社会团体)。正是因为其

---

① 高英:《百年见证彰显主爱——纪念广州基督教女青年会成立一百周年感恩礼拜证道》,载《天风》2013 年第 3 期,第 16 页。
② 同上。

带有宗教的色彩,当女青年会去寻找社会资源的时候,往往不被理解,社会上的许多人和组织,甚至包括政府机关,往往对他们抱有警惕、怀疑甚至几分不信任的态度。如广州市最早打算试点购买政府服务时,有三个带有宗教背景的团体,即仁爱服务中心、青年会和女青年会都跃跃欲试,但女青年会通过打听获知这三个有宗教背景的团体都不会予以考虑时确实有点委屈和不舒服。后来,青年会和女青年会都想了一个办法,他们不直接用青年会和女青年会的名称而是分别成立了三一(取基督教的三位一体之意)社会服务中心和益人(取基督教的荣神益人之意)社会服务中心,换了个身份,结果青年会和女青年会均成功招标。为了此次的招标成功,女青年会事先还做了很多准备工作,如在招标之前半年女青年会就招进专业社工,招来以后又将之专门送到香港去学习、取经和进一步的培训。

再比如,女青年会全国协会一直都是全国妇联的团体成员,广州市女青年会过去也一直是广州市妇联的团体会员,但从 2002—2012 年,即约有 10 年时间,由于各种原因,广州市女青年会失去了团体会员的身份与资格。直到 2012 年上半年在女青年会的不断努力下,市妇联又将女青年会正式纳入团体会员,广州市妇联本应给女青年会从事社会服务工作很多支持,但事实上妇联长久以来甚少与女青年会主动联系,只是近几年才有所联系,而且这种联系还是非常稀疏的,彼此之间的合作就更谈不上了。2012 年时,女青年会作为团体会员之一去参加市妇联的会议时,市妇联的人还对她们讲,既然你们不传教何必又带"基督教"这三个字呢? 把那三个字去掉岂不是更方便? 女青年会的人一时无语。

另外一个较大的困难和挑战即是来自于竞争。在当今社会管理创新的进程中,社会组织的作用越来越受到重视,而且社会组织的发展可以说是非常迅猛。据说,目前中国有各类社会组织四十七万个。近几年广州市各类的社会公益和服务组织也在大量涌现出来,显然在如此众多的社会组织中,女青年会的"造福社会服务人群"也在面临竞争与考验。

当然,困难和挑战有时又蕴含了发展的契机。近年广州市基督教青年会、女青年会均顺利通过广州市民政局的各项综合考核评级,被评定为广州市第一批具备承接政府职能转移和购买服务资质的社会组织,是目前全市首次具有宗教背景的社会组织获得该资质,实现了历史性的突破,为广州市基督教青年会、女青年会更广泛地参与社会服务工作提供了有力支撑。

在当今的中国,在社会公益和社会服务方面的缺口仍然很大,要解决这些点多面广的社会问题,单纯依靠政府的力量远远不够,政府各级民政部门也很难照顾到方方面面。而在动员社会力量兴办社会公益和社会服务事业方面,宗教界无疑有其自身的特殊优势,这种特殊优势具体而言表现在:第一,宗教的公益和服务事业是信仰实践的组成部分,是宗教信仰的外化与物化。所有的宗教,都有着济世助人的主张。可以说,宗教界出于其信仰和教义理解来参加扶贫济困、赈灾救难、养老托幼、帮残助弱等社会公益慈善活动,少有功利色彩而更多超越之境,以其"社会关怀"来表达或传递出"终极关怀"。而社会公益和社会服务事业又使宗教的社会关怀找到了由以落实的途径,从而彰显出自身的社会价值。第二,有较高道德感召力与社会公信度。一般而言,健康发展的正信宗教一般都具有良好的道德形象,为开展社会公益和社会服务事业提供了较高的道德感召力。这有利于避免寻租,克服腐败,实现低成本运作,更容易得到社会大众的信任与认同。

宗教界在社会公益与社会服务上本来就有着悠久历史和丰富经验,但在过去较长的一段时间内被我们所忽视。目前我国宗教的社会公益和社会服务工作和国际上以及港、澳、台地区的宗教参与公益事业和社会服务的广度和深度相比,我国总体上则还处在起步阶段。宗教界在社会公益和社会服务方面所发挥的作用,与其所拥有的巨大的人力财力资源相比,可以说是微不足道。宗教界在中国各地的社会公益和社会服务还应该也还可以发挥出更大的作用。有时这种作用发挥不出来,非其不愿也,而是由于各种因素的限制使其不能也。

我国目前涉及公益和慈善事业的法律法规主要有《公益事业捐赠法》《社会团体登记管理条例》和《基金会管理条例》等,随着形势的发展,上述法律法规已不能满足我国社会公益和社会服务事业发展的需求。针对上述情况,2012 年 2 月 26 日国家宗教事务局联合中共中央统战部、国家发展和改革委员会、民政部、财政部和国家税务总局联合印发《关于鼓励和规范宗教界从事公益慈善活动的意见》（国宗发〔2012〕6号），这正说明了随着当代社会的多元发展及在社会转型过程中出现的复杂局面，宗教界参与社会服务和公益事业应该说是水到渠成、恰逢其时。该"意见"审时度势，明确提出宗教界从事公益慈善活动"是促进我国公益慈善事业健康发展的有益补充"，"宗教界依法开展的公益慈善活动和设立的公益慈善组织受法律保护，享受与社会其他方面同等的优惠待遇"等，这就给予了宗教界从事公益慈善活动以准确的定性与定位，一方面有利于宗教界以更好的姿态融入社会、服务社会，另一方面也有利于社会各方统一思想，正确认识宗教界社会公益和社会服务活动的"身份问题"，从而将其纳入现行法律、法规、制度体系，实现法制化、规范化管理。

如果说随着经济的快速发展，社会组织作为社会自我管理的重要载体，已越来越成为现代社会中市场配置资源方式的一个重要补充，成为政府凝聚社会资源，提供社会服务的有力帮手，成为经济社会协调发展的助推器的话，那么各级政府和我们的社会，就理应给予宗教组织与宗教团体更大的发展空间，使其能利用自身优势，将其服务社会、造福人群的优良传统经常化、持续化、规范化、系统化，为宗教进入社会公共生活提供了一个新的平台。

可喜的是，中华基督教青年会、中华基督教女青年会于2013年5月召开了社会服务工作经验交流观摩会，此次会议的目标是，通过交流和实地观摩使青年会、女青年会的同工对社会服务工作中社会资源整合，专业能力建设及社会效益评估等方面进一步提高认识，对各地青年会、女青年会增强社会服务的责任意识和创新意识，突出团体社会服务工作的主线，积极参与社会服务和公益事业起到积极的推动作用。回顾历史，立足现在，放眼未来，"广州基督教女青年会无论是在过去近代历史发展中，还是在现代社会的实践中，都经历上帝的恩膏和圣灵的带领。女青年会的存在和发展，本身就是上帝慈爱和公义的见证。"我们相信、同时也期待广州的女青年会在昌明安定的社会环境里，更好地贯彻其服务社会造福人群的理念，再谱新章，再创辉煌……

注：这篇论文的写作得到了广州市基督教女青年会刘红总干事的

大力支持,她不仅向笔者提供了文字资料,还接受了笔者的访谈,并对论文的修改提出了宝贵的意见,笔者在此谨向刘红总干事致以最诚挚的感谢!

（原稿刊载于《民族宗教研究》2015 年第 4 辑）

中国基督教在文化层面的"中国化"之探讨

近些年来,学界和基督教界常有讨论"基督教中国化"的问题,这是一个老问题了。老问题一再地被提出总有"一再"的理由,尤其当中国改革开放取得了较大成就,中国在当今世界的影响力越来越不可小觑的今天,"基督教中国化"更有现实和紧迫的意义。其实,中国基督教会有"两个中国化"的问题,一是政治主权层面的"中国化",二是文化层面的"中国化",即基督教与中华文化很好的水乳交融的融合。中国大陆基督教会在政治主权层面的"中国化"自上世纪 50 年代的"三自爱国运动"始就基本完成,这个"完成"是否尽如人意则另当别论;而在文化层面的"中国化"则还正在进行时。应该说,中国大陆文化层面的"中国化"早在上世纪 20 年代就已经提出来了,但这个文化层面的"中国化"实在是走得太艰难。作为研究基督教与中国基督教历史的学者,笔者觉得从基督教与中国文化之关系的视角来思考基督教在目前中国大陆的现实状况,并从这个视角出发来展望基督教在中国未来的发展,很有必要。

一　基督教在中华文化中所处的位置

基督教若想完成在文化层面的中国化,首先得明白自己在眼下中华文化中所处的位置。在我们看来,目前基督教在中华文化中处于比较尴尬的位置,很多人并不把基督教看成是中华文化中的一部分,更不会看成是其很重要的部分。若说佛教是中华文化的一部分或许没有什么异议,说基督教是中华文化的一部分恐怕很多人就不同意了。究其原因,人们还是习惯于把基督教看成是外来的宗教,之所以如此,一个重要原因就是没有解决好基督教与中华文化的关系,两者没有很好建立起融合的关系,或者说没有建立起类似佛教与中国传统文化那样的你中有我、我中有你、彼此已不可分割的关系。

从明末清初的天主教传教士来华算起,不管人们是否承认,基督教与中国文化的关系,就开始成为一个"问题"了。而且是一个仁者见仁、智者见智的颇具高度争议性的问题,直到现在,这个"问题"还没有一个众人都能接受的令人颇为满意的答案。

自上世纪 70 年代末文革结束,尤其是改革开放以来,基督教在中国的发展似乎进入了一个新阶段。目前中国的基督教徒数量到底有多少? 这是一个无法从统计学上加以确证的问题。当然,基督教的影响正在逐渐扩大,尤其在许多大城市,这也是事实;但基督教的影响究竟有多大? 有一个大家公认或接受的量化指标吗? 就广东而言,广东地处东南沿海,自古以来就在中外的文化交流也包括宗教的交流中占有一个特别的位置。天主教基督教的来华,这儿都是最重要的桥头堡。目前广东省基督徒的数量有 52 万多,但其社会影响力与佛教、道教和民间信仰比较相去较远,这些问题都值得我们进一步深思。毋庸置疑,虽然许多人对基督教有好感,但基督教其实并没有成为中国人的普遍信仰,基督教到目前为止仍未能真正融入中国社会。如果说儒、释、道是中华文化的主体组成部分或之一,可能有许多人同意;如果说基督教同样也是中华文化的主体组成部分或之一,可能许多人就不同意了。这样说的一个最重要的理由就是:基督教迄今为止仍未能成为中华文化的主体组成部分或之一,亦即它还无法在深层次上影响中国人的思想和思维模式。

之所以如此,这其中自然有许多复杂的原因,除了政治的、意识形态方面的原因之外,最重要的一个原因恐怕还是来自"文化"的阻力,这种阻力或许比来自政治方面的压力更潜在、更具韧性。基督教在华传播的历史与现实至少说明了这样一个问题或事实:在基督教来华之前,中国作为一个文明古国,有自己悠久的历史和文明传统,有自己的成体系的思想系统与价值结构,有自己的经典、自己的救赎论与宇宙观、自己的生活哲学等。基督教与中国文化的接触与碰撞势在必然,如何妥善化解基督教与中国文化的冲突,如何使基督教本色化、本土化或处境化,且在中国文化的更新上发挥作用,则是基督教在中国的土地上广为传扬的关键。一直以来,不管是外国的传教士,还是华人的基督徒,一直都在寻找解决基督教与中国文化的冲突的可能途径,从明末清初的利玛窦,到 19 世纪的李提摩太,他们都费尽苦心地学习中国文化,结交中国的知识分子和士大夫,力图缓解或消融基督教与中国文化的冲突;不少华人基督徒也曾自觉地努力调和基督教与中国的文化传统的关系,如吴雷川、诚怡、王治心、谢扶雅、赵紫宸、徐松石、吴耀宗、丁光训等人在其著述中一以贯之的意图,即从正面来衔接基督教与中国文化。遗憾的是,不管是外国传教士付出的努力,还是华人基督徒付出的努力,收效却并不那么显著,基督教在中国的传播似乎没有佛教那么"好运",基督教始终未在中国的主流文化中占有一席之地。

反观佛教,佛教自汉代从印度传入后,也经历了漫长的从抗拒到适应的过程,从汉到魏晋南北朝再到唐代几百年的发展,完成了其完全的"中国化"的过程(佛教中禅宗的诞生标志着佛教中国本土化的最终完成)。佛教在唐宋时已蔚为大观,并内在地成为中国文化的一部分,形成了儒、释、道"三教论衡、同归于善"的传统。为什么佛教在中国能有如此的发展,一个最重要的原因是与其走的"本土化"的道路,即佛教的"中国化"分不开的,也与中国的知识精英阶层即知识分子对其的广泛认可与接收分不开。经过在信仰上或在义理上接受佛教的知识分子们的再阐释,佛教的义理与中国固有的文化传统相结合,形成了独具特色、符合中国人口味的中国佛教,并为社会大众所广泛认可。

回顾基督教早期的历史,实际上也是对希伯来和希腊罗马两大文化传统的融合,它通过犹太人的经典传承了希伯来文化的成分,又同时接受了希腊罗马文化的渗透和冲击。当基督教最初在罗马帝国境内的传播与发展时,走的就是罗马化的道路。正是由于罗马帝国的最优秀的知识分子逐渐接受并认可了它,且寻找到了基督教与希腊哲学的相通之处,他们借助更为严谨的哲学观念将基督教教义系统化、理论化,借助理性逻辑来证明上帝的至高无上性,使其在一定程度上成为可理解的。如圣奥古斯丁,我们在其《忏悔录》中,可以看到希伯来式的、绝对信仰的原宗教之非理性精神;而在其第一次从哲学上全面系统地论述了基督教教义的《三位一体论》中,他把上帝当作一个形而上学的目标来讨论,我们则看到了希腊式的理性精神和理性逻辑。没有人能够否定早期教父们对基督教的信仰与希腊的哲学相结合所作出的贡献,如果没有他们的工作,很难想象基督教能在注重理性逻辑的希腊和罗马文明的土地上站稳脚跟且不断壮大与发展起来。

二 中国教会神学思想建设和神学教育的反思

上世纪 20 年代发生在中国的非基督教化运动,当时一些开明的基督徒知识分子,如诚静怡、刘廷芳、赵紫宸、王治心、谢扶雅等人,曾经发出基督教要本色化或本土化的呼吁,要求摆脱基督教在思想和实践中的"西方色彩",提出基督教的神学思想要与中国的传统文化相结合等。但由于各种原因,他们的努力并没有产生多大的影响。直到 1948 年,吴耀宗先生在其创办的《天风》杂志中撰写文章《中国基督教的时代悲剧》,不无遗憾地指出:"中国基督教的信仰与思想,几乎就是美国式基督教的翻版。"

1998 年,丁光训大主教提出"加强中国教学神学思想建设"的倡议,这个倡议也过去了近二十年,"教学神学思想建设"到底"建设"得如何,值得人们深思。从目前的情形来看,中国教会自身的神学教育建设和神学思想建设仍然不够,中国的教会似乎更注重教会建设,教务比较繁重,大多数教职人员致力于教友牧养、堂会建设等实际操性工作,少有时间去思考基督教与中国文化的关系问题。赵紫宸之后,中国的神学界一直处于不景气的状态,迄今还没有产生出有建树有影响的本土基督教神学家。年轻一代的教职人员普遍对儒学的了解比较有限,对别的宗教如佛教、道教、伊斯兰教等的了解也不甚了了(而儒学和佛教正是基督教在华传播的主要竞争对手或者说在复兴中华文化中的合作伙伴)。除了《圣经》,许多人连儒家、道教、佛教等最基本的经典有哪些、到底这些经典中有些什么内容、他们怎样影响了两千多年来中国人的心灵、精神与品格等说不出个一二三。可以说,他们在学养学识上、尤其在对本土文化的了解上明显不如他们学贯中西的神学前辈如吴雷川、诚静怡、王治心、谢扶雅、赵紫宸、丁光训等人。正如原国家宗教局宗教研究中心主任赵匡为所说,基督教(包括天主教)"50年代实现了自治、自养、自传和独立自主办教会,在政治上改变了原来的殖民地性质,但远没有实现在中国'本土化'的目的。改革开放后,中外文化交流频繁,外来影响增加,一部分出国学习天主教、基督新教的年轻神职教牧人员学成后回国,给中国教会带来了不少好的知识,但他们对中国国情了解很少,主要是照搬照抄各自在国外学到的东西……其中许多并不适合国情。所以只起到了介绍适合各国情况的不同神学思想的作用,却未能注意结合中国的国情形成适合中国的神学思想体系,使这两种宗教仍没有真正扎根于我国丰厚的文化沃土之中。"[1]

如此这样,基督教就不能对中国社会各阶层的精英产生吸引力。以往教会的信徒中,普遍存在年龄大、文化程度不高、女性居多的状况,现在这种状况已经渐渐有所改变,但并没有得到根本的改变。表面看来,在目前中国社会的各阶层中均可以找到基督徒,可是这些信徒并不是各不同阶层中的中坚分子,在成功商人或在第一流的企业家中,就少有看到基督徒的踪迹。

在知识分子阶层,虽然在大陆的一些大学和一些研究中心,许多学者对基督教的研究表现出浓厚的兴趣,且在基督教历史、基督教社会学、基督教哲学、基督教伦理学、比较宗教学,以及一些与基督教相关的学科或跨学科的领域内做出了许多卓有成效的研究,翻译并写作了大量有较高学术含量的专著。也有学者在研究基督教的过程中自己也成了基督徒(这部分人在研究基督教的学者中所占比重不大)。不过,大部分研究基督教的学者毕竟是站在教外的立场上从纯学术的角度来研究基督教,这种纯学术、象牙塔里的研究毕竟与普罗大众的现实生活有一定的脱节。而且即使是这群研究基督教、且对基督教有非常好感的知识分子,他们中的许多人明言其是站在纯粹中立的立场上,且把基督教作为一种客观的研究对象,他们游离于"进得去"和"出得来"之间,甚至更在意于后者而刻意地"保持距离",以免有"不识庐山真面目,只缘身在此山中"的嫌疑。对他们而言,基督教主要不是作为信仰,乃是作为一种历史现象、社会现象、文化现象而进入其研究视域的。就他们的

[1] 赵匡为:《中国宗教的现代化进程》,《宗教》,2001年第1期,第33页。

信仰选择而言,或许其中的许多人宁愿选择中国文化而不是基督教作为其信仰和生命的支撑。尤其在第一流的知识分子精英中,在当今那些最有影响、最有话语权的知识分子中,具有基督教信仰的人更是不多见。

中国城市里的基督徒各方面的素质与农村的基督徒相比相对要高一些,而农村的基督徒大多是在经济和社会政治生活中被边缘化的一群,其文化水平和素养相对较低。基督教在中国农村的"迷信化"甚至"民间信仰化"的趋向比较严重,许多人接受基督教更多的是出于"功利"式的考虑,如认为信教只是为了个人治病、消灾免祸等。与海外特别是美国的华人基督徒相比,大陆基督徒的整体素质相对要低一些这是可以肯定的。

教会发展,需要神学教育先行。中国教会重新开放后着手做的两件事就是重印圣经和复办神学院校。自 1981 年金陵协和神学院复办以来,目前经批准恢复和设立的全国各地神学院校已有 21 所。初步形成了全国性的金陵协和神学院、区域性神学院以及部分省基督教两会自办的神学院或圣经学校三种层次相配套的院校体系。各神学院毕业的学生中有绝大多数都在各地教会事奉,不少人已经担当起宗教团体、宗教活动场所和宗教院校的骨干,成为今日中国教会教牧队伍的重要力量,为中国教会的健康发展注入生机。

中国教会面对从新中国成立之初的 70 万到今天超过 2300 万的基督教信徒,中国的神学教育面临着现实的巨大挑战。这几年国家宗教局总在强调要办好宗教院校,提高教学质量,培养人才。这种"强调"本身就说明了包括基督教界在内的宗教院校人才的匮乏,且面临有远见卓识的领袖人才的"断层"之忧,这在基督教界尤其明显。面对中国教会的快速发展、信徒人数增长、素质提高等新的情况,神学教育也要做到审时度势、与时俱进。神学院校要担负怎样的任务?应该培养怎样的人才?确立其怎样的社会使命?神学思想如何与中国文化相互融通?这些都是处身当代中国社会现实语境中的中国神学教育所面临的挑战以及必须回答的问题。

神学院的神学教育涉及三个方面:教会、教师、学生。神学生由各地基层教会推荐,教会要鼓励和引导那些信仰纯正、行为敬虔、信心坚定且有一定文化素养的优秀信徒奉献自己到神学院进行神学思想上的装备；神学院的教师不仅要帮助神学生在生活上活出信仰，而且必须要使神学生明白所传之"道"，并学会如何"传"道以及装备自己成为一位传道之"人"，为教会培育出良善、忠心、谦卑、有见识的牧者；神学教育面向的学生不仅仅来自神学院，更要面向平信徒，提供多层次的神学教育，满足各层次信徒以及各教会发展的需要。

此外，神学院也需要与高校、科研机构保持密切的联系。神学院如果不和学界接触，不在提高师资水平和教学质量上下功夫，教会总在围墙内办学，缺乏自信去和学界打交道，就很难培养出真正有文化担当、有远见卓识的教会领袖出来。也很难在基督教的研究方面，也包括在中国教会神学思想建设的领域里有什么话语权。以笔者所在的广州为例，广州的基督教界与学界的联系相对较少。中山大学、华南师范大学、暨南大学、广州大学等有一些在全国基督教学术界颇有影响的学者，他们对于广东乃至欧美的基督教历史、传统、现状等研究都颇有造诣，这些学者都有一个普遍印象，即广东的基督教界比较保守、闭塞，较少和学者主动联系与交流，学者少有被请去参加会议或作讲座等，更谈不上有什么合作。广东的基督教界也未必对这些学者熟悉，未必知道这些人的名字，未必读过他们的作品，那就更谈不上与这些学者就基督教的历史、传统、现状、基督教与中华文化的关系等进行对话和沟通了。似乎大家是各走各的道，各说各的话，互不相干。希望这种相对隔膜的状态在今后能有所改善。

三　基督教在文化层面的中国化势在必然

在中国的教会和基督徒中，总的说来对本民族的文化持肯定和开放态度的不多，持基要主义立场的人还不少。如前所述，许多基督徒基本停留在教会的围墙之内，自限于教会之内，关心自己的灵魂得救和属灵生活是其教会活动的全部，他们不关心社会，也不关心在国际政治多极化和民族文化多元论的权利诉求（甚至是经济模式多样化的诉求）不见减弱、反见加强的全球化的今天中国文化的命运，因而在当前物质主义享乐主义甚嚣尘上、人们普遍感到道德滑坡和信仰危机的时代,教会在对大众文化,尤其是对青年一代的影响比较有限。由于各方面的原因吧,教会也不太注重响应这个时代和社会给教会提出的种种挑战,不太关注社会的公共话语和热点话题,而是自觉地边缘化,因此在社会上很难听到教会对社会的种种不公正现象发出声音来。

显然,基督教若要在未来的中国有较大的传播与发展,还必须在文化层面上进行中国化,舍此没有他途。当然,文化层面的"中国化"的具体内涵就要体现在神学思想、组织体系,甚至宗教的外在仪式、建筑以及圣诗等方面,我们理解这个"化"不是以中国的色彩完全代替它原来的欧美色彩,而是相互很好地融合、交融,在这个"融合与交融"中又显示出中国特色。有中国特色的基督教既是普世化的基督教的一分子、一员,同时在国际的基督教界还有自己的一席之地,有自己的话语权。这样才与中国现在在世界上的地位与影响相当。

笔者在此就"基督教在文化层面的中国化"提出几点思考:

首先,人们得清醒认识自己生来所处的"文化"背景和文化生态土壤。既然文化在大多数情况下总是地方性的、民族性的,那么任何跨文化传统的价值目标和价值认同都必须从这一前提出发,尤其在全球化的今天,我们更要对自己的文化充满自豪与自信,更不能放弃自己对中国文化的使命与责任。以儒家为主,融合儒家、道家与佛教等的中国文化作为一种具有持久连贯性和地域权威性或历史轴心主义的文化传统,已经绵延发展了两千五百多年,虽然中国文化在近现代受到了西方近现代文化(以理性与科学为标榜的启蒙主义、马克思主义等)和在此影响下的新文化运动的接二连三的强烈冲击,但它并没有因此而被消解而灭亡,相反,中国文化至今仍显示着不竭的勃勃生机。正因如此,雅斯贝尔斯等学者将它视为少数几个具有人类文明意义的轴心式"伟大传统"。

遗憾的是,对中国传统文化的疏远似乎成了五四以降许多中国人无法抗拒的时代潮流,如今的许多中国人,也包括许多基督徒在内,对自己的文化并没有多少切实的了解与认识,许多基督徒甚至自觉不自觉地用基督教来拒斥中国文化。在中年和青年人中,国学的根基普遍比较薄弱,且不说认真读过,就是稍微浏览过中国古代儒家、道家及佛教经典的人也寥寥无几,很多人对自己文化的认识,还停留在"五四"的时代。20世纪初,出于政治和意识形态的原因,"打倒孔家店"之类的极端的非学理的态度成为五四时期及以后知识界的共识和学界的中心话语,以儒家伦理为主导的传统道德文化也被简单化地否定、并被轻而易举地弃绝了。需要警醒的是,在当下中国现代化的语境中,儒学早已经不是原生态的儒学,儒学的真实面貌早已被"遮蔽"。五四时期对"儒家文化"的批判,本身就是基于一种政治和意识形态的建构。这在当时来讲是可以理解的(中华民族在敞开国门后所经历的是一连串带有被殖民印记的不平等条约,是接踵而至的内忧外患,是不堪忍受的被歧视被挤压的种种屈辱与忧愤),而现在仍取这种态度则不可取。

不可否认,中国的传统文化中有许多应该批判、否定和扬弃的东西,但我们也要看到,以儒家为主导的中国文化也有许多至今仍然没有过时,仍然可以从中挖掘出为当代人可借鉴和可用的积极的思想资源,如孔子的仁爱忠恕之道(而不是"爱有差等"的等级结构式传统伦理观念);孟子所强调的大丈夫的独立的人格、道德的自律与自觉等;宋明心学的"致良知"学说;先秦儒家所倡导的以义取利价值观;在人与自然的关系上儒家、道家等提倡的"天人合一"的宇宙本体论命题;以及儒家一贯坚持的修身养性、智德双修、把成德与成人密切联系起来的完整人格论等。我们应该承认中国文化的经典宝库中有许多生命的智慧,有许多仍然可以为今天的人们所运用的教导与原则,只要人类的生命还要延续,这些生命的智慧、这些教导与原则就不会过时。与我们自己的国学研究相比,西方汉学家其实也在中国传统思想的更新上作出了极有意义的探索,如史景迁(Jonathan D. Spence)、史华慈(Benjamin I. Swartz)、葛瑞汉(Angus Charles Graham)、郝大维(David L. Hall)、安乐哲(Roger T. Ames)等,他们不仅在字面上翻译儒释道的核心概念,而且把概念和思路带出来,植入现代知识框架里,给西方学术共同体提供了新能量。了解我们的文化,认真去读读我们文化中的经典之作,重温和利用我们已有的相关"知识储备"(哈贝马斯语,意即"文化"),正是为了从以往的经典中、从我们传统的资源中寻取为现代人所需的智慧的亮光。可惜在许多狭隘的基督徒眼里,将不同于基督教的文化传统视为"异教",而图使一切文化传统均归于基督教名下而达成大一统的合一幻想。换言之,即以基督教来取代中国文化传统,这是不切实际的。

其次,基督教信仰与中国文化的互相综合、吸纳与相互开放。上帝虽在世人建造巴别塔时变乱了人类的语言,使得人们的信仰与文化各各不同,但他并没有剥夺人类在精神指向和终极理想上的一致性和对超越的追求的共同性,处于不同的信仰群体、不同的文化身份的人在心灵或灵魂深处仍然可以彼此相通。我们应认识到,基督教与中国文化之间的冲突的真正解决只能以彼此的开放作为前提,沟通和理解的基础首先只能是它们之间的"重叠与共识"(实事求是地看,圣经中的教导与中国的传统文化有许多相似之处,也比较容易落实在生活的层面上。譬如对和谐的重视、提倡孝敬父母、尊重婚姻、重视家庭与子女的教育以及智慧传统等),开放意味着每一方都能对另一方有所贡献,又能从另一方有所收获。这并不意味着基督教被中华文化所吞噬,这实际上是一个双赢或各有所获的过程。如同佛教当初的中国化一样,一方面是佛教达到最大限度的中国化,另一方面是中国社会实现了最大程度的佛教化。

当然,要寻找"重叠与共识",要互相综合、吸纳与相互开放,就应进入"对话","对话"的目的是表明尊重其他文化与宗教传统(如佛教、道教或民间信仰等)推动双方的理解,并非只是证明自己的宗教更高明,劝别人"改宗";或者在对话中失去对自己宗教的信念。每种宗教都有自己独特的思想、表述与符号等,但是这些自己熟悉并习以为常的东西,对于外人来说难究其竟,对话就需要参与者敞开心胸去"从自己人的角度"来全面地认识"你的宗教",对话令大家有机会彼此融入对方,不满足于简单地了解彼此的处境,而是愿意探索在接近超越与深奥神秘的生命的相似性和差异性。

1893年,第一次世界宗教议会在美国芝加哥举行,这是由基督教界倡议发起的,旨在开展信仰领域的不同对话。1993年,会议的100周年时举行了第二次议会,这次得到来自世界多种宗教的宗教领袖和普通信众的广泛参与。现在这个宗教议会每五年召开一次,每次为期一周。不同宗教的对话、相互理解与尊重越来越成为许多宗教的共同的心声与行为实践。有对话才有理解,有理解才有包容。对话和沟通,理解和宽容应该成为当代人的生活方式和常数,人与人之间是如此,国与国之间是如此,在对话和沟通的基础上达成的是相互之间的理解,在理解的基础上才能达成人们和谐共处于同一个星球的美好愿望。

五十多年前即 1962 年 10 月 11 日,在教宗约翰二十三世主持下,梵蒂冈第二届大公会议在罗马圣彼得大教堂正式揭开,这次会议历时三年,举行了四期集会,即为梵二公会议。这次会议的召开乃天主教因应"时代的征兆",在新的历史时期对自身的一次重新认识,就在这次会议上,天主教决定向现代世界开放,提出了"与时代共进"(Aggiornamento)的口号。会议邀请了东正教和新教的代表列席旁听。要知道:自从东西教会大分裂,天主教就与东正教少有来往;同时自从宗教改革、新教分裂出去之后,新教一直被天主教看做异端邪说,彼此少有来往。东正教和新教的代表列席旁听显示出教廷开放的胸襟和改革的决心。这次会议努力回答的问题之一就是:天主教信仰与世界上的其他宗教信仰的关系,如天主教与其他基督宗教的关系、与非基督宗教的关系、与犹太教的关系、与无信仰者的关系等等。梵二会议不再把天主教会等同于世界上唯一的真教会,也修改了过去一味强调的"教会之外无救恩"(即天主教把握着全部和绝对的真理,不加入天主教会,就不可能获得灵魂的拯救。天主教一直把"教会之外无救恩"当做对待非基督徒、东正教徒和新教徒的定则甚至信条)的教条,并开始承认其他的宗教并不在拯救历史之外,而在拯救历史之内。别的宗教也反映了"真理之光"。"天主公教绝不摈弃这些宗教里真的圣的因素,并且怀着诚恳的敬意,考虑他们做事的生活方式,以及他们的规诫条与教理。这一切虽然在许多方面与天主公教所坚持、所教导的有所不同,但往往反映着普照人类的真理之光。"①这就等于宣告了"教会之外亦有救恩"。在梵二通过的三项宣言中,其中一项就是《信仰自由宣言》。

梵二会议标志着天主教会从传统的自我中心的独断式思维中走出来,向世界开放,不再居高临下,而是以平等和对话的姿态来处理与其他宗教的关系,这表明了天主教的与时俱进,以及教会在现代性语境中对自我的重塑,更表明天主教的最上层已经承认这个星球的宗教生态的多样性,复杂性,并愿意与不同的宗教对话,求同存异,和而不同,寻求相互的包容与理解而不是冲突。

而五十多年后的今天,许多牧师和基督徒至今对佛教仍抱狭隘心

---

① "教会对非基督宗教态度宣言"第 2 节,见《天主教梵蒂冈第二届公会议文献》,上海光启社 2005 年,第 470 页。

态。要知道，19世纪以降，来华传教士在传教策略上对佛教的态度已经发生了变化。与明末天主教（耶稣教）把中国的佛教仅仅看作"一种粗俗的偶像崇拜"不同，新教传教士更愿意放下身段去了解佛教，如著名传教士李提摩太与一个佛教的居士杨仁山合作，将著名佛教经典《大乘起信论》译成英文，流通于欧美。不止李提摩太一人，从他开始，有好多传教士都是像他那样做的。从那以后直到现在，欧美的学者、普罗大众开始渐渐了解和接触东亚的佛教。虽然李提摩太及其后的传教士对佛教的态度非常复杂和暧昧，但他们毕竟认识到，佛教与中国文化的相融通对基督教入华的借鉴作用。佛教对中国而言也是外来之宗教，而后才被逐渐消化到中国传统生活之中。基督教应该从中去学习如何把基督真理带入中国人心和生活中的道路。要从佛教的传播经验中去学习基督教在华传教所适合的策略。他们甚至认为要从传教的语言策略上去加以考虑，即基督教在中国需要找到一种中国式话语的灵性表述，而这一点是可以从佛教中国化的经验当中去加以体会的。李提摩太在华的40多年里，致力于中国和日本为中心的东亚佛教的研究上，为此他还专门购买了全套的佛教三藏作为研究的必备资料。这正如他自己所表示的是"为更好地传教作准备"，即知己知彼。而我们现在许多牧师、传道等对基督教以外的宗教却所知甚少，对其他宗教的经典阅读不够，对中国传统文化也了解不多，这种结构性的知识欠缺如果不花精力去弥补，就不容易将那些文化素养和学识较高的慕道友吸引到教会中来。

再次，基督教应在中华文化的改造、更新与救赎上有份，基督教与中国文化的融合并不意味着其要一味地去迁就文化，而是要依据基督教的信仰与神学来对我们的文化进行实际的反思，以基督的救赎成为中华文化的生命力和创造力的源泉之一，以此来回应与重整国人对其所处社会生活的认知和判准，建立起自己和那个超越万有的上帝的关系。这种反思当然还包括对当代中国大众的生存处境和生存经验的反思。在我们现今的时代和社会，人们普遍感受到了教育的困境、生态环境的日益遭到破坏、人与人之间的不信任等，感受到了整个社会所面临的道德危机和信仰危机等，这些都给基督教（当然，不只是基督教）如何回应这些问题，如何在社会中发挥出正能量提出了更多的挑战。

20世纪六七十年代，北美黑人神学之以肤色、种族歧视之经验为背景、拉丁美洲解放神学之以阶级剥削经验为背景,以及女性神学之以性别歧视经验为立论之根基,乃是这些神学迈向生活化、经验化并重现福音生机的关键。神学愈是与人们的生存处境和生存经验相关,与人们的悲苦忧伤喜乐相关,才愈能引起人们的共鸣,神学也才愈能透过十字架的奇迹对人的生存状态和希望作出深刻和有力的思考和宣告。要知道:上帝的启示无论是透过创造,还是透过道成肉身以及圣灵的工作,均是深植在人类的生存处境和生存经验中,并透过这种处境和经验来了解。

综上所述,基督教在文化层面的中国化是一项伟大的事业,也是一项任重而道远的艰苦工作,基督教应该而且必须在中华文化的复兴中有所担当,有所作为,担当得好,作为得好,才能见证上帝对中国的深深祝福。

第二章
岭南民间信仰

正确认识民间信仰

近一个多世纪以来，中国的大地上经历了一次次疾风暴雨式的"破除迷信"活动和运动，民间信仰因此受到打击和摧残。这主要是受 18 世纪以来的西方启蒙理性的影响，"迷信"和"淫祀"（拜鬼拜神、祈福禳灾等功利性很明确的宗教行为）受到全社会的抵制与清除。在人们的眼中，民间信仰具有"无建制"、"无组织"、"非理性"、"反科学"等特征。

直到上世纪七八十年代，随着宗教信仰自由政策的贯彻与落实，民间信仰及其活动渐渐苏醒，重现于中国大地并日渐兴盛起来。近年来，笔者曾多次深入广东中山市各镇、区进行民间信仰状况的田野调查。当我们置身于中山市 400 多处大小不一的神庙里（截止到 2007 年，中山城乡共有 486 处神庙），看到民众围绕神灵所举办的诸多活动时，不得不对 30 年来民间庙宇复兴的强劲势头和民间信仰的蓬勃发展感到惊讶。惊讶的是为何有如此众多的神庙，民众又为何以如此高涨的热情投入到民间信仰的敬拜中去？

民间信仰的地位和作用

民间信仰是一个长期以来被忽视但却是我国最重要的宗教信仰传统，民间信仰的存在满足了绝大部分中国人的信仰需要。传统的儒释道三教的普及，也是一部向民间信仰靠拢、走近的历史。上世纪 90 年代以来，欧美学界甚至开始把中国各地的民间信仰当做与儒释道三教享有共同基础，与三教相并列且是其中最为重要的、构成中国传统社会第四传统的部分。学者们已逐渐摒弃把民间信仰只单纯地视做庶民信仰、草根信仰的做法，而倾向于将其视为全体中国人的精神信仰。我们的田野调查也从一个侧面证实了这种看法不无道理：我国社会中长期存在的民众的日常信仰，其作为日常生活的一部分，对于大众百姓的思维方式、社会关系及政治行为等都有极大的影响。

对于大众而言,信仰并不是高深的学问,并不需要有系统的学习和掌握才能建立起来,信仰是一种直截了当的情感,无需任何深沉的思索。他们对神灵的信仰显得质朴单纯,宗教情感尽管缺乏理性思索的成分,却不乏执着。从人们信仰的"外化"仪式上,可以看出他们在其中所寄托的宗教精神。而从人们在民间信仰中"所寄托的宗教精神"这一点说明,无论经济怎样发展、科学怎样昌明,人类也无法从生存的焦虑中完全获得自由。信仰作为人们的终极关怀或使人安身立命的意义系统在现代社会仍然拥有巨大的生存空间。即使在物质与消费文化甚嚣尘上的当代,人仍然有对精神、对超越的追求,这就是人的高贵所在,也是为什么宗教在今天的世界各地仍很活跃的原因所在。

对百姓而言,今生与来生、自然与超自然、肉体与心灵,从来就不是彼此分割、完全对立的。人们可以在舒适的房间里享受现代化带来的种种便利,也可以在自己的生活空间,如在家里和村子中专门留出一小块地方来祭拜神灵,在世俗与超自然的世界间穿梭自如。传统的超自然思维和现代化不是非此即彼,而是可以共融共生的。尤其在民间,人们的思维及其方法在很大程度上是由包括民间信仰在内的大众文化、传统文化所塑造,而不完全是由现行教育制度所塑造的。

从宗教生态的角度而言,民间信仰是中国五大宗教均衡发展、关系和谐的共同基础。中国民间信仰往往融儒、佛、道和其他宗教于一体,其多神性、多教性、和谐性无形中制约着、推动着五大宗教的发展规模和风格,不使一神教过度膨胀,又使各教互相尊重,共同发展。

宗教的民间化也是现代和未来宗教发展的一个重要方向。从世界宗教发展新趋势看,民间信仰或民间宗教与主流宗教之间的界限正在消失,甚至主流宗教也正在不断民间化、民族化、地区化、生活化,成为民众的一种精神生活方式。这一过程将会持续下去。放眼近现代的人类社会,政教分离、科学与宗教分离、教育与宗教分离等是总的趋势,传统宗教因此缩小了活动范围,政治身份被淡化。如在美国,基督新教相对于天主教便具有教派多样化、活动社区化的特点。基督教在西欧更是散化在世俗之中,有形制的活动越来越少了。而在台湾,作为合法的宗教社团是很多的,既包括传统宗教如佛教、道教、基督教等,也包括新兴宗教如天帝教、天德教、轩辕教等,它们都是合法的、平等的宗教,原有的主流与民间的界限已十分模糊。妈祖崇拜在大陆被视为民间信仰,其在台湾的主流地位却无可置疑,而且成为两岸一家的重要文化纽带。由台湾的经验推断,经过改革、优化的民间信仰或民间宗教(包括组织化的和民俗性的民间宗教),是可以与当代社会相适应的。

民间信仰多寓于乡村社会的生活方式和民俗习惯中,通过其场所和活动,有效地推动了农村社区自我组织的形成和自我管理的完善,成为凝聚我国乡土社会族群向心力的精神家园,也成为维系乡村秩序的纽带和开展社区活动的中心。以广东中山为例,神庙成了当地社区的公共场所。以神庙及其周围的空旷地带为中心兴建一些娱乐休闲设施,诸如搭建简易戏台,安放健身器械,摆放棋桌、牌桌、茶桌等等,这对老年人颇有吸引力,他们在平常的日子里也常来此消遣。民间的庙会或神诞是一年中最为隆重的拜神活动,此时神庙不仅是举办庆典和祭拜活动的主要场所,而且是娱乐中心和收款总部。这时神庙除了是一个"热闹的社会活动中心"外,也是一个人们能把个体与宇宙、个体与神圣的存在以及个体与他人的存在相联系,因而从中找到安慰和感受到"集体亢奋"的"神圣中心"。庙会基本上都是全村参与,也有邻里近村的人前来助势助兴。通过这些仪式和共同的参与,人们从中感受到美好的生活远景,即创造精神支撑、信任和希望的共同家园。正因为如此,在民众的日常生活中,神灵是不可或缺的,神灵在民间生活场景中扮演的角色也就格外引人注目。

正确认识民间信仰

民间信仰是我国历史上长期存在并将继续长期存在的一种宗教现象。作为一种不从属于任何一种宗教的、民族特色鲜明的本土信仰资源,它在社会主义和谐文化构建中具有不同于制度化宗教的地位和作用。社会主义和谐文化应当是多元共存、相互尊重、兼容并蓄、相互交流和协调发展的文化形态。民间信仰作为我国传统文化的一部分,是我们建设民族道德信仰体系的精神内涵之一,因而要大力弘扬其蕴含的优秀民族传统文化。与此同时,应理性评估民间信仰的社会地位,充分发挥其正向功能,引导民间信仰与社会主义和谐社会建设相适应,放弃对民间信仰不必要的歧视和不公正待遇,给予它应有的地位,使之获得与其他宗教信仰平等的发展空间,使我国民众的信仰空间仍然保留着传统的文化精神。而在民间信仰走向复苏,在承认民间信仰的合法地位、保护信众进行规范有序的信仰活动及其合法权益的过程中,又应加强引导,抑制其负向功能,兴利除弊,并不断创新民间信仰管理模式。

（原稿刊载于《中国民族报·宗教周刊·论坛》2011 年 11 月 1 日）

民间信仰与当代社会的关系之探略

——关于广东中山民间信仰的田野调查之思考①

　　近三十年来,中国社会无论是在经济政治方面,还是社会文化生活方面,均发生了急剧的变化,而民间信仰的复兴和迅速发展无疑也是一个正日益引起学界关注的"变化"之一。笔者近年来带着几个研究生深入广东中山市各镇区,与市宗教局、镇与村等相关部门合作,进行了针对中山市民间信仰状况的田野调查。中山位于珠江三角洲中南部,珠江口西岸,北接广州,南连珠海,西通江门,毗邻港澳,全市下设 24 镇,4 个区。据 2006 年统计,全市常住人口为 285.76 万人,其中户籍人口 142.26 万人,外来人口 143.5 万人。当笔者置身于中山 400 多处大小不一的神庙里,看到民众围绕神灵所举办的诸多活动时,不得不对 30 年来民间庙宇复兴的强劲势头和民间信仰的蓬勃发展感到惊讶。惊讶的是一个作为地级市的中等城市为何有如此众多的神庙,惊讶的是民众为何有如此之热情投入到民间信仰的敬拜中去。接踵而来的问题是:伴随着经济的发展,科学的进步,得风气之先的中山为何会出现民间信仰的复兴? 民间信仰的复兴与当代的社会有怎样的关系?

　　此次田野调查的方式是:一、通过召集各社区、村委会负责人,神庙管理人员开座谈会,发放调查表等方式较为全面地掌握了中山市民间庙宇的总体情况,包括数量、分布、占地面积、修建历史、产权等信息。二、实地考察各镇区较为典型的神庙或者其他宗教场所。三、采访当地民众,了解民众对于神庙、神灵的真实看法,并在此过程中,汇集了一批录音与图片资料。四、在田野调查过程中,笔者还注意收集了其他相关文献,诸如地方志、中山统计年鉴以及其他相关文史资料等。

---

① 本文属于"广州市哲学社会科学发展'十一五'规划 2008 年度课题"的阶段性研究成果之一。

应当承认,我们对中山民间信仰的了解仍是很有限的,最多只能说是一种"近距离"的观察和思考。

一、中山民间信仰之现状

民间信仰作为一个单独笼统的概念,主要是因为它有别于基督教、天主教、佛教、道教、伊斯兰教这些公认的制度性的宗教。[①] 何谓民间信仰? 就一般的意义而言,民间信仰是指流行在中国民众间的神、祖先、鬼的信仰;庙祭、年度祭祀和生命周期仪式;血缘性的家族和地域性庙宇的仪式组织;世界观和宇宙观的象征体系。从意识形态上讲,它是非官方的文化,非主流的文化;从文化形态上讲,它重在实践、较少利用文本但以地方的方言形式传承;从社会力量上讲,它受社会中的多数即乡民的支撑并与民间的生活密不可分。信仰、仪式和象征是民间信仰三个不可分开的组成部分。在长期的历史过程中,传统的信仰、仪式和象征不仅影响着占中国社会大多数的一般民众的思维方式、生产实践、社会关系和政治行为,还与上层建筑和象征体系的构造形成微妙的冲突和互补关系。因而,民间的信仰、仪式和象征的研究,不仅可以提供一个考察中国社会—文化的基层的角度,而且对于理解中国社会—文化全貌有重要的意义。

1949 年以后,在几次诸如"破四旧"、"文化大革命"等大规模的政治运动中,中山的民间信仰曾一度被作为封建主义的糟粕予以清算,散布城乡的神像被毁,神庙改为他用。于是,在相当长的时间内,民间信仰活动处在蛰伏的状态。但蛰伏并不是消亡,一旦气候适合,它又会从冬眠中苏醒过来。1978 年以后,中山民间神庙的重建似乎是一场静悄悄的运动。1997 年编纂的《中山市志》对于民间神庙并没有着墨。但无可否认的是自改革开放以来,中山民间神庙强劲复兴,笔者的调研数

---

① 杨庆堃先生曾把中国宗教分成两大类型,一类是教义和教会组织完备的"制度型宗教",如佛教、道教;另一类是缺乏统一教义和组织系统的民间巫术、信仰等,它扩散到世俗生活中并与世俗生活结合,把它称为"扩散宗教"。C. K. Yang:《中国社会中的宗教:宗教及其历史因素在当代社会的功能研究》,(*Religon in Chinese Society*:*A Study of Contemporary Social Function of Religion and some of their Historical Factors*,Berkeley,CA:University of California Press,1961),第 294 页。

据充分证实了这一点。截至 2007 年,中山城乡共有 486 处神庙。其中改革开放以来修复或重建的庙宇占总数的 66％,新建的占 21％。也就是说现今的神庙大部分都是近 30 年来修建的。从地域上来说,乡村神庙的数量多于城镇。神庙的建筑面积大小不等,50 m² 以下的有 241 处,占总数的 49.5％;50—100 m² 的有 91 处,占总数的 18.7％;100—200 m² 的有 80 处,占总数的 16.4％。三者合计共占总数的 84.6％。可见,当前民间庙宇的规模以中小型为主。建筑面积最小的只有 5 m²,最大的达 1600 m²。从总体上来看,现今中山神庙只是恢复性的增长,现有神庙基本上是历史上原有神庙的恢复。神庙的建筑面积大部分也在 100 m² 以下,以神庙为中心的庙诞、赛神会等活动也随之恢复,其阵势和作用自然不可小觑。

民间信仰的复兴至少说明了三个问题:第一,民间信仰与活动已经从改革开放前的地下转入地上,并且迅速向五十年代以前的状况恢复。第二,传统民间信仰的基本形式依然顽强地传续下来,并且依然是一般民众信仰的主要表达与实现方式,如敬造庙宇、供奉神像、岁时祭祀、举行庙会,以及请大仙、信卜筮、看风水、讲禁忌等,各种仪式和方法竟然与多少年前完全一样。第三,这里流行的信仰缺乏经常性、宗教性的组织形式,多数是一种临时性、实用性的参与活动,因此很难说这些参与者是佛教、道教、基督教还是什么宗教,也很难精确地统计出他们的数字。

二、中山民间信仰复兴原因之探讨

改革开放 30 年来,中山城乡发生历史性的巨变。一方面是现代化的急速推进,另一方面却是传统的复兴,遍布中山城乡的近 500 处神庙表明民间信仰的复兴势头强劲。20 世纪曾一度流行的"世俗化"的理论显然无法解释这两种看似矛盾的现象的同时发生。该理论认为"世俗化"主要是指"宗教在社会中的重要性的日益衰退",且强调世俗化是现代化必然的、不可逆转的结果,宗教的消失只是时日的问题。而中山民间信仰复兴的强劲势头再次说明了审慎思考民间信仰与当代社会的关系之重要性。

民间信仰复兴的因素是多方面的。首先是要有神灵的存在,更重要的是民众要保持对神灵的记忆和崇敬,这就要求神灵通过某种方式展示自己的存在和神通,口口相传的神话传说起到了这一关键性的作用。对神灵的民间信仰早已渗入到乡民的生活方式中,演变为民间的风俗习俗。更重要的是,其根基深深地植于普通民众的意识或下意识之中。尽管这类对各路神灵的信仰从来没有被接纳为主流信仰,然而却依附于并与中国传统的儒、释、道盘根错节,成为中国传统文化的基因。正因为是我们文化的基因,所以,民间信仰从来不可能被行政命令与行政手段像外科手术般从我们的文化母体中根除掉。在考察中,我们时常会问那些敬神的民众为何要修庙拜神,得到的答案既简洁又直接:因为神很灵验。

其次,要有神灵的安身之处。对比中山市政府所在的石歧城区和其他镇区民间信仰复兴的差异,我们明显地感到石歧城区的神庙修缮或复建之所以少,是因为自进入民国以后,石歧就是中山现代化的中心,神庙的破坏程度因之也最为严重,其原来的庙宇已被完全破坏,庙址改为他用。而其他镇区的庙宇虽也遭到不同程度的破坏,但庙宇的主体还存在。原来虽被改为公共场所如仓库、活动中心等,但随着农村集体经济的解体,它们承担的职能也被荒废。人们所做的就是把神庙修缮,把神灵重新安放回去。

第三,修缮或重建神庙要有物质条件。中山经过 30 年的改革开放,积累了大量财富。中山得风气之先,具有中国大陆最早的商业步行街,最早的港资星级酒店,一些外资企业更是散布城乡。中山乡亲在改革开放中得到了实实在在的经济利益,他们对于乡村中的公共事务自然也就会关心。而集体的民间信仰如祭鬼祭神的活动既与历史的传统相关,也与集体的荣誉与安全相关,村中神庙事关全村人的共同利益,因此村民们也乐意出份钱,集体捐资修庙,以求神灵保佑。家里若有经商开厂的当然也会乐意多资助一些。在当地设厂的外地老板为了与当地民众搞好关系,自然也乐得予以资助。至于地基,大多会在村子内部解决,因此很少有因为扩建庙宇而引起争执纠纷,更不需要上级政府部门的审批。主持修缮与重建神庙的人也是当地有威望的人。以中山两个规模最大的民间神庙群为例,一个是由当地的村支书主持兴建,另一个是以一位老婆婆为首的老人会①,这位老婆婆的子女在中山从政。另外,中山侨居港澳台以及海外的乡亲也是修缮与重建神庙的重要支持者。他们没有经历过 1949 年后的历次运动,头脑中还保留着中国传统民间信仰的印象,加之他们寻根认祖的情感,因此也乐意捐资。如坦洲镇蜘洲观音庙就由一位香港庸姓乡亲提议修建,并出资 1000 元,后来群众捐了两三千元,又有一香港同乡给了 16800 元,但还不够,就张贴告示请求民众捐资,共募集资金 4 万元。②

最后,民间信仰的复兴还有历史渊源和现实需要两方面的原因。从历史上看,岭南地处边陲,自古就是信巫尚鬼之地。进入 20 世纪之后,无论是国民政府还是共产党政权均采取压制民间信仰的政策,甚至不惜采用极端的行动,表面上看取得了成功,但事情的发展总会出人意料。当被鼓动起来的民众破坏偶像反对迷信时,却也陷入了另一场造神运动,经受了另一种精神上近似宗教的迷狂。民众被迫将对神灵的虔信转移到政治领袖身上,对政治人物的崇拜填补了失却神灵后的空虚,但也使这种宗教感情得以保留。当一切复归平静后,人们却总会感到生活中的无助和单调。被冷落的神灵再次被邀请回来,以安抚空虚的心灵。即使在文化大革命这种"横扫一切牛鬼蛇神"的非常时期,中山民众仍自发地保留了不少神像,暗中也常有拜神之举。这一方面说明中国基层民众对于神灵的态度从来不像基督徒、穆斯林那样虔诚,为了信仰甚至不惜得罪当权者,同时也证明了民间信仰精神力量的强韧,人们在心灵深处从没有真正彻底地横扫一切神灵。从现实的需要来看,急剧的社会变化给人们的生活带了挑战。"经济越发达,经济风险也就越大,人们从神明那里获得的心理支持功能也就越大。"③原来以农业经济为基础的民间宗教,多以风调雨顺、丰收丰产、健康平安等为诉求。现今,民众对于神灵的祭拜又增加了新的内容。比如走访三圣宫时,我们与当地的一位在神庙中作杂工的婆婆对话:

问:都是什么人来求娘娘(天后)保佑啊?

---

① 老人会均由当地上年纪、有声望的老人组成,老人会的性质是民间自发团体,与当地的村委会并无隶属关系。一般而言各村社都有自己的老人会。——笔者注

② 中山实地调研资料,2006 年 11 月 15 日,坦洲。

③ 甘满堂:《村庙与社区公共生活》,社会科学出版社,2007 年,第 234 页。

答：各种各样的都有。求神治病的、求多子多福的（多数是女性，尤其是多次生育女孩者）、求升官发财的（多数为男性）、求身体健康的、求学业有成的、求年年有余的，求各样事情平安顺利的、求老人健康、长命百岁的。

问：一般的人来拜神是一种习俗还是有了心愿才来求拜的？

答：老人来拜的次数当然要多些，都是为了自己或者年轻人求嘛，来这里多求几次就灵了，心诚则灵嘛。

问：这里的民风怎么样啊？

答：不好，吸毒、赌博、偷东西的什么都有。

问：那些人会不会也到庙里来拜神？

答：会啊，特别是那些不听话小孩的父母亲，经常来求娘娘保佑他们的小孩变好。①

这位婆婆所提供的信息表明，随着时代的变化，神灵职权范围和侧重点也有了变化，在当代物质文明高度发展的氛围中，人们更加倍地将自己对物质世界的无尽欲望加诸原来的"神明"身上。当然，其中也隐含反映了当前社会存在的某些问题。比如身体健康与社会医疗问题，学业有成与教育压力，升官发财与个人事业等问题。

若从更加宏观的角度来审视现代化与民间信仰的关系的话，如前所述，在中山市区石歧，民间庙宇恢复的最为缓慢，在其他镇区，尤其农村地区，随着经济的富足，民间神庙复苏势头强劲。这与其说民间信仰的复兴不均衡，不如说中山的现代化进程不均衡。我们在调研中发现，中山市多为外商或海外华侨投资的外向型企业；工厂工人多为外省来的农民工；原料来自各地，产品也大多销往国外。在这个产业链条中，当地只是提供土地以及厂房、道路、电力等公共设施，此外就是收取地租和地方税。这种产业模式完全符合全球化的经济模式，即企业是在全球范围内配置资源，以获得最大利润。中山的经济成就就是建立在这种外向型经济基础上的。不可否认，在中山的现代化进程中，城乡的基础建设都得到很大改善和发展，但却也拉大了中山的城乡差距。这种经济模式对于当地社会结构的改造是有限的。石歧是现代化的城区，享有现代工业带来的诸多便利。市民之间的关系不再是基于传统

---

① 中山实地调研资料，2007 年 6 月 20 日，三圣宫。

社会中的血缘宗族关系,取而代之的是个人与个人之间的关系。原有的神庙在此种新型的社会结构中丧失了依附之体。但在农村,现代化带来的主要是物质利益,提升了生活水平。现代企业虽散布城乡,但却像是一个封闭的城堡,对于当地农村的影响有限,富裕的村民反而会强化自己的宗族观念。修建庙宇不但可以荣宗耀祖,而且也会提升自己乃至自己的先辈在当地的声望。这也就解释了为何民间神庙在乡间越来越多,越修越大。

不过,上述解释并非是事实的全部。长期以来,人们把传统和现代相对立,认为现代化就是以传统的破除为前提。自上世纪的新文化运动、五四运动以来,中国历史就是一个不断追求现代化、抛弃传统的过程。现代化是西方社会的产物。如果没有近代西方文明的扩张,中国不会有现代化的历史进程。而西方的现代化是在其独特的历史文化背景下展开的。对于西方而言,现代化在思想层面就是追求理性与世俗化,把人从神那里解脱出来,要求教会退出世俗社会。文艺复兴重新发现了"人",宗教改革破除了教会的权威,也抛弃了中世纪基督教诸多迷信,启蒙运动则高扬自由、民主、理性,设计出一套全新的政治制度。在西方社会,现代化与宗教总体上似乎呈对立关系。通过现代化,原来无所不在的教会权威、宗教精神被最大程度的压缩,而当国人奋起学习西方,开启现代化进程时,也套用了此种理论,简单地把现代化与宗教对立起来,而没有发现中国的民间宗教与西方现代化之前的基督教有着根本的不同。中国传统社会本质上是一个宗法亲缘社会而非神权社会。一些儒家精英对于民间神灵的态度多是理性和贬斥的。下层民众虽多有拜神,但也多是出于世俗需求。"祭神如神在","信则灵",这使得神人关系总是以人为中心,人在神面前具有很大的选择余地,而不具有强制性。民间信仰更是在相当大的程度上理性化、世俗化了,它也不像中世纪的基督教那样渗透到社会生活的方方面面并起主导性作用。因此,中国现代化的关键不是如西方那样在于解决宗教与现代化的矛盾。民间信仰在文革后复兴更具有特别的历史涵义,它是社会回归常态的表现,不能认为是一种"神圣化",相反却是一种"世俗化"。当然,也不能认为民间信仰与现代化之间没有任何矛盾,民间信仰本身也要不断适时调整自己才能在当代社会生存发展。

三、民间信仰与当代社会的关系之思考

如上所述,民间信仰现今已是中国最广大的乡村民间生活的重要一部分,民间庙宇某种意义上已成为乡民的公共生活空间。多元化社会的发展使得宗教已经成为全社会和学者必须面对的问题,民间信仰的复兴不仅仅是传统信仰的复兴,而是具有现代的意义。作为研究"宗教"的学者,我们不可以对此视而不见、无动于衷。在中山田间调研的基础上,笔者对于民间信仰与当代社会的关系所作出的思考是:

其一,民间信仰复兴的背后说明了什么? 或许至少说明了以下问题:一是对于大众百姓而言,信仰并不是高深的学问,并不需要有系统的学习和掌握才能建立起来,对他们而言,信仰是一种直截了当的情感,无需任何深沉的思索。他们对神灵的信仰显得质朴单纯,其宗教情感尽管缺乏理性思索的成分,却不乏执着。从人们信仰的"外化"的仪式上,可以看出他们在其中所寄托的宗教精神。二是从人们在民间信仰中"所寄托的宗教精神"这一点说明,无论经济怎样发展,科学怎样昌明,信仰仍然是作为人们的终极关怀或使人安身立命的意义系统,信仰和宗教作为意义的根源在现代社会仍有巨大的生存空间。这或许是因为人们活在世上,人人都要面对"人生"的问题:人到底为何而生? 且应该如何而生? 这个问题是所有人都关切的问题,这个问题被人类社会探讨了几千年,还将继续探讨下去,人类的一切文化的结晶,尤其是与信仰与宗教相关的文化,说到底都是在探讨人生的问题。信仰和宗教之所以能满足人类一些与生俱来的需要,如对意义、群体、与终极接触的追寻,是因为这些需要植根于人性之内,所以宗教是人类的常数。尽管在现实生活中人们得到科学的若干帮助,但人类并没有从生存的焦虑中完全获得自由。即使在物质与消费文化甚嚣尘上的当代,也总有人没有丧失对精神、对超越的追求,这就是人的高贵所在。这就是为什么宗教在今天的世界各地仍很活跃的原因所在。人们常以为世俗的思维方式和超自然的思维方式在本质上是对立的,其实不尽然。使用"电脑"的人照样相信神迹的存在,现代化并不能完全地取代传统的超自然思维。传统的超自然思维和现代化不是非此即彼,而是可以共融共生的。尤其在民间,人们的思维及其方法在很大程度上是由民间包

括民间信仰在内的大众文化、传统文化所塑造,而不是由教育和教育制度所塑造的。对他们而言,一个整全的人生观、宇宙观、今生与来生、自然与超自然、肉体与心灵,从来就不是彼此分割,完全对立的。中山的乡民可以在舒适的房间里享受现代化带来的种种便利,但也不忘在自己的生活空间中专门留出一小块地方来供祭拜神灵,他们在世俗与超自然的世界间穿梭自如。三是在当代中国这样一个快速变动的社会里,机会看似无穷,却也使一些个体越来越感到人生的无法掌握,贫富差异的刺激、非正常致富途径的诱惑、飞速变化生活的冲击、共同生活样式分化的影响,自我中心、享乐主义、消费主义充斥着社会文化的各个层面,经济发展与社会失范并存,物质生活丰盛与精神生活匮乏同在,正是由于过去共同支撑信心的精神理念的瓦解,以及当前整个社会在道德文化与价值系统方面的虚无主义,给人们的生存与发展带来了许多新的疑虑和困难,这在一定程度上导致了人们心理上以及心灵深处的动荡失衡,于是才有了乡村庙宇里的香火的鼎盛。再加上身处乡村的民众很难得到有关现世人生的积极指导,少有专门的机构和人员关注民间的精神生活,而民间信仰在某种程度确实满足了人们的心灵需要和精神生活。

其二,过去对民间信仰有太多好坏、高低、正邪之类的断言,反而忽视了探究真相的努力。学界应该追寻民间信仰的深层根源,理解民间生活的观念与场景。一个社会正处在急剧的变化中,人们靠什么支持生活信心,获取安全感及保持对秩序的依赖和对生活的满足?而民间信仰在支持人们的信心、安全感和满足感上究竟起什么作用?这是都是值得深思的。我们应当对民间信仰及其背后的观念系统、行为模式和风俗习惯等进行细致梳理与分析。显然,如果一味将民间信仰视为"邪教"、"迷信",恐怕后患无穷,因为这里有几千年来一直习惯的思路、信奉的理想和赖以生存的信心,"百姓日用而不知",如水之于鱼。其实,人们信仰与敬拜的关键,并不在于有多少神灵,或是何种性质的神灵,而在于人与神灵之间结成的一种特殊关系:人只要跪倒在神灵的脚下,将自己的身心皈依神灵并愿受神灵的庇护,虔诚地向神灵敬拜和献祭,就能得到神灵的恩赐。人在向神灵敬拜和献祭时不仅仰视那些超越自己、主宰自己命运的神灵,而且也希望神灵同情自己的处境和地位并关照赐福于己。在这种信仰的表现方式里,人们借助于与神圣存在的结合,并在这种信念的鼓舞下来战胜人世间生活的困苦和艰难,克服自己的无助和软弱,树立对美好幸福生活的信心和希望。正因为如此,在民众的日常生活中神灵是不可或缺的。神灵和人在民间生活场景中扮演的角色也就格外引人注目。

其三,如何看待民间信仰的社会功能?著名的社会学家爱弥尔·涂尔干认为,宗教信仰就是从集体仪式庆典中产生的狂热与强烈情感里创造出来的。从社会学的角度而言,宗教仪式象征的过程及其仪礼效应相当重要,之所以重要就在于它间或中断了日常生活的常规,并且具有整合的力量,其功能在于它将所有人连接起来,宣扬社群中相似和共有的文化遗产,缩减社群中的差异,并使他们的思想、情感与行为变得相近,从而有助于社会凝聚。就中山的具体情形而言,神庙无疑是当地的公共场所,当地人多以神庙及其周围的空旷地带为中心兴建一些娱乐休闲设施,诸如搭建简易戏台、安放健身器械、摆放棋桌、牌桌、茶桌等等,这对老年人颇有吸引力,他们常来此消遣。一些村在神庙对面还建有老人活动中心,如南头镇南城村孔明庙的对面就有"南头老人康乐中心",当地人说在庙诞期会用来作村民聚餐之所,平时就是当地老人休闲、青年人运动之处。可见神庙的社会职能也在发生积极的变化。一些地方的神庙还特意拿出一部分收益用作敬老费和安葬费,使得当地老人老有所养、老有所终。

人对神的虔诚是通过集体的仪式表现出来的。举办各种各样仪式的开销常常通过集体和个人捐赠来解决,捐赠行为被看成是对神已有的保佑及将来持续保佑的一种感激的表示。而捐赠多的人就有可能参与当地庙宇的管理。在中山,民间的庙会或神诞是一年中最为隆重的拜神活动,此时神庙不仅是举办庆典和祭拜活动的主要场所,而且是娱乐中心和收款总部。这时神庙除了是一个"热闹的社会活动中心"外,也是一个人们能把个体与宇宙、个体与神圣的存在以及个体与他人的存在相联系,因而从中找到安慰和感受到"集体亢奋"的"神圣中心"。庙会或神诞基本上都是全村参与,也有邻里近村的人前来助势助兴,庆典和祭拜活动由当地有声望者主持,其间不乏演戏、舞狮、游神、聚餐等活动。神庙前的聚餐,称为"吃斋饭",是整个集体庆典仪式中一项不可缺少的内容。斋饭中最为重要的是"烧金猪"或"烧鸡",也不乏喝酒。这与佛教的"斋饭"大相径庭。但民众并没有感到此种做法有何不妥。

重要的是通过这些仪式和共同的参与,人们从中感受到美好的生活远景,即创造精神支撑、信任和希望的共同家园。

综上所述,如果我们承认信仰和"宗教对人的社会存在而言仍有着社会整合功能、社会控制功能、社会凝聚功能、社会认同功能和社会交往功能,对人的社会态度而言则可起到文化共识功能、精神安慰功能、心理调适公能和道德规范功能等"①的话,我们对民间信仰和当代社会的关系应该就有个清楚的判断了。无庸讳言,民间信仰在复兴过程中也带来了一些负面和消极的东西,主要表现在:第一,重建庙宇带来的非法占地问题,旧有与年久失修庙宇的消防安全隐患问题。第二,民间信仰虽然不能与迷信相等同,但不可否认,民间信仰中也确实混杂着一些非理性的成分,如一些巫婆神汉借占卜、算卦、跳大神、做法事等敛取钱财。第三,不同村子在建庙过程中的攀比心理加重了村民负担。第四,民间跨地区的宗教信仰祭拜活动,庙诞神诞时的游神产生的宗族、村落之间的摩擦甚至械斗也给社会治安带来隐患。如此等等,不一而足。尽管如此,我们仍然肯定民间信仰存在的合理性和合法性,正如李亦园先生所言,"我们可以用理性的标准来认定行为的合理与不合理,我们却很难用'纯理性'的办法来处理社会现象,特别是有关信仰的问题,更不是那样直截了当就可以处理了事的。⋯⋯我们在取缔禁绝那些迷信之前应该考虑到有没有更合理的方法可以代替传译之,有没有更合理的办法来作为他们心理需要上的凭借,有没有更合理的办法可以作为他们整合群体的象征,在这些更合理的方法不能肯定之前而要禁绝传统的宗教迷信活动,其间所引起的社会问题恐怕要比其本身的问题更为严重。"②

宗教研究与神学研究之最根本的区别,就在于它本质上不是研究神的意旨,而是研究人对自身的理解。如此,对于民间信仰的实际遭遇和现状的反思,对于民间信仰与当代社会的关系的考察,才成为重要的学术课题。

(原稿刊载于《学术研究》2010 年第 3 期)

① 引自卓新平《基督宗教与当代社会》一文,载于《基督宗教与当代社会——国际学术研讨会文集》,宗教文化出版社,2003 年,第 248 页。
② 李亦园:《宗教与神话》,广西师范大学出版社,2004 年,第 33 页。

粤东客家人的"神性"探略
——以梅州客家人的民间信仰为例

　　闽粤赣客家地区,是世界客家人分布最集中的地区,也是我国客家文化的孕育和形成的中心区域。而今天位于粤东山区,号称"客都"的梅州市,下辖梅江区、梅县区、兴宁市及大埔、丰顺、五华、平远、蕉岭等五县。除丰顺客家人口占总人口的 32% 外,其余各县和地区都为纯客县。① 梅州客家的民间信仰以其神秘的色彩,独特的形式,深广的影响力和跨越时空的历史穿透力,成为一种丰厚的传统文化而不断发展,沿袭至今。曾有学者将客家民性概括为五个方面:即客性、山性、祖性、土性、神性,亦可谓一家之言。② 本文主要是对粤东客家人"神性"的探讨,之所以作此探讨,是因为今天的人们对民间信仰不仅存在认识上的片面性,在现实中也缺乏正确引导和管理,而此研究关系到当代社会新型多元文化与和谐社会的建构,意义重大。

引言:粤东客家人民间信仰的历史概况

　　秦汉以前,梅州地区最早的居民是百越人,其中又主要是闽越人,魏晋南北朝以后,越人后裔多被称为俚、獠。隋唐绵延至明清时期的越人后裔是疍人。闽越人崇拜鬼神及鸡卜,《史记·封禅书》云,"是时既灭两越,越人勇之乃言越:'越人俗鬼,而其祠皆鬼,数有效。昔东瓯王

---

① 参考:广东客属海外联谊会组编、谭元亨主编,《广东客家史》,广东人民出版社 2010 年,第 675 页。
② 邱远等,试论客家民性的特质,载于吴善平:《客家文化学术研讨会论文集》,黑龙江人民出版社 2010 年。

敬鬼,寿百六十岁。后世怠慢,故衰耗。'乃令越巫立越祝词,安台无坛,亦祠天神上帝百鬼,而以鸡卜之。"他们还崇拜蛇、鸟图腾。《说文解字·虫部》云:"蛮,南蛮,蛇种;闽,东南越,蛇种。"虽然梅州地区如今的百越族后裔为数不多,但是其宗教信仰却一直影响这片土地上的人们。如清代黄钊《石窟一征·礼俗》卷四曰:"俗以鸡卵占病,不仅巫觋间有村妇以术行医,皆用此法……今俗生卵剖开,其内有点与否,以断病之轻重,法虽不同,其术则一也。"

三国至唐宋时期,是外来民族信仰的传入和发展时期。现在居住在粤东的客家人,大多是两晋时期中原地区的"衣冠望族和朝廷命官",亦有部分在黄河流域和长江流域的群落,先后经过几次大迁徙,才到粤、闽、赣山区的三角地带落脚的,并在此形成了自己独特的生活习俗、独特的文化和语言(客家话),客家人有强烈的自我认同意识,自成一方区域社会。当然,客家人把自己的宗教信仰也带到了粤东,包括对天地的崇拜及祖先崇拜等。

对天的崇拜,梅州的客家人视天为至高无上的神,是众神之主;称之为"天公""天神""天神爷""玉皇大帝"等。一年中有"天公生日""许天神""天餐日""还天神"等俗节。客家人在拜任何神灵之前,都会先拜天公。

对土地的崇拜,土地神是一方的保护神。对土地的崇拜在梅州衍生出了种类繁多、管辖范围不一的土地神,土地神的称谓也有不同。如"土地公""公王""社官"(社公)"伯公""龙神"(阳居、阴居所在的山称为"龙")"山神""河神、水伯"等。"伯公"的管辖范围最小,一般是一村,"社官"的范围为数村或一个社区。土地神的来源广泛:有灵验的"神明",也有某些自然物,如山、石、树等;还有祖宗。这一时期形成的有名的公王信仰包括:三山国王①信仰和石古大王②信仰。宋代时,建公王

---

① 三山国王信仰在粤东颇为盛行,而有关三山国王的属性,其功能的嬗变以及此信仰与客家、潮汕族群的关系等问题,学界依然分歧颇多。

② 石古大王的传说主要有二。一是说远古时代,兴宁神光山周围十余里的地方,全是荒山野岭,人烟稀少,山里的野兽经常到山脚下的村里觅食。后来有一少年苦练掷石子的武艺,把石子掷得又远又准,直至百发百中。从此,少年及其伙伴掷石杀兽,为民除害,野兽逐渐少了,地方日渐安宁。后来,人们为了纪念他,在神光山西侧设坛奉祀,称他为石古大王。二是说相传在北宋时期,有姓石、姓古的两人,组织人马,抵抗外来侵略,拯救百姓于水深火热之中,他俩英勇作战,奋不顾身,双双战死沙场,被北宋皇帝敕封为"护国义士大元帅"。从中原迁徙而来的兴宁先民,一直对石、古两人怀有深厚感情,设坛纪念他们,称他们为石古大王。

庙或公王坛已经十分普遍,在各地或各个自然村大都建"坛"或建"宫",或建"庙"。所以从那时起,客家人的村头路边,到处是神坛社庙,逢年过节,必拜各类土地神明。

对动植物的崇拜。表现为建龙王庙,过"野猪节"(梅县隆文镇檀江村),拜"伯公树"神等。一些年代久远、枝繁叶茂的大树往往也是人们崇敬的对象。尤其是一些老榕树、松树、柏树、水杉等,被认为生命力旺盛,能给人带来吉利,人们常对这些老树顶礼膜拜,甚至备牲礼祭拜。人们对祠堂前后的"风水树""风水林",更是敬畏有加,不敢随意砍伐。

客家人还敬门神、灶神、米谷神、厕神等,这种对自然的崇敬,实际上体现了客家人对自然的一种敬畏与理解。

对祖先的崇拜,自古有之。对祖先的崇拜,一方面是尽孝,另一方面是相信人死有魂,祀奉祖宗可以让祖宗保佑自己。《礼记·祭统》篇云:"孝子之事亲也,生则养,没则丧,丧毕则祭"。"祖宗神崇拜对各民系毫无例外,但对客家民系却显得更为隆重、突出。这一是客家人来到岭南的陌生环境,筚路蓝缕,以启山林,自然会碰到许多困难,对比他们原来的居地,反差很大,故令他们更思念故土;二是客家人聚族而居,亟需对自己所属宗族的认同,以巩固内部团结,适应艰苦创业;三是标榜自己为中原士胄,以扬家声,褒名节。所以祖宗神崇拜成为客家系最主要的民间信仰和祭祀形式……客家居地处处有族姓宗祠,祀奉族姓共同祖先;户户民居有祖堂,祀奉列祖列宗。"①客家人对祖先的祭拜具体表现为:家祭(顾名思义是在家中祭祀,祭祀时间不定)、祠祭(祠祭是祠堂修建以后的事,一般是在明清时期始兴)与乡墓祭(指一族一姓到其祖先的坟墓上举行的祭祀活动)。客家人常以建宗祠家庙为同姓血缘村的神圣中心祖先偶像崇拜的现象迄今在客家地区也比较普遍,如五华县华城镇湖田村张姓设立"崇德祠",祭祀张公仁爷、张毛大郎两位神明。因供奉的是本家神明,俗称"张公庙"。湖田张姓在每年的农历八月十三日都要举行为期两天的庙会,其间每家每户都要进庙"上表"朝拜。又如五华县华城镇的铁炉村的大部分村民姓钟,为祭祀其祖先钟万公而建立了万公祠,此祠既是祖祠,也是神祠,每年的农历八月十

① 司徒尚纪:《岭南历史人文地理——广府、客家、福佬民系比较研究》,中山大学出版社2001年,第289页。

八日都要举行庙会。又如梅县松源镇郊的王氏宗族每年农历正月二十八都要举行大型联宗祭祖活动,当地民间称之为"挂大牌",该仪式主要是对王姓历代祖先举行一次比较大规模的祭拜。①

佛教在闽、粤、赣边区客家住地,初传于晋代,初盛于唐代。唐代以后,逐渐与道教合流,与当地的民间信仰融合。② 如对佛教高僧和"肉身菩萨"的信仰,唐宋时期梅州信仰的"肉身菩萨"主要有伏虎佛和定光佛。据说他们本为闽西的名僧惠宽和定光二人。后来成为闽、粤、赣边区客家人共同的神祇。惠宽佛被当地人称为"伏虎阵师",并奉他为祈雨之神。定光古佛的主要事迹有驯兽、祷雨、活泉(即让已经干涸了的泉池重新清水流溢)、治水、护航、送子、佑民等。有学者说:"定光古佛是客家人为适应山区农耕社会之种种需求(风调雨顺、水源充沛、劳力充足、无灾无祸)而创造出来的不僧不俗、亦僧亦俗、不佛不神、亦佛亦神的崇拜对象,所以定光古佛崇拜盛行于山区,尤其是客家山区。"③

元明清时期,粤东客家民间信仰的进一步发展,加之其他地区民间信仰的传入,粤东客家民间信仰的主要神祇与崇拜仪式均逐渐定型。表现为一方面国家大力推崇的神祇信仰在客家地区得到推广,国家推崇的信仰有城隍、社稷神、先农神、山川神和风神等;另一方面崇奉新造或新来的神以及新的信仰仪式。新来的神祇有观音、天后、保生大帝、关帝、文昌帝、北真武帝等。尤其是明清时期,是传统的宗法性国家宗教发展完全成熟期,正是在这时,孔子、关帝以及城隍崇拜在全国也包括在客家地区得到张扬。可以说。客家人的民间信仰是个流动的不断发展的过程,直到明清时期其信仰的主要神祇及崇拜仪式才大致定型下来。

① 参见宋德剑:《梅县松源镇郊王氏宗族与龙王公王崇拜桃》;载于谭伟伦主编:《粤东三洲的地方与社会之宗族、民间信仰与民俗(下)》,国际客家学会、海外华人资料研究中心、法国远东学院出版,2002 年,第 372 页。
② 胡希张、莫日芬等:《客家风华》,广东人民出版社 1997 年,第 320 页。
③ 旺毅夫:《客家民间信仰》,福建教育出版社 1995 年,第 162 页。

一 客家人民间信仰的主要神祇

客家人的民间信仰,充分表现出多神崇拜和偶像崇拜的色彩,且具有地方神与乡土神的特点,除三山国王、妈祖的信仰覆盖面较广外,大多数的神灵威慑或管辖范围都有限,小的只是某个村庄,大的方圆也不过数十里。大致而言,梅州地区客家人的民间信仰的主要神祇大致分为以下几类:

(一)山丘神明信仰

三山国王本是潮汕地区揭阳县境内独山、明山、巾山三山之山神。因屡屡显灵,护国庇民,隋、唐、宋、元、明、清历代朝廷迭有赐封。三山国王信仰最初起源于潮汕地区,盛于潮汕地区,并逐渐传播并扩大到周邻的客家地区,可能因客家人是"逢山必住客"的山民族群,他们自然会崇拜山神。与潮州比邻的大埔、丰顺、揭西等县的客家,普遍接受了"三山国王"信仰。广东丰顺县的三山祖庙,是当地规模最壮观的庙宇。在三山国王信仰流传的过程中,其神佑之职也在不断扩大,凡有水旱疾疫灾难求解者,无不应验,并从最初意义上的山神、乡土地域神,逐渐成为一个世俗神和族群神,并成为粤东客家地区的管辖范围最广、最大的公王与福神。

在老一辈海内外客民嘴边常念叨一句话,即"泮坑公王保外乡","泮坑公王",就是梅县泮坑"公王庙"里供奉的"三山国王"。据说泮坑公王对于漂泊异乡的客民格外加以保护,他被离乡背井的客家游子视为守护神,"保外乡"的说法使之富有侨乡的独特色彩。因此,梅县一带的侨眷思念亲人的一种表达方式,就是为三山国王上香,以求公王保佑海外亲人平安、发财。而有幸得以还乡探亲或在乡终老的华侨,也要上庙还愿酬谢公王,答谢神恩。可以说,"泮坑公王"信仰是海外客籍侨胞与国内侨眷之间无尽相思的一种感情寄托。

（二）地方神明信仰

三山国王信仰本身就是一种地方神明信仰。所不同的是，三山国王"管辖"的范围比较广阔，而大多数的神灵威慑或管辖范围都有限，小的只是某个村庄，大的方圆也不过数十里。客地村落中供奉着的乡土神，其中不少神灵后人已说不出其来历，只是依时上香，求其神恩浩荡。不过，除三山国王外，比较大的地方神明还有：

1. 公王信仰

在粤东梅州，除却对祖宗的崇拜和祭祀，当属"公王"崇拜。客家"公王"是伯公即社公、土地公的客家化神祇（"伯公""社公"与"公王"这三个概念似乎没有很清楚的界分），"公王"与"伯公""社公"在民间也俗称"福主"或"福主公王"。福主即主一方福祉之意。

有学者认为，"公王"乃北方中原的土地神崇拜与粤东、闽西地区土著的山神崇拜的结合，因为客家公王既有保境安民的土地神职能，又有管理山间林木和狩猎资源的职能。公王原型，出处不一。有说是祖宗神①，有说是土地神、山神、社区神等，也有说是地方官宦、朝廷重臣，他们或德高望重，或功勋显赫，或清正廉明，或为民除害而遭受奸臣陷害，因此深受子民百姓的缅怀而尊为神。"公王"常冠以当地地名，以区别于其他地方的"公王"。如梅县松口镇梅溪公王、山口村公王等。三山国王实际上是客家地区最大的公王。

"公王"崇拜（或伯公崇拜）及祭拜仪式是梅州客家地区最普及、最有影响力和最普遍的民间信仰和祭祀活动，在梅州城乡，只要有人群居住的地方，几乎都设有公王庙或公王坛（或称社坛），有些地方多至几个、数十个（包括河唇伯公、塘唇伯公、井头伯公、陂头伯公、桥伯公、路伯公、土地伯公、树伯公等等）公王庙或公王坛，人们于岁时佳节都要去这些地方膜拜和迎送"公王"，这种情况在其他地方并不普及甚至少见。"公王"崇拜随着粤东客家人的播迁陆续在港澳台等地

---

① 如梅县松源《钟氏族谱》载，龙源宫所奉的公王其原形是钟姓的祖宗神钟友文、钟友武、钟友勇三兄弟，因阴灵助国，封为助国尊王，慢慢演变为社区神"龙源公王"。供奉龙源公王偶像的祖庙为"龙源宫"，该宫坐落在松源的园山。每年春秋两季，民众要抬龙源、公王木雕像巡游社区内各村落。

及马来西亚、印度尼西亚、泰国等东南亚国家华人中流传。

除了三山国王外,比较著名的公王还有梅溪公王①、五显公王等。梅溪公王又称梅溪圣王,在文献记述和民间传说中均有不少关于"公王显灵降雨"和"扛公王出巡""接公王"的传说。旧时如遇久旱无雨,人们便把梅溪公王抬出去,设坛作法,在梅溪公王面前烧香跪拜,祈求公王显灵降雨。梅溪公王在梅州客家人心目中地位很高,以往奉祀梅溪公王在梅州是很普遍的现象,梅溪公王信仰可谓是梅州客家人广为流传的信仰。

五显公王又称五显大帝、五圣大帝、五通大帝、五显华光大帝、灵官大帝等。五显公王信仰始自唐代,发源于古徽州婺源(今属江西上饶),以其灵验而流布江南,陆续发展至广西、福建、广东等地,五显大帝于元、明之时,纳入道教神仙信仰②行列,同时还得到官方承认和册封的正祠。据说凡向该神求男生男,求女得女,经商者外出获利,读书者金榜题名,农耕者五谷丰登等。客家民间流传其许多有求必应的灵验故事,因此五显公王的祠庙与祭祀在客家地区比较常见。农历九月二十八日为其神诞日,许多五显庙在此期间都要举行庙会。农历的四月十六至五月初四为五显公王的出巡日,俗称接公王。

2. 行业神信仰

以医药行业神为例,粤东的医神主要有两来源,一是中原传入的医神,如华佗;二是客家人从福建传入的医神,如保生大帝。华佗是汉代末年的大医家,其医术经由《三国演义》的渲染,更为世世代代的国人所知晓。民间立庙纪念华佗,比比皆是。广东无论哪个民系都有拜华佗的。华佗在民间常被称为"先师",其庙宇就叫"先师庙"。如五华县华城镇的城北就有著名的华佗先师庙,庙里有两尊华佗神像,大的为坐像,小的为行像,像前还有神位牌,曰"华陀先师尊神位"。此庙与其他庙不同之处,在于此庙为纯求医问药的神庙,庙内常设"神签",驻有庙祝。祈求者通过焚香祈祷摇签,就会有一张相应

---

① 乾隆《嘉应州志·杂记部·寺庙》:"安济侯庙,梅溪岸上,俗名梅溪公,祀梅水之神。"房学嘉先生认为,梅溪公王的角色会根据民众的需要而变,就传统梅州来说,公王是具有特色的地方水神或曰山神。

② 也有人认为五显与佛教的华光如来、五显灵官大帝相关,五显公王的姓氏也有不同说法,有人说姓萧(肖),有人说姓荣,还有人说姓顾,不一而足。

的药方。庙里还设有药房和抓药人员。每年农历四月十八日是华佗神的出巡日。①

保生大帝为北宋时的福建同安白礁人,生前学医,杂以巫术,其医术高明,医德高尚,死后百姓感其恩德,纷纷奉祀他,奉之为医神。南宋时他的名声与影响迅速扩大,明清以后,他的影响来到粤东之地。如今梅州大埔县湖寮镇黎家坪村的广福宫就祀奉着保生大帝,据说是清嘉庆元年(1796)时有村民把保生大帝神像从福建省同安白礁山恭请回来,建庙祭祀。保生大帝本为医药行业神,后来又增加了逢大旱降雨、平息水灾、御寇退贼、击毙瘟魔等功能,最终成为无所不能的地方保护神祇。

3. 地方水神崇拜

梅州境内,水路纵横,航运业发达。地方水神崇拜很是普遍,前文中提及的梅溪公王、五显公王也是水神,此外,还有天后信仰、仙人叔婆②、龙王、水打伯公(船头伯公)等。

天后(即妈祖),航海神、保护神,具有“主航海安全”的功能。对天后的崇拜在北宋年间就已形成,历代国家政权也不断赐其封号,提高其神阶。明清时天后信仰影响范围越来越广,天后信仰于此时传入梅州。在粤东的五华、兴宁等地都有天后庙。其神佑之职也在不断扩大,人们相信天后还能护佑城池、驱邪治病、守护妇女、儿童,家里的大事小情,诸如升学求职、婚丧嫁娶等,都要求天后护佑。天后俨然成为人们全方位的保护神明了。不过,梅州客家地区的天后庙并不像在潮汕地区那么繁盛。

关于仙人叔婆,船家敬奉的行业神就是“仙人叔婆”。“仙人叔婆”的神坛建在各条河口的岸边,每年农历七月十五日,凡行驶在这条河的船家,都要集中祭拜“仙人叔婆”。如蕉岭县的新埔镇,奉祀“仙人叔婆”的地方是“郭仙宫”。在民众的心目中,是“仙人叔婆”保护了新铺墟的

---

① 张泉清:《粤东五华县华城镇庙会大观》,载于[法]劳格文主编:《客家传统社会》上编:“民俗与经济”,中华书局2005年,第245页。

② 有学者认为,仙人叔婆神灵的原型是蛇。仙人叔婆信仰是南方原始图腾龙、青龙信仰的遗俗。仙人叔婆的信众初为渔民船家,功能主要是庇护渔民与航运的安全;后来信众逐渐扩大到附近村民,并增加了财神的功能。尔后,仙人叔婆的信仰圈进一步扩大变为社区神。仙人叔婆的神诞日是农历七月十三,是日民众要举行祭拜仪式。

安全和兴旺。后来仙人叔婆又增加了财神的功能,尔后,仙人叔婆的信仰圈进一步扩大变为社区神。从明末至今,仙人叔婆一直受到民众的虔诚崇祀,常年香火鼎盛。

水神还有水口伯公。水口伯公坛一般位于村口;有的因位于江河溪流岸边,故行船的人特别重视。如丰顺县隍镇溪北村的村民,当新船下水时,一定要拜水口伯公,祈求保佑行船安全无事。其祭拜过程大致是:首先到船头焚香拜"船头爷"(或称船头伯公),摆上鸡、鱼、猪头三牲祭品,然后再上岸拜水口伯公,仪式与船头相同,等焚香烧纸、放了鞭炮之后,然后开船。行船的人认为拜了水口伯公,放排就会顺利平安。

4. 道教佛教的俗神崇拜

城隍崇拜。如前文所提,城隍崇拜是在明代时渐渐在客家地区普及的崇拜仪式。明代开国皇帝朱元璋特别重视城隍的作用,把城隍祭典列入国家祀典,城隍的监察职能也大大强化,城隍作为冥冥之中的一方神灵,有着固定的管理区域,掌管着监察地方官吏和百姓命运的大权。城隍神除了捍卫城隍保护黎民功能之外,还能防涝布雨,卫道护善,管领冥籍,司掌功名,镇邪驱魔,惩治凶顽,荐福消灾等职能。

关帝崇拜。关帝又名"关圣帝君",又名"关公""关帝""关老爷"等。客家人的地方修建关帝庙比较普遍,有的村子还有将成长不顺、体弱多病的男孩契给关帝为子的习俗,及将男孩带到关帝庙,向关帝许愿,将小孩卖与关帝为子,祈求关帝保佑孩子平安成长,并给孩子取名为"关某某",日后再来酬谢关帝的保佑之恩。[①] 五月十三日是关圣帝君的诞辰日。

"文昌帝君"崇拜。文昌,本为星名,又名"文曲星"。古代对魁星之上六星的总称,魁星又名奎星。最早见于汉代纬书《孝经援神契》有"奎主文章"之载。其后被道教尊为主宰功名禄位之神。因传该神掌管文章兴衰,故旧时读书人多往文昌宫、庙、祠拜祀,以求文运亨通。客家地区历来有"文化之乡"之誉,故盛祀此神。如,乾隆《嘉应州志·建置部》卷二载:"乾隆十一年(1746)建奎文阁,塑文昌、魁星神像祀阁上。春

---

① 参见宋德剑:《梅县桃尧镇大美村宗族社会与神明崇拜》,载于谭伟伦主编:《粤东三洲的地方与社会之宗族、民间信仰与民俗(下)》,国际客家学会、海外华人资料研究中心、法国远东学院出版 2002 年,第 341 页。

秋二仲,儒学收铺租致祭。"著名的大埔湖寮魁星阁,阁高三层,于乾隆四十二年(1777)建,现今成了名胜古迹。

财神崇拜。财神信仰形成较迟,其原因是中国向来"重农轻商",大概宋元以后,人们经商发财的意识渐浓,才出现了被人崇拜的财神。随着中原汉民的不断移民,财神信仰也随之带入福建、粤东等地。粤东地区客家多数以范蠡为文财神,以赵公明、关帝为武财神。有时五显公王也视为财神。客家人祭财神的传统不仅仅在年初四半夜或年初五凌晨,更早在新年来临之际"出行"祭祀中便有开门迎接喜神、财神的仪式。如兴宁客家在年初一零时即齐备三牲、果饼、香烛敬"赵公元帅",大放鞭炮接"财神"。从年初一到年初五,每天早晨的"敬神"仪式,都要特别地祭拜财神。

三官大帝与真姑大帝崇拜,即天官、地官、水官,亦称"三官",又称"三元"。三官大帝信仰渊源于中国古代汉族先民对天地水的自然崇拜,属于早期道教(中国唯一的本土宗教信仰)尊奉的三位天神。一说是尧舜禹,指天官、地官和水官。天官为唐尧,地官为虞舜,水官为大禹。天地水三官以正月十五日、七月十五日和十月十五日为神诞之日,三官的诞辰日即为三元日,因此从唐宋以来,三元节都是道教的大庆日子。逢这三日,人们都要进庙烧香奉祀以祈福消灾。

观音崇拜。在神佛世界中,影响最广、信众最多的当推观音菩萨了。隋唐以后,佛教的观音信仰广泛流传,观音渐渐由男相转变成女相,并在民间发展出了一种不同于正统佛教的新的信仰形态。[①] 观音被纳入了民间俗神的系统,具有送子和救难等功能。明清以后,观音信仰深入客家地区的千家万户,以供奉观音为主的寺、庙、庵、堂等,不可胜数。而梅州观音信仰区别其他地方的最大特点是在专奉血缘性祖宗神灵的神圣空间的民宅宗祠内,同时专建观音坛或庙祀观音菩萨。[②] 有的人家还在自己住屋正堂安设观音神位,以方便经常叩拜。

定光古佛崇拜。定光古佛的来源有很多种说法,流传最普遍的,是说他原是唐末宋初的高僧,俗家姓郑,名自贤。年十一出家,投汀州契缘法师席下,年十七游豫章,入庐陵契悟于西峰圆净大师。得道后在汀

---

① 参见李利安:《观音信仰的渊源与传播》,宗教文化出版社 2008 年,第 380 页。
② 房学嘉、肖文评、钟晋兰:《客家梅州》,华南理工大学出版社 2009 年,第 144 页。

州地区传法。曾经为莲城诸地方除蛟患,在武平县南岩隐居时,又收服了山中的猛虎和巨蟒,乡民非常尊敬他,建庵供他居住。他在八十二岁时坐逝。多年以后,汀州城遭寇贼围攻,相传他显灵退敌,使全城转危为安。朝廷于是颁赐匾额,将他住过的庵寺命名为"定光院",他也因而被尊为"定光佛",与伏虎禅师并列为汀州二佛,成为闽西汀州的守护神之一。定光佛的信仰后来也传到粤东北之地。

(三) 女神信仰

粤东客家地区的女神除了众所周知的天后、仙人叔婆、观音外,还有临水夫人、三奶夫人、九子圣母、七仙姑庙等。

临水夫人又称陈夫人、大奶夫人、顺懿夫人等。据传,临水夫人本名陈靖姑,一说宁德古田人,一说福州下渡人。记载纷歧。传说她与林九娘、李三娘义结金兰,并一起赴闾山学法,师承许旌阳真人。三姊妹得道之后,合称三奶夫人,梅州客家地区的三奶娘庵就是祭拜她们的。据说临水夫人能降妖伏魔,扶危济难,且是妇幼保护神,也被称为"救产护胎佑民女神",是道教中救助妇女难产之神,因而又被称为顺天圣母。

九子圣母。客家人总是希望多子多福,因此拥有九子的女神就受到客家人的青睐和崇拜,人们通过建造九子圣母庙来表达崇敬之情。直到今天,九子圣母庙还是梅州兴宁颇多信众光顾的地方。为了求子求福、多子安康,她们隔三差五总是忘不了在这烧香祈福,以获得圣母庇佑。兴宁县宁中镇宁江河堤旁的九子圣母庙颇具规模,庙中除九子圣母主神像外,还有财神、花公花母、玉皇、观音等神像,济济一堂。每年农历二月初六为"作福日",十一月初八为"拜满圆",逢这两日,当地及周边的信众会携带香烛贡品来此进行祭祀,以求圣母保佑。

七仙信仰。在客家地区,以"七"打头的女神祠庙颇多,如"七仙庙""七姑庙""七圣仙娘庙""七姑婆太庙"等,似可统称为"七仙信仰"。有的地方没有庙,却有神坛。如丰顺县径门乡的一些自然村落,就设有"七圣仙娘神坛",祀奉七圣仙娘,她们专司护佑妇女儿童之职。

(四) 巫觋信仰

巫术观念和巫术活动在客家人中尤显普遍和活跃,人们很重视巫术中的吉凶祸福。在客家地区,请巫师治病是常有之事。巫师也称为

"觋公",要说明的是,制度性的道教传入梅州也较晚,直到清乾隆年间
(1736—1796)才开始传入梅州,最初在梅县紫金山顶供奉吕祖门,设坛
参拜。光绪十三年(1887)建吕祖庙。但道教与民间信仰存在与生俱来
的天然关系,梅州的觋公被等同于道士。"每逢俗民生病、新居落成、修
建祖祠或地方发生天灾人祸等不测事故,人们都习惯请巫觋师为之请
神驱鬼、祛邪、镇煞、祈保平安。"①客家地区常见的巫术还有:请神、招
魂、问仙、扶乩、喊惊、认契娘(契娘为夫妇双全、儿女众多且身体健康的
女性,或者枝繁叶茂的大树等)、卜卦、测字、看相、算命、求签、画符等。
有学者认为客家人的巫术文化与北方的萨满巫术非常相似。巫术之所
以能顽强地生存于客家聚居地,或许也因为古时山高水险的恶劣的自
然环境以及求生存求发展的强烈愿望和当地原住民崇尚巫鬼的习俗之
影响吧。

香花信仰也是梅州巫觋信仰的一种表现。关于香花信仰的起源,
学界有不少研究,但并无定论性描述。不过学者大都认为梅州地区的
香花产生于明代,人们常将"香花"与佛教相联系,事实上,香花信仰中
的大量地方色彩与非佛教形态,如食用荤腥、不独身、不戒烟酒等,与正
统佛教相较还是有区别的。它有可能是佛教与客家地区的民间信仰、
与当地传统的巫觋文化融为一体的产物。香花科仪是客家丧葬、祈福、
消灾仪式中的重要组成部分,是当地客家丧葬习俗的基本仪式。如《乾
隆嘉应州志·舆地部》云:而还丧始死,子往河浒,焚纸钱,取水浴尸,
谓之"买水"。日不吉,不敢哭,不敢闭棺。盖棺,夜即作佛事,谓之"救
苦"。择日成服,鼓乐宴客,然后又大作佛事。②

(五)"风水"信仰

浓郁的风水信仰可谓是客家文化的一大特点,比较其他民系,客家
人对风水的信仰尤其盛行,这种信仰不仅影响到客家人的阴宅与阳宅
建筑及衣食住行生活的各个方面,人们对造坟、起屋的基址很是重视,
他们认为坟场、房基地选择得好与坏,对自己及后代的开运、兴旺、发达

① 房学嘉:《客家民俗》,华南理工大学出版社 2006 年,第 136 页。
② 王之正编纂、程志远等整理,《乾隆嘉应州志》卷 1,广东省中山图书馆古籍部 1991 年,第
45 页。

直接相关。因此,一般人都很舍得出大价钱请风水先生郑重其事地勘测一番,选个"风水宝地",慎择吉日,方可动土开工。在客家民间,至今仍然流传着许多某家阴宅选地如何富传奇色彩、后辈如何兴旺发达之类的传说。而阳宅基地的选择依空间、时间(年、月、日、辰)、村、山、水、田、林、路,集环境、方位、地质、建筑、美学、心理学为一体,以此选择"生气"的风水宝地,追求人身的小宇宙之"气"与周围环境的大自然宇宙之"气"的协调统一。

举例而言,客家人认为看风水时土地伯公是最重要的,因为土地出产万物,总是与生命相关。在客家人的围龙屋里面,大都有在土地伯公上面放一个神龛的习俗,神龛里面是祖先的牌位,土地伯公代表"地",祖先的牌位代表"人",并列土地伯公和祖先牌位前面的天井则代表"天",这种天地人的关系使得客家人认为就围龙屋的风水而言,土地伯公、祖先牌位和天井的存在和位置关系是最关键的[①]

梅州地区民间信仰的主要神祇一览表[②]如下:

表一 源自梅州本地的神灵

	盛行地区	资料来源	起源地区	功能备注
梅溪公王	梅县松源镇	康熙《程乡县志·沿革》	梅县	人神、水神
惭愧祖师	梅县、大埔	康熙《程乡县志·杂志》	梅县	佛教神、守护神
谢圣仙娘(姑婆太)	五华	《广东神源初探》	五华	祖先神、守护神

---

① 参见[日]河合洋男的文章:"梅州地区的风水与环境观——以围龙屋、现代住宅、坟墓为例",载于嘉应学院客家研究所主编:《客家研究辑刊》,2008年第1期,第173页。

② 此表格中神祇的"盛行地区"、"资料来源"主要参见程志远、王洁玉、林子雄等撰,《乾隆嘉应州志》,广东省中山图书馆古籍部,1991年1月;程志远等整理,康熙《程乡县志》,广东省中山图书馆,1993年9月。神祇"功能"的主要依据为:沈丽华、邵一飞:《广东神源初探》,大众文艺出版社2007年;叶春生、施爱东编:《广东民俗大典(第2版)》,广东高等教育出版社,2002年。

表二　源自梅州以外的神灵

三山国王	梅州各县市	《祀潮州三山神题壁》《祭界石神文》《潮州路明贶三山国王庙记》乾隆《嘉应州志·杂记部》	潮汕地区	自然神、山神、守护神
石古大王（也有说是源自梅州兴宁神光山一带）	兴宁市、梅县水车镇、丙村镇	《舆地纪胜》《临汀志》	福建汀州	自然神、守护神
龙源公王	梅县松源镇	康熙《程乡县志·杂志》乾隆《嘉应州志·杂记部》	福建象洞	守护神
定光佛	蕉岭、平远	《临汀记》	福建汀州	佛教神、保护神
临水夫人			福建福州	生育神、保护神
天后（天妃）	梅州各地区	乾隆《嘉应州志·杂记部》	福建湄洲	保航运、海运，守护神
保生大帝	大埔县湖寮镇		福建泉州	医神、守护神
观音	梅州各县市	康熙《程乡县志·秩祀志》	印度	送子、保平安发财
城隍	梅县、五华	康熙《程乡县志·秩祀志》	北方	道教神、守护神、司法神
关帝	梅州各县市	乾隆《嘉应州志·杂记部》乾隆《嘉应州志·建制部》	湖北当阳	武财神
文昌神		乾隆《嘉应州志·杂记部》	四川	道教神、战争神、功名利禄神、生育神

真武大帝		乾隆《嘉应州志·杂记部》	北方	道教神、北方神、水神
晏公		乾隆《嘉应州志·杂记部》	江西清江	水神
五显华光大帝	梅州各县市	康熙《程乡县志·秩祀志》	江西婺源	道教神、火神
火神		乾隆《嘉应州志·杂记部》	有多种来源，起源地不一	自然神、火神
先农神		乾隆《嘉应州志·建制部》		农业神
山川神		乾隆《嘉应州志·建制部》		山神
风神		乾隆《嘉应州志·建制部》	有多种来源，起源地不一	风神
九子圣母			战国时期楚国	生育神
三奶娘	五华	《广东神源初探》		守护神、生育神
华佗			北方	医神
土地神（又称伯公、社神）	梅州各地区		起源于古代神话，周朝已有	地方保护神

　　附注：表格中未填明处为不知来源或不知其具体信仰地区，因仙叔人婆、七仙姑庙等神祇因来源与信仰地区皆不清，故未列入表格中。

二 客家人民间信仰的主要特征

（一）从信仰对象看，多神、杂神崇拜是客家文化的重要特征之一。客家的民间信仰和其他地方的民间信仰一样，属于多神信仰的系统，这里没有一教独占、一神主导的传统。民间信仰的种类除了自然崇拜（客家人的自然崇拜主要为：天公崇拜、太阳月亮崇拜、星辰崇拜、风雨雷电崇拜、火神崇拜及蛇、鸟等动物崇拜与植物崇拜等）、祖先崇拜及社稷、包括三山国王、公王、伯公、地方水神等在内的地方神明信仰，和行业神信仰、先贤神明信仰、佛教道教的俗神信仰等。这就难免使得客家地区的庙宇神明既繁多且复杂。

不难理解，客家人在历史上由于饱尝战乱饥荒、颠沛流离之苦，而又感到孤独无援，因此凡能祈安、求福、修身养性的宗教及有保佑现世幸运、长寿、财富、平安、消灾解厄的民间诸神，统统都"来者不拒"，从而使得客民社会的信仰呈现出多元之状，这种"多元之状"反映到寺庙供奉上，则常可在同一寺庙中，既可见到佛门的菩萨、罗汉，还可见到道家的仙师、鬼神以及祖先亡魂、地方神明等，不管是哪一路的神灵均可和平共处，共享香火。无论神灵的来源如何，神祇的性质如何，客家人统统兼收并蓄，并能适当加以改造，融会贯通于自己的信仰生活中，且用得"得心应手"。

（二）从信众来看，对神的崇信，是客家民间的普遍现象。庙宇或神坛遍布旧时山区的村村寨寨，并以村社或宗族聚落群形成大小不一的信仰圈与祭祀圈。客地除了大大小小的寺庙外，各家也都置有神案佛龛，供奉家中的守护神。客民外出，见庙就烧香、见神就磕头的也大有人在。一遇急难，更是祈神护佑，晨昏烧香不息。每逢岁时节令或神诞日，动辄倾村出动，男女老少，进庙祭拜，抬着神像沿村巡行，昼夜举行祭祀戏剧演出，娱神娱人，虔诚而隆重，甚至不惜个人钱财，毫不吝惜地奉献给神明。这种信仰并非单纯个人行为现象，它是以家族为单位历代传袭下来的，也是以宗族为中心的村落，乃至某些区域整个客家民间的社会生活信念与行为现象。

（三）从民间信仰的表现方式来看,与多神信仰相应,客家地区的道庙、村庙、家庭祭祀制度及相关仪式都有多样化的存在方式,这包括对祖先的祭祀、祭祀神明生日的庙会、醮会;巫术;禁忌;香花佛事;风水信仰等。民间信仰的仪式体系包括:庆典队伍的排序、庆宴、出行、众神序列、打醮、庙宇设置、祭祀圈、祭祀资格、神祇出行路线等。庙会(迎神赛会)俗称神明生日,是客家人举行宗教仪式活动的重要形式,也是宗族势力的体现与乡村文化的重要载体。庙会的内容除了举行群体性的神灵祭拜、神灵巡游等宗教仪式性活动外,还举行游艺活动。"旧时,客家人若有重大灾祸发生,如瘟疫、大旱、大涝、虫灾等,往往要请道士或和尚设坛做法事,禳灾祈福,是为打醮。"① 醮会乡俗称"打醮"或"建醮"。如果说庙会一年举行一次或几次,而醮会间隔若干年才举行一次,有 3 年、5 年、10 年才举行一次的。而且醮会比庙会的活动要丰富复杂得多,庙会一般只表现某一种神的威力,而醮会则综合表现儒道释(佛)以及阴、阳配合的威力。② 因此客家人打醮往往规模盛大,多请道士做法事,请戏班演出。除道士念经之外,还有上刀山、过火练、咬犁头等惊险节目表演。打醮时,村民多数都要斋戒,以示虔诚。而现代的打醮往往将宗教、文化和经济活动合而为一,人山人海,热闹非凡。

梅州主要的庙会民俗有:梅县水车镇的"扛公王"民俗,梅县三月天后圣母诞、梅县五显神诞的华光庙会、五华县"三月三"天妃庙会、丰顺的烧火龙习俗和五华县的上村公王醮与四街醮会。

（四）从梅州以外来的神居多。梅州的客家人主要是从福建移民而来,相应地梅州客家人的主要神祇也大多来自福建,除了众所周知的天后(妈祖)外,文中提及的定光佛、伏虎佛、临水夫人、保生大帝等均来自福建。

（五）浓重的巫觋文化色彩。客家人到南方的时间较短,进入现居地时,当地土著已经形成了他们的民俗文化传统,客家人进入后,接受

---

① 钟文典总主编,温宪元、邓开颂、邱彬主编,《广东客家》,广西师范大学出版社 2011 年,第300—301 页。
② 参见张泉清:《粤东五华县华城镇庙会大观》,载于[法]劳格文主编:《客家传统社会》上编:民俗与经济,中华书局 2005 年,第 257 页。

了部分土著民俗文化,因此,客家的民间信仰也有了浓重的巫觋文化色彩。

（六）民间信仰的世俗性和现世的功利性,在这背后体现出来的是实用主义的观念。客家人祭拜神明、祖先、鬼魂,无不是和特定的目的、需要连在一起的。如客家人相信风水关系到个人和家族的命运,便会千方百计去争夺一块风水宝地,不惜与他人发生龃龉。乾隆《嘉应州志·舆地部》风俗载:"甚且听信堪舆,营谋吉穴,侵坟盗葬,构讼兴狱破产,以争尺壤。"

由上可见,粤东客家人的"神性"即主要是民间信仰的体现,这种信仰已与客家人的世俗生活不可分割地交融在一起,它在给人们带来精神慰藉的同时,也极大地影响了客家人的世俗生活。这种"影响"主要体现在客家人的庙会活动和节庆祭祀习俗中,也体现在人们的行为惯例和日常生活中。正所谓:一方水土养一方人,一方人祭拜一方神,一方神灵护佑一方人。

三　客家人民间信仰的主要社会功能

民间信仰虽然是一种历史的传统,但仍是当下活跃的宗教文化形态,在现实社会中,许多乡村的民间信仰场所不仅仅是拜神的地方,不仅仅满足了人们深层的精神、心理和信仰需要,实际上也成了乡村、基层社会和文化的公共空间,比如老人会、文化活动站、乡村图书馆等。民间信仰及其场所正在从关注个人心理诉求逐渐向凝聚社会力量、发挥社会公共功能转变,并成为保存和挖掘地方传统文化价值、建构现代公共文化生活的重要资源之所在。

试举两例:一是位于梅州兴宁市永和镇正在建设中的鹅峰山景区的宫师祖庙。该祖庙原来就在附近的新中村,由于老庙早就破烂不堪,7个平均年龄70岁以上的老人发起在鹅峰山重建老庙,现在重建的老庙已初具规模。宫师祖庙供奉的神祇以五仙祖师为主,还有其他十多位神。祖庙由老人会管理（其成员就是7个发起人）,宫师祖庙现在不仅成了民间信仰的活动场所,也是该镇的文化体育中心和老年人的活动中心,还是该地有名的慈善中心。

二是位于梅州大埔县湖寮镇黎家坪村的同仁广福宫,其供奉的是保生大帝,每年大型法会时都有上万名信众前来参加活动。它也是集民间信仰活动场所、文化休闲场所和慈善中心于一身。广福宫旁的文化公园是当地人民的娱乐休闲场所,广福宫做慈善的范围不局限于黎家坪村,其主要的公益慈善活动包括建立敬老院、修路修桥、扶贫济困、资助大学生等。

由此可见,一个村落也好,一个城市社区也好,如果有一定的信仰空间的话,这对社会的稳定是有好处的。它既是人们的世俗生活,也是人们的精神生活的需要。换言之,庙宇或拜神之地之所以不可或缺,是因为人不可生活在没有诸神的混沌中,庙宇或拜神之地就是人们与超验世界保持联系的场域和桥梁。人们只要走进去,与不可知的诸神世界的联系、与诸神的亲密接触就成为了可能。正如宗教现象学大师伊利亚德所说:"对于宗教徒而言,空间并不是均质的,宗教徒能够体验到空间的中断,并且能够走进这种中断之中。空间的某些部分与其他部分彼此间有着品质上的不同。"①这段话中的"空间的某些部分"既是庙宇或拜神之地,就是信众的神圣空间。正是"在这个神圣的围垣之内,与诸神的沟通就变成了可能"。②

民间信仰也是梅州客家人与港澳台以及世家各地的客家人之间联系的纽带与桥梁。清末民国时期,由于本地人多地少的矛盾和国际市场对廉价劳动力的需求,梅州华侨大规模出洋。华侨的产生,将粤东客家人的民间信仰带到了海外,华侨常年在外,家乡的侨眷祈求神明保佑,侨乡认同的华侨保护神"天后娘娘""公王""伯公"等信仰在侨居地得到推广,由此民间信仰使得客家地区与海外华人之间还有一条历史悠久的"神缘"纽带,今天,这条"神缘"纽带依然是维系粤东客家人与港澳台同胞、海外侨胞乡亲乡情的文化纽带和桥梁。

综上所述,我们需要从以人为本的原则出发对民间信仰予以充分的尊重与理解;民间信仰研究本身不是研究神的意旨,而是研究

---

① 伊利亚德:《神圣与世俗》,王建光译,华夏出版社 2002 年,第 1 页。
② 同上书,第 45 页。

人、研究人自身的身心灵状态、人与人的关系、人与社会的关系等等。这种研究正是人们以前关注不够,而现在不得不下力研究且有现实意义的领域。如此,我们才能了解民间,才能对民间信仰在我们的文化和我们社会中的位置有一种"接地气"式的理解,也才能明白对民间信仰的"管理"(或"治理")如何有所为和有所不为……

(本论文为 2015 年"客家文化传承与发展学术研讨会"的会议论文,原文刊载在《经济社会史年代》2016 年第 3 期)

广府民间信仰中的女神信仰探略

　　20世纪七八十年代以来,随着民间信仰及其学术研究的复兴,尤其是女性主义神话学的引入,学界对于民间信仰中女神信仰的研究日益增多,其中以女性神祇众多的闽台地区的研究成果显得最为兴盛。而作为本文研究对象的广府地区①,其女神信仰同样繁盛,人们若去到今天依然香火鼎盛的广州南沙天后宫、广州长洲岛的金花庙、广州增城的何仙姑庙等地,不难感受到广府地区女神信仰的浓郁气息。广府地区的女神信仰颇具地方特色,如女神大多与水、与婚姻生育、与刺绣之类的行业相关。然而,相关学术研究却远不及闽台地区之盛。人们对包括女神信仰在内的民间信仰不仅存在认识上的片面性,而且缺乏正确引导和管理。此研究关系到建构新型文化与和谐社会,意义重大。

一、广府女神信仰的历史源流

　　先秦时期,广府地区所在的岭南一域几乎不见于文献记载。秦汉时期,尽管岭南地区逐渐纳入中央王朝的统治,但此时岭南居民的信仰仍以原始信仰为主,俗鬼重巫之风盛行。如《史记》所载:"是时既灭两越,越人勇之乃言'越人俗信鬼,而其祠皆见鬼,数有效。昔东瓯王敬

---

① 广府具有广义和狭义之分,广义的广府通常指的是使用粤语方言地区的汉族族群。如李权时在《岭南文化》一书中圈出的广府民系地区大致包括广东东南部珠江三角洲一带(含今香港、澳门),整个粤中和粤西、粤西南部、湛江地区和广西南部地区。狭义的广府大致指明朝开始设立的广州府的范围。例如陈泽宏等学者认为广府地区的范围应该与历史上的行政区划名称有关,认为广府即广州府的简称,大致包括今天的广州、南海、番禺、顺德、东莞、从化、龙门、增城、新会、香山、三水、新宁、新安、清远、花县以及香港、澳门、佛冈、赤溪等地。本文是在狭义上使用"广府"一词。

鬼,寿百六十岁。后世怠慢,故衰耗'。乃令越巫立越祝祠,安台无坛,亦祠天神上帝百鬼,而以鸡卜。上信之,越祠鸡卜始用。"①所谓"鸡卜"是在岭南地区十分流行的一类占卜习俗。上述越俗信鬼尚巫之风在广府所在的岭南地区影响久远。

汉末以后,随着大批汉族陆续南来和汉族与当地土著的不断结合,中原文化逐渐开始影响和同化岭南地区。儒家的伦理道德逐渐影响岭南,而随着汉末两晋以后佛教与道教的传播与发展,大量佛教和道教神祇信仰逐渐渗入和冲击岭南地区传统的民众信仰。相对于佛教,道教对岭南地区的女神信仰影响更大,大量为道教吸纳的民间女神——道教女仙也随着移民传入岭南。如禾谷夫人、西王母、花王父母(花婆)等。与此同时,岭南之地"好巫尚鬼"的传统也为此地的造神运动提供了素材。在道教的影响下,岭南地区的地方道教女仙也随之出现,最具代表性的便是晋代著名道士和医家葛洪的妻子、著名炼丹术家、我国医学史上第一位女灸学家鲍姑(约公元 309—363 年)。

唐宋元时期是广府民间信仰的大发展时期,此时外来的女神继续传入与逐渐地方化,如天后(妈祖)、观音等;且本地女神也在不断涌现,如广州的金花夫人、广州增城的何仙姑、绣工神卢眉娘、铁匠神涌铁夫人等。而在多元文化为背景的民间信仰中,各路神灵逐渐出现整合的现象,一方面是官方对民间信仰的整合——用儒家伦理对民间神祇进行甄别并纳入官方祭祀,赋予其伦理教化的意义,如有宋一代,妈祖自宣和五年(1123)起受封号 16 次,广东德庆悦城龙母在熙宁十年(1077)加封录济崇福圣妃,赐额"永济",后改额"孝通";另一方面则是佛教道教的神灵与民间神灵的整合。民间信仰中的女神信仰亦反映了如此趋势。本为民间神灵的天后(妈祖)、龙母、金花夫人等进入道教宫观即是其例证。而且佛教道教的一些神灵也日益民间化、世俗化、平民化,如观音在南北朝以后逐渐从男相转变为女相,唐朝以后女相逐渐占主导地位,被称为观音娘娘,到了宋代更是出现了千手观音、白衣观音、鱼篮

---

① (汉)司马迁:《史记》,线装书局 2006 年,第 75 页。

观音[①]、水月观音等诸多变相。以观音为名号的寺、庙、庵、堂、阁等在广府地区大量涌现出来。从观音传说中妙善公主的故事、道教八仙信仰中何仙姑的故事均不难看出民间信仰对佛教道教神灵的改造与融合。因此,广府地区女性神祇的本身故事在唐宋以后则更加丰富,且融入了符合儒、释、道思想的内容,更加符合主流的意识形态思想,同时也更加迎合了民众的心理需求。

明清时期,广府民间信仰的主要女神神祇已经大致固定下来。要说明的是,明清两朝在大力整顿神明体系的同时,针对民间信仰中的"淫祠""淫祀"一度实行废禁,但一些包括女神在内的民间信仰却有着深厚的民众基础,欲禁不得,反而愈加兴旺。如嘉靖三年(1522)提督魏校有废淫祠之举,将金花庙毁祠焚像,但是广州人仍笃信金花女神,又成立金花会,金花夫人不仅香火不断,而且发展至供有八十余神并十二奶娘,这些奶娘各司其职,如生男祈白花夫人曹氏,生女祈红花夫人叶氏,保胎夫人陈氏,养育夫人邓氏等,这十二位夫人,加上主神金花夫人,都与女性生儿育女相关,济济一堂,香火旺盛。阮元《广东通志》云:"南粤神祠,不列祀典者颇多。如悦城龙媪。见于《太平寰宇记》《舆地纪胜》诸书,由来已久。金花之祀,以祓无子,于古高禖为近,皆未可略。其余淫祠,一概弗登,俾知秩祀谨严于以儆人心、正风俗,而不黩于邪焉。"[②]由此可见官方实际上对民间信仰深广者不得不予以正视与承认。

二、广府民间信仰中主要的女神神祇

如上所述,到明清时期,广府民间信仰中关于女神的主要神祇已大致固定下来,笔者根据明清时期广府地区的地方志中"祠(坛)庙""风俗""祀典""仙释"以及明清时期的士人文集、笔记有关中有关女神的记载,草拟成广府地区女神一览表如下:

---

① 鱼篮观音又称为马郎妇或锁骨观音。传说观音化身为一卖鱼妇,来到一淫乱之村落,允诺下嫁给最会背佛经的男子。马郎成功夺魁,但在迎娶之日,卖鱼妇却突然病逝。数日之后,外地来的一位僧人称卖鱼妇实为观音化身,并带着卖鱼妇所幻化的锁子骨升天而去。当地人则因此神迹而从此信佛。
② 道光《广东通志》,卷一百四十五《建置略二十一·坛庙一》,道光二年刻本。

明清时期广府地区女神一览表①

祭祀神祇	盛行地区	资料来源	功能备注
观音（慈航圣母）	广州府各地均有	广州府各地地方志中"祠庙""寺观""风俗"栏多有记载	送子、保平安、发财
鲍姑	"鲍姑，靓之女也，与洪相次仙去，至唐时人尤见其行灸于南海，有崔炜者得其越井冈艾灼赘瘤尤验。"《南海县》	万历《南海县志》卷十三《外志·仙释》	医药神
斗姥（斗姆元君）	"斗姥宫：一在东门外线香街，一在城西卢狄巷口（斗姥即摩支利神明，两广总督熊文灿平海寇于空中见之，遂立庙以祀。据南海志番禺志参修）"（广州府）	光绪《广州府志》卷六十七《建置略四·坛庙》	福禄神
	"斗姥宫：在大通堡秀水南塘村外"（南海县）	同治《南海县志》卷五《建置略二·祠庙》	
西王母	"广州多有祠祀西王母。左右有夫人。两送子者，两催生者，两治痘疹者，凡六位，盖西王母弟子若飞琼、董双成、萼绿华之流者也。相传西王母为人注寿注福注禄，诸弟子亦以保婴为事，故人民事之惟恐后……"	屈大均《广东新语》卷六《神语》	主婚姻、生育、平安

---

① 此表格中神祇的"盛行地区"、"资料来源"主要参见广州美术出版社出版的《广东历代方志集成》中"广州府部"以及屈大均《广东新语》的内容。神祇"功能"的主要依据为：沈丽华、邵一飞：《广东神源初探》，大众文艺出版社 2007 年；叶春生、施爱东编：《广东民俗大典第2 版》，广东高等教育出版社 2002 年。

祭祀神祇	盛行地区	资料来源	功能备注
何仙姑	"会仙观,在万寿寺右即何仙姑故居","何仙姑祠,在会仙观内,祠前有井,即仙姑化身处。"(增城县)	乾隆《增城县志》卷八《祠祭》	女仙,无专门职能
	"仙姑庙,在县东旧城基脚。何仙姑者乃增城县民何泰之女,唐开耀间人……"(清远县)	民国《清远县志》卷十七《胜迹下·祠宇坛庙》	
天后(天妃)	广州府各地均有	广州府各地地方志"坛庙""祀典""风俗"栏中多有记载	海神、商业保护神、生育神
龙母	广州府各地均有	广州府各地地方志"坛庙""祀典""风俗"栏中多有记载	水神,保平安
金花夫人	广州府大部分地区都有,就地方志记载来看,金花庙在南海县、顺德县、番禺县、龙门县、新宁县、香山县、新会县、清远县均有分布。	同治《南海县志》卷五《建置略二·坛庙》 咸丰《顺德县志》卷十六《胜迹略·祠庙》 乾隆《番禺县志》卷二十《杂记》 道光《龙门县志》卷六《建置三·坛庙》 乾隆《新宁县志》卷一《建置》,乾隆《香山县志》卷六《建置·坛庙》 道光《新会县志》卷四《坛庙》民国国《清远县志》卷十七《胜迹下·祠宇坛庙》	生育神
七娘神	广州府各地均有	广州府各地地方志中"风俗"栏	婚姻、爱情保护神

续　表

祭祀神祇	盛行地区	资料来源	功能备注
三娘	"三娘,在沙滘"(顺德县)	咸丰《顺德县志》卷十六《胜迹略·祠庙》	广州、顺德、新会等地皆有三娘庙,不过关于三娘为何神,学界并无定论,有说三娘是宋帝杨太后的,也有认为三娘是三霄娘娘的。
	"河南有三娘庙,妓女伤迟暮者祈之。"(番禺县)	同治《番禺县志》卷五十四《杂记二》	
	"三娘古庙,在迳南山麓祀元列妇陈赵氏(采访册府志邑志有传)"(新宁县)	光绪《新宁县志》卷九《建置略上·坛庙》	
月娘神	"妇女设茶酒于月下,罩以竹箕,以青帕覆之,以一箸倒插箕上,左右二人连之作书,问事吉凶,又书花样,谓之'踏月姊'。"(新会县)	屈大均《广东新语》卷十二《诗语》	保佑合家团圆、家庭幸福兼占卜之职
花婆(阿婆神、花王父母、花王)	"花王庙,一在佛山山紫铺地藏庙右,一在岳庙铺永丰社前,一在石路头铺兴隆街,一在观音堂铺涌边坊。"(南海县)	宣统《南海县志》卷六《建置略》	生育与健康之神、保佑添丁与小孩平安
	"越人祈子,必于花王父母。有祝辞云:白花男,红花女。故婚夕亲戚皆往送花,盖取'诗华如桃李'之义。诗以桃李二物,兴男女二人,故桃夭言女也,摽梅言男也,女桃而男梅也。华山上有石养父母祠,秦人往往祈子,亦花王父母之义也。"	屈大均《广东新语》卷六《神语》	

祭祀神祇	盛行地区	资料来源	功能备注
禾谷夫人（禾婆）	"禾谷夫人祠"（广州府）	光绪《广州府志》卷六十七《建置略四·坛庙》	农神
	"禾婆庙,在砺溪堡横江墟"（南海县）	同治《南海县志》卷五《建置略二·祠庙》	
	"禾花,祀姜嫄,右祀金花,在三桂,凡八十有四"（顺德县）	咸丰《顺德县志》卷十六《胜迹略·祠庙》	
	"禾谷夫人庙"（新宁县）	道光《新宁县志》卷五《建置略·坛庙》	
痘母	"在佛山山紫铺社地"（南海县）	宣统《南海县志》卷六《建置略》	健康神,儿童保护神
黄道姑	"黄道姑者,新会人,女释也,生于皇祐,其父母富而无子,惟道姑承业。少慧,因有所感,遂不用纺绩,指海成田万顷,施于光孝、南华及开元、东禅、西禅、仁王、龙兴诸寺而光孝尤多。绍兴元年卒,年八十三,光孝寺僧为立祠墓在江门明塚"（新会县）	乾隆《南海县志》卷十七《人物志三·仙释》	女释,无专职
陈仁娇	"陈仁娇,南海人,其父圮寓居于琼。仁娇尝梦为逍遥游,及寤,每思旧游不可得,忽八月望丙辰,有仙数百从空招之,仁娇超然随众朝谒于帝,遂掌蓬莱紫虚洞。宋元祐中降于广州进士黄洞之家。"（南海县）	崇祯《南海县志》卷十三《外志·仙释》	女仙,无专职

祭祀神祇	盛行地区	资料来源	功能备注
	"陈仁娇者,汉廷尉临之后也。父圮,母邓氏。自幼灵敏,父母名之日安。乃自以仁娇为字,家人叹异之。尝梦为逍遥游,餐丹霞,饮玉液,及寤不暝……"(香山县)	嘉靖《香山县志》卷八《杂志·仙释》	
卢眉娘	"卢眉娘生而眉绿,人称为眉娘。顺宗朝南海贡之京师,称北祖帝师之裔,幼聪慧,能于尺绢上绣法华经,字如粟……后数年不食,尸解,香气满室。将葬,举棺轻,及撤其盖,惟存旧履而已,其后有见眉娘乘紫云于海上。"(南海县)	崇祯《南海县志》卷十三《外志·仙释》	绣工神
涌铁夫人	"相传有林氏妇,以共夫通欠官铁,于是投身炉中,以出多铁。今开炉者必祠祀,称为涌铁夫人。其事怪甚。"	屈大均:《广东新语》卷十五《货语·铁》	铁匠神
陈日娘	"顺德俗,每于岁之八月二十五,妇女群为日娘称祝,识者笑其不典;盖'日'而又'娘'之故也。然据故老相传,则别有故实。先是县东门外有某妇名日娘者,素工刺绣,小女子从学者多,既死无子,其徒弟相率于其生日致祭。八月二十五即其生日,故他县皆无之。因其为女红师,故其祀事遍一邑也。"(顺德县)	光绪《广州府志》卷十五《舆地略七》	绣工神

祭祀神祇	盛行地区	资料来源	功能备注
紫姑（三姑、三姑仔）	"请紫姑仙于厕以嗾吉凶"（香山县）	嘉靖《香山县志》卷一《风土志》	厕神、冥神，占卜
	"相传紫姑以是夜为大妇所逐死，故俗悯而祀之，亦相戒以不妒也。"（东莞县）	民国《东莞县志》卷九《舆地略八·风俗》	
红娘	"又广州男子未娶，亦多有犯红娘以死。谚曰：'女忌绿郎，男忌红娘'，皆谓命带绿郎红娘者可治，出门而与绿郎红娘遇者不可治。此甚妄也。"	屈大均《广东新语》卷六《神语》	冥神、煞神，主男婚姻及命相，与绿郎相对
曹主娘娘（虞夫人）	"英德虞夫人祠。在恩洲堡缯步。志称其生能挫黄巢之锋，死能制峒寇之暴，今为盐船香火，俗称曹主娘娘，道光中叶创建，颇具园林花木之盛。"（南海县）"曹主庙，在下廓石狮巷。神为唐时英德县麻寨乡神将曹某妻，称为曹主娘娘虞夫人，宋嘉定敕封诏书云：	同治《南海县志》卷五《建置略二·祠庙》	水神、祖先神、平安神
	'生能抗黄巢之锋，死能据峒寇之虐'，多显灵应，故邑人祀之。"（清远县）	民国《清远县志》卷十七《胜迹下·祠宇坛庙》	
杨太后	"杨太后庙：在山南堡石浦村东，庙左右古松数百株……"（南海县）	同治《南海县志》卷五《建置略二·祠庙》	职能不详
	"全节庙，即宋慈元殿，在崖山西向以祀杨太后，明弘治四年布政使刘大夏建。"（新会县）	康熙《新会县志》卷四《祀典》	

祭祀神祇	盛行地区	资料来源	功能备注
吴妙静	"贞女祠,在龙江,祀宋贞女吴妙静。"(顺德县)	乾隆《广州府志》卷十七《祠坛》	贞节妇女,无专门职能
南海夫人(明顺夫人、沈氏夫人)	"明顺者,王之夫人,皇祐所封号也。"	屈大均《广东新语》卷六《神语》	配偶神,保护孩童

女神虽多,若不论学界论说最多的天后、观音等从广府以外来的女神,广府当地"出产"的最为著名的女神有:

(一)中国医学史上第一位女灸学家鲍姑(约公元 309—363 年)。鲍姑出生于一个官宦兼道士之家,其父鲍靓是广东南海太守。鲍姑自幼在父亲的耳熏目染下,对道教十分熟悉,嫁给了晋代著名道士和医家葛洪后,成为葛洪的得力助手。她以专治赘瘤和赘疣而闻名于时,以艾线灸人身之赘瘤,一灼即消,疗效显著。鲍姑行医、采药,足迹广阔,遍及南海县、番禺县、广州市、惠州市、惠阳县、博罗县、罗浮山一带,经常出没崇山峻岭,溪涧河畔。其足迹所到之处,至今皆有县志、府志及通史记载,这些地方志书,都把她作为仙人,称为鲍仙姑,她制的艾也称"神艾"。葛洪在罗浮山逝世后,鲍姑和其弟子来到广州越岗院,一面修道,一面为百姓治病。她医术精湛。往往药到病除,她去世后人们为纪念她而凿井修祠。今广东博罗罗浮山冲虚古观内有鲍仙姑殿,广州越秀山下的三元宫内也有鲍仙姑殿和纪念碑。

(二)广州增城的何仙姑。何仙姑是道教八仙中唯一的一名女性,然而有关何仙姑出身籍贯的说法众说纷纭,少说有八九处,其中以湖南的永州和广东的增城最为有名。元吴文泰的《八仙出处东游记》将增城的何仙姑列为正宗,从此确定了现在我们熟知的八仙队伍。① 增城的

---

① 有关八仙的传说,说法各异。宋元时期,一般以张果老、汉钟离、曹国舅、铁拐李、吕洞宾、韩湘子、蓝采和及徐仙翁为八仙,称"宋元八仙",元代陶宗仪《南村辍耕录》等典籍有所记载。明代,吴元泰的《八仙出处东游记》将徐仙翁剔出八仙队伍,代之以何仙姑,称"明八仙"。现在民间流行的八仙信仰多为明八仙。

何仙姑庙、何仙姑井至今犹存。何仙姑最早见于北宋初的《太平广记》中引述唐戴孚《广异记》的记载：

> 广州有何二娘者，以织鞋子为业，年二十，与母居。素不修仙术，忽谓母曰：住此闷，意欲行游。后一日便飞去。上罗浮山寺。山僧问其来由，答云：愿事和尚。自尔恒留居止。初不饮食，每为寺众采山果充斋，亦不知其所取。罗浮山北是循州，去南海四百里，循州山寺有杨梅树，大数十围，何氏每采其实，及斋而返。后循州山寺僧至罗浮山，说云：某月日有仙女来采杨梅。验之，果是何氏所采之日也。由此远近知其得仙。后乃不复居寺，或旬月则一来耳。唐开元（713—741）中，敕令黄门使往广州求何氏，得之，与使俱入京。中途，黄门使悦其色，意欲挑之而未言，忽云：中使有如此心，不可留矣。言毕，踊身而去，不知所之。其后绝迹不至人间矣。[①]

《广异记》所记载的"何二娘"已二十岁，却与母亲居住在一起，让人不解，不修仙术，竟"飞"去，更令人匪夷所思。这里的何二娘是一位道教女仙的形象，不过她并不修仙术，无人点化却能飞，"巫"的气质比较浓郁，"愿事和尚"之说或许反映了唐宋时期岭南佛道教的融合。到了元代，何仙姑的形象更加具体：

> 何仙姑，广州增城县何泰之女也。唐天后时住云母溪，年十四五。一夕梦神人教食云母粉可得轻身不死，因饵之，誓不嫁。常往来山顶，其行如飞，每朝去，暮则持山果归，遗其母。后遂辟谷，语言异常。天后遣使召赴阙中，路失之。广州《会仙观记》云：何仙姑居此食云母，唐中宗景龙中白日升仙，至玄宗天宝九载，邰虚观会乡人斋，有五色云起于麻姑坛，众皆见之，有仙于缥缈而出。道士蔡天一识其为何仙姑也。代宗大历中又现身于小石楼。广州刺史高晕具上其事于朝。[②]

在赵道一的记载中何仙姑的身份更为具体——增城何泰之女，还增加了"誓不嫁"、"采山果遗其母"的细节，凸显了何仙姑的贞洁和孝行。此外"食云母"而成仙的经历与《太平广记》中的记载也有出入。增城何仙姑并没有一些与民众互动的记载，也没有求雨、治病此类显灵事

---

① （北宋）李昉等：《太平广记》，中华书局1961年，第390页。
② （元）赵道一：《历世真仙体道通鉴后集》，卷五《续修四库全书》第1295册，上海古籍出版社2002年，第167页。

件,它之所以能在增城一方广受供奉,甚至取代湖南永州何仙姑的地位,成为八仙之一,这或许与地方士绅的支持和改造不无关系。

(三)广州的金花夫人。亦称金华夫人、金花娘娘、惠福夫人、金花圣母等,广州人称其为"送子娘娘",她是广府人传说中的生育女神。从前广州很多地方都有"金花庙",奉祀金花夫人。据广州的《金花庙碑》,她生于明代洪武七年(1374),"成仙"于洪武二十二年(1389)三月初七日午时,享年(阳寿)仅为 15 岁。农历四月十七日是金花夫人的生日,这一天到金花庙烧香祭拜的人络绎不绝。金花的故事源于广州,遍及广东全省,以珠三角一带最为流传。有别于我国传统公认的送子观音,金花夫人堪称为广州以至广东一大地方特色。

据民间传说,金花本是一民女,一直没有嫁人。有一日溺死湖中,尸身数日不坏且有异香,人设庙祀之,多为求子祈福。清代李调元《南越笔记》记载:"夫人字金华,少为女巫,不嫁,溺死湖中,数日不坏。有异香,即有一黄沉女像浮出,绝似夫人。众以为水仙,因祀之,名其地曰仙湖。祈子多验,妇女有谣云:'祈子金华,多得白花:三年两朵,离离成果'。"[①]

清代屈大均《广东新语》的记载也大同小异:"广州多有金华夫人祠。夫人字金华。少为女巫不嫁。善能调媚鬼神。其后溺死湖中。数日不坏。有异香。即有一黄沉女像容貌绝类夫人者浮出。人以为水仙。取祠之。因名其地曰仙湖。祈子往往有验。"[②]此处的金花夫人形象带有明显"巫"的性质。还有另外一种说法,"神本处女,有巡按夫人方娩数日不下,几殆。梦神告曰:'请金花女至则产矣。'密访得之,甫至署,夫人果诞子,由此无敢昏神者,神羞之遂投湖死,粤人肖像以祀神。姓金名花,当时人呼为金花小娘,以其能佑人生子,不当在处女之列,故称夫人云。"[③]即是说,从前,有一位巡按夫人分娩数日,仍生不下孩子,有神托梦教她去求金花女,果然顺利产子。人们都认为金花是神,没人敢娶。羞愧之下,金花投湖而死。后人祀以为神。由于金花能庇佑人生育,称少女不太合适,遂改为金花夫人。这后一说与前一说有

① (清)李调元:《南越笔记》,中华书局 1985 年,第 65 页。
② (清)屈大均:《广东新语》,中华书局 1985 年,第 215 页。
③ (清)黄芝:《粤小记》,《清代广东笔记五种》,广州人民出版社 2006 年,第 392 页。

两点不同,其一,金花夫人形象由女巫变成了处女。其二,金花夫人的"显灵",从原来的"观竞渡"时不小心掉入湖中,尸体不腐,闻有异香而成神;到后来成功帮助巡按夫人生产,羞愧投湖而成神。显然后一种说法更符合儒家的思想,从而为金花夫人信仰提供了官方支持。

广府地区的妇女怀孕祈求顺利产子,多拜祀金花娘娘。明清时,金花娘娘庙已遍及广东各地,清代梁绍壬《两般秋雨庵随笔》载:"广东金花夫人庙最多。"[①]以往,广东民间有"金花诞""金花会"习俗,每年农历四月十七金花娘娘诞期均会举办盛大祭祀活动。《羊城古钞》载:"每岁首夏神诞,报赛者烟花、火炮、百戏骈集,歌舞之声旬月末已焉。"[②]此外竹枝词中也记有金花诞的盛况:"金花葵扇及高香,许愿酬神逐队忙。妾久住居鸡鸭窖,嫁郎须近凤凰冈。"[③]据史料记载,旧时广州城河南金花庙规模最大,内供有金花夫人及十二奶娘像,气势宏大,香火旺盛。有一首流传甚广的广州民歌:"一条河水曲弯弯,顺风顺水到河南,河南有个金花庙,有人求神保仔生……"足证其知名度之影响深远,堪称广州金花庙"之最"。现今广州还存长洲岛的金花庙,南海神庙内仍附祀有金花娘娘殿。

(四)龙母神。龙母信仰是岭南地区,尤其是西江流域、珠江三角洲流域盛行的民间信仰,影响远及香港、澳门、福建、江西等地。关于龙母的传说大概形成于汉晋(这比天后信仰的历史要悠久得多),自唐代起,历代敕封,龙母遂成为正统神灵,并传播四方。到明清时期,龙母日渐成为岭南诸神信仰中的主要神祇之一,龙母庙遍及广州府、肇庆府、高州府、韶州府等地。广州府仅南海县就有 6 座龙母庙。许多地方的史志文献碑刻都记载了人们祭祀龙母,为的是祈求平安,平复波涛,治水患,降甘霖,消除疾疫,保护母婴等,上述功能体现在龙母庙中广为流传的《龙母真经》中。

---

① (清)梁绍壬:《两般秋雨庵随笔》,新疆人民出版社 1995 年,第 214 页。
② (清)仇巨川纂:《羊城古钞》,广东人民出版社 2011 年,第 146 页。
③ 叶英华:《珠江棹歌》,雷梦水等编:《中华竹枝词》第 4 册,北京古籍出版社 1997 年,第 2878 页。

三、广府民间信仰中女神的职能与作用

　　人们之所以要拜神,最主要是因为神的职能与作用,民间信仰最主要的特征就在于其功能性与实用功利性。换言之,民间信仰中的各种神灵都有满足百姓日常生产和生活所需要的具体职能,而且神的职能不是单一和固定不变的,每一个神灵都有一种主要职能,同时兼掌其他多种职能,神阶愈高,职能越多。如天后最初的主要职能是祈雨和预测吉凶,宋代以后被奉为航海保护神,同时增加了驱邪治病、降魔镇妖、祈求子嗣等职能。又如龙母本是水神,后来也有了"送子"与保护母婴的功能。

　　基于上述表格对于广府女性神祇的梳理,不难看出广府地区女神有如下功能与作用:

（一）降雨除旱、保驾护航

　　广府地区的地理范围主要为珠江三角洲区域,这里水道纵横,河涌密布,水患频仍,又濒临海洋,水神信仰尤为兴盛。在明清时期广府地区的神灵体系中,南海神、雷神、飓风神、北帝、伏波神、龙王等均为水神,而且香火鼎盛,信众众多。与这些男性水神相比,女性水神信仰毫不逊色,其中以海神天后与水神龙母尤为典型。龙母水神是岭南地区的本土女神,也是该地区出现时间最早的女神之一。广州府的龙母庙的数量仅次于龙母信仰发源地的肇庆府。在南海、顺德、佛山、增城、东莞、新会、香山等地均有分布。而广府地区的天后宫(妈祖庙)更是不可胜数,广州府各县都有天后宫,以南海为例,同治年间所编《南海县志》所记载的女神庙中,天后宫的数量仅次于观音庙,共计 17 间,远远超过金花庙(4 间)、斗姥宫(1 间)、禾婆庙(1 间)、杨太后庙(1 间)的数量。[①]

　　人们不禁要问,为什么女性水神能降雨除旱、保佑人们的水上安全?这或许是因为中国传统文化中的阴阳观念使得女性与水同属一类,即"阴"的类别,人们认为,山为阳、水为阴,日为阳、月为阴,男为阳、女为阴。所谓"天有地即有山水,水阴物,母阴神,居人因水立祠,始名

──────────────

① 此数据来源于同治《南海县志》卷五《建置略二·坛庙》,同治十一年刻本。

女郎祠。后祷雨有应,庙制始大。坐瓮之说,盖出于田夫野老、妇人女子之口,非士君子达理者所宜道也"①。而且"水滋养万物,被誉为生命之源,这与女性被赋予孕育生命的功能相同。水、月亮和妇女就被视为构成人类和宇宙的丰产轨迹。"②

(二)婚姻生育的护佑

中国传统社会历来关注传宗接代之事,对女子而言,能否生个男孩,直接关系到自己在家庭、家族中的地位以及个人的幸福。因此,与生子有关的女神格外受到女性的顶礼膜拜便是自然的了。在广府地区的女神信仰体系中,许多女神,无论是龙母、金花夫人,还是天后(天后在广府地区常被称为娘妈,并因其求子有应而广受供奉)、观音等,也都是生育保佑神。她们都具有送子、助产和护幼的功能。甚至作为行业神——蚕神的沈氏夫人,同样也具有保护幼童的职能,并被信众们亲切的称之为"姑婆"。逢年过节,人们就会前往庙中祈求"姑婆"福佑孩童。③

金花夫人无疑是广府地区的女性普遍信奉的生育女神,明清时期,广府地区各地建有多处"金花庙",专祀金花夫人。每年四月十七为金花夫人诞,届时各类仪式活动甚为热闹。"四月十七日,'金花夫人神诞'。祈子者率为'金花会'报赛,亦繁盛,然以拟珠江南岸之金花庙则远不逮矣。"④在金花夫人庙中,常以十二奶娘像作为配祀,这使得金花夫人的生育神色彩更为浓厚。广东民间各地供奉十二奶娘专庙多为小庙,在大庙中一般供奉在侧殿,常与金花夫人一并供奉。十二奶娘是指十二位专司生育等职的女神,分工细致,从投胎、怀胎、定男女、保胎,直到分娩、养育,乃至吃、喝、梳洗、行走、去病等无所不包,尤其受到负责养儿育女的妇女们的欢迎与崇拜。正如清道光时《佛山忠义乡志》所说:"金花会盛于省城河南,乡内则甚少。唯妇人则崇信之。如亚妈庙各处,内有十二奶娘,妇人求子者入庙礼拜,择奶娘所抱子,以红绳系

---

① 嘉靖《太原县志》,卷三《杂志》,嘉靖三十年刻本。
② (美)伊利亚德:《神圣的存在——比较宗教的范型》,晏可佳、姚蓓琴译,广西师范大学出版社 2008 年,第 171 页。
③ 沈丽华、邵一飞:《广东神源初探》,大众文艺出版社 2007 年,第 242 页。
④ 道光《佛山忠义乡志》,卷五《乡俗志》,道光十年刻本。

之,则托生为己子,试之多验。然年卒不少。"①

生育女神的功能主要表现在"生"与"育"两大内容上。前者包括不孕者求孕,无子者求子;后者包括在婴儿出生后,保佑孩童健康成长、无病无灾。在传统社会,生育繁衍的功能被归诸女性,很少认为婚后长期无嗣是男性的责任。妇女在生育问题上所遭受的巨大精神压力,使得她们具有强烈的求神赐子的心理需求。虽然也有去男性神祇的庙宇中祈子的现象,但是社会风俗更多地认为女神与生育有更直接的关系,因而将保佑生育的功能赋予女神。

除了保佑生育,女神还在婚姻等方面给予女性以依赖感。在中国传统社会,女性没有婚姻自主权,往往是遵循"父母之命,媒妁之言"。牛郎织女"鹊桥相会"的浪漫传说,体现出了古代女子对婚姻和美好生活的向往。广府地区亦保留着许多有关祭拜织女的风俗,如"七娘会"(在民间也称为"拜七姐")。这种活动在清初尤其盛行。在每年七夕那天,未出嫁的女性便用自己的巧手制作了祭拜七姐的供品。她们不仅希望祈求织女赐予她们一双灵巧的手,更期盼一桩称心如意的姻缘。

(三)行业女神的经济职能

行业祖师是民间信仰的一大分支,所谓"行行有祖师爷,业业有守护神",人们的常识中,行业神多为男性神,但在广府的行业神中却不乏女性的行业神。前文所言的鲍姑,无疑是针灸业方面的行业神。广府地区较为著名的女性行业神还有卢眉娘、黄道姑、陈日娘和涌铁夫人等。

"粤绣"作为中国四大名绣之一,其祖师便是南海的卢眉娘。卢眉娘,唐代永贞年间广东南海人,后被封为女仙、绣工神。据《杜阳杂编》:"眉娘幼而慧悟,工巧无比,能于一尺绢上,绣《法华经》七卷,字之大小,不逾粟粒,而点画分明,细如毛发;其品题章句,无有遗漏。更善作飞仙盖,以丝一缕分为三缕,染成五色,于掌中结为伞盖五重,其中有十洲三岛、天人玉女、台殿麟凤之像,而外列持幢捧节之童,亦不啻千数。其盖阔一丈,秤之无三数两,自煎香膏缚之,则虬硬不断。"②由于卢眉娘高

① 道光《佛山忠义乡志》,卷十四《杂录》,道光十年刻本。
② (唐)苏鄂:《杜阳杂编》,卷中。

超的刺绣技术,"唐顺宗皇帝嘉其工,谓之神姑,因令止于宫中。……至元和中,宪宗嘉其聪慧而又奇巧,遂赐金凤环,以束其腕。"①然而眉娘不喜欢被约束的生活,遂当上道士,宪宗只好放她回南海,赐给她道号——"逍遥"。后来卢眉娘便在南海西樵山紫姑峰修道并传授技艺。

陈日娘是明清时期广东顺德一带有名的绣工神,与卢眉娘同为粤绣祖师。据《顺德县志》记载:"顺德俗,每于岁之八月二十五,妇女群为日娘称祝,识者笑其不典;盖'日'而又'娘'之故也。然据故老相传,则别有故实。先是县东门外,有某妇名日娘者,素工刺绣,小女子从学者多,既死无子,其徒弟相率于其生日致祭。八月二十五即其生日,故他县皆无之。因其为女红师,故其祀事遍一邑也。"②日娘是顺德大良一带的刺绣大师,刺绣技艺高超,许多女子都拜其为师。因日娘终生未嫁,并无子嗣,她死后众弟子每逢其生日都会举行仪式,备果品香烛以拜祭追念,年复一年,逐渐被神化,成为顺德一邑刺绣行业崇拜的神祇。

卢眉娘与陈日娘虽同为广府地区的刺绣神,但她们在民间的影响力上大为不同。唐代的卢眉娘被奉为神仙,有关她的事迹见诸道教经典、地方志书、士人文集中,但在民间似乎少有祭祀,而陈日娘这位女红师傅,竟被一邑妇女祭祀。或许是因为她有不少徒弟,从而在死后受到其拥趸的供奉,并日渐神化。对于陈日娘的身份,更有学者猜测她极有可能是自梳女。③ 不论陈日娘的身份如何,颇为兴盛的日娘诞从侧面反映了清代顺德妇女对于刺绣技艺的崇尚。这种崇尚与刺绣行业在广府经济中的重要性不无关系。明后期至清代,清政府只限广州一口通商,"广货"④闻名海外,广绣成为颇受欢迎的外销品,绣货交易日渐兴旺。在顺德,妇女多拜日娘,这或许与顺德刺绣行业的从业者多为女性有关。

涌铁夫人,是广东冶炼业祭祀的女神,据说姓林,为了帮丈夫出更多的铁而投身炉中,"相传有林氏妇,以共夫逋欠官铁,于是投身炉中,以出多铁。今开炉者必祠祀,称为涌铁夫人。其事怪甚。"⑤至于冶铁

① (唐)苏鄂:《杜阳杂编》,卷中。
② 光绪《广州府志》,卷十五《舆地略七》,光绪五年刻本。
③ 详见龚伯洪:《万缕金丝广州刺绣》,广东教育出版社 2010 年,第 31 页。
④ "广货"即广州府(简称广府)的商品,包括广绣、广彩、广钟、广铁等等。
⑤ (清)屈大均:《广东新语》卷十五,《货语·铁》,中华书局 1985 年,第 409 页。

之神何以为女性,同书说是由于"铁于五金属水,名曰黑金,乃太阴之精所成,其神女子"①。中华铁冶自古深受"阴阳五行说"的影响,奉女性为冶神,其缘由或许是"水"克"火"、"火"克"金"之故,所以才奉祀按"五行"属"水"的女性冶神。② 涌铁夫人作为佛山的冶铁业的祖师,受到铁匠们虔诚的祭拜,"大凡开炉之日,一定向她祭拜,以求铁流滚滚,多获得成品。"③

不难理解,在传统社会,女性相对于男性总是处于弱势地位,这使得她们对可能影响个人生活是否顺利的各种因素如身体的健康、生活际遇的好坏、好的婚姻、生育顺利和得子等格外敏感,加之缺医少药,人的平均寿命比较短,而婴儿的死亡率更高。因此,那些能保佑其个人生活顺利和好运,护佑母婴的女神,无论其来自何方,在其眼中都别具特色和魅力,并不断赋予其神力,虔诚祭拜。这种信仰及其仪式与行为为许多善男信女们提供了重要的精神支柱和心理支持。

结　语

在知识普及、科学昌明的今天,人们有病、生孩子会去医院,恋爱婚姻更多依靠自己的判断和抉择,女性也有了自己的职业选择,不像过去的女子,凡事求神。但今天的人也不是万能的,生活中也有许多人"搞不掂"的地方,这就是为什么民间信仰,包括女神祭拜在内的民间信仰及其仪式活动(如"生菜会"和南海"菠萝诞"等)还会在我们的生活中时隐时现,并不断撩拨我们的记忆……

民间信仰并不是"过去式",而是一种活态的,具有顽强生命力和广泛影响的文化,具有丰富的文化内涵、美学价值和娱乐功能,当人们将这些功能与旅游、文化交流、商贸等进行整合的时候,民间信仰的开发利用又可以满足人们的多元化的文化口味,成为民众调剂生活的一种

---

① (清)屈大均:《广东新语》卷十五,《货语·铁》,中华书局1985年,第409页。
② 详见姜茂发,车传仁:《中华铁冶志》,东北大学出版社2005年,第154页。
③ 佛山市地方志编纂委员会办公室:《佛山史话》,中山大学出版社1990年,第89页。

方式。如广州俗谚云："正月生菜会①,五月龙母诞②",这是旧时广州、南海一带民间两个盛大的节日,现如今人们对传统生菜会作了彻底的改革,以醒狮比赛为主要竞技项目,以生菜会共叙乡情,联谊四方,开展贸易洽谈和物资交流。而五月初八各地的龙母诞以其悠久的历史底蕴和独特的文化形式成为广东省首批国家级非物质文化遗产的申报代表作,对龙母文化的崇尚,是"龙的传人"对"心灵"中的"母亲"的缅怀和敬仰,它是汉民族龙文化的一个组成部分。龙母文化正成为两广及港、澳、台同胞以至海外侨胞寻根问祖的精神纽带,具有巨大的向心力和凝聚力。由此可见,对包括女神在内的民间信仰的认识与管理关系到当代社会新型多元文化与和谐社会的建构,意义重大。

(本论文为"城市规划和发展——2015年广州学和城市地方学学术报告会"的会议论文,原文刊载在《世界宗教研究》2016年第4期)

---

① 一种祈拜观音以求子求财的集会。汉族民间以夏历每年正月二十六日为观音菩萨诞辰。流行于广州、南海、顺德一带,起源于明末清初。活动除观戏、听曲之外,就是朝拜观音、摸螺求子,食生菜包更是一项必不可少的活动。生菜包的材料几乎都含有寓意,如生菜寓生财,粉丝象征长寿,酸菜表示子孙,蚬肉表示显贵发达,韭菜表示长长久久,吃生菜包希冀人财两旺,长久发达。
② 每年农历的五月初八为龙母诞。

一方神灵护佑一方人
——潮汕民间信仰的田野考察札记

　　2104 年的暑假，我们去了粤东一带作民间信仰现状的田野考察，这次所去之地虽只有揭阳、汕头两地，但笔者有一个强烈的感触，即一方水土养一方人，一方人拜祭一方神，一方神灵护佑一方人。

　　顾名思义，民间信仰当然是扎根于民间的信仰，何谓民间？《墨子·非命上》："执有命者，以襟于民间者众。"《史记·项羽本纪》："于是项梁然其言，乃求楚怀王孙心民间，为人牧羊，立以为楚怀王。"唐柳宗元《乞巧文》："灵气翕欻，兹辰之良，幸而弭节，薄游民间。"清陈康祺《郎潜纪闻》卷三："当时民间闻者感泣，至今颂之。"由此可见，民间即是民众之间、平民之间、百姓之间如此等等。不过，"民间"一词还是比民众、平民、百姓等诸如此类的表述更好，它既包含覆盖了上述名词的所有含义，但它的含义还不止于此。作为一个普通人，我们无疑也生活在民间，离民间很近；但扪心自问，我们了解民间吗？可以肯定地说，我们不懂民间，我们所受到的教育，我们年复一年所积累的知识理性使我们离民间很远。这种"远"不是空间的距离，而是心灵的距离，理解的距离。对我们而言，做民间信仰的研究，或许正是对"民间"的信仰与民间知识系统传承的一个"补课"的机会。

一、庙宇：神圣对世俗空间的切入

　　揭阳、汕头民间信仰的庙宇不仅广布山野僻壤之乡，也堂而皇之地出现在闹市繁华之地，民间信仰的庙宇数量之多，有些庙宇的规模之雄伟、建筑艺术之精美，是没有去过的人无论如何也想象不到的。就庙宇数量而言，目前还没有一个机构有准确的统计，用"星罗棋布"一词来形容这两地民间信仰的场所毫不为过。揭阳市民宗局的方局长说,一个镇少说有 10 个民间信仰的场所,而揭阳市约有 64 个镇,约莫就有 640处场所;就村而言,几乎村村有庙,有的较大的村子,村头村尾都有庙。还有的村子有几个姓氏就有几个庙,不同的姓氏各去各的庙,互不相扰,如此加起来,几千处都有。方局长还说,毫不夸张地说,揭阳的大庙小庙加起来 5000 处都有。而揭阳市的现有人口约有 680 多万。汕头的情况也是如此。汕头市城区几乎每个住宅小区都有公共拜祭的地方,城区里民间信仰的场所也不少见。揭阳与汕头两地的民宗局都承认,民间信仰的场所可能比当地四大制度性宗教(即佛教、道教、天主教与基督教,伊斯兰教的清真寺在这两地还比较少)场所的总和加起来还要多得多。

揭阳汕头民间信仰场所的"星罗棋布"说明了什么呢? 它或许说明了或揭示了一种世俗空间与神圣空间的关联。正是在民间信仰的庙宇这种让人捉摸不透的地方,大众百姓的两个世界即世俗世界和神圣世界得以沟通和联合起来,庙宇确保了世俗世界的人们与诸神世界的联系。对于揭阳、汕头民间信仰的广大信众而言,庙宇这种神圣空间在他们的生活中不可或缺,这种不可或缺体现在人不可生活在没有诸神的混沌中,而诸神的庙宇就是人们与超验世界保持联系的场域和桥梁。人们只要走进庙宇,与不可知的诸神世界的联系、与诸神的亲密接触就成为了可能。这就像基督徒走进教堂、佛教徒走进佛寺、穆斯林走进清真寺一样。正如宗教现象学的大师伊利亚德所说:"对于宗教徒而言,空间并不是均质的,宗教徒能够体验到空间的中断,并且能够走进这种中断之中。空间的某些部分与其他部分彼此间有着品质上的不同。"①这段话中的"空间的某些部分"我们可以在民间信仰中理解为民间信仰的庙宇或场所,民间信仰的庙宇或场所对信众而言就是他们的神圣空间。正是"在这个神圣的围垣之内,与诸神的沟通就变成了可能……每一个神圣的空间都意味着一个显圣物,都意味着神圣对空间的切入,这种神圣的切入把一处土地从其周围的宇宙环境中分离出来,并使得它们有了品质上的不同。"②无论何处,只要是人类所居之地总是要有这

---

① 伊利亚德:《神圣与世俗》第 1 页,王建光译,华夏出版社 2002 年。
② 同上书,第 4—5 页。

种"神圣对空间的切入"。

要说明的是,本文中所提到的庙宇,还不仅是通常建筑意义上的屋宇,有时它指的就是一处场所,这场所可能是一处简易的台子,或一个讲究的坟茔或墓葬等。如位于汕头市龙湖区的将军爷墓,相传此墓为唐正二品大将军墓,现已成为汕头市区一带民众信仰的保护神之一,墓前常年香火不断,在汕头的其他一些市还有将军爷的分庙。

在笔者在将军爷墓访谈时,当地人绘声绘色地讲述了1969年7月27日(农历六月十四日)将军爷显灵预告台风将来临的消息。据说事先有一白胡子的老头预告了台风来临的消息,果不其然,7月28日上午"7·28"台风以12级以上风力,正面在汕头市郊官埭公社凤头坝一带登陆。外加上当时天文涨大潮,凤头坝海堤崩塌海水直冲而下。顷刻间,天翻地转,海啸风狂,汪洋连天。当时的整个官埭公社被淹掉了一大半,而当夜逃离住所的乡民,均安然无恙,幸存下来。自从1969年7月28日台风后,汕头市龙湖区一带的村民更加相信将军爷。1979年9月20日,村民重修将军爷墓,墓碑刻字"唐正二品将军墓"。以后不断重修扩建,2008年村民又重修将军爷陵园,包括三山门、戏台、拜亭、凉亭、文化广场、停车场等。逢农历初一、十五这两天人头攒动、香烟缭绕。将军墓前的两张长方形的大祭台上会摆满各样水果、大米等之类的供品和纸钱。信众传说这位将军爷很灵验,因此前来朝拜的人总是络绎不绝,就算平时也是香火不断。尤其是每年的将军爷诞(也是潮戏的集中演出时段)将军爷庙的戏台子就成了潮戏的演出剧场。戏班子都是信众自愿花钱请来演出的,有时长达40多天,排不完的就延至下一年的将军爷诞(这从一个侧面反映了潮汕地方戏的生存要素中民间信仰功不可没)。

揭阳汕头民间信仰场所的数量之多、分布之广,从一个方面说明了当地民众中的信仰传统之深厚之浓郁。在我们的常识中,自20世纪初科学与启蒙的口号在中国大地大行其道之后,民间信仰常被当作迷信受到知识阶层和政府层面的批判、抵制和清除,无论是1949年前的国民政府还是1949年之后、改革开放之前的中华人民共和国政府,在抵制迷信、反对民间信仰方面完全一致。尤其在文化大革命的"革命风暴"中,乡村的民间信仰庙宇被毁,民间信仰活动一律停止,在我们的想象中民间信仰在那种年代里肯定早就偃旗息鼓了。其实不然,我们在调研中得知,即使在那些年中,民间信仰也依然顽强地隐蔽地抗争着、生存着,其根从来就没有斩断过。以汕头的宋大峰①禅师遗迹为例,宋大峰墓始建于南宋建炎丁未年(1127),因年代久远,历经多次修整,就在民国十八年时,当时的国民政府还在当地民众的吁求下颁发文件保护宋大峰墓,并勒石为念,共刻有四块石碑,文革中被毁了两块,另两块则被当地民众完好地保存下来。揭阳、汕头还有一些年代久远的民间信仰庙宇的碑刻、房檐、木雕、神像等也是如此这般地保存下来。在我们的访谈中,还有一些老人告诉我们,文革前,民间信仰的活动时常还会半公开半隐蔽地举行,而就在文革所谓"破旧立新"之时,还是有人在家中,或几个人找一处隐蔽之地偷偷地拜自己心目中的各路神灵,他们不可以想象生活中怎么可能没有神?怎可以有不与神灵交流沟通的日子与地方?

自改革开放以后,尤其是上个世纪 90 年代以后,随着民间信仰的复苏,揭阳、汕头民间信仰的庙宇或重修或重整,或异地重建,或另起炉灶的新建,一下子像雨后春笋般地冒出来,且广布乡村市区,人们在信仰的路子上轻车熟路地就回到了从前,甚至回到了从前的从前,所谓"传统的断裂"在历史的长河中不过是一段小小的插曲而已。笔者以为,这种"传统的断裂"甚至从来就没有完完全全地"断裂"过。绕过几道曲曲弯弯后,又回到了原有的河道上来。由此可见民间信仰的深厚韧性和强大生命力,正是通过民间信仰的这些"星罗棋布"的庙宇,通过神圣对世俗空间的切入,人们又游刃有余地建立起了神圣世界与世俗世界的联系,并自由地出入这两个世界,这就是为什么我们所去之地的当地百姓总是绘声绘色的讲述其供奉的神灵如何灵验、如何有求必应,以及如何在生活中保佑他们的故事。因了这种两个世界的联系,人们每天的生活似乎也就更加踏实和安稳了。

---

① 宋大峰,闽地僧人也。俗姓林,名灵噩,字通叟。宋宣和二年(1120),他从福建游缘至潮阳之蚝坪乡(今和平),时逢酷暑,久旱无雨,庄稼失收,饿殍遍野,瘟疫流行,满目疮痍。为救民众于厄难之中,他设坛祭拜上苍,祈求为民消灾,同时研制良药,施舍于民间,终使病民解厄。他还动众捐资,化缘俭节,斥资造桥。一座跨越练江两岸的大桥历时五载,桥筑十六洞时,而大峰祖师圆寂。里人无不悲伤,遂立庙祀之。

二、神诞与节庆：神圣对世俗时间的切入

民间信仰中的神诞或庙诞与节庆与时间相关，但这个时间从来就不是世俗时间的某个节点，某个时段，而是与神圣相关，是天地人神的游戏，是人神共欢的日子。这是因为，人们对时间的认识与其对空间的认识相似，"时间既不是均质的也不是绵延不断的。一方面，在时间的长河中存在着神圣时间的间隔，存在着节日的时间（它们中的绝大部分都是定期的）；另一方面，也有着世俗的时间，普通的时间持续。在这种世俗的时间之中，不存在有任何宗教意义的行为……当然在这两种意义的时间中间，有着延续性的中断。不过，借助于宗教仪式，宗教徒能够毫无危险地从普通的、时间持续过渡到神圣的时间。"①英国人类学家利奇也说过类似的话："其实我们是通过创造社会生活的间隔来创造时间的。在这样做之前是没有时间可以测量的。"②

潮汕地区每逢神道的诞辰，如关帝、妈祖、玄天上帝、风雨圣者、三山国王、城隍、土地等的诞辰，神庙所在地都会举办祭祀活动，并请来剧团演大戏。以潮汕地区普遍的妈祖信仰为例，潮汕各乡村，皆有祭拜妈祖的大型群众性活动。除了平常民众单独或结伴进庙烧香外，大型活动时间是在春节、元宵和"妈生"（即妈祖生日，农历的三月廿三日）时。每逢这三个日子来临时，潮汕各乡村皆有游妈祖神像的大型群众活动，尤其是妈生节的游神活动最为隆重。与此同时，还会请潮剧团演出至深夜，有的还连演数夜，免费供广大乡民欣赏。这些潮剧向人传递的多是"善有善报、恶有恶报"等最朴素的道理，正是这些通俗易懂的道理，成为乡人村妇约定俗成近乎牢不可破的价值取向，成了维系神益于乡民和睦团结的价值标准，并寄予着人们对美好未来的向往和对幸福生活的憧憬。如此才能百演不衰、百看不厌。

以汕头潮阳的后溪天后庙为例，后溪天后庙位于潮阳棉北街道后溪古渡，始建于明洪武初年，其香火是从福建湄洲祖庙分灵而来，至今已有600多年的历史。近年来在妈祖诞日这天这里都会举行大型的祭

---

① 伊利亚德：《神圣与世俗》第32页。

② 史宗主编：《20世纪西方宗教人类学文选》第501页，金泽等译，上海三联书店1995年。

祀活动和文艺巡游活动,其巡游活动的仪式大致是:先是妈祖神像在天后庙起驾,巡游队伍浩浩荡荡从天后庙所处的后溪古渡出发,跟妈祖一起出巡的还有后溪的财神、水仙爷①等神明。两千多人组成的游行队伍伴随着妈祖銮驾出游。礼炮声声,锣鼓阵阵,标旗猎猎,前呼后拥,规模宏大。随着妈祖神像出巡的还有各种表演,如醒狮队的醒狮舞、少年武术队的武术表演、英歌队②古装扮相成梁山好汉一百零八将的表演。此外,还有五凤旗队、标旗队、纱灯队、笛套大锣鼓队③等的表演,好不壮观,令人目不暇接。队伍所到之处,观者如潮,这种巡游据说有时甚至要历时十多个小时……

其实,每一个类似的神诞或庙诞,对民间而言不止是一个节日而已,这时的神庙除了是一个"热闹的社会活动中心"外,也是一个能把个体与宇宙、个体与神圣的存在,以及个体与他人的存在相联系,因而从中找到安慰和感受到"集体亢奋"的"神圣中心"。简言之,神诞或庙诞是"天地人神的游戏",此时"天地人神和谐共在"。只是在此时,古代世界那种"热闹的单纯"便远离现代世界的"繁杂"而来到了人们面前;当人们以感谢神恩和敬拜神灵的姿态载歌载舞时,其中的"热闹"已不同于那种空洞的"喧嚣"而有了某种"神圣"的意味。不仅如此,通过这些仪式和共同的参与,使人体味到在集体中、在社区中、在人与人之间的那种亲善关系中的"美好",即创造精神支撑、信任和希望的共同家园。著名的社会学家爱弥尔·涂尔干认为,宗教信仰就是从集体仪式庆典

---

① 潮汕地区有水仙庙供奉水仙爷的传统,水仙爷即是上古时代治水有功的大禹,是传说中与尧、舜齐名的圣贤君王。潮俗沿海都有水仙爷庙,可能是由于该地与水的关系太密切之故。

② 这是在潮汕地区流传久远的广场舞蹈或游行舞蹈,这种舞蹈形式融汇了戏剧、舞蹈、武术等成分,其舞蹈内容主要有二,一是梁山泊好汉化装卖艺攻打大名府,营救卢俊义;二是梁山泊英雄化装劫法场救宋江。可见因歌舞主要是借梁山泊好汉的英雄故事来表演歌舞的,所以表演者一般最多不超过108人。也有学者认为,英歌舞的产生与我国古代所进行的春季驱傩仪式有相当密切的关系。

③ 潮汕笛套音乐源远流长,源于南宋,属于套曲式音乐品种,以笛、管、笙、箫为主奏乐器,配以三弦、琵琶、古筝和其他弦乐、弹拨乐等,领奏乐器大笛(横笛)是28节大锣鼓笛。笛套古乐基本上属于原汤原味的古代宫廷音乐,它从曲式结构到旋律进行,都保留着宫廷音乐的风韵。其风格特点是古朴、庄重、典雅、幽逸、清丽、悠扬,具有浓厚的中国民族传统色彩。"潮阳味"的吹奏方法,构成了潮阳笛套音乐浓郁的地方特色。潮阳笛套音乐被誉为"盛开在岭南永不凋谢的华夏正声"。2004年,潮阳被命名为"广东省民族民间艺术〈笛套音乐〉之乡"。

中产生的狂热与强烈情感里创造出来的。从社会学的角度而言,宗教仪式象征的过程及其仪礼效果的重要性就在于它间或中断了日常生活的常规,并且具有整合的力量,其功能在于它将所有人连接起来,宣扬社群中相似和共有的文化遗产,缩减社群中的差异,并使他们的思想、情感与行为变得相近,从而有助于扶危济困道德的宣扬,有助于促进奉献社会的善举(活动经费皆由乡民乐捐),有助于众志成城的民心凝聚。正如20世纪法国著名的社会学家和汉学家葛兰言所言:"他们希望这种有益的接触能够尽可能地亲密;这种亲密似乎可以奇异地扩大其自身的内心世界……他们感受到从这块土地的每一个角落都蔓延开来的一种守护神的神圣力量,人们以各种方式祈求这种神圣力量的降临。"①

　　总之,在神圣的时间中,人有可能领悟到一种人与神之间的连结、人与人之间美好的连结,而这种"美好的连结"在俗常时间内颇难感悟到或体验到。难怪乎当地人告诉我们,这种神诞游行的仪式即使在那些年的极左政策横行时也"屡禁不止"。

　　在揭阳、汕头等地,一年当中这种"神圣时间"还真不少,从春节、清明、端午、中秋、重阳、冬至等一路数下来,这或许就是许多学者在论及中国民间信仰的特征时常会提到的"岁时祭祀"。"岁"有历法意义上的周而复始的年度时间概念;"时"在古代除了有节候这一自然属性外,还有某种浓郁的神秘色彩。惟有哲人贤人才能通晓"时"的奥秘,即《管子·四时》所讲的"惟圣人知四时"。可以说,岁时就是中国人创造的时间分隔的独特方式,岁时观念既有浓郁的按照节气时间安排生产生活的农业社会的鲜明特色,也昭示了传统中国人对时间之特殊的神圣的体验。

　　除了上述的神诞日、岁时祭祀外,每月农历的初一、十五也是比较特别的日子,对于民间信仰的广大信众而言,这一天除了吃素外,还要去心仪的庙宇(不管是佛教还是道教还是民间信仰的庙宇)进香上供拜神,祈福求安。所以这两天对于民间信仰的庙宇而言,也是较平素要热闹得多的日子。

　　除了特别的时日人神共欢外,还有特别的时日人鬼共欢,因为"神

---

① (法)葛兰言:《中国人的信仰》,汪润译,哈尔滨出版社2012年,第6页。

灵世界是由不可理喻的力量和鬼神所组成的"。[①] 鬼是不可以轻慢和得罪的。如每年的农历七月是鬼月,直到今天,揭阳汕头的人们一般都相信鬼神的存在,在鬼月里,人们除了祭拜祖先外,还要对鬼有所表示。尤其是农历的七月十四或十五日(道教称为中元节,佛教称为盂兰节,民间称鬼节),相传地狱大门会打开,阴间的鬼魂会放禁出来,有主的回家去,没主的会到处游荡。人们认为,凡正常死亡的人都可以转世投胎,而那些罪孽深重或意外横死的人,死后就成为孤魂野鬼,他们有时还会骚扰世间活人。为了人鬼之间的相安无事,人们就要在这个月以诵经作法等事举行"普度"礼,或在路旁烧冥纸,以超度那些孤魂野鬼,又或祈求鬼魂帮助保佑家宅平安。我们一行人正好是"鬼节"前走访民间信仰庙宇的,所到之处,都看到入庙进香上供摆放冥纸的人们正在为"鬼节"做着一丝不苟的准备。

正所谓:人神相悦,人鬼相安,天上人间地下都相悦相安,天界、人界与地下界这三界也就有了有序和安宁的保障。

三、不问来路与出身,灵就是神

在揭阳、汕头两处调研时,一个很深的感触是:人们对其所拜的神灵,常常不问来路与出身,灵就是神,人们对神的选择标准就是两字:灵验。灵验即可。这正反映了老百姓对神灵所抱的实际与功利态度。

地处沿海的潮汕人所拜的神灵中,来自外地的神灵还是蛮多的,如潮汕民间各种信仰中,信众的规模、社会的影响最大者,莫过于妈祖信仰。众所周知,妈祖来自福建莆田湄洲岛,潮汕人早在妈祖开始出名的宋朝时期,就从湄洲庙请香火,兴建了妈宫。至今修建或重建的妈祖庙宇在潮汕有数百座之多,仅南澳岛一处就有 20 座。笔者一行在汕头潮阳区后溪的天后庙里还见到了妈祖的父母之神像、神农氏之神像、水仙爷[②]之神像,以及纪念韩愈的韩文公之像。

我们去过的汕头市潮阳区的大峰祖寺,所祭拜的祖师是从福建来的僧人。据明隆庆《潮阳县志》,清乾隆《潮州府志》记载。大峰祖师俗

---

① 见史华慈:《中国古代思想的世界》一书中的"跋",江苏人民出版社 1995 年,第 424 页。
② 水仙爷即是上古时代治水有功的大禹,传说中与尧、舜齐名的贤圣帝王。

姓林,名灵噩,字通叟,生于北宋宝元二年(1039),早岁业儒,学识渊博。五十岁中进士,任会稽县令(即今浙江绍兴),后因朝政腐败,弃官从僧,法号大峰。北宋宣和二年(1120),时年81岁的大峰禅师由福建游缘至潮邑蠔坪(今和平)一带,时逢干旱,饿殍遍野,瘟疫流行,遂发慈善之心,施医赠药;后见练江波流湍急,两岸相隔,难通往来,乡民常遭舟厄之苦,禅师发愿建桥,经数载募集和努力,在练江上建造了一座大桥。南宋建炎丁未年(1127)禅师圆寂,终年89岁。

大峰禅师圆寂后,乡民为报答其功德,将其安息于桥尾山北麓狮山(今大峰风景区内)。据说有进士自愿腾让书斋建为"报德堂",以崇祀大峰禅师,这所"报德堂"由是成为潮汕第一所善堂,成为潮汕人善堂的"鼻祖"。现在潮汕地区的善堂大多奉敬宋大峰祖师并以此为号召力的。善堂的主要宗旨是弘扬佛家慈悲济世、积德从善的宗旨,奉行济困扶贫、修桥造路、抚孤恤寡、助残助学、救灾救难、收埋无主尸体、调解民间纠纷、敬惜字纸等善举。在历史的长河中,善堂已逐渐演化成集释、道、儒文化于一炉的潮汕民间自发的带有民间信仰色彩的民间慈善机构。

再如潮汕人普遍的"双忠公信仰",双忠祠奉祀的是唐代至德二年(757)为平息安禄山叛军而壮烈牺牲的张巡、许远两位忠臣之处。他们都是韩愈《张中丞传后叙》中的人物,是安史之乱时保卫睢阳城(今河南商丘)的英雄,后来睢阳人感戴张、许二公的忠君爱国精神,建"双忠庙"以纪念。据说宋朝熙宁十年(1077),时任潮州郡军校的钟英(潮阳人)护送方物进京,途经睢阳,进谒"双忠庙",此人夜梦神明告诉他,有神像十二、铜辊一藏于殿后匮中,"赐尔奉归潮阳之东山",梦醒前往查看,果然验证。钟英进京办事毕,回程路经睢阳,即往取神像和铜辊,归潮后即在东山建祠致祭,名曰"灵威庙"。因为是祭祀张、许二公,后人又叫"双忠庙"。潮汕人的"双忠公信仰"由此而来。

神灵不问本地外地,灵就拜;同样,神灵也不问是否年长与德高,灵就照拜。如位于揭东县登岗镇孙畔村的风雨圣者庙和雨仙塔[①],传说南宋淳熙十一年(1183)潮州大旱灾,赤地千里,禾苗枯焦。孙畔村出了一个年仅12岁的能预知风云晴雨的神童,人称孙道者,他施法显圣,呼风唤雨为地方解除旱患。第二年,此神童于宝峰山上牧牛时忽然不见,

---

① 现存的雨仙塔于2012年时由孙畔村村民孙灿炎出资翻建并命名雨仙塔。

人们认为他是钻入一棵大樟树中遁仙而去。百姓为感其救难布雨消灾的恩泽,便在他飞升的山上建了一座砖塔,又在他降世的地方立庙祭拜,塑了一尊头戴竹笠、肩荷锄头、赤足卷裤筒的圣童偶像,奉为"灵感风雨圣者爷"。据说风雨圣者很灵验,只要向其祈祷就能消灾解厄。因此信仰它的人很多。尤其是每逢大旱之年,人们就会恭请雨仙、设坛求雨。明清以来的揭阳县志、潮州府志,以及《韩江闻见录》《潮州志·丛谈志》等对上述说法均作轶事异事记载。据说这个风雨圣者庙的雨仙信仰与现在广州三元宫祀称为"羽化孙真人"的孙道者(也是一个牧童的形象)也有某种关联。[①]

揭阳、汕头民间信仰所祭拜的神灵与别处比较起来,既有共同之处,也有自己鲜明的地域特征。就共同之处而言:有对山川日月等自然现象或自然物、先贤圣哲、先祖(包括各姓氏的祖先)、行业祖师、佛教道教中的神灵、护佑生灵之神,以及对财神、门神、灶神等的崇拜,不难看出,民间信仰把传统信仰的神灵和各种宗教的神灵进行反复筛选、淘汰、组合,构成了一个杂乱的神灵信仰体系。不问各路神灵的出身来历,以"灵验"为本位,追求的是"有求必应"。神灵因着人的需要而存在,也因着人的多种需要而有多神的存在。所以,根据所求而去不同的神庙敬拜,或在同一神庙里拜不同的神灵是自然不过的。民间信仰中的各位神灵颇有人情味儿,他们对人有求必应;自然人们也对其感到亲切实在。人只要"心诚",就会得到神灵的护佑。而"心诚"的外在表现就是祭拜仪式。其要解决的是家人平安、身体健康、家庭和睦与事业顺遂等等实际问题,而这也是民间信仰的功利性最突出的表现。

如果说多神崇拜,相互交织是潮汕民间信仰的一个显著特征的话,这个特征最明显地就是体现在"拜老爷"上。潮汕地区神灵名目繁多,神庙祠堂也举目皆是。潮汕人对神庙不论规制大小,统称"老爷宫",所有的神明概称"老爷"。当然,"老爷"也不一定专指男神,也有女神,如

[①] 乾隆年间的大诗人袁枚在其《续子不语》卷八中有《仙童行雨》一则记其事,说当时粤东亢旱,制军孙公祷雨无验。时恰逢他来潮州,途中见有人聚集在山坡前,说是在"看仙童"(求雨),孙制军便与群官徒步去看,果见空中有一童子,背挂青篮,腰插牛鞭,便对空中仙童说:"如你果真是仙,能使老天爷在三天内下雨,以救庄稼,当建祠祀你。"只见仙童点头。顷刻,天上出现浮云,接着大雨滂沱,数日之内,广东全境迭报降雨。孙制军便命人绘像,在广州建起了三元宫,题曰:"羽化孙真人"。

天后、观音娘娘等,潮汕人的"拜老爷"的学问实在大,不同的时节有不同的"老爷"要拜,范围之广,涉及的神仙之多,超乎一般人的想象,每月除了初一十五要拜家里的地主爷之外,一年里还有天公(玉皇大帝)、佛祖(如来佛祖)、观音娘娘、土地公公、财神、月娘(月神)、门神等各种神灵要拜。尤其是正月里的拜老爷对潮汕人而言是头等大事,事关家宅一年兴衰,从年三十到正月十五,几乎每隔两三天就要拜一次,此时庙宇要供奉超大型的香,请歌仔戏表演,有仪仗队游行,放鞭炮烟花等。场景堪称盛大,形式隆重且庄严。这之后农历每月的初一、十五两天则为固定的祭祀时间。

要说明的是:潮汕人深知"神是人造的"玄机,他们的生活中需要什么就造什么神,十分得心应手。潮汕地处沿海地区,古代也属南蛮之地,地少人多,自古以来天灾较多,当人们在遇见自身无力支配的命运时,自然容易相信冥冥中一切都有主宰而产生信神心态。不过,在潮汕人的潜意识和无意识里,还是认为属于"自己"的神最为可靠,关键时刻能予人以庇佑,所以对之礼拜最勤。所谓的"拜老爷",也多指拜这些地方神。如"三山国王庙",三山国王是粤东本地神中最古老、最有影响的神,也可以算是古粤东先民创造的第一位地方文化神祇,其产生在本土,信奉、庙宇、祭祀均在本土(并由本土传至台湾等地),属于地地道道的本土神、地方神和自然神。前述的"风雨圣者",也是地地道道的本土神。再如在粤东各地广泛存在的祖先崇拜。村子里的百姓除了拜祭各自的先祖外,还有伯公爷①崇拜。揭阳几乎每村都有伯公庙,一些大的村还不止一处,村头村尾都有伯公庙。

显然,在民众眼中人与各路神灵有亲疏之别。这种"别"或许与民间社会基于血缘宗族关系的乡土意识有着密切关联。而当地神灵是家族以及社区的保护神,因而他们与当地民众有一种类似血缘的亲密关系,我们可称之为"神亲关系"。在当地民众看来,这些神灵是专属当地的,对当地人也就格外的照顾,以至当地人迁居别处时"神亲关系"仍不会断绝。因此,迁居别处的本地人对于家乡的神灵依旧

---

① 中国大多数地区以"土地爷"称呼,广东和台湾等地以"福德爷"、"土地伯公"、"土雷公"、"福神"等称呼。潮汕地区土地公的名号是"福德老爷"。土地公又称福德正神,是管理土地的神祇,部分潮汕人、客家人则昵称为"伯公"。

保持忠诚。这也就解释了那些海外的华侨为何千里迢迢回乡祭拜神灵，又从故乡神庙分取香火或神像带回侨居地供奉。

此外，即使是来自外地的神灵，但只要是造福过本地人的，也多半被视为本地的神灵，建庙立祠，照样享有庙祀。如前述的妈宫和大峰祖庙等。正所谓：一方水土养一方人，一方人拜祭一方神，一方神灵护佑一方人。

四、民间的事情民间办

一路走来一路看，一路看来一路想，一个显然的事实是，揭阳潮汕地区人们通常的信仰其实并不在五大制度性宗教的范畴之内，他们更多地是通过民间信仰或者民间信仰的拜神仪式等行为实践获得精神与心灵乃至社会整合等诸方面的支持。目前政府层面对制度性宗教的正规场所之管理是透过各种宗教团体或宗教协会如佛教协会、道教协会、天主教爱国会、天主教教务委员会、基督教协会、基督教三自爱国运动委员会、伊斯兰教协会等来实行的，而对民间信仰的管理基本上是处于"自发"和"放任"的"无序"状态，那么这种现状是否需要改变？民间信仰是否需要像五大宗教那样取得"合法身份"？这些也是我们此次调研最需了解的。边走边看，边看边问，边问边想，我们一行人对此的想法也渐渐明晰起来。

就目前揭阳汕头民间信仰管理的现状而言，有这么几种情形：

（1）有些大的民间信仰场所都有自己的管委会，如位于揭阳市区的城隍庙目前是广东省内现存最大规模的城隍庙，1989年被广东省人民政府公布为第三批省级文物保护单位，名义上属于揭阳市文广新局（即文化广播新闻局）的管辖范围，但实际上的管理工作主要是由城隍庙的管委会自行管理，文广新局并不干涉城隍庙管委会的各项工作。又如揭西河婆街三山国王祖庙，2007年时三山国王祭典被省政府批准为广东省第二批省级非物质文化遗产，其名义上也属于文广新局的管辖范围，而文广新局的主要职责是向政府打报告，申请经费作为三山国王祖庙的修缮费用（由此可见文广新局主要从文物保护而不是从宗教或信仰的角度来考虑问题，无疑他们对此的"管理"有经济利益的考量），实际上祖庙的各项管理工作主要是由祖庙的管委会自行管理。管委会的成员由当地年纪大的德高望重的人组成或选出,这类人热心又有闲,也不图报酬的有无或多少,但他们在庙里的工作成了他们与这个社会、与当地的公众事务和邻里乡亲保持联系与沟通的最重要渠道与方式,也算是他们老有所为的一种工作方式吧,他们在此找到了自己的生活意义和话语空间。这些人应该算是当地年长的男性精英,他们中有的人年轻时也在外闯荡过,如揭阳城隍庙的管委会成员中就有从部队转业复员的人,三山国王祖庙的管委会中也有曾担任过村长之类的人。他们谈吐不俗,颇有见识。

(2)有些地方的庙宇管理是在村委会或街道居委会的领导之下进行,村委会或街道居委会属于政权的最基层单位,民宗局的官员常将这种管理模式称之为属地管理。当然,村委会或街道居委会的领导也是通过其任命的庙宇管理小组来实行的。一般而言,这种管理也能有条不紊按部就班地进行,就乡间规模不大的村头村尾的民间信仰庙宇而言,除了农历的节假日以及每月的初一、十五外,有关庙里管理的事情不多也不复杂。即使是遇到各种庙诞、神诞或农历的某种重大节日,需要举行各种游神、庙会的各种仪式时,出于安全的考虑,村委会或街道居委会或者更上一级的镇一级的综合治理办公室都会事先有比较周密的计划、准备与安排。

如汕头龙湖区珠池爵道妈屿村的著名的汕头妈宫,就是这种管理类型。妈祖宫始建于元代,是潮汕地区较早兴建的妈祖宫,声誉海内外。文革时曾一度变成羊栏猪舍,1979年妈屿开放为旅游区后,1980年,妈屿村颇有眼光地成立了集体管理组织——妈宫理事会,建立规章和财务管理制度,规定乐善捐款主要用于庙宇修建和环境建设,善信捐助钱物归集体。1988年,妈屿妈宫被列为汕头市文物保护单位。1990年,妈宫扩建,获海内外善信响应,并于1993年竣工落成。扩建后的妈屿妈宫成了一座极具潮汕特色的古建筑庙宇,每年来此参观游览的人络绎不绝,尤其是妈生日的农历三月时,海内外来的人更是摩肩接踵,对其的管理自然是妈屿村村委会工作的重中之重。目前妈宫的管委会由4人组成,他们全是由村委会任命的,其中一个成员曾担任过村委会党支部的副书记(这种从村委会退下来的人成为民间信仰庙宇管委会成员的人在我们所去之地似乎是个普遍现象)。管委会的负责人是一看上去年过六旬的女性,比较健谈,看上去就是个能干之人。她告诉我们,妈屿村原来是个渔村,该村有 10 多个姓氏,以林姓为主,村里人但凡有事,如遇生病、生孩子、结婚、读书、换岗位、找工作等,人们都会来妈宫求,家人之间、邻里之间有冲突时也会来此求,求个诸事顺遂、家人和谐、邻里和谐和婆媳和谐等。

据说妈祖宫一年的年收入有 40 万到 50 万不等,这笔钱就是妈屿村的集体收入,主要用于庙里的维修和村里的公益慈善事业。妈祖宫管委会的 4 个成员每天来妈宫上班,每人每月象征性地有 800 多元的工资。

(3)完全自发性地由村里的老人小组或老委会管理,如笔者一行在揭东县登岗镇孙畔村的风雨圣者古庙所看到的情形就是如此。这些老人笃信自己的信仰,也非常热心坚守传统,据说风雨圣者古庙最初创建于宋代,可谓历史悠久,是全潮汕的雨仙祖庙。古庙虽历经多次重修,看上去玲珑典雅,"古"味十足。古庙虽小,古迹还不少,至今古庙门前还保留有一些古碑石刻等。这些老人们谈起古庙的历史和其所拜祭的神童,如数家珍,不无自豪。自然,老人小组或老委会对古庙的管理全是出于自愿,属于义工不拿报酬的。但古庙也是村里的一个公共空间,闲来无事大家在庙里唠嗑唠嗑,坐在一起喝喝茶,有事就在此拜拜神,老人们的日子倒也过得悠闲自在。

笔者的调研过程中,也常与各地的民宗部门的官员们交谈与座谈,他们对民间信仰管理工作的一致共识是"民间的事情民间管",目前自然形成的各种管理模式应该是最合理的,政府对民间信仰的管理模式不能像现行的对其他制度性宗教的管理模式一样,还是应有所区别。当然,还有个具体情况,就是市县级民宗部门的人员有限,以揭阳为例,像揭阳这样一个较大的地级市,民宗局的宗教科的专职人员只有 4 人,如前所述,揭阳的大庙小庙加起来 5000 处都有,还不算制度性宗教的场所,可以想象若民间信仰也参考制度性宗教的管理模式,那是何其艰难。而县一级、区一级的民宗局的人员就更是有限,有的地方就是一二人而已,何谈"管理"?而到了区一级、镇一级的就索性由其分管统战工作的人员在有什么人来此参观或调研的情况下帮着介绍介绍情况而已。

结　语

在对揭阳、汕头民间信仰的调研中,我们深切体会到下述几点:

第一,在民间,人们的思维及其方法在很大程度上是由民间的包括民间信仰在内的大众文化、传统文化所塑造,而不是由教育和教育制度所塑造的。对大众百姓而言,一个整全的人生观、宇宙观,今生与来生、自然与超自然、肉体与心灵,从来就不是彼此分割,完全对立的。人们可以在舒适的房间里享受现代化带来的种种便利,但也不忘在自己的生活空间中,即家里和村子中专门留出一小块地方来供祭拜神灵,人们在世俗与超自然的世界间穿梭自如。加之身处街道乡间最基层的民众较少得到有关现世人生的积极指导,少有专门的机构和人员关注民间的精神生活,而民间信仰在某种程度确实满足了人们的心灵需要和精神生活。

第二,民间信仰中包含着悠久且深厚的神明崇拜、祭祀仪式与社区表演等,这些也是值得珍视的地方文化资源。2003 年联合国教科文组织通过的《保护非物质文化遗产公约》规定,非物质文化遗产有五项具体内容,即:口头传统和表述;表演艺术;社会风俗、礼仪、节庆;有关自然界和宇宙的知识和实践;传统的手工艺技能。显然,在文化多样性正得到世界上越来越多的人们赞善和理解的当今时代,民间信仰中的许多元素暗合了非物质文化遗产的相关内容,这就是为什么我们常看到民间信仰的庙宇前挂着国家、省或市里的非物质文化遗产所在地的牌匾,这正好说明民间信仰在非物质文化遗产的语境下多了一种存在与发展的途径,同时使得人们"有可能脱开意识形态化和政治化的惯性定位,而较纯粹地理解作为生活方式的民间信仰及其对促进人类文化多样性的价值。"[①]笔者一行在汕头的后溪天后庙座谈时,英歌舞队的国家级的非物质文化遗产的传承人(已是 80 多高龄)和笛套锣鼓队的省级的非物质文化遗产的传承人(70 来岁)说起他们每年在妈祖诞日的表演时,神采飞扬,他们还兴致勃勃地带我们去参观他们的排练场地和

---

① 陈进国:《传统复兴与信仰自觉》,载金泽、邱永辉主编《中国宗教报告(2010)》,社会科学文献出版社 2010 年。

表演服装的陈列室,告诉我们每到周末都有少年儿童来此接受他们的培训。他们也特别乐意将英歌舞队的表演和笛套锣鼓队的演奏传承下去。

第三,尽管许多人曾在学校里受到无神论的教育,但从小也受到家里和民间社会的拜神之熏陶,此种"教育"和"熏陶"看似有冲突,但广东人,尤其是潮汕人骨子里对很多事物的兼容并包,使得这种"冲突"对人们的心理与行为并无窒碍,许多人一方面接受学校里的无神论教育、对家中以及社会上的信神拜神半信半疑,但不反对甚至偶尔也参加本村或邻近乡邻村里的庙会和神诞之类的祭拜活动。直至成人和生活阅历的增长,他们自己也更能理解和更愿意去信神拜神。概而言之,这就是为什么有一定文化受过一定教育的年长者对民间信仰的热心程度超过年轻人,如果说年轻人只是偶尔参与民间信仰的庙会拜神活动的话,年长者无疑对常规的初一、十五的上香、祭拜等更加热心。汕头市民宗局宗教科的陈科长在座谈会上还说,在汕头城区,许多建筑施工队每建一栋新楼之前,都要先拜神后再开工;在城区的许多住宅小区,可以随处可见拜神的公共空间。

综上所述,民间信仰已是社会的常态现象,且拥有一个汪洋大海般的信仰群体,我们需要从以人为本的原则出发对其予以充分的尊重与理解;民间信仰研究本身不是研究神的意旨,而是研究人,研究人自身的身心灵状态、人与人的关系、人与社会的关系等等。而这种研究正是人们以前关注不够且现在不得不下力研究且有现实意义的领域。如此,我们才能了解民间,才能对民间信仰在我们的文化和我们社会中的位置有一种"接地气"式的理解,也才能明白对民间信仰的"管理"(或"治理")如何有所为和有所不为。

(本为 2014 年广东省社会科学学术年会"华南地区社会信仰专题研讨会"的会议论文。本论文的田野调查是笔者在广东省民族宗教委员会三处王丹处长的协助下所完成的,在笔者的调研和写作过程中也常和她进行各种有趣的讨论,她是笔者不多见的学术型的政府官员。笔者在此对王丹处长致以深深的感谢! ——笔者注)

第三章
佛教、道教与巴哈伊教

佛教香花是佛教吗？

——关于梅州香花的信仰属性与管理的几点思考

在广东梅州地区，有一种比较特别的信仰形态——"香花"信仰及科仪。这种信仰是客家的一个历史悠久的宗教形态，是客家民俗中丧葬、祈福、消灾仪式的主要内容。在福建诏安等闽南客家地区、江西万载等客家区域以及台湾、东南亚部分地区也有类型稍异的香花信仰。关于香花信仰的起源，国际学界有不少研究，但并无定论性描述，这种信仰属性在归类上仍存在很大争议。

梅州的部分学者及香花传统本身却一致认为香花信仰始创于明末何南凤。这种说法与中国在上世纪 90 年代所推动的地方史编纂工程不无关系。梅州地区当时所编纂的《梅县文史》《平远文史》《大埔文史》《蕉岭文史》《兴宁文史》及《五华文史》等由官方统一修编的地方史，将原本口头流传的丰富、多层次的民间传说单一化并固定下来作为香花起源的定论。当然，这种"定论"既然来自于官方，并未得到学界的一致认可，就说明还有讨论的余地。

当我们分别在梅州做田野调查时，来自梅州民宗局的干部向我们介绍香花时，总是习惯于在"香花"二字前冠以"佛教"二字，而且，梅州的已登记在册的属于佛教协会下属的香花场所有 290 处之多。"佛教香花"的表述表明了"香花"隶属于"佛教"是不言自明的。果真如此吗？笔者基于田野调查研究而作的研究得出的结论是否定的，香花不属于佛教，香花只是梅州客家地区众多的民间信仰"之一"，香花科仪也只是梅州客家地区众多的民间信仰的表现形式"之一"。正因如此，为了管理的方便，硬是把香花场所纳入"佛教协会"是不太明智也是不妥的做法。我们的理由是：

第一，所谓香花科仪葬礼习俗是客家超度亡魂的法事，其设立是基于中国传统社会中鬼神崇拜的观念而不是基于佛教。

学界有充分的证据表明，早在明代何南凤之前，梅州地区已经有大

167

量类似香花信仰的仪式存在。而何南凤的贡献在于,他把佛教的许多元素,加入到了明末即已在粤东兴宁县等地区颇为流行的一种以新儒家(朱子)《家礼》作为整个葬礼仪式基本结构的宗教仪式中,从而形成一种新的混合形态。① 香花歌曲客家韵味十足,多是充满哲理劝告世人从善孝道类的歌曲,与客家山歌某些形式亦有重叠。这些歌曲的语言多用与民歌、五句板、小调类似的梅州客家话编写,乐曲亦多用客家民间山歌、小调、汉乐等以笛子(唢呐)伴唱。自明末以至有清以来,在梅县及兴宁一带地方,这种香花科仪由初期与主流佛教并存渐次完全取代了主流佛教的传统,俨然成为当地客家丧葬习俗的基本仪式,如《乾隆嘉应州志》:

> 而还丧始死,子往河浒,焚纸钱,取水浴尸,谓之"买水"。日不吉,不敢哭,不敢闭棺。盖棺,夜即作佛事,谓之"救苦"。择日成服,鼓乐宴客,然后又大作佛事。②

类似的记载我们还可以在《程乡县志》(1690)、《咸丰兴宁县志》(1852)等诸多古籍中找到。这里所说的佛事就其"鼓乐宴客"的情形及"救苦"的论调来看,与香花传统情况基本吻合。

显然,虽然加入了佛教的元素,但这种丧葬习俗的基本仪式及仪式背后的死亡观与主流佛教丧葬习俗的基本仪式及仪式背后的死亡观迥然有别。香花科仪的葬礼习俗寻源可上溯到先秦时代,古人基于鬼神崇拜的观念——"鬼有所归,乃不为厉"——而规定出的具有一定系统的丧葬仪式。香花信仰是客家特有的超度仪式,完整的科仪套路包括:《起坛》《发关》直至《送灯》等三十多套。这些仪式一般以"半斋"(一日连宵)和"全斋"(一日两宵)的形式在丧主家进行表演。这些仪式中的个别套路,虽吸纳了佛门经忏的一些元素,但基本都经过改编和加工,客家文化韵味浓厚,仔细考察,这种"韵味"更多的是带有"巫术"而不是"佛教"的韵味。或者可以说,香花信仰保存了一种更接近华夏汉族人

① 据刘熙祚编纂《崇祯兴宁县志》记载,当地人安排葬礼主要是依据朱子《家礼》,此外在死者去世七日后请"香花僧"向佛祖祭献。香花僧"交相舞于庭,求赏"。亲友则纷纷前来"看斋"。主人家会大摆斋筵招待来看斋的亲朋。详见《崇祯兴宁县志》卷1《地纪》之"风俗",台湾学生书局1973年,第314—315页。
② 王之正编纂、程志远等整理,《乾隆嘉应州志》卷1,广东省中山图书馆古籍部1991年,第45页。

自远古以来形成的鬼神观念下的生死观和儒家导向的伦理价值体系。

在中国传统的宇宙观中,认为世界之中,天、地、人三者互相影响,形成一套平衡系统。日月星辰山川河流等所有天空及地面的景象皆有不同的神灵掌管,人生存在天地间,死后魂魄离开身体,转变为另一种样态继续存在。因此对于传统中国人来说,死亡并不是终结,亡者也并不就此消失。死后的冥界依旧有如人间一般的秩序,人死后若无人掩埋或祭祀,则亡灵于冥界(阴间)感到困苦,会依附于枯骨在人间作祟。人们还认为当死亡是自然死亡时,如果有恰当的祭仪祀奉,则可顺利往生冥界;若不然,则成为滞留在人世间的孤魂。若死因是非自然死亡,则是不祥之死,更需要透过适当的丧礼、祭仪予以帮助,否则亡魂怀着生前的罪与恶,会化为厉鬼,留害人间。关于厉鬼信仰的研究很多,本文此处不再展开。总之中国传统的生死观是人、鬼二分的。而佛教的生死观,是众生神识的六道轮回。也就是说,从无始以来,所有天、人、阿修罗、畜生、恶鬼、地狱的六道众生,在其死后,都依据自身的业力而轮回于六道中的一道再次出生,周而复始。打破这种生死循环、无尽轮回的办法只有依照佛法修持,达到觉悟。显而易见,香花的生死观基本上与中国传统的人、鬼二分生死观一致①,与佛教六道轮回的生死观不同。并且基于对生死认识的不同,香花与佛教超度科仪的目标、内容都迥然不同。

或许正是因为这个原因,梅州香花虽在明末就已兴盛普及,但一直未被官方和士大夫等知识阶层所接纳、认可。香花仪式不但较少为士绅采用,且当地的官员还多次特地上书谎报朝廷称香花传统正有条不紊地被正统佛教取代。香花这种为民间乐见而不被官方认可的局面一直持续到这个世纪。

第二,香花既不是佛教,也不属于佛教的一个派别。香花人员与佛教僧尼有着本质区别。关于一种信仰的宗教类属判别有许多需要考察的要点,比如根本教义及教理开展逻辑(若无体系性理论则需考察其世界观、生死观等)、习俗禁忌、崇拜对象、宗教仪式、宗教经验等等。若我

---

① 参看香花科仪内容就不难发现这种人鬼二分生死观的情况。江泓自 2008 年以来走访多个香花寺庙,与十数位从事香花的斋公、斋嬷的访谈也是有力佐证。被访谈人员无一人可以说出六道是哪六道,并且绝大多数根本不知道六道轮回的含义。某知名的香花大庙,其斋嬷深信颇有道行的师公死后还留在本庙里,偶尔会显露神迹。这样的观念都与佛教的生死观念和价值判断迥然不同。

们基于比较宗教学的立场将香花信仰与佛教传统作全面的比较可得知,香花信仰中的大量地方色彩与非佛教形态,如食用荤腥、不独身(从事香花的人员多有家室子女)、不戒烟酒、蓄发俗服等等,与正统佛教相较显得颇为刺眼。据官方数据称,香花人员中的一少部分因经历文革时期等历史原因,结婚、有子嗣、拥有家庭。但据江泓 2008、2009 两年田野调研的不完全统计,年长香花人员,特别是新生代香花人员中,拥有家庭的占大多数。贺璋瑢 2015 年在梅州所做的田野调查也再次证实中年的香花人员中几乎均拥有家庭(个别育有儿女的香花人员有离婚的现象)、子女,除了住持常住庙中(偶尔也可以回家打个转),其他的香花人员与家庭、子女的关系是很密切的,他们可以常常回家。

佛教作为制度性宗教,神圣性是其核心观念之一。在佛教组织内部,教义、仪式、出家僧众象征着这种神圣性。神圣性在现实中的维系深涉到佛教信仰的"表达力"与佛教的"生命力"等层面。这当中僧伽担任着"表象"、"中介"、"模范"的重要作用,成为佛教神圣性的最主要"表达",因此僧伽身份的"端正"成为至关重要的问题,而戒律则是僧伽乃至佛教神圣性的"保证",在佛教建构神圣价值体系中具有核心价值。所以佛教界常说"以戒为师"是正法久住的前提。因此要被认定为佛教教职人员必须是受持佛教三坛大戒的出家僧众,这是佛教教职人员认定的底线。如果不尊重这一古老的传统,不但会破坏汉传佛教两千年来的悠久大传统,还会给今后的宗教管理工作带来许多不确定的因素。在汉传佛教这样一个本身平衡丰富的文化系统中加入这样一大变量是非常危险的举动。中国的民众对于佛教教职人员有着较为统一的印象与界定——茹素、独身、自律、威仪。僧人若有违反民众约定俗成印象的举动,都会对佛教界造成恶劣的影响,引发舆论的哗然。如果将香花人员都认定为佛教教职人员,对于正统佛教的形象,对广东佛教的形象将会是一大冲击,这种冲击的力度与后果是难以事先尽述也难以事后逆转的。并且这种恶劣的影响不是靠单一地区的行政力量可以化解的,会导致一系列的多米诺效应。

即便将香花归为"民间佛教"也不妥当。国际学界有为研究的便利,把香花归为"民间佛教"加以探讨的,笔者认为并不恰当。"民间佛教"概念的最早使用者是加拿大英属哥伦比亚大学的教授欧大年

(Daniel L. Overmyer)。他主要用这个词汇来指示佛教中的民间派别。[①] 但香花已经很难作为佛教的一个派别进行讨论了。毋宁说，香花是民间信仰中保存有较多佛教元素的信仰体系，但并不是佛教的一种。如香花信仰一样偶尔被学界称为"民间佛教"的，还有台湾的"释教"、中国东南部的"普庵信仰"等。这些信仰体系除去拥有佛教元素以外，通常还包含道教、巫神信仰等其他宗教元素，并且具有产生于民间、流行于民间，并普遍被民间百姓所乐于接受的特点。香花中的道教元素充满了梅州香花建筑、塑像、仪式等各个环节。林振源在他的《福建诏安的香花僧》一文里指出，福建早期的香花僧具有道教闾山派的法号和郎号[②]，而就现在的状况来看，至少应说香花是佛教中的道教。香花中的伯公信仰又与粤东伯公信仰极为相似。因此，我们没有充足的证据和理由把香花简单归属为佛教。

第三，从学理角度审视，将香花信仰作为一种独立的"民间信仰"传统可以自圆其说，且更具合理性。自改革开放以来，中国大地上的民间信仰的复苏和兴旺，它在中国乡村和社会最基层所起到的作用及所发挥的功能正逐渐引起官方和国内外学界的重视。民间信仰无疑有源自民间、贴近民间的独特性，而香花信仰及科仪在梅州客家文化生活中拥有不可替代的价值和地位，梅州人民也认为这一信仰传统以浓郁的客家文化方式，起到了教化民俗、熏染人心、凝聚一方、维系族群秩序等作用。香花在保存客家文化传统与发挥正面社会功能上的成功，完全得益于其源自民间、贴近民间的小传统独特性。可以说，香花信仰是梅州客家文化和民间信仰的代表之一，将它归于民间信仰是最为贴切和妥当的。

况且，越来越多的学者已经注意到民间信仰与非物质文化遗产之间水乳交融的密切关系。2003 年联合国教科文组织通过的《保护非物质文化遗产公约》规定，非物质文化遗产有五项内容，其中第四项是"有关自然界和宇宙的知识和实践"。民间信仰中包含着丰富的神明崇拜、社区仪式、祭祀表演以及各种生活禁忌等表达，故而成为非物质文化遗

---

① Daniel L. Overmyer, *Folk Buddhist Religion: Dissenting Sects in Late Traditional China* (Cambridge: Harvard University Press, 1976).

② 谭伟伦主编：《民间佛教研究》，中华书局 2007 年，第 133 页。

产的重要组成部分。显然,全球化时代的文化多样性使得民间信仰在非物质文化遗产的语境下成为"建构民族国家内部正面的社会关系的文化资源和可能性和方式"①之一,这无疑为民间信仰得以在"非物质文化遗产"的名义下提供了生存与发展的空间,作为了解中国人生活方式的民间信仰因而在当代社会仍有其不可替代的价值和意义。

2008 年,香花科仪作为来自粤东客家山区的宗教艺术与昆曲等具有代表性的中国当代音乐艺术,在美国斯坦福大学"泛亚音乐节"参加展演,作为音乐节中唯一按照"原生态方式"进行表演的宗教艺术,"香花"获得了高度赞誉,这种"原生态方式"的表演正是其"非物质文化遗产"特征的一个完美诠释和展现。香花科仪共有 30 多套,目前,香花科仪中的"席狮舞"和"铙钹花"已分别列入国家非物质遗产项目和省级非物质文化遗产项目进行保护,"打莲池"、"鲫鱼穿花"被列为市级非物质文化遗产。且看,在中共梅州市梅江区委宣传部的网站上是这样介绍"席狮舞"和"铙钹花"的:

《席狮舞》项目简介:

《席狮舞》是梅州客家人特有的一种传统民间舞蹈,起源于唐朝文宗太和年间,是梅州城区民众进行香花佛事间的一种技艺表演。

"席狮舞"最大的特点是就地取材、卷席为"狮",另一个和尚(这种身份的认定是草率的——笔者注)拿"青"(长命草和柏树叶)持扇伴舞,表演有引狮、舞狮、种青、偷青、藏青、抢青、逗狮、入狮等多个程式,模仿狮的行走跳跃形态,加上舞者右手手腕的灵活绕动、舞步的灵活配合,在似狮非狮中显现出狮的神气、精猛。用锣、鼓、钹等禅器,按客家锣鼓谱伴奏,整个表演约需 20 分钟,其寓意是驱邪并有祝愿和保佑在世之人安康祥和之意,深受民众喜欢。由于这种表演难度大、技巧性强、已属濒危。目前我区已加大力度宣传保护、传承发展。

《铙钹花》项目简介:

---

① 刘锡城:《非物质文化遗产的文化性之问题》,载《西北民族研究》2005 年第 1 期;高丙中:《作为非物质文化遗产研究课题的民间信仰》,载《江西社会科学》2007 年第 3 期。

　　《铙钹花》是梅州客家传统的、至今仍然盛行的"香花佛事"项目之一，是一种相似杂耍的技艺表演。铙钹花的道具是铜制大钹，重约一公斤，直径有 40 厘米，通常有一个僧（尼）（这种身份的认定是草率的——笔者注）持钹表演、三四个僧（尼）边上鼓乐伴奏，表演的花样套式主要有：单转钹、双转钹、高空飞钹、黄龙缠身、秕谷斗鸡、罗汉翻身等数十种。最惊险的是高空飞钹，将铜钹抛高一二十米之后用手或小竹竿接住快速旋转，难度较大，富有技巧性和观赏性。具有调解气氛和聚集民众观赏功能，因而深受广大民众喜爱。

　　由此可见，"席狮舞"和"铙钹花"的表演类似高难度的杂耍，是一种"富有技巧性和观赏性"，且"表演难度大"，"已属濒危"的技艺表演。在笔者对香花人员的访谈中，曾有一香花的住持说，"我们去主家做丧事，来的人多（来的人越多说明主家的人缘越好），主家难以安排住宿，大家就聚在一起，看看香花表演，既打发时间，又图个热闹，而且'喜庆'的气氛比阴郁的气氛好，这对逝者转世升天有帮助，所以是否请香花也表明了主家是否对逝者尽孝。"①这也佐证了香花科仪"有调节气氛和聚集民众观赏功能"，香花人员需要的是技艺的训练和表演而不是对佛教的死亡观与佛教超度科仪的目标、内容的了解，这些不都很好地说明了香花的"民间性"和其"民间习俗"的渊源吗！

　　第四，遗憾的是，梅州市有关政府部门在没有弄清香花信仰的宗教归属的前提下，就将其纳入到佛教协会之中，从而置于政府的民宗部门的"管理"之下，这种做法显然是不妥和存在潜在之风险的。在 2008 年之前，梅州政府部门对于香花传统并未予以充分重视，但 2008 年香花科仪在美国斯坦福大学"泛亚音乐节"参加展演改变了政府部门认识香花传统及其文化价值的视角。梅州政府部门也因此为契机，逐步认识到保存和挖掘香花传统文化价值对于客家文化体系的意义和重要性，这本是无可厚非和值得肯定的。问题是，保存和挖掘香花传统文化价值是否一定要动用行政力量将其纳入到佛教的管理范畴中来？当然，

①　2015 年 7 月 7 日贺璋瑢教授对梅州梅县区松口镇径礤村梅溪圣宫的住持宏惠师的采访记录。

政府部门的初衷是好的,本着保护客家文化元素及关切香花人士切实生活处境(香花人员主要靠做"法事"的收入自养。有部分乡间、山区小庙,人员单薄、年龄偏长、信众资源少,又或有残障、无法单独承担法事,生活艰苦,自养困难)的考虑,若将其认定为佛教的教职人员,就能享受宗教教职人员的医保、社保等各种优惠政策。

在香花信仰的宗教类属问题还不明确的前提下,政府的有关部门从 2012 年前后起将香花的从业人员纳入到佛教协会,这一来是壮大了梅州佛教的力量(梅州历来主流佛教的力量显得比较薄弱),二来对香花的管理可以借助现有的佛教体系和政府管理办法,不需别创系统;香花人士可以享有宗教教职人员的各种优惠政策,改善生活境遇,更好地从事香花的传承与保护。据梅州官方的数据显示,全市目前开放的隶属于佛教的场所共 290 余处,其中 80% 是香花信仰,教职人员保守估计有 500 人以上(其实,没有列入佛教场所的"香花"小庙和从业人员远远超过这个数字——笔者注)。

如前所述,香花信仰与制度性的佛教是明眼人稍有了解就知道它们是完全不一样的宗教形态,硬要将它们"捆"在一起,对彼此都是有弊而无利的。如为了将香花与正统佛教相统一,梅州政府部门曾多次引导梅州佛教协会举办培训班,对香花人员进行正统佛教培训。实事求是地看,培训班的效果并不理想,主要出现两种状况,一是乐于接受正统佛教培训的香花人士在参加培训班一段时间之后,往往萌生皈依正统佛教的想法,导致香花传统人才正在流失;二是不能接受佛教清规戒律的香花人士,对于培训班期间的种种规约感到压力颇大,并且有佛教大传统要吞并香花小传统的压迫感。因此,大批资深香花人士表示不愿参加培训班,也不愿选派场所中年轻的新生代力量加入培训班。

更为重要的是,若将香花信仰认定为佛教,还有两方面的"说不通",一是如果将香花人员都认定为佛教教职人员,对于正统佛教的形象,对广东佛教的形象将会是一更大冲击,这种冲击的一个显而易见的后果是很容易导致为了保护香花小传统,而伤害到佛教大传统。一个很现实的问题是,如果严格按照佛教教职人员认定标准进行认定的话,需要香花人士对现有的生活状态做出很大的调整。这些调整如果只是在面上实行不能落到实际,则人们对梅州的佛教会另眼相看;若切实推行,又恐会引发一些家庭社会问题。况且,只要走出梅州,香花人员的

"佛教教职人员"的身份认定是不为人承认的,即使在梅州区域,香花人员的文化水平偏低及对佛教经典、历史与传统以及科仪的不甚了了都很难使得他们在佛教内部有话语权。二是为宗教管理工作带来后续棘手问题。根据我国的宪法及相关宗教条例规定,宗教活动必须严格控制在宗教场所内进行。香花信仰的法事活动以丧葬科仪为主,除去年初祈福、年中暖福、年末完福以及"出入花园"之外,少有仪式是在香花场所内进行的,一般都是应邀入户进行一系列半宗教半表演性质的仪式活动。若明确将香花作为五大宗教之佛教进行认定和管理,则不能无视相关法律法规的规定,不能再从事类似的法事活动。这对于香花信仰来说,是一致命的打击。一是废除类似入户法事活动,香花信仰就不能再为梅州客家民众的丧葬习俗提供服务,从而截断了其主要经济来源。二是丧葬仪式需求是香花传统产生之来源与根本,香花法事的大半是应用在丧葬活动中的,取消类似法事,则香花独有的科仪传统会面临传承断续的危机。这种结果是完全违背政府部门积极举措之初衷的。但若考虑到香花信仰的特殊性和梅州地区的习俗而开例批准,则一来违背相关法律法规,二来会带来管理上的困境,特例一开,其他宗教各教派都会有依例提出各自特殊要求的可能性,使得宗教管理工作陷入被动。尽管目前梅州地区将香花人员纳入佛协的做法并没有在当地引起过多的质疑和反对(这与政府对本来就显薄弱的主流佛教寺院的僧尼人员所做的工作不无关系),但不等于这种"管理的隐患和风险"不存在而可忽略。

人类学在对待地区性文化传统时有一原则性的主张,即要做观察者,不做介入者和修订者(著名的部落与斧头的故事)。因为任何外部元素的贸然加入,都会打破原本自然状态下原汁原味原生态文化体系的完整性。

将香花明确纳入佛教进行管理,则香花将面对的是佛教大传统在教义(六道轮回生死观、缘起观下的伦理价值体系等等)、科仪(对唱词、法器、仪式编排等方方面面)、经典(将香花独有的类似山歌的劝善类诗文代之以佛教经典)等各个方便的规约与改造。此种改造如果成功,则香花小传统将不复存在,只能零星保存下如唱念曲调等个别文化元素;如果不成功,或者成为半成品状态,丢失掉部分的香花传统元素,或者完全形成香花与佛教之间互不接纳的水火之势。

　　如果为保存香花信仰原生的形态而不以佛教系统加以规约,则对于佛教来说又是一难以容忍的境况。佛教是三大世界性宗教之一,有近2700年的历史,是体系性宗教中较为成熟的古老宗教,自身拥有良好的排异功能和体系修复功能。香花信仰与正统佛教的差异是根本性的。香花信仰作为佛教存在,不但要接受广东佛教界的审视,还要接受中国佛教界乃至世界佛教界及研究界的质疑。佛教界恐难为了500人的地区性小传统而改变自己在根本教义与戒律立场上的尺度。

　　试想之,上述情形的存在若是久而久之,只会使得梅州的佛教不像佛教,香花不像香花。

　　第五,如果将香花归为民间信仰是否意味着政府的宗教管理部门就完全放弃对其的管理。答案显然也是否定的。民间信仰的"管理"问题,各地方正处于"摸索"或"探索"之中。而这种"摸索"或"探索"的前提显然是首先得承认民间信仰的特殊性,对其的管理应不同于对五大制度性宗教的管理。以福建省为例,"1996年,中央有关部门要求地方党政部门开展民间信仰方面的调查,提出切实的治理办法,各省区市先后进行试点治理探索。习近平总书记在担任福建省省长时,就明确指示民间信仰事务归口宗教事务部门管理。早在1998—2000年间,习近平就有多次的讲话和批示,要求福建宗教事务部门加强对民间信仰问题的调研,摸索出规律,探索出方法,从而结束民间信仰'谁也不管'的历史。"①二十多年来,福建的福州市、莆田市、泉州市、漳州市、龙岩市、三明市等分别从各自的实际情况出发,对民间信仰事务的"管理"进行了探索,并形成了多元化的管理试点与模式,如:一是登记或备案管理,具体由民宗部门设置登记或备案管理条件,实施登记或备案管理,各市县主要采取"抓大放小,齐抓共管"的方针,实行县(市)、乡(镇)、村(社区)的三级管理模式,这即是属地管理与分级管理。二是建立民间信仰协会管理,该协会成为政府部门与民间庙宇的联络中介。三是挂靠佛道教协会管理。四是重点庙宇挂牌管理,此类管理是针对那些已列入文物保护单位或涉台地位重要的规模大、影响大、收入多的宫庙。上述管理试点当然还是在"试"的阶段,每一种"试"都还存在争议,并没

---

① 陈进国、陈静:《民间信仰事务之力模式的探索与反思》,载入邱永辉主编:《中国宗教报告》(2014),社会科学文献出版社2015年,第172页。

有形成一套成熟的管理模式可以全面推广。以"挂靠佛道教协会管理"为例,汉地的民间信仰与庙宇往往儒释道巫合一,其宗教类别属性本身就难以确定,"挂靠"后的一个重要问题就是给民间信仰造成"本身信仰文化内涵的急剧改变,被特定的佛教、道教派别加速同化,与社区固有的历史文化传统脱离,再次造成地方文化生态的人为破坏"[①]。

其实,上述这几类试点的管理模式,尤其是第一、第三和第四类的管理模式在广东省也不同情形地存在着,梅州的"佛教香花"就是属于第三类模式。这种管理潜在的隐患和风险前文已经讲得很清楚了。倒是第二类即建立民间信仰协会,借鉴现有五大宗教协会的管理模式是否可以在广东、在梅州一试? 又或者结合梅州的实际,成立一个专门的香花信仰与科仪的协会,值得期待。当然,第二类管理模式最需要防范的就是避免陷入五大协会单位化、官僚化、机构化的管理弊端。

我们以为,将香花作为民间信仰的一种加以管理,是解决目前管理问题的又一可能路径。此种处理方案的优点在于:

其一,将香花作为民间信仰进行试点管理,能最大程度避免对佛教大传统和香花小传统整体性的伤害,有效规避上文所述各种紧张和两难。此方案可以将香花的问题完全独立加以考量,不必顾忌伤害到另一庞大而重要的宗教传统,及二者之间诸多难以协调的问题。

其二,有利于将客家文化形象打造与香花原生态文化梳理相结合,便于摆脱佛教诸多教义教理上的禁忌,进行自由全面的文化产业开发。当然,这就需要统战部、文化和文物部门、旅游部门或基层政府与民宗部门等多部门协调和共同设计及参与了。

综上所述,香花作为信仰形态或曰宗教形态的一种,其类别归属问题本应当只是一个单纯的学术问题。既不应该是宗教本身最关心的问题,也不该是政府操心的议题。在自然状态下,香花归属的自我叙述以及外界对其归属的判定对其生存和发展所带来的影响都是微乎其微的。但在中国现有的宗教管理模式下,归属问题变成了一个"道路"问题。我们正处于政府职能转变的调整期,由管理迈向服务是艰难而巨大的改变。或许在香花的管理方案上,我们也可看到政府转型中的艰

[①] 陈进国、陈静:《民间信仰事务之力模式的探索与反思》,载入邱永辉主编:《中国宗教报告》(2014),社会科学文献出版社 2015 年,第 185 页。

难。如何作为一个服务型的政府，为香花传统、香花文化提供更好的生存环境而不是延循粗暴规约简单管理的老路，是一道具有开放性的测试题。如何发挥香花在社会社区中的作用，如何发扬香花传统中的灵性资本，如何把香花作为一种民间社团力量引导其参与到和谐社会及公民社会建设中来？……如果我们参考一下同根同源的台湾地区的民间信仰组织的力量，我们或许能对香花可以做什么以及香花可以变成怎样有一个更为广阔的图景。

（江泓、贺璋瑢曾分别对梅州市的"香花场所"进行了田野调查，这篇文章是在江泓初稿的基础上由贺璋瑢修改完成的——笔者注）

女性修炼与道教养生的现代价值探略

　　在中国的宗教传统中,道教给人的印象似乎是最注重养生的,"修炼成仙"是许多男女道士们孜孜不倦的追求目标,所谓"仙"者,长生不老也。道教以生死作为人生的第一等大事和要事。《太平经》说:"生者,其本也。死者,其伪也。"而道教"重人贵生"的生命观,是通过其"养生"的实践和各种方法来具体得以展现的,为此道教发展了一整套修炼成仙的所谓"神仙学",坚信"我命在我不在天",坚信人能够通过养生实现自我的生命目标。在道教的主流观点看来,神仙是可以学得和修来的,无论男女,只要通过自己主观上的刻苦努力,就可进入神仙长生不老之林。

　　道教也是世界上的传统宗教中被公认为最尊重女性的宗教,道教的修炼理论和实践更是强调阴阳平衡、阴阳和合,这就构成了道门中对女性不可或缺之地位的承认与肯定,这就是为什么在道教中有庞大的女仙阵容和完备的女性修炼理论。女性得道者在道教的历史上和得道的男性一样在历史的长河中产生过耀眼的光芒,尤其是那些得道成仙的女仙们,她们的养生修炼方法若从现代人的眼光来看,还是有一些"科学"的成分,因而有值得模仿、学习和借鉴的价值。当然,有一些养生方法也得谨慎地审思,不能简单地照搬运用。笔者才疏学浅,在这篇文章中仅从女性修炼与道教养生的现代价值的角度谈谈自己的认识与感想。

一

　　首先,在道教女性的修炼中最重要的是关乎德行的修炼,可谓若想成仙则德为先,养生先养德,德养结合。在关于女仙的记载中,尤其对其所具有的忠孝仁义的传统伦理德行有大量具体详实的记载,这方面的例子不胜枚举。由于行善积德是成仙的必经之途,因而道教中的众女仙往往拥有美好的品德,且常以救危扶难的形象示人。以妈祖为例,据说妈祖具有先天佛性,受教育于儒门,得道于道教,集三教之精神,以慈悲之真理,济世救人,普度众生。正因其精神之伟大,意义之崇高,故能直到今天还能引为世人崇拜。据《天妃经》①记载,妈祖曾立下 15 条誓言,即:

一者誓救舟船,达于彼岸;二者誓护客商,咸令安乐;三者驱逐邪祟,永得消除;四者荡灭灾屯,家门清净;五者搜捕奸盗,屏迹潜形;六者收斩恶人,诛锄强梗;七者救民护国,民称太平;八者释罪解,离诸报对;九者扶持产难,母子安全;十者庇护良民,免遭横逆;十一者卫护法界,风雨顺时;十二者凡有归向,保佑安宁;十三者修学至人,功行果满;十四者求官进职,爵禄亨通;十五者过去超生,九幽息对。

修德行不仅要施德于人,还要施德于动物,如道教的典籍中记载了幽州女道士边洞玄得道升天的事迹。"边洞玄者,范阳人女也。幼而高洁敏慧,仁慈好善。见微物之命,有危急者,必俯而救之,救未获之间,忘其饥渴。每霜雪凝沍,鸟雀饥栖,必求米谷粒食,以散喂之。岁月既深,鸟雀望而识之,或飞鸣前导,或翔舞后随。年十五,白其父母,愿得入道修身,绝粒养气。父母怜其仁慈且孝,未许之也。既笄,誓以不嫁……"②边洞玄后来得到"老叟"的丹药而得道升天。《女金丹》上卷"入门戒规"第十戒规定:凡女修者不可"杀生害命",其理由是"好生恶死,人物同情。已有生,惟恐其伤。岂物有生,不惧其死? 推己及物,必有不忍杀害者。"这简直可以说是儒家的"己所不欲勿施于人"的具体展现。第十一戒规定:不可"食荤腥"。这是不杀生观念的延伸。

除了树立修德成仙的典型外,道教还通过直接的戒律形式来要求女性的修行者,如在《女丹十则》中的第五则是"广立功行","女子果能潜修至道,已经炼得玉液还丹,认得先天面目,又兼保得住胎息工夫,至此必须借外行以培植道本,方才外无所亏,而内有所助,所以事奉翁姑,宜尽孝思,与人应接,当存忠厚。矜孤恤寡,救苦济贫,尊敬师长,和睦

---

① 《天妃经》全名为《太上老君说天妃救苦灵验经》收于《正编印道藏》洞神部本文类。天妃,即海上女神妈祖,妈祖神出现于宋代,元代方有天妃之称。

② 子部・道家类《云笈七签》(宋・张君房)卷一百一十六纪传部・传十五。同样的记载还可见杜光庭的《墉城集仙录》卷八。

乡邻。举动勿轻浮,言语勿傲慢,一切行为,皆归理法之中,自然气质冲和,不求功行,而功行自立。"在第六则"志坚行持"中还明确规定了六条戒规,即,第一戒:孝养翁姑。第二戒:端方正直。第三戒:谨慎言语。第四戒:小心行持。第五戒:尊师重道。第六戒:立志不变。

值得一提的是德行的修炼还需要体现在大量的读书以培养广博的见识方面,如晋代的女道士魏华存(251—334)为上清派所尊第一代太师,道门中称她为紫虚元君与南岳魏夫人。据说她从小就博览百家,通儒学五经,尤好老、庄。《太平广记》中说她"幼而好道,静默恭谨,读庄老,三传五经百氏,无不该览"。德行的积累与修炼是否真的有助于成仙,我们现在不得而知,但至少在成仙的过程中对德行的积累与修炼的注重和强调说明了道教对个人德行的重视,这与儒家"仁者寿"的思想是一致的。

其次,气质与心性的修炼。具体体现在:一是心思意念的去妄存真。心思意念的去妄存真用佛教的术语来讲即是要"正念","正念"的对立面是"妄念",而古人在论及女子的"妄念"时,其最为重要的内涵即是所谓的"淫念",所以"淫念"的克服与断灭在女性的修炼中尤为重要。《上清众真教戒德行经》卷上有一条"云林右英王夫人谕书",称:"秽思不豁,鄙悰内固;淫念不断,灵池未澄,将未得相与论内外之期,泛二景之交耳。"①所谓"秽思"即是污秽不正的心思,"鄙悰"指鄙俗的感伤之情;而"淫念"乃指不正当的性欲思念;郭象注《庄子·德充符》中的:"故不足以滑和,不可入于灵府"时说,"灵府者,精神之宅,所谓心也。"显然,右英王夫人谕书的意思是说:如果不摈弃污秽不正的心思,去除鄙俗的男女之情、非分的性欲思念,人的心灵则不能澄清。如此就不能与之谈论至上妙道、升仙之期。在道教的典籍里,我们常常可以读到具有花容月貌的天上女仙因情缘未断,欲根未拔,与凡间男子相恋,被谪贬红尘的例子。《女金丹》上卷"入门戒规"中在论及第一戒"妄念迭生"时云:"一戒妄念迭生。心之所发为念,念头正则所行无不正,念头差则所为无不差。心为天君,念为役使,天君泰然,百体从令也。妄念者,一切狂妄不正之念也。古人所谓:无念之念,方是正念。即真意也。这点真意,却少不得,有这点真意,方能:炼铅求汞,凝神养胎。丹经所

---

① 《道藏》第 6 册第 897 页。

谓：行住坐卧，不离这个。这个，真意也。"由此可见，妄念不去，修仙不成。

在此需要强调的是，道教对正常的男女之性事并不反对且持鼓励态度。众所周知，孟子与告子在讨论人性的时候，告子曰："食色，性也。"[1]告子言简意赅的四个字是说世上的男男女女对于性的需求，就如同吃饭一样，是人的本能和天性。孟子对此没有反驳，说明他认同告子所言。孟子也云："好色，人之所欲。"[2]他还说："人少，则慕父母；知好色，则慕少艾；有妻子则慕妻子。"[3]这说明饮食、男女交媾是人类赖以生存、繁衍的基础，是人之本性。《易传·系辞下》云："天地细缊，万物化醇。男女构精，万物化生。"（注意，此处的"细缊"、"构精"有交合之意，后世诗歌小说中多有用"细缊"隐指男女欢合之事者，正是从"易"的话头演变而来）中国古代最重要的一本性学著作《素女经》中素女在回答黄帝的"今欲长不交接为之奈何"的问题时说："天地有开阖，阴阳有施化，人法阴阳随四时。今欲不交接，神气不宣布，阴阳闭隔，何以自补？"这说明天地有阴阳开阖，男女有阴阳施化，人效法天地阴阳而互相接济，才能保持阴阳平衡。若健康男女强行禁欲的话，则会使阴阳阻隔，日久气血运行不畅，反而会产生种种疾病，甚至缩短寿命。主张效法自然的道教继承了上述思想，《太平经》云："天地之性，阳好阴，阴好阳。"[4]又云"人者，乃象天地"。故"男女者，乃阴阳之本也"。

而本文此处讲的去妄念，对女子而言，其最重要的内涵是指去淫念，即不正当或非分的性欲思念。对于修仙的男男女女而言，修炼过程中自然会产生身体中对属于人的本能和天性部分的变化过程，这种变化过程或许可以归结到两个层面，即，一是要从人心比天高修至道心唯微，从欲望无边修至清心寡欲、恬淡虚无，心神宁静，少私寡欲。这就造成在生理上由于修行而对饮食的需求渐渐发生改变，渐渐对荤腥膻味生厌，而喜食蔬菜淡饭。冲和之气充于腹而所食不多。二是修行人在欲界的修行目的是炼精化气（或炼血化气），修人心在虚极、静笃中炼精

---

[1]《孟子·告子上》。
[2]《孟子·万章上》。
[3] 同上。
[4] 王明：《太平经合校》下册，中华书局1960年，第449页。

化气（或炼血化气），直至精无气满而不思欲。这种修行的结果使得人对性的欲望也渐渐淡薄下来。上述这两种变化一是体现在人对饮食的需求在食物结构、数量上发生了改变，即喜清淡、喜素食，吃的不多；二是人对两性交媾需求的欲望也渐渐变得虚无起来。当然，普通人比较难以修炼到这种境界。宋代道士白玉蟾曾感叹："学仙非为难，出尘离欲为甚难"。白玉蟾还有云："薄福痴人不断淫，尾闾闭却采他阴，元阳摇撼无墙壁，错认黄泥唤作金。"

　　二是注重自己的情绪，要逐渐克服和避免改变自己的不良情绪。中国古代的医学典籍或先贤明哲的著述中一向关注情绪问题，在古人的心目中，情绪可以概括为：喜、怒、忧、悲、思、恐、惊，即"七情"。"七情"过度就会产生疾病，如喜伤心，怒伤肝，忧（悲）伤肺，思伤脾，恐伤肾，惊伤胆。当然，因为人是一个有机的整体，情志活动又复杂多变，而总统于心，故《灵枢·口问》说："心者，五脏六腑之主也……故悲哀愁忧则心动，心动则五脏六腑皆摇。"这里就明确指出了各种情志刺激都与心脏有关，心神受损又可涉及其他脏腑。又如郁怒伤肝，肝气横逆，又常犯脾胃，出现肝脾不调、肝胃不和等。肝郁化火，气火上逆，还可以导致木犯金，即肝火犯肺等。

　　在道教女性修行的有关论述里，如何改变这些不正常的七情活动，是一个颇受关注的题目。以道教传说中的一位精通房中术的神女采女为例，采女在汉代宫廷中原指三等的宫女。《后汉书·皇后纪序》曰：又置美人宫人采女三等。后世又称彩女，通常指普通宫女。而在中国古代房中术书籍中，采女则是彭祖的学生，由君王派向彭祖学习房中之术。《医心方》卷二八称：素女云：有采女者，妙得道术。王使采女问彭祖延年益寿之法。另据《墉城集仙录》记载，采女为商王宫女。少得养神之道，年二百七十余，视如十五六岁少女。相传商王留彭祖于掖庭，使采女问道于彭祖。采女问延年益寿之法，彭祖答曰："服元君太一金丹，可白日升天，上补仙官，爱精养神，服食草药，可以长生，但不能役使鬼神，乘虚飞行，阴阳运凡，导引屈伸，使百节凡行，关机无滞，坐忘炼液，皆可以令人久寿。"采女面受修道之要，以教商王，商王行彭祖之道亦三百岁。《墉城集仙录》卷六在谈到"采女"的修行要点时指出："大喜大怒"、"至乐至忧"、"至畏至怖"、"至挠至躁"、"甚思甚虑"皆伤身。这里几乎把七情活动全讲了。在《墉城集仙录》的作者杜光庭看来,采女的高寿与其懂得避免过分的感情活动不无相关。

《女金丹》上卷"入门戒规（十二条）"就包含有对上述"七情"的专论"戒"，即，一戒：妄念迭生；二戒：纵欲贪淫；三戒：刚暴残刻；四戒：烦恼嗔怒；五戒：忧思惊恐；六戒：目多妄视；七戒：耳多妄听；八戒：多言狂妄；九戒：悭吝惜财；十戒：杀生害命；十一戒：不节腥荤；十二戒：慢道轻师。

三是性格脾气的问题。道家和道教都强调女人属阴，所以在性格脾气上更应以柔为上为要，女人不柔则违逆了本性。当然也不是一味的柔，不是有柔而无刚，而是柔刚相济，刚的有分寸。《女金丹》上卷"入门戒规"中在论及第三戒"刚暴残刻"时云："刚，美德也。人无刚，则柔懦不振，百无一成。这个刚字却少不得。然，刚而无礼，则流于暴很戾，自用，不知退让，不顾是非，不恤人言，无礼于舅姑，不和于姒娣，不敬于夫子，虐凌于子侄，苛责于奴婢，是谓：悍妇。故刚，而继以暴，每多残忍不仁，刻薄寡恩也。夫人，必有仁慈之心，而后有胞与之量。圣母元君，视天下为一家，视中国如一人，凡天上地下一切物类，莫不保爱若赤子一般，何尝起点憎恶之心，而流于残刻哉？"

再次，身体的修炼。道教认为女性只要根据自身的生理与心理特征，同样可以修炼成仙，这就使女性在道教的身体修炼中有着相当的地位，且形成了独特的专供女性身体修炼的方法。道教关于女子身体的修炼方法是个复杂且在一篇文章中难以论述周全的论题，笔者在此仅从女丹功、辟谷行气与养形术三方面做点粗浅的探讨：

1. 女丹

女丹即女性修炼的丹法。女丹又称女金丹、坤道等。这是女性修炼内丹的一套系统功法，女丹是从道教气功养生学中孕育出来并不断发展的，随着内丹术的兴起，约在宋元时期初步形成较为系统的学说。在女子的丹法修炼的宗教实践中，还形成了《女丹书》《坤元经》等一类专论女性丹法的道书，它们都是针对女性生理特点而专为女子修道而作的。陶秉福主编的《女丹集萃》丛书收集了清代及以前比较成熟和完善的女丹理论、实践体系，清代时的贺龙骧编成的《女丹合编》，也汇集了女丹功法的宝贵资料，从一个侧面反映了在道教中女性已形成自己独特的丹法修炼方法。

作为内丹术的一系，女丹在根本宗旨、基本理论与炼养方法上自然不出内丹学说的范围,但在一些重要方面又与男性丹法有所不同。其差别大致有二,一是在炼养的指导思想与理论依据上存在差异。如气的炼养是内丹功的一个必经的基础环节,在男性这个环节是以"炼精化气"的方式完成的,而女性则必须通过"以血化气"的方式来炼气成道。这是由女性先天精血亏损的生理特点所决定的。二是在炼养的具体方法上存在差异。这主要体现在女修者别有一种"斩赤龙"法,即通过行功以止断经血排泄的功法。《西王母女修正途十则》第二则"本命"直接阐述了女丹修炼之关键在于断绝真血的亏损。认为女人随着年龄的增长即婚育等过程,"元炁渐损,真血渐亏,虽月月有信水(即月经)复生,即月月有信水复伤。女命难修。"①

女丹的实践中还出现了七大派,一是南岳魏夫人(即魏华存)派,以《黄庭经》为宗,强调存思身神,积气成真。据说魏夫人在成为道士前,平时就是按道教养生丹法服胡麻散、茯苓丸,并注重吐纳气液,摄生静养的。二是谌姆派,也叫外金丹派。由谌姆传许逊、吴猛,这二人分别著有《石函记》和《铜符铁券文》,谌姆派奉此二书为经典。三是中条山老姆派,也叫剑术派,这一派以剑术修炼成道,该派的剑术又分为"法剑"和"道剑"两种。四是谢仙姑派,谢仙姑本名谢自然,据说她身为童女时即修道,所以又称童女派。童女尚未行经,身中元气自然充满,可以不必筑基,可直接从辟谷、休粮、服气、安神、静坐入手,以清静无为法得道。有《太清中黄真经》专讲此道。五是曹真人派,曹真人即曹文逸,她以清心寡欲,神不外驰,专气致柔,元和内运为宗旨,奉《灵源大道歌》为主经。六是元君派,也叫清净派。元君为孙不二,也叫清净散人,传太阴炼形之法,从斩赤龙入手,有《孙不二元君法语》《坤道功夫次第诗》等专讲此法。七是女子双修派。分上、中、下三乘,上乘有双修双成之诀,中乘有采阳补阴之术,下乘有养阴驻颜之方。②

不过,我们也要看到,由于女丹比较繁杂,加之长期的传统社会的思想束缚,女子修炼比男子要困难得多,也曾有许多有志于修炼的女子不幸误入歧途,如"有笼统乾坤,不知与男丹有别者;有皈依玄门,以男子脐下一寸三分中之气穴,误指为女子玄关者;有不知女子修行,以斩

---

① 《藏外道书》第10册,第534页。
② 参见张兴发:《道教内丹修炼》,宗教文化出版社2003年,第69—70页。

赤龙(女子月经)为急务者;有自高自恃,不求明师口诀,妄斩赤龙者;有执著玄关,积气成疾,反以致死者;有斩赤龙后,不知男丹火候,功夫,次序者;有气字未化,忧成包块,尤想成仙者;有误信三姑六婆,降仙,扛神,走阴,观花,观水之说,颠风失性,或诱出淫室者;有暗引良女作人炉鼎,已作黄婆,因而自败名节者;有良女为御女家所惑,甘作炉鼎,以求成仙,继而败名节者"①。可见女丹修炼不是一件容易的事,一般人是不可轻易去试炼的。

2. 辟谷行气

"辟谷"也称为"却谷"、"断谷"、"绝谷"、"休粮"等,即不吃五谷,而是食气,吸收自然正能量。"辟(bì)谷术"起于先秦,大约与"行气术"同时。集秦汉前礼仪论著的《大戴礼记·易本命》说:"食肉者勇敢而悍,食谷者智慧而巧,食气者神明而寿,不食者不死而神。"是为辟谷术最早的理论根据。

道教创立后,承袭此术,修习辟谷者,代不乏人。辟谷可谓是道家的修炼方法之一(不同于我们今天这个时代的辟谷是用来减肥、养生、疗疾等作用)。《庄子·逍遥游》描述了"不食五谷,吸风饮露"的"乘天地之正,而御六气之辩,以游无穷者"的仙人行径。《庄子·大宗师》记载了南伯子葵请教驼背女圣人女偊存神养身之法的故事。大意是女偊虽然年长,却面有"孺子"之色,南伯子葵问她"何也"即怎么做到的? 女偊说了一大堆话,大概意思是她能收视返听,精神内守,从而忘记自身,忘记外物,忘记天下,最后归结为"玄冥闻之参寥,参寥闻之疑始"。参寥是"高旷寥远"之意,"疑始"是迷茫而无所本之意。连起来则是高旷寥远从迷茫而无所本那里听来。女偊自认自己是"闻道"之人,郭庆藩在《庄子集释》中称女偊为"古之怀道之人","久闻至道故能摄卫养生,年虽老,犹有童颜之色,驻彩之状。"

道教八仙中的何仙姑就是辟谷而成仙的典型例子。据明陈梿《罗浮志》及《历代神仙通鉴》等书记载,何仙姑是唐武则天时代广州增城县何泰的女儿,十三岁时在入山采茶时遇见一位道士。道士给她吃了一个桃子,从此不饥不渴,洞知人事休咎,后于唐中宗景龙年间(707—710)白日登仙。在今广州增城县一带,关于何仙姑的传说更为具体。

———————————

① 见清·贺龙骧:《女丹合编·序》。

何仙姑本名何秀姑,是增城县小楼区新桂乡人,唐武则天某年夏历三月初七出生。其父何泰以做豆腐为业。秀姑自小聪明伶俐,十四岁时幸遇云游到此的吕洞宾。吕给她吃了一些云母①片,从此能知人间祸福,并常去罗浮山里访仙。后父母为她找了个姓冯的婆家,秀姑不肯嫁人,于中宗景龙某年八月初八自投家门前的水井。投井时只穿着一只鞋,还有一只鞋留在井台上。此后,她从福建莆田的江河里漂出来,原来那井与河是相通的,在当时传为奇案,遂有秀姑已经"登仙"的传说。关于何仙姑的传说还有种种,但大多提及了她吃了桃子或云母等后辟谷成仙。由此可见,辟谷并非不吃食物,而是不食谷物,炼功者在服气的基础上,由一日三餐减至二餐、一餐,渐至饮水服气为主。同时还得服食一些辅助食物,如何仙姑吃的桃子或云母,还有如石苇、白术、山药、黄精、巨胜、茯苓、花生、大枣、板栗、核桃、蜂蜜等。这些食物在祖国传统中医学中多作药用,为补益气血之佳品。

需要指出的是,当代人对"辟谷"的理解是仁者见仁,智者见智。但大多同意辟谷能改变体质,清肠排毒。但笔者以为,对辟谷一事须得慎重,即使是有"专业辟谷养生师"的"指导",也得慎重。理由是"辟谷"到底怎么"辟"?"辟"多久(每个人的身体素质与机能有所不同,"辟谷"也不可能有统一的标准吧)?"辟谷"的可信度与实际可行度究竟如何?诸如此类,有待更为科学的论证和有令人信服的实例统计数字证明才行。

辟谷总是与行气联在一起,道家很早就注意到"气"与生命之间的关系。《庄子·知北游》说:"人之生,气之聚也;聚则为生,散则为死。"后世道教继承了这种思想,以"气"说明生命的形成和存有。《云笈七签》卷十七《太上老君内观经》认为"气来入身谓之生",即是说人的身体有气就意味着生,否则便意味着死。《养性延命录》卷下《服气疗病篇第四》引《服气经》说:"道者,气也。保气则得道,得道则长存。"这又将气与长生之道联系起来,人的生命只要能够"保气",便可以"长存"。总之,道教认为"气"贯通于人的身体中,使生命得以化育不息,人只要采取服气、炼气等"保气"的方法,使身体恒久有气,就能够长生不死,得道

---

① 《云笈七签》卷七四《方药》中提及:"云母味甘平无毒……除邪气,安五脏,益精、明目、下气、坚肌、续绝、补中、疗五劳七伤,虚损少气,止痢。久服轻身延年,悦泽不老。"

成仙。

开创道教上清派的魏夫人就很重视人体内"气"的运行,由其定本的《黄庭内景经》(简称《黄庭经》),是早期道教重要的经典之一。它以七言诗的形式描述人体脏腑功能,以三丹田与黄庭宫为枢纽,存思黄庭,炼养丹田,积精累气,以求长生。《黄庭内景经》首次提到中国气功学所说的"三丹田"学说,对人体科学养生学有较大的贡献。论述了炼功时要注重脑(上丹田)、心(中丹田)、脐(下丹田)之气下行,沉于下丹田,是运气存气的始点和归宿。存养丹田,保气炼精,这正是读《黄庭内景经》的人练功强身却病、养生长寿的最高希望。魏夫人后来还撰写了《黄庭外景经》,她活了八十三岁(这在"人活七十古来稀"的古代已经是高寿了)。

唐代女道士胡愔著有《黄庭内景五脏六腑图》《黄庭内景五脏六腑补泻图》等,专门论述道教的气功养生之道。《黄庭内景五脏六腑图》为论述气功养生法的专书,胡愔运用阴阳五行学说,把精神情志、形体组织、五官苗窍与脏腑联系起来,把自然环境的各种因素与脏腑活动联系起来,形成一个以五脏六腑为核心的比较完整的生理、病理体系,用以指导确立各种气功和治疗方法,以防治脏腑及其老化;强调"把握阴阳","模范天地"。她认为气功是一种积极锻炼身体,调节人身体内阴阳,增进健康,提高机体抗病能力的方法,人在炼功过程中要法于四时五行,"依时摄养",促进人体内外环境的相对统一,延缓人体机能老化,减少疾病发生,而达"内受腥腐诸毒不能侵,外遭疾病诸气不能损,聪明纯粹,却老延年"之目的;为此人要重视精、气、神的调养,习炼气功最贵精、气、神三宝,三者相辅相成,"精足为神,气足为道,藏神养气,保守坚贞,阴阳交会,以立真形"。因此,要求"收思敛欲"以安其魄;"息忿净"以弘其意。如此,才能"养性以全气,保神以安身,气全体平,心安神逸,此全生之诀也"。

3. 养形术

在道教养生术中,养形术是其中一朵瑰丽的奇葩,据说懂得养形术的人会"逆生长",即返老还童。道教中的女仙们似乎除了道行高妙之外,还驻颜有术,青春活力,逍遥自在。养形术大致也有几方面,一是服食调养,如胡麻(据说魏华存夫人幼年时就常服胡麻散、茯苓丸等,女仙边洞玄也是常食胡麻、茯苓)、桃花、杏(《云笈七签》中记载了"夏杏金丹方"，相传古代美女夏姬就是吃了三季"杏金丹"而转为美丽的少女容貌的①）、饮茶（越来越多的人都已认识到人类最健康的饮料是茶，茶可以提高身体免疫力及排毒养颜的功效越来越成为人们的一个普遍共识）等，当然，还有服仙丹。不过，这是可遇不可求的事，大众凡人的仙缘是少之又少。

二是"按摩术"，这可能对我们现代人而言是风险较少又经济实惠的养颜方法。许多道教经典对"按摩导引"都有论述与记载，《太素丹景经》云："一面之上，常欲得两手摩拭之，使热，高下随形，皆使极匝，令人面有光泽，皱斑不生，行之五年，色如少女。所谓山川行气，常盈不没。先当摩两手令热，然后以拭面目毕，又顺手摩发，如理栉之状。两肾亦更互以手摩之，使发不白，脉不浮外。"《云笈七签》中也有类似记载，"常以两手摩拭面上，令人面由光泽，斑皱不生，行之五年，色如少女。摩之令二七而止。"②

《大洞真经精景按摩篇》云：卧起当平气正坐，先叉两手，乃度以掩项后，因仰面视上，使项与两手争，为之三四止，使人精和血通，风气不入，能久行之，不死不病。毕，又屈动身体，伸手四极，反张侧掣，宣摇百关，为之各三。此当口诀。卧起先以手巾若厚帛，拭项中四面及耳后，使圆匝热，温温然也。顺发摩颈，若栉理之无度也。良久，摩两手以治面目，久行之使人目明，而邪气不干，形体不垢腻，去秽也。都毕，乃咽液三十过，以导内液。

陶弘景的《真诰》曾引《太素丹景经》《消魔上灵经》等记有许多按摩法，其《养性延命录·导引按摩》篇又记有多种按摩法，为现在最早的道教按摩术的具体记录。按摩的功效从现代医学的角度来看，按摩可使毛细血管扩张，使静脉血液回流加快，提高各组织间氧的利用率，促进营养物质的吸收和废物的排泄，加强肌肉纤维活动能力，帮助淋巴运行，从而使全身经络疏通，气血调和，阴阳平衡而达到扶正祛邪、除病延年的目的。

三是诵经阅典，读书美容也是女性修炼或成仙的方法之一。宋人

---

① 《云笈七签》卷 74，第 1683 页。

② 《云笈七签》卷 33，第 742 页。

编的《太平广记》卷五十八,云魏华存夫人"诵经万遍,经十六年,颜如少女。"①又据《太平广记》卷六十六引《集仙录·谢自然传》,云唐代时的蜀中女仙谢自然居果州南充时,"常诵《道德经》《黄庭内篇》"。读书,尤其是读经典,经典中有大智慧,在阅读的过程中人们可以从中体会到发自内心的愉悦、安宁与充实,日复一日、月复一月、年复一年的阅读是可以达到美容之效的。正所谓"腹有诗书气自华"。或许是因为鼓励女人读书的缘故,道教中的许多女仙都是写作高手,道教的许多经典或自称是女仙所授,或其传承与某位女仙有关,如《洞真太上太霄琅书》乃道教上清派的古道经之一,为六朝时期的科仪戒律之经。相传为紫微夫人所撰。又如上清派的大部分经典都是由其宗师魏华存夫人所降授。另据《上清明堂元真经诀》记载,《明堂玄真经》乃由"白玉龟台九灵太真元君西王母授说"。诵经阅典除了有美容的功效外,还有助于成仙。《黄庭内景经·上清章》有云:"是曰玉书可精研,咏之万过升三天。"(此处的玉书指《黄庭内景经》,亦泛指道书)意思是只要诵读《黄庭内景经》万遍,就可以长生或升天成仙。陶弘景的《真诰·协昌期第一》云:"读《道德经五千文》万遍,则云驾来迎。万遍毕,未去者,一月二读之耳,须云驾者而去。"②

二

综上所述,以现代人的眼光来看,道教中名目繁多的养生方法,有的是今天不应模仿与提倡的,如借助外力的服食丹药等;有的还需要进一步的深入研究、论证与考察,如借助内力的方法如行气、服气,亦即今日一般人的所谓气功。但不容置疑的是,道教女子修炼与养生的许多智慧、方法和实践至今没有过时,可以为今天的人提供借鉴,从而也有其现代价值。

首先,女子修炼与养生首先要重德行的修养,有德的人不一定长寿,但长寿的人多半都是有德之人。长寿、成仙没有德行是不行的,这就说明了道德修养与健康、养生和长寿方面的内在关联。

---

① 《太平广记》,中华书局 1961 年,卷 58,第 358 页。
② 《真诰》卷 9,《道藏》第 20 册,第 544 页。

其次，女子修炼与养生要重气质、性情的改变，对女性而言，知书达理，性情温婉，端方正直，正念不妄念，宁静平和，做人处事有分寸等还是很重要的。难怪乎我国历史上的许多思想家和养生家都把养德和养性放在养生的重要位置，甚至看成是"养生之根"。现如今一些激进的女权主义者在理解"男女平等"，乃至于在行事做人方面是有偏差的。

1946 年 4 月 7 日世界卫生组织（WHO）成立时，通过的《组织法》中提出健康的定义是："健康不仅是没有疾病和衰弱，而是保持身体、心理和社会适应上的完好状态。"在上个世纪 80 年代，才将道德修养纳入了健康的范畴，进而将健康的概念扩展为躯体健康、心理健康、道德健康和社会适应，形成了全世界共同体认的"健康新理念"。而我国的道家道教早就认识到身体、心理和道德这三方面健康的密切关联和互动关系，早就察觉到自然和社会对人的健康的深刻影响，从而形成了上述身心一体、身德相养、德养结合的整体养生保健观。

再次，女子的身体修炼与养生中的服食调养对吃什么，怎么吃的重视。俗语云："药补不如食补"，说明不懂食养则不足以存生。养生，现代人一有病就跑医院、就去看医生不是很妥。道教的养生、治病，主张食养和药疗并用，先食后药。先食后药即先食疗，若无效，再药疗。古代著名的道医孙思邈主张食疗不愈，然后用药。补虚也主张药补不如食补。现代人有时不太耐烦研究食物的特性，而热衷于吃各种补品，这就更为不妥。君不知，现代人的身体患病多半与吃有关，是"吃"出来的病。

现代女性尤其可借鉴道教中女子的服食养颜方法。如前文中提及的"杏"含有多种人体所必须的维生素及无机盐类，杏是维生素 B17 含量最为丰富的果品，而维生素 B17 又是极有效的抗癌物质，并且只对癌细胞有杀灭作用，对正常健康的细胞无任何毒害。杏仁的营养更丰富，含蛋白质 23%～27%、粗脂肪 50%～60%、糖类 10%，还含有磷、铁、钾、钙等无机盐类及多种维生素，是滋补佳品。杏果有良好的医疗效用，在中草药中居重要地位，主治风寒肺病，生津止渴，润肺化痰，清热解毒。笔者以为，作为女人，不管你是从事什么行业、做什么工作，平常对食品做点研读，对食品的营养与特性做点了解其实不无裨益。

复次，女子的身体修炼与养生中的按摩术以及读书养颜的方法更值得推广和提倡，这两种方法可以说是最容易，不需借助他力就可以做到的最简单最有效也最好的方法,这或许比整日敷面膜、跑美容院来得更为有效。一个不仅关心自己的身体健康、同时也关心自己的心灵世界和精神世界提升的人比那些只关心面部和身形的女人更显有内涵有气质和耐人寻味的美丽,这种美丽更能经历岁月的打磨。不信,去读读那些女仙们……

(“2013 年广东道教文化节暨第七届惠州国际‘休闲养生’旅游节”所提交的论文)

"大同世界"中的性别关系探略

从古希腊的赫西奥德、柏拉图,到中国的孔子、墨子,再到近现代欧美的空想社会主义思想家等,都对天下"大同"的理想社会有许多精彩论述。"大同世界"也是巴哈伊信仰的核心。在对"大同世界"的论述中,当然免不了有关于"大同世界"中男女社会性别关系的论述。从这些论述中,人们可以了解到思想家们对"大同世界"的性别关系有怎样的美好憧憬。而作为世界上最年轻的宗教——巴哈伊教自诞生以来就不遗余力地倡导性别平等,其致力于性别平等在世界各地所做出的努力与贡献世人有目共睹。巴哈伊教同样也为世人展示了大同世界中性别关系的美好愿景。

一、东西方哲人大同世界中的性别关系设想

在中国的先秦时代,墨子孔子对大同世界都有过论述,《墨子》中有"尚同"篇,尚同即上同,其大意是天下百姓的意见应当逐级统一于上级,并最终统一于天。这是墨子针对当时"天下大乱"的社会现实而提出的治理国家的政治纲领。"尚同"的上中下篇中均没有涉及对男女两性的社会关系的看法。

《礼记·礼运》篇被视为孔子对大同世界的经典描述,孔子曰:"大道之行也,天下为公。选贤与能,讲信修睦,故人不独亲其亲,不独子其子;使老有所终,壮有所用,幼有所长,矜寡、孤独、废疾者皆有所养;男有分,女有归。货恶其弃于地也,不必藏于己;力恶其不出于身也,不必为己。是故谋闭而不兴,盗窃乱贼而不作。故外户而不闭,是为大

同。"①这一百多字向人们展示了孔子心目中曾经有过的"大同"社会的美好景象。这段话中与男女两性相关的话就是"男有分,女有归"。"有分",指男人都有自己职责分内的工作;"有归",是指男女婚配及时,女人都有自己和乐的家庭。孔子没有多言大同世界男女两性的社会性别关系究竟如何? 不过,在今人看来,《论语・阳货》中的"唯女子与小人为难养也,近之则不孙,远之则怨"成为孔子和儒家瞧不起女人、贬损女人的确凿证据。

古希腊农民诗人赫西奥德在其诗歌《工作与时日》中将人类分为五个时代,分别是黄金时代、白银时代、青铜时代、英雄时代与黑铁时代。赫西奥德认为黄金时代是最美好的时代,在此时代过后是一代不如一代。赫西奥德也没有谈到黄金时代的男女性别关系是怎样的? 不过,他却认为正是人类"性欲"的出现结束了黄金时代,而性欲产生了"女人这个可诅咒的种族",由此可见赫西奥德对女性的不友好。赫西奥德还在《工作与时日》中记载了众所周知的"潘多拉的故事",潘多拉无疑是希腊神话中最典型的"祸水"形象,即给男人带来祸根的女人。"潘朵拉的盒子"在希腊神话中成了带来灾难的象征。

柏拉图在西方思想史上以轻视和贬低女性闻名。以其灵魂与肉体二元观阐释性别关系,就是将男人与灵魂、与精神世界相联系,女人与肉体、与世俗世界相联系,而灵魂、精神世界与肉体、世俗世界之间存在一个高下优劣的价值判断。既然灵魂、精神世界高于肉体、世俗世界,因而男性也高于女性。柏拉图甚至认为,人死之后灵魂以转世投生到另一个身体之中的方式继续存在。他在对话录《蒂迈欧篇》写道:"来到这个世界的男人如果是懦夫,或者过着一种不正义的生活,那么可以合理地认为他在下一次生出时就会变成女人。"②也许是为了摆脱女人与世俗世界的纠缠,柏拉图本人在西方哲学史上开启了哲学家独身的传统。

不过,柏拉图对女性的看法似乎有点矛盾,他在《理想国》中展现了对女性的另一种看法。在理想国里,家庭和私有制被废除,女性与男性拥有平等的权利,即女性也有参政与治理国家的权利,她们可以担任城

---

① 《礼记译解》,王文锦译解,中华书局 2001 年,第 287 页。
② (古希腊)柏拉图:《柏拉图全集》(第三卷),王晓朝译,人民出版社 2003 年,第 344 页。

邦的各种职务，和男性一样上战场，成为国家的护卫者。柏拉图还论证了女性与男性具有同样的天赋，可以接受同样的教育，一样可以参加各种行业的工作。他还主张女性应和男性一样参加体育锻炼，即使和男子一样进行裸体操练也是可以的。女性也可以学习医学、音乐、哲学等。总之，只要给予同样的教育，女性就可以与男性一样成为医生、音乐家或者智慧的爱好者。要知道，在古希腊时期，女性的社会地位比较低下，她们完全被排除于城邦的政治生活之外，不能参加公民大会，不能担任任何社会公职，也没有经济自主权，在法律上和未成年人一样被认为没有行为能力，一生都处于监护人（父亲、兄弟或者丈夫）的监护之下，而柏拉图的上述思想相对他那个年代来说则是超越性的，非常难得。

在15世纪时的意大利文艺复兴运动时期，有一位名叫克里斯蒂娜·德·皮桑的女作家写了一本《妇女城》，这是皮桑为自己和女性同胞用文字建立起来的一座"乌托邦"。"妇女城"完全属于女性，城中的居民来自于不同国家和时代，她们不再有家庭、丈夫和孩子，不再为衣食担忧，更不用惧怕男性的权威。妇女城居民的一言一行都体现出女性的理想美德：勇敢、智慧、审慎、孝顺、执着、慷慨、真诚、贞洁、爱和信仰等等。在妇女城里，女性的阶级地位被打破，不同社会阶层的女性比邻而居。皮桑还认为，女性的高贵在于自身的美德，而不是外在的年龄、容貌及出身等，[①]皮桑的时代距离女性的真正觉醒和女性主义运动尚有距离，但她的思想高度超越其现实所处的环境与时代。这部突出女性能力和美德的著作可以视为男权社会里饱受不公和歧视待遇的女性对未来理想社会的"想象和憧憬"。当然，这种"想象和憧憬"似乎有点偏激，因为妇女城里没了男性的身影。

最早直接提出妇女解放思想的是19世纪的空想社会主义思想家。他们在批判资本主义社会时提出了对未来社会的设想，也提出了妇女解放的问题。如圣西门在《一个日内瓦人的书信》一书中提出，一个社会如果不关心占人口一半的妇女们的安全，这个社会就是不合理的思想。圣西门认为，妇女参政是正常的，妇女有权在议会中占有席位。"男人和女人，这就是社会的主体"，成为圣西门的一句名言。

---

① 参见（法）克里斯蒂娜·德·皮桑：《妇女城》，李霞，学林出版社2002年。

欧文在他的著作中把"私有制"、"宗教"和"现存婚姻制度"看成是改造社会的三大障碍,并提出了在未来社会中男女平等的措施。欧文在《以不变的自然法为基础的普遍适用的合理组织法》中为自己的理想社会立法,其中第七条为:"男女两性都应当受到同样的教育,享受同等的权利、优待或人身自由。婚姻决定于自然的互相爱慕。这种爱慕应被正确地理解,不受人为障碍束缚;如果在某些情况下婚姻没有使双方得到幸福,那么妨害解除婚姻关系并使不满意婚姻状况的人遭到不幸的那些法律,就应该加以废除。"他为此还制定了离婚条例。

另一位空想社会主义者傅立叶则批判了两性关系的资产阶级形式和妇女在资产阶级社会中的地位。傅立叶在其《论四种运动》一书中富有创意地指出:在任何社会中,妇女解放的程度是衡量普遍解放的天然尺度。恩格斯在《社会主义从空想到科学的发展》一书中提及傅立叶时,指出:"他第一个表明了这样的思想:在任何社会中,妇女解放的程度是衡量普遍解放的天然尺度。"①傅立叶在抨击资本主义婚姻制度的同时,也提出了建立男女平等的理想社会。在他设计的理想社会"法郎吉"里,妇女和男子享有同等的权利,男女同校受教育,从事同样的职业,获得同样的劳动报酬,婚姻关系完全建立在相互爱慕的基础上。傅立叶的上述主张对 19 世纪中叶欧美各国女权主义思想的发展起了推动作用。

中国近代思想家康有为著有《大同书》。《大同书》的"戊部",堪称中国早期女权的经典。康有为认为,在"夫为妻纲"的传统社会中,女人的处境是:奴隶、囚徒、私有财产与玩偶,这样的状况显然违背了上古"人皆有天予之体"的思想。继而,他在《大同书》中反复强调"男与女虽异形,其为天民而其授天权一也",对禁锢妇女的封建纲常伦理和贞节观提出了尖锐批判:"乱世尊男,以女为属,饰为礼义,崇为高节";封建制度对女子"抑之,制之,愚之,闭之,囚之,系之",使她们"婚姻不自由"、"不得自主",都是"损人权、轻天民、悖公理、失公益"的现象。

康有为还大胆提出了对男女性关系的看法,认为:"人之生而有生殖之器,则不能无交合色欲之事",主张破除形界,男女双方都应当独立自由;还主张消灭家庭,并设想在"大同世界"里,"无家族,男女同栖不

① 中共中央编译局:《马克思恩格斯选集》(第 3 卷),人民出版社 1972 年,第 411—412 页。

得逾一年,届时需易人","男女婚姻,皆由本人自择","不得有夫妇旧名",两欢则相合,两憎则相离,除童男童女外,大人可以欢情,"荡然无名、无分、无界、无限之别,以求人人各得所欲",康有为认为妇女解放的目的,是为了国族强盛,因为社会一半的能量如果被封闭起来,显然不利于整个国家的进步与发展。不难看出,康有为对传统社会男尊女卑现象的批判是有力的,他对未来"大同"社会的性别关系的设想则是比较激进和出格的。

　　废除家庭在历史上也不是康有为首先提出来的,柏拉图的《理想国》里就提出了"共妻"的概念,在他的理想国家里,家庭和私有制被废除,"女人归男人共有,任何人都不得与他人私自同居。同样地,儿童也都公有,父母不知道谁是自己的子女,子女也不知道谁是自己的父母。"①柏拉图的"共妻"制其实是国家对个人的"性安排"和"生育制度"的安排,而不是个体的性自由。在此后西方的一些"乌托邦"作品中,"共妻"制的思想均有或多或少的延续。16世纪意大利人康帕内拉的《太阳城》就明确采取了这种制度。性关系的谨严、保守,尤其是国家、社会对个人的性关系的干预,成为早期乌托邦作品的一个显著特征。近代以后,乌托邦作品中的性自由倾向则越来越明显,到了18世纪以后的空想社会主义那里,提出了离婚自由和取消婚姻的主张。但在这种主张背后,则有不同的价值诉求,是基于国家强盛的考虑还是基于个人自由的考虑? 在康有为那儿,肯定是基于前者的考虑。

　　由上可见,东西方的哲人与思想家们均对传统社会的男尊女卑有不同程度的认识与批判,并对未来社会的男女性别关系提出了富有创见的设想,其中不乏合理的成分。但有些设想如性自由和取消家庭则在我们可以预见的将来很难操作和实现,而且即使可以实现的话,是否就真的带来两性在社会各层面的完全平等和女性更加全面的发展? 这是值得我们思考的。

二、巴哈伊教的性别意识及其实践所展现的美好愿景

　　巴哈伊信仰创立于一个半世纪以前,是世界上最年轻的独立宗教,

---

① (古希腊)柏拉图:《理想国》,郭斌和、张竹明译,商务印书馆1994年,第190页。

亦是目前全球成长最快的宗教。巴哈伊教传入中国初期,被中国学者认为与中国儒家大同思想不谋而合,故曾译为"大同教"。上世纪 90 年代初才重新音译为巴哈伊教。巴哈伊教的称谓得自其创建人巴哈欧拉之名,意为"荣耀"。巴哈伊教教义的核心思想是上帝唯一,宗教同源,人类一家。巴哈伊信仰的基本原则包括:消除各种偏见;两性间完全平等;认识到世界伟大宗教的根本一元性;消除极端的贫困与富有;普及教育;科学与宗教之和谐;在保护自然与发展技术间维持平衡;基于集体安全和人类一家的原则,建立一个世界联邦体系等。

男女之间的完全平等是巴哈伊信仰的基本原则之一,它集中体现了巴哈伊信仰的性别意识。具体而言,巴哈伊的性别意识可归纳为四点,一是完全的性别平等;二是女童具有受教育的优先权;三是充分肯定女性价值;四是肯定婚姻和家庭的价值。

1. 倡导完全的性别平等

巴哈伊信仰认为两性在道德和灵性上的平等对于达成世界的团结和和平是必须的。"妇女的解放和男女充分平等的实现,是实现和平的最重要的先决条件之一……否认这种平等便是对世界半数人口的不公平,并助长男性的不良态度和习惯,而这些会由家庭延伸到工作场所和政治生活之中,并最终会影响到国际关系。在道德、事实和生理上都找不到任何根据来证明否定男女平等的合理性。只有妇女充分与平等地参与人类各方面的努力,才能营造出有利于建立世界和平的道德与心理环境。"[1]巴哈伊信仰将性别平等与世界和平和人类进步之间的关系阐述得如此之透彻。

完全的性别平等这一基本原则源自创建者巴哈欧拉及其长子、即继任者阿博都巴哈的教导。1911 年,阿博都巴哈在巴黎的演讲中明确阐述了"男女平等"的原则,他说:"上帝创造万物是成双成对的。在人类、野兽和植物这三个王国里,所有的创造物均分成两种性别,而它们之间是完全平等的……在上帝眼里,一种性别并不比另一种更优越……一旦男人承认了妇女的平等地位,她们就不必为她们的权利而

---

[1] 《谁在书写我们的未来——巴哈伊全球愿景》,李绍白、张展辉译,新纪元国际出版社,2009年,第 14—15 页(笔者注——该书是由新纪元国际出版社收集的巴哈伊信仰全球最高管理机关世界正义院发表的四份声明汇编而成)。

斗争了！巴哈欧拉的基本原则之一就是性别平等。"①并断言："她们将进入各个政府行政管理部门。她们将在人类世界获得她们应该得到的最高地位，并且会参与所有的事务。你尽可放心。你不妨观察一下当前的形势；在不远的将来，全世界妇女将会在各方面变得出色和荣耀，因为这正是圣尊巴哈欧拉的心愿所在！待到选举之时，妇女将享有不可剥夺的投票权；而妇女进入一切人类事务管理部门，也将是无可辩驳和置疑的。这一点无人可以阻碍或制止。"②

当然，两性平等并不意味着抹杀两性之间的差别，两性平等这一原则强调两性在家庭和在社会中之地位的完全平等，强调两性在身体和生理各样差别基础上的相互补益和在社会生活的某些领域中的互补作用。犹如身体的主要器官一样，它们履行的职能各不相同，但对于生命却有着同样的重要性。"在某些事上妇女比男子擅长，有别的事项男人比女子更适合，而在很多事务上性别之分是无关痛痒的。两性功能上的分别在家庭生活方面尤为明显。"③

2. 女童具有受教育的优先权

巴哈伊信仰非常强调女性的受教育和发展。在巴哈伊的观点中，现实社会生活中女性之所以未能达到与男性平等的地位，是因为她们缺乏足够的教育和社会机会。阿博都巴哈说："在今时今日，人类必须公正和无偏见地探索万物真实本性，好能得到真正的知识和结论。那么，究竟什么因素使男女不平等呢？两性同样都是人。在力量与功能上二者相辅相成。事实不过如此：在男性长久以来所享有的机会方面，尤其是受教育的特权，女性常被拒于门外。"④他甚至认为，"一旦全人类获得同等的教育机会而男女平等得到实现，战争的根基就会被彻底地摧毁。没有平等这绝对不能达到，因为一切的差异及区别都促成不和与争斗。男女的平权会促进战事的废止，皆因妇女们永不会愿意认许战争。"⑤

---

① 阿博都巴哈：《巴黎谈话——阿博都巴哈1911年巴黎演讲录》，李绍白译，新纪元国际出版社2009年，第135—137页。
② 同上书，第157页。
③ 圣言与祷文[EB/OL]. http：//hk. bahai. org。2013‐11‐19。
④ 同上。
⑤ 圣言与祷文[EB/OL]. http：//hk. bahai. org。2013‐11‐19.

　　此外,巴哈伊教尤其重视女童教育。在资源有限的情况下,主张女童有优先教育权。也就是说,如果父母无力让所有的孩子接受教育,那么,女童的教育应优先考虑。因为她们是未来的母亲,而母亲是孩子的第一个教育者,只有受过教育的母亲才能养育优秀的儿女。阿博都巴哈说:"如果母亲受过教育,那么她的孩子也一定会得到良好的教养。如果母亲聪明,那么她的孩子就会被引导上智慧之路。如果母亲信教,她就会教导她的孩子怎样热爱上帝。如果母亲有道德,她就会把她的孩子引上正直之路。"①因此,巴哈伊教建议"有关决策机构最好优先考虑妇女和女孩的教育,因为正是通过受教育的母亲,知识的利益才能最有效地和最迅速地传遍整个社会。为了符合时代的要求,还应该考虑将世界公民的概念纳入儿童的规范教育之中。"②

　　据联合国儿童基金会调查,在1.21亿没有接受或只能接受很少教育的儿童中,有6500万是女童。在巴哈伊国际社团呈递给联合国的声明中,提倡给予女童优先受教育的机会。声明指出,为女童提供教育将使得未来的母亲能更好地教育下一代子女。这一看法在联合国儿童基金会的报告中业已被作为普遍共识提出,并得到世界上越来越多的人的欣赏与赞同。在女童失学情况严峻的国际大背景下,阿博都巴哈对为什么女童教育优先的阐述就显得非常地睿智和了不起,巴哈伊信仰对女童教育的特殊关注也显得更为紧迫和重要。提高妇女和儿童的权利和地位,特别是女童的受教育机会,现在已是全球巴哈伊团体和个人主要关注的领域,也是巴哈伊国际社团重点参与的联合国活动之一。

　　3. 充分肯定女性的价值

　　巴哈伊信仰在两性平等的基础上,充分肯定女性作为母亲、家庭成员和社会成员角色的价值,以及女性在经济等领域中的贡献。阿博都巴哈说:"在某些方面,妇女却比男人优越。她们更温良,更敏感,具有更强的直觉。"③"历史已经很好地证明,在女性不能参与人类事务之

---

① 阿博都巴哈:《巴黎谈话——阿博都巴哈1911年巴黎演讲录》,李绍白译,新纪元国际出版社2009年,第136页。
②《谁在书写我们的未来——巴哈伊全球愿景》,李绍白、张展辉译,新纪元国际出版社2009年,第15页。
③ 阿博都巴哈:《巴黎谈话——阿博都巴哈1911年巴黎演讲录》,李绍白译,新纪元国际出版社2009年,第136页。

处，人类的成就就不会是充分和完美的。相反，人类世界的每一个有影响的成果都有女性卓有成效的参与。"①他还提出，"强力渐渐失去它的威力，而精神的灵性、直觉，以及爱和服务的精神质量正在赢得优势，这些方面女性是更强的。因此新的时代将会是一个更少阳刚，更多渗入女性观念的时代，或者更确切地说，将会是一个文明的男性和女性元素更加平衡的时代。"②巴哈伊信仰还强调了男女的分别完善对人类幸福的重要性，这是因为"天下人类是由男女两性所构成，二者相辅相成。因此，如果任何一方有缺陷，另一方必然是不完全的，而人类就难以达到完善的地步。人体生有右手和左手，在生活应用及事情处理上，功能相等。如果任何一只手不健全，这个缺点就自然影响到整体而波及另外的那只手，除非双手都健全，否则，所有的成就不会是正常的。如果我们称某一只手不健全，就指证另一只手也是不健全的，因为单手是不会产生圆满的成果。一如双手造成物质方面的完美成就，作为社会整体两部分的男性和女性都必须得到分别的完善，任何一方停滞，得不到发展，就违反了自然；除非双方皆臻于完美，否则，仁爱就难以达到真正的幸福。"③巴哈伊信仰由此强调，在个人、家庭和社团生活中，执行性别平等的原则是至为重要的。女性在社会生活中不应该依附于男性。

4. 充分肯定婚姻和家庭的价值

巴哈伊教不像前面提及的一些思想家们对家庭的断然否定和对性自由的热心提倡，反而认为"家庭是人类社会整体构架的基石"，并认为应以家庭为社会的基本单位，把家庭作为人类社会发展的起点，由一己之爱，推己及人，由近及远，扩展到种族、国家之间，进而实现大同的社会理想，这种思路倒是有点类似于中国的儒家思想。阿博都巴哈阐述了巴哈伊教的婚姻观，即婚姻不仅是男人女人肉体的结合，也是男人和女人精神与灵性的结合。他说："在大多数人中，婚姻是一种肉体关系，这种结合只能是暂时的，因为它注定要以肉体的分离而告终。然而，在巴哈之民中，婚姻必须既是身体的结合，又是精神的结合……他

① 参见吴云贵主编：《巴哈伊教研究论文集（第二集）》第149页，中国社会科学院世界宗教研究所，巴哈伊教研究中心。
② 见吴云贵主编：《巴哈伊教研究论文集（第二集）》第153页，中国社会科学院世界宗教研究所，巴哈伊教研究中心。
③ 圣言与祷文[EB/OL]. http：//hk. bahai. org。

们之间的关系是精神上的关系,因此,这是一种永远能持续下去的结合。他们在物质世界也同样有着牢固而持久的关系,因为如果婚姻关系建立在精神和身体双重基础之上,那种结合才是真诚的结合,因此能够持久。然而,如果这种结合只是身体的而别无其他,那肯定只是暂时的,必定会以离异而告终。"①巴哈伊对婚姻持严肃负责任的谨慎态度,规定信徒在婚前应保持贞洁,不得有婚前性行为;婚外性行为也为教规所不允许;结婚不仅双方本人完全自愿同意,也必须征求各自父母的同意。巴哈欧拉强烈地谴责离婚,如果必须离婚需先分居一年。

巴哈伊信仰认为,家庭内部的事务毕竟不同于外部世界的事务,在家庭内部某一方对另一方的服从也不一定就表明了地位的不平等。"有些时候妻子必须服从她的丈夫,有些时候做丈夫的也要服从妻子……服从并不永远是不公正的。"②对丈夫而言,妻子必须受到尊敬和重视,其权利必须受到照顾,而且"就像他们不能容忍自己成为暴力和欺凌的对象一样,他们也不能允许同样的行为被施于同为上帝仆人的女性身上。"③巴哈伊不仅具有公正超前的性别意识,还一直不遗余力地将其运用于实际生活。从机构上讲,他们有巴哈伊国际社团妇女进步署和地区性妇女促进部或委员会。这些机构与联合国儿童基金会、联合国妇女发展基金、联合国教科文组织等都保持了咨商关系或者工作关系,且在教育儿童、提高妇女地位、促进人权教育等活动领域积极参与和支持联合国的工作。巴哈伊国际社团的联合国代表还担任了颇具影响的非政府组织妇女进步委员会的主席职务。从活动上讲,巴哈伊国际社团在联合国的各种论坛上多次提出女性议题。遍布全球的地区性社团开展了不胜枚举、各式各样的项目和活动来推动女性的发展与进步。从成效上讲,以联合国妇女发展基金会(UNIFEM)与巴哈伊合作的"用传统媒介促进改变计划"为例,在计划开展的三个地方——非洲的喀麦隆、东南亚的马来西亚、南美洲的玻利维亚,随着计划的扩展和深入,参与者的两性观念、家庭关系和社会关系均有显著改

---

① 《阿博都巴哈著作选集》,曾佑昌译,新纪元国际出版社 2004 年,第 104 页(笔者注——该书是由新纪元国际出版社收集的阿博都巴哈著作与书简的汇编)。

② 吴云贵主编:《巴哈伊教研究论文集》(第二集),第 146 页,中国社会科学院世界宗教研究所巴哈伊研究中心。

③ 同上。

善。世人对上述成就有目共睹。

三、结语

由于人类过往的历史中大部分的时段都是父权制占主导地位的社会,作为主要的社会性别关系,即男人和女人的关系在社会地位上无疑是不平等的。只是到了近现代后,这种状况才逐渐有所改变。今天世界上许多国家的女性基本上都争取到了政治、经济、教育、法律等方面的平等权利,随着社会现代化程度的提升和人类文明的不断进步,女性的社会角色得到了广泛调整,女性从家庭内部走出来,得以实现其在家庭之外的价值。性别平等从社会的表面来看比以前更加规范,社会的进步不用质疑。

但如果深入考察的话,谁也不敢说性别平等已经在地球上完全实现。就中国而言,中国经过 30 多年的改革开放,在各方面取得的进步全世界有目共睹。毋庸讳言,如今的中国社会依然存在显性或隐性的性别歧视现象,社会性别的鸿沟依然存在,在某些方面性别歧视不仅明显,而且在程度上有所加深,方式上也更为隐蔽。今天的人们在现实生活中依然面临着性别窘境的问题。

而巴哈伊信仰对于男女之间性别平等的坚定倡导,对在教育上女童教育优先的反复强调,对女性价值的充分肯定,对家庭和婚姻价值的坚决维护,给世人展示了一个看得见的、具有可操作性且行之有效的"大同世界"的性别关系的美好愿景,是否更值得人们有所期待呢?

(原稿刊载于《中华女子学院学报》2014 年第 2 期)

巴哈伊信仰的核心原则对当今
世界宗教对话的启示

——以明清时期的佛耶对话为参照

  当今世界除了数不胜数的宗教团体以外,在不同地域和民族还存在历史悠久、影响深远的一些主要宗教,如犹太教、基督宗教、伊斯兰教、佛教、印度教等,这几种主要宗教都有自己独特的宗教教义,有自己成体系的思想系统与价值结构,有自己的经典、自己的救赎论与宇宙观、自己的生活哲学等。此外,这几种主要宗教还都各有自己的以信仰为身份标志的信众,信众们还拥有对其所信仰的宗教的无比虔敬与忠诚。显然,在当今这个全球化的时代,为了世界的和平与人类的和谐发展,宗教对话尤显必要。作为一名研究宗教的学者,笔者觉得从宗教对话的角度去审视明末清初天主教传教士来华的传教策略很有必要,尤其这种审视与巴哈伊教的上帝独一、宗教同源、人类一体三个原则结合在一起进行思考时或许能带给我们一些启发,如在这个全球化、强调多元文化的后现代,不同宗教之间的对话、理解与宽容如何成为可能。

一

  宗教对话已经有了很长的历史。就中国历史而言,产生在印度的佛教进入中国后就一直与儒家、道教处于对话之中,从汉到魏晋南北朝再到唐代几百年的发展,从印度来的佛教通过对话与中华文化建立起你中有我、我中有你、彼此融合且不可分割的关系,并内在地成为儒、释、道"三教论衡、同归于善"的中国文化传统的一部分。佛教与中华文化从对话渐渐达至相互的包容与融合。这无疑是两种宗教或文化传统最为成功的对话。

  反观明末清初天主教与佛教的对话则是一次失败的对话。明末清初,随着耶稣会传教士的来华,基督宗教开始在中国历史上留下比较明显的"印记"。当时天主教在京畿地区、江南地区与福建地区都有所发展,而且在中国上层社会、士大夫阶层中得到明显的响应,甚至清初的皇帝如康熙对天主教也还抱着友善的态度。传教士之所以有如此建树,与其所自觉开展的天主教与儒家的对话即儒耶对话不无关系,利玛窦本人自觉且努力地寻找天主教与儒学的可沟通与可对话之处。在其《天主实义》中,他提到最多的是中国思想家,如周公、孔子、孟子等,引用最多的是"四书五经"(主要是《尚书》《诗经》《礼记》和《易经》等)。①正因如此,世人常对利玛窦所运用的"利玛窦策略"即以天主教来附会儒理,"合儒"、"补儒"进而"超儒"大加赞扬。

如果说利玛窦的儒耶对话还算成功的话,那么他的佛耶对话则可以说是完全的失败,这种失败与其所制定的"联儒抗佛"的既定方针有必然之关系。为什么要"联儒抗佛"? 这与利玛窦等对中国的以儒、释、道为代表的中华文化传统的基本判断相关,在其看来,这三者中他们最需要联合的是儒家,最不需要放在眼里的是道教,因为道教在其眼中更接近于巫术而不是宗教,而佛教作为有明确教义教理、有一整套仪礼仪轨和规章制度的宗教则是他们在中国传教的最大对手或障碍。

正因为如此,尽管利玛窦在 1583 年进入他在中国的第一站广东肇庆时,不得不借助于佛教所提供的方便,如削发剃须,穿上了和尚们的袈裟,其"无家室"之累很容易使中国的官员和百姓们将其等同于佛教的和尚,利玛窦等也乐得配合官员和百姓对其的误解。利玛窦在广东的驻足得到了佛教寺庙和僧人的友善接待,可他并不对此心怀感激。1589 年,利玛窦一行从肇庆来到韶州(即今天的韶关),韶州的官员将其落脚点安排在著名的佛教圣地南华寺。该寺的僧人对其的到来表现出友好的姿态。此"友好接待"却遭到了利玛窦的冷遇。《利玛窦中国札记》一书详细记载了南华寺僧人对其的示好以及他对"示好"的不领情。利玛窦后来在韶州光孝寺旁边买地建屋,光孝寺的和尚们在其购地交涉期间也给予了热情的照应,但利玛窦似乎对此"照应"也表现出了冷淡与漫不经心。

1595 年,在中国友人瞿太素的建议下,利玛窦决定重新蓄发留须,身着儒装,他以"西儒"面目示人的决定标志着以耶稣会士为代表的天

---

① 参见马爱德(Edward Malatesta)所编《天主实义》附录所作的统计。

主教传教士与佛教僧侣的正式决裂,这种决裂使得天主教与佛教的关系实质上进入了相互对抗之阶段。也就在这一年,利玛窦去到了南昌,后来又先后去到南京与北京等地,在其所到之处,他与佛教的僧人们之间都有过或多或少、断断续续的交往与对话,而这种交往与对话对其双方来说都是一种不愉快不友好的经历。如他在南京曾与佛教人士有过两场公开辩论,第一场辩论在他和年过七旬的佛教居士(他是京城御史之一,以道德和学问兼优闻名)李汝祯之间展开,辩论的结果是不欢而散。

在李汝祯的安排下,利玛窦和当时著名的佛教禅师雪浪大师黄洪恩(即三淮)之间展开了第二场公开辩论,利玛窦留下了一份十分详尽的关于这场辩论的记述资料,他说当时他和三淮"就宗教问题进行了一场争论……利玛窦和三淮就创造的含义以及人类头脑在这创造过程中所发挥的作用进行论辩,争论愈来愈激烈,大部分时间两个人都是相互大声叫骂,面红耳赤。"[1]据利玛窦的记述,当三淮在辩论中处于下风时,"那位名僧力图掩盖自己的无知,便鼓动另一场大嚷大叫,把他的论点的价值付之于随之而来的喧嚣。最后,东道主担心有人出言不逊会伤害这一方或那一方,就结束了这场辩论……宴会结束以后,只有那位僧人不肯承认失败,尽管所有的人都一致认为他失败了。"[2]显然,利玛窦自认为上述这两场辩论都是自己取得了胜利。单从利玛窦的记录来看,双方都是从护教的心态出发,竭力贬低对方的教义或理论以此来证明自己信仰的优越,而没有尽量尝试理解对方信仰的思想体系。

1601 年,利玛窦如愿来到了北京,著名的晚明四大高僧之一、紫柏真可(即达观)则先他一年即 1600 年来到北京。利玛窦与紫柏同在京师的时间有两年左右,二人虽都知晓彼此的大名,但从未谋面,二人之间还有过一段"不愉快"的经历。据利玛窦说,紫柏曾派人送信给他,说"他想会见利玛窦神父,如果神父也能像某些官员那样,先去拜访他并屈膝参见他的话。"[3]紫柏似有挑衅之意,利玛窦则以牙还

---

[1] (美)史景迁:《利玛窦的记忆之宫——当西方遇到东方》,陈恒、梅义征译,上海远东出版社 2005 年,第 343 页。

[2] 利玛窦、金尼阁著,何兆武校:《利玛窦中国札记》,何高济、王遵仲、李申译,中华书局 2005 年,第 367 页。

[3] 同上书,第 438 页。

牙,当即告诉送信的人,说"他不想跟他学任何东西,但是如果他达观想学点什么,那么欢迎他来学……最好避免和这个人的卑贱阶层有任何接触。这个大骗子的傲慢简直无法容忍。他在撒旦的学校里还能学到别的什么呢?诚实的人是受不了这些的。"①1603年,紫柏因遭诬陷涉嫌宫廷罪案入狱并罹难狱中,得知此消息后,利玛窦用带有几分嘲讽与刻薄的语气写道:"他死后,他的名字成了那些枉自吹嘘不怕肉体受苦的人的代号;但是他忘记了自己的吹嘘,当他挨打时他也像其他凡人一样地呼叫。官员有令,他的尸体不得收葬。他们怀疑他只是装死,他可能施展这样那样的诡计逃脱。他们简直不能相信他一挨鞭子就死掉了。"②从上述言语中不难看出利玛窦对紫柏的鄙视态度。

利玛窦对佛教教义的指斥与批判的文字主要集中在他的两部重要著作即《利玛窦中国札记》和《天主实义》中,尤其在《天主实义》中有对佛教的全面攻击。笔者在此仅撷取与本文的"宗教对话"之关联的几点而阐述之。

其一,利玛窦缺乏对佛教的平视与尊重。他认为,天主教比佛教的历史更悠久,也更为优越。佛教中的诸如"天堂"、"地狱"等概念显然是从天主教那里剽窃而来的,进而武断地否认佛教作为一种宗教的独立性。他在《天主实义》第三篇中写道:"天主教,古教也。释氏西民,必窃闻其说矣。凡欲传私道者,不以三四正语杂入,其谁信之?释氏借天主天堂地狱之义,以传己私意邪道,吾传正道,岂反置弗讲乎?释氏未生,天主教人已有其说。"③他竟然认为,"在被人们称为佛教与道教的不同教义的基本主题中,都含有对基督教三位一体的拙劣模仿,亦即把三个分离的神混为一体。"④他还提及佛教的"一些非宗教的礼节在某些方面,和我们教会的仪式很近似,例如说他们唱经和我们格里高利的唱经没有什么差别。他们的庙宇里也有塑像,他们献祭时所穿的袍服

① 利玛窦、金尼阁著,何兆武校:《利玛窦中国札记》,何高济、王遵仲、李申译,中华书局2005年,第438页。
② 同上书,第439页。
③ 朱维铮主编:《利玛窦中文著译集》,复旦大学出版社2007年,第26页。
④ (美)史景迁:《利玛窦的记忆之宫——当西方遇到东方》,陈恒、梅义征译,上海远东出版社2005年版,第159页。

也和我们的差不多。"①

其二,利玛窦对佛教的有关教义与观念作出了居高临下的独断式的判定与论断,并将佛教斥责为邪教。如"不管他们的教义中可以有怎样的真理之光,但不幸却都被有害的谎言所混淆了。他们对天和地的观念以及说天地是惩恶奖善的地方等等,都是十分混乱的;他们无论在天上或地上,都从不寻求死者灵魂的永生,这些灵魂被认为过一些年之后就重新诞生在他们所假定的许多世界中的某一个世界里。在那里,如果他们想要弥补罪过的话,就可以为自己过去的罪恶赎罪。这只不过是他们所用以影响这个不幸国家的许多荒谬的学说之一。"②

利玛窦在《天主实义》第二篇里,着力批判了佛教的空的理论以及从空无当中产生万物万事的说法,"佛氏谓色由空出,以空为务";利玛窦不解佛教关于万物之间普遍联系、平等起源的缘起思想,因而对佛教的缘起性空之理论作出了独断式评价,即"曰无曰空,与天主理大相刺谬,其不可崇尚,明矣"。③

利玛窦对佛教的灵魂与业报轮回的观念进行了最为详尽的批判。他的《天主实义》第五篇的标题是"辩排轮回六道、戒杀生之谬说,而揭斋素正志"。他列举了六条理由,与佛教的业报轮回观念针锋相对。即一,如果灵魂可以轮回,迁转来世他身,"或为别人,或为禽兽,必不失其本性之灵,当能纪念前身所为,然吾绝无能记焉,并无闻人有能记之者焉,则无前世,明甚"④;二,如果前世罪人转为今世禽兽,使今世禽兽具有人魂,那么,今日禽兽之魂与前世禽兽之魂不同。"然吾未闻有异也,则今之魂与古者等也。"⑤三,魂有三品,人与禽兽、草木各有不同之魂,唯有人类之魂"视其独能论万物之理,明其独有灵魂休矣。而佛氏云禽兽魂与人魂同灵,伤理甚矣"。⑥四,人与禽兽体态不同,"则其魂亦异⋯⋯既知人之体态不同禽兽,又安能与禽兽相同哉!故知释氏所云

---

① 利玛窦、金尼阁著,何兆武校:《利玛窦中国札记》,何高济、王遵仲、李申译,中华书局 2005年,第 106 页。
② 同上书,第 107 页。
③ 朱维铮主编:《利玛窦中文著译集》,复旦大学出版社 2007 年,第 15 页。
④ 朱维铮主编:《利玛窦中文著译集》,复旦大学出版社 2007 年,第 49 页。
⑤ 同上书,第 50 页。
⑥ 同上。

人之灵魂，或讬于别人之身，或入于禽兽之体，而回生于世间，诚诳词矣。"①五，"夫云人魂变兽，初无他据，惟疑其前世淫行曾效某兽；天主当从而罚之，俾后世为此兽耳。然此非刑也，顺其欲，孰为之刑乎……"若将前世罪人变为今世禽兽，并不能起到惩恶之效，反而顺肆其欲，更生恶端，如"暴虐者常习残杀，岂不欲身着利爪锯牙，为虎为狼，昼夜以血污口乎……故轮回之谎言荡词，於阻恶劝善无益，而凡有损也。"②六，轮回之说废农事畜用，乱人伦。"谓人魂能化禽兽，信其说则畜用废。谓人魂能化他人身，信其说将使夫婚姻之礼，与夫使令之役，皆有窒礙难行者焉？"如果我们所杀或所役使之牛马是父母的前身，那我们怎能忍心为之？忍心为之则乱人伦，不忍心为之则废日用农事。又诚依轮回之说，若我们所娶嫁之人或役使之人竟是我们的前世父母，"此又非大乱人伦者乎？"③不难看出，利玛窦过于简单地理解佛教的轮回观，也无法去思考此种观念背后的道德寓意，他的论断显得武断与粗糙。

针对佛教的戒杀，利玛窦也提出了异议。"他完全反对佛教徒用灵魂转生论散布动物与人类一样，是同属一体的地球上的生物，从而应当忌食动物产品的教义。利玛窦力图说明，只能把斋戒看作一种修行补赎的方式，它使人们铭记自己之罪，能在头脑中一直对自己躯体与意志的脆弱保持警戒。"④在1605年发表的《畸人十篇》中，利玛窦坚持认为为赎罪而斋戒是正当的，他重申了对佛教徒提倡斋戒的前提进行了驳斥。

其三，利玛窦对佛教的修行方法也进行了批评。利玛窦认为，佛教的"顿悟成佛"、诵念成佛等修行方式太过简便易行，难免会导致善有恶报、恶有善报的不合理结局，使人们对今世积善、来世得福缺乏真诚信念，助长人类天性中为恶的倾向。他说："呼诵南无阿弥陀佛，不知几声，则免前罪，而死后平吉，了无凶祸。如此其易，即可自地狱而登天堂乎？岂不亦无益于德，而反导世俗以为恶乎？小人闻而信之，孰不遂私

① 朱维铮主编：《利玛窦中文著译集》，复旦大学出版社2007年，第51页。
② 同上。
③ 同上书，第52页。
④ (美)史景迁：《利玛窦的记忆之宫——当西方遇到东方》，陈恒、梅义征译，上海远东出版社2005年版，第341—342页。

欲,污本身,侮上帝,乱五伦,以为临终念佛者若干次,可变为仙佛也。天主刑赏,必无如是之失公失正者。"①在其看来,若真如此,则宗教扬善去恶、救世济人的意义则会顿失。

利玛窦对佛教的上述攻击引起了佛教僧人与信众的不满,一位名叫虞淳熙的佛教居士学者"在经过一定时间的准备之后,通过书信对利玛窦的观点作了回击,他质问利玛窦,为什么不花点心血对佛教经典著作做仔细研究,而就对佛教进行诽谤? 为什么他自视有权对接受了佛教影响的几代受人尊敬的儒家学者们进行遣责? 他指出,无论如何,从利玛窦在中国发表的著作来看,佛教与基督教在道德的其他领域在相当大的程度上是重合的。虞淳熙还给利玛窦寄去一份中国佛教基础著作的阅读目录表。他认为,这会使利玛窦对事情的本质有一个更加清楚的认识。"②实事求是地说,虞淳熙的"质问"和他的两个"为什么"合情合理,而他主动提供中国佛教基础著作的阅读目录的做法也是善意的,说明他至少希望利玛窦在对中国佛教有基本的了解后再作评判。利玛窦并没有接受虞淳熙的建议,他给虞淳熙复了一封相当长的信,阐释天主教与佛教之间根本宗旨上的对立,并深信,佛教违背了"十诫"的第一诫即拜偶像。

由上可见,利玛窦对佛教并没有进行深入的研究,他对佛教的理解与认识贫乏肤浅,可谓是一知半解,且多有误解,甚至可以说他对佛教的理解仅限于一般民间佛教信仰,其批评也多非理性。而他对佛教的批判则是一种直观的、不深入的、简单的以天主教的立场为基点的居高临下的批判,在这种批判中没有聆听,没有对话,更没有贴近的理解和宽容。

以利玛窦为代表的天主教传教士显然没有注意到这样一个事实:即当他们远涉万里来中国传教时,佛教在中国已有千多余年的历史,并已成为中国文化传统中不可分割的组成部分,它已成为中国儒释道三教中的其中一个"道统",丰富的佛教哲学与伦理思想已经渗透到中国文化的骨髓和命脉中。利玛窦的联儒抗佛之策略,大有拆散中国三教

---

① 朱维铮主编:《利玛窦中文著译集》,复旦大学出版社 2007 年,第 5283—5284 页。
② (美)史景迁:《利玛窦的记忆之宫——当西方遇到东方》,陈恒、梅义征,上海远东出版社 2005 年,第 341—342 页。

和合正统的态势，其对佛教的不尊重、不理解与对抗，更容易促使具有反天主教情绪的文人士大夫与佛教居士、僧人结为同盟，从而对天主教在中国的传教事业造成负面和不利影响，这种负面和不利影响在利玛窦在世时由于其为人处事的圆通和周详还不太明显，当利玛窦去世后，这种负面和不利影响就越来越明显，最后则导致了"礼仪之争"与天主教的全面退出中国，对抗而不是对话的"先定"立场就注定了明末清初的佛耶对话的全面失败。

二

宗教对话在当今世界已经成为一个热点，它不仅仅是一个学术问题，更是一个实践问题。不同宗教之间的对话不仅具有理论意义，更具有实践意义。而巴哈伊教义的三个核心原则即上帝独一、宗教同源、人类一体，无疑显示了巴哈伊教的包容性与开放性，也为当今世界的不同宗教之间的对话、相互理解和寻找不同宗教之间的重叠和共识奠定了前提与基础。

所谓上帝独一，即认为上帝是独一、全知、全能的，是宇宙的创造者，宇宙中的一切存在包括人类在内皆为其所造，他也是万事万物运行的启动者和支配者。上帝的存在是永恒的，无始无终，他是启示的源泉。虽然上帝不可直接触及，但他可以被受造物感知，并且有意愿和目的。"在神学意义上，所有一神教关于上帝的概念尽管名称不同，但其本质是基本相同的：上帝是无形无体的'灵'，（如果有形有体就成了有限的事物了），具有全能的理性和意志（当然为凡人概念所不能描述）。他超乎万物之外（即所谓超外性），又贯乎万物之中（即所谓内在性），具有绝对的超现象性。他是万因之因，也是无因之因。就此而言，在神学上，上帝的存在与否基本上不是一个论证的问题，而是一个信仰的问题。"[1]

所谓宗教同源，即认为所有的宗教都有共同的源头，即都是出自同一个上帝的启示。巴哈欧拉阐明了这样的基本原则："宗教的真理不是绝对的而是相对的，神圣的启示持续不断而且逐渐演进，世界上所有

---

[1] 李绍白：《人类新曙光——巴哈伊信仰》，新纪元国际出版社 2010 年，第 3 页。

伟大的宗教,本质上都是神圣永恒的;它们的基本原则完全和谐,它们的目的及目标都是相同的,它们的教义是同一真理的各面,它们的作用是相辅相成的,它们旨在教规的细节方面有所差异,它们的目标代表了人类社会灵性相继进化的各个阶段。"①无疑,"巴哈伊信仰具有'调和'其他宗教的成分,主要在于强调各大宗教本质上的一致性并号召各宗教之间的团结,这使得它具有一种异乎寻常的吸引力,并且可能会使人认为它有包容其他宗教的倾向……巴哈伊信仰告诉我们:各个宗教都来自同一个根源,即上帝的启示。巴哈伊信仰承认的上帝派遣下来的先知有:耶稣(创立基督教),摩西(创立犹太教),琐罗亚斯德(创立琐罗亚斯德教),穆罕默德(创立伊斯兰教),克利须那(创立印度教),佛陀(即释迦牟尼,创立佛教),巴孛(创立巴比教——巴哈伊信仰前身)和巴哈欧拉((创立巴哈伊信仰)。这些先知虽然各自创立了不同的宗教,具有不同的名称,但都是宣扬同一个上帝的福音,崇拜同一个上帝。因此,宗教实际上只有一个,那就是上帝的宗教……这个宗教处于不断发展的过程中,每一个特定的宗教则代表整体发展的一个阶段。"②循此思路,既然宗教同源,对一切宗教和各教派的信徒就应采取一视同仁、包容和宽容的态度,各种宗教信仰的不同不应成为相互疏远、敌对和仇恨的根源。"在巴哈伊看来,宗教的团结,应该成为全人类和平统一的首要条件之一。"③

所谓人类一体,即强调"地球乃一国,人类皆其民",这个理念是"上帝独一"和"宗教同源"概念的自然延伸。"人类一体意味着凡是人类,无论其种族、肤色、性别、阶层、社会地位和受教育程度,都是上帝的子民——全人类大家庭的成员。在上帝面前都具有同等的地位和权利。人类之所以呈现不同的种系和状态,只是造物过程形成的区分,而非本质属性上的差异,更无高低贵贱之别。"④巴哈欧拉曾说过:"你们乃一树之果,一树之叶,你们之间应以极大的爱心和睦相处,以友情与交谊精神相待……团结之光如此强大,足以照亮整个地球。"⑤由此可见,巴

---

① 守基·阿芬第:《号召寰宇》,马来西亚巴哈伊总体灵会 1992,第 2 页。
② 李绍白:《人类新曙光——巴哈伊信仰》,新纪元国际出版社 2010 年,第 25—26 页。
③ 李绍白:《人类新曙光——巴哈伊信仰》,新纪元国际出版社 2010 年,第 31 页。
④ 同上书,第 36 页。
⑤ 蔡德贵撰李绍白著:《人类新曙光——巴哈伊信仰》再版前言。

哈伊信仰特别强调人类整体和谐的重要性,其"人类一体"所指向的目标是真正地实现人类大同。不仅如此,巴哈伊世界还采取了许多具体措施来推进人类大同的实践,如巴哈伊信徒积极参与联合国非政府组织的和平运动,积极参与诸如《地球宪章》等文件的制定,并发表《世界和平之承诺》《人类的繁荣》《所有国家的转折点》《致全球宗教领袖函》等文件,以实际行动和言论表明他们以期对世界和平进程有所贡献。

由上可见,面对文化的多样性和差异性,巴哈伊提倡多样化统一的原则,倡导大同和宽容精神,巴哈伊信仰完全适应经济全球化环境下的政治和文化多元化趋势。就宗教对话的角度而言,巴哈伊教义上述的三个核心原则即上帝独一,宗教同源,人类一体或许能带给我们以下启迪:

其一,我们今天所生活的世界已经不像以前那样,互联网和全球化已极大地改变了地球人的生活,它使各地各方的人们更加紧密地联系在一起,人们的宗教信仰事实上也处于相互关联之中。这个时代客观上不容许各个宗教惟我独尊。不管是哪种宗教若想要有全新的发展,若要能够更好地满足人的灵性需要,若要更好地促进世界和平,就不能和其他宗教相互隔离、排斥和冲突,而只能是通过负责的宗教对话来达到彼此的和平共处和各自的新的发展。

当然,宗教对话若想有成效,对话者的态度与立场甚为重要,对话的态度与立场在某种意义上就先在地决定了对话的效果。回顾晚明时期利玛窦的联儒抗佛,联儒的成功与抗佛的失败与利玛窦等传教士对儒家和佛教所采取的不同态度与立场有必然关系。

当然,每种宗教都有自己独特的思想、表述与符号等,但是这些自己熟悉并习以为常的东西,对于外人来说难究其竟,对话就需要参与者除了有谦恭平等的姿态外,还需要彼此能敞开心胸,"从自己人的角度"来全面地认识"你的或他的宗教",如此的对话才会使大家有机会彼此融入对方,在对方的论述中寻找"重叠与共识",且愿意探索在接近超越与深奥神秘的生命的相似性和差异性。并非只是证明自己的宗教更高明,劝别人"改宗";或者在对话中失去对自己宗教的信念。巴哈伊信仰的上述三个核心原则的高明之处就在于:承认上帝没有剥夺人类在精神指向和终极理想上的一致性和对超越的追求的共同性,处于不同的信仰群体、不同文化身份的人在心灵或灵魂深处本来就可以彼此相通。

其二，宗教对话产生的前提首先是承认对方宗教的价值及独立性，任何一种宗教都不是真理的高大全本身，也不能完全垄断真理。如果把自己的宗教凌驾于对方宗教之上，相信只有自己所信仰的宗教才拥有真理和绝对的权威，那么这样只能招致对话的失败。以利玛窦为代表的天主教传教士在晚明中国的"抗佛"说明其思维方式及方法论仍局限在西欧中世纪的传统神学框架之内，他们认定只有天主教才掌握了全部的真理，是唯一的普世宗教，并以此为尺度来责难其他宗教，这就使得其不可能谦卑下来进行不同宗教间的比较研究和有诚意的对话。

反观巴哈伊教，我们在其经典中不难发现对其他宗教及其创始人的尊崇和歌颂，在巴哈欧拉和阿博都·巴哈的著述中，人们可以常常读到他们对其他宗教教义的大量论述、精彩评价以及由衷的赞赏；巴哈伊的灵曦堂（即祈祷堂，不做任何巴哈伊标示）向所有的人开放，不管你信仰哪种宗教或有无宗教信仰；巴哈伊的建筑都有九个侧面的拱顶，象征着世界上所有宗教的团结和谐与共进大同世界的理想。

其三，宗教之间的对话和沟通、理解和宽容是一种现代精神，也是现代文明的核心原则之一，应该成为当代人的生活方式和常数。人与人之间是如此，国与国之间是如此，而巴哈伊信仰上述的三个原则就恰恰体现了其现代精神和现代文明的特征。正由于巴哈伊信仰有更为现代化的内容，有更为简化的宗教仪式，更为宽容，更为开放，更为世俗化，所以在 20 世纪 60 年代以后取得了惊人的发展。

人们也欣喜地看到，当今的天主教在与现代性接轨方面取得了长足的进步。1962 年 10 月 11 日，在教宗约翰二十三世主持下，梵蒂冈第二届大公会议在罗马圣彼得大教堂正式召开，这次会议历时三年，举行了四期集会，即为梵二公会议。就在这次会议上，天主教决定向现代世界开放，提出了"与时代共进"（Aggiornamento）的口号。会议邀请了东正教和新教的代表列席旁听。要知道：自从东西教会大分裂，天主教就与东正教少有来往；同时自从宗教改革、新教分裂出去之后，新教一直被天主教看做异端邪说，彼此少有来往。东正教和新教的代表列席旁听显示出教廷开放的胸襟和改革的决心。这次会议努力回答的问题之一就是：天主教信仰与世界上的其他宗教信仰的关系，如天主教与其他基督宗教的关系、与非基督宗教的关系、与犹太教的关系、与无信仰者的关系等等。梵二会议不再把天主教会等同于世界上唯一的真教会,也修改了过去一味强调的"教会之外无救恩"(即天主教把握着全部和绝对的真理,不加入天主教会,就不可能获得灵魂的拯救。天主教一直把"教会之外无救恩"当作对待非基督徒、东正教徒和新教徒的定则甚至信条)的教条,并开始承认其他的宗教并不在拯救历史之外,而在拯救历史之内。别的宗教也反映了"真理之光"。"天主公教绝不摈弃这些宗教里真的圣的因素,并且怀着诚恳的敬意,考虑他们做事的生活方式,以及他们的规诫条与教理。这一切虽然在许多方面与天主公教所坚持、所教导的有所不同,但往往反映着普照人类的真理之光。"①这就等于宣告了"教会之外亦有救恩"。

在梵二会议的"革新"和"开放"方针指引下,罗马天主教还设立了与其他基督徒、与其他宗教甚至与无神论意识形态进行对话的一系列机构。梵二会议标志着天主教会从传统的自我中心的独断式思维中走出来,向世界开放,不再以居高临下而是以平等和对话的姿态来处理与其他宗教的关系,这表明了天主教的与时俱进,以及教会在现代性语境中对自我的重塑与更新。其实,不管是哪种宗教,唯有谦卑下来,聆听他者(即其他宗教)的声音,与他者进行诚意有效的对话,才能真正更新自身。宗教对话既是一个参与者各方双赢或各有所获的过程,也是宗教本身自我超越的有效方式之一。

天主教的"与时俱进"与巴哈伊的上述三个核心原则的精神是吻合的,不同宗教之间的对话其实也是各宗教更新自我认识、与时俱进的最合适的方式之一。或许在某种意义上,宗教选择对抗还是对话将决定宗教的命运。宗教对话不仅是一种需要,也成了时代的律令。对话而不是对抗,不仅对每一个宗教都有好处,而且对当今动荡的世界政治格局更有着不可低估的价值与影响。

其四,当今世界的许多问题根本不能依靠某个国家来解决,同样,也不能单靠某个宗教来解决。例如环境污染、资源耗竭问题,世界各大宗教必定以各自的方式回应这个难题,不同宗教面临的共同挑战,就为各宗教的合作提供了某种基础,从而为宗教之间的对话提供了可能性与可行性。越来越多的人业已认识到:在对话和沟通的基础上达成的

---

① "教会对非基督宗教态度宣言"第2节,见《天主教梵蒂冈第二届公会议文献》,上海光启社2005年,第470页。

是相互之间的理解,在理解的基础上才能达成和谐共处,在和谐共处的基础上才能摸索或找出对世界性难题的应对之策。

当然,人们若要理解宗教对话的全部意义,洞察宗教对话的全部内涵,并促进宗教对话的实践与成效,必须具备一种大智慧。而巴哈伊上述三个核心原则的确立,正是这种大智慧的集中体现。在这种大智慧的启迪和照耀下,在这个全球化、强调多元文化的后现代,不同宗教之间的对话、理解与宽容就一定是可能的,而且也是必须的。我们每一个相信上帝启示的人都要自觉为此付出自己的努力……

（为 2015 年 11 月"巴哈伊教关于世界和平、社会发展的原则、话语和实践国际学术研讨会"的会议论文）

第四章

宗教管理探讨

关于中山市民间信仰问题的调研报告

引　言

中山市地处珠江三角洲，是中国改革开放的前沿阵地。改革开放以来，中山市民间信仰出现升温现象，民间庙宇重建扩建之风愈演愈烈。据统计，该市现有民间庙宇 486 处，存在不少问题，如管理缺位、安全隐患突出、金钱利益冲突、封建迷信、不正当敛财等非法宗教活动亦时有发生。因此，如何对民间庙宇进行有效监管已成为政府相关职能部门不可回避的一个难点问题。经中山市政府批准立项，由中山市民族宗教事务局牵头组织，华南师范大学历史文化学院、广东省民族宗教研究所共同参与，2006 年 11 月成立了以《中山市构建民间庙宇安全防范机制研究》为课题的调研组。调研组采取实地走访、召开座谈会、发放调查表格与调查问卷相结合的方式，于 2006 年 11 月至 2007 年 8 月对中山市所辖的 24 个镇区展开调研，走访了各镇区具有典型性的民间庙宇，获得了大量第一手文字资料、图像资料与录音资料，并对这些资料进行了统计、分类，归档入案。在此基础上，中山市民族宗教局与华南师范大学历史文化学院、广东省民族宗教研究所多次召开会议，展开讨论，形成了调研汇报提纲。据此提纲，华南师范大学历史文化学院撰写了调研报告的初稿。又经三方多次讨论、修改，调研报告几易其稿，最终形成了现在的这份调研汇报。

国家宗教事务局于 2006 年新成立的宗教四司分管民间信仰方面的事务，但到目前为止还未出台相关管理法律法规。除福建、湖南等地的宗教工作部门从立法、政策和行政管理等方面作了一些探索性的实践外，地方各级宗教工作部门关于民间信仰的相应管理机构设置还很少。本报告首先对中山市民间信仰的基本情况、管理现状进行详细描述，然后对存在问题进行深入分析，在此基础上提出相应的建议，以期对民间信仰及民间庙宇进行有序化管理。

一、中山市民间信仰的基本情况

中山市的民间信仰有着悠久的历史传统。现存庙宇最早可追溯至宋代,兴建年代在1949年中华人民共和国成立前的民间庙宇共有282处。中华人民共和国成立后,民间信仰在"破四旧"、"文化大革命"等政治运动中被当作封建迷信进行批判,民间庙宇普遍受到破坏或改为他用。不过,中山民间庙宇在文化大革命中并没有被全部砸烂烧光,民众对民间神祇的崇拜并未完全销声匿迹。改革开放以后,民间信仰呈强劲的复兴之势,民间庙宇得到修缮、重建与扩建,民间信仰升温的势头持续至今。

(一)民间敬拜对象繁多,但又有所侧重。中山市民间所崇拜的神祇大致可归为四类:一是对山石、树木、河海等自然物的崇拜以及对雷、雨、闪电、大风等自然现象的崇拜。二是佛道神祇崇拜,诸如观音、天后、北帝、土地公等。三是先贤圣哲、忠臣伟人崇拜,如华陀、关羽、康公等。四是祖先崇拜,如祭祖、修建宗族宗祠等。这些名目繁多的敬拜对象,既有"万物有灵"的痕迹,更杂糅了儒释道教义及崇拜对象、仪式。从数量来看,民间崇拜最多的是土地社公,多达114处。其次,北帝庙41处,先锋庙31处,观音庙29处,天后庙23处。在其他的神庙中,观音、北帝、天后等神灵虽不是所供奉的主神,但也有其神座,可见他们是被中山民众视为最重要的敬拜神祇。

(二)民间信仰的活动场所以民间庙宇为中心。中山市486处民间庙宇遍及各处,总体上而言农村地区多于城镇地区。山林、河口、海边等均有民间庙宇的身影,但更多的则是散落于民居之中。民间庙宇建筑面积大小不一。

如图所示,在50 m² 以下的有241处,占总数的49.5%;50—100 m²的有91处,占总数的18.7%;100—200 m²的有80处,占总数的16.4%。三者合计共占总数的84.6%。可见,当前民间庙宇的规模以中小型为主。建筑面积最小的只有5 m²,最大的达1600 m²。现存民间庙宇多为旧址或异地重建、扩建而来,因而多以砖木结构为主,但仍带有古代建筑样式遗风。这些庙宇完全没有纳入宗教部门的管理场

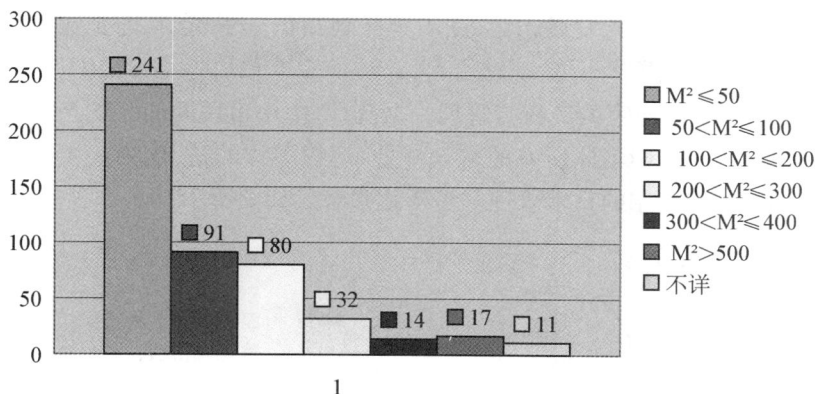

1

所,也没有被列入各级文物保护单位的场所。

（三）民间信仰活动多种多样。民间信仰活动主要是指以神祇崇拜为中心的祭拜活动,这类活动又可分为两类:一类家庭内部的敬拜活动;一类是以民间庙宇为活动场所的宗教活动。前者主要是个人性的拜神活动,对社会影响小;而后者既有个人性的烧香祈福,解签占卜活动,也有群体性的聚集、聚餐、游神活动,且主要在庙诞与传统节日时进行,因而具有明显的时间周期性。在神庙举行的活动,无论是个人性的还是群体性的,都具有社会性,因而对社会的影响也较大。以各种节庆为载体、以各种神祇信仰和崇拜为核心的大型民间信仰活动近年来有升温的趋势。群众对民间信仰的理解和诉求一般是建立在自己生活的实用基础上的,通过向神祇顶礼膜拜,祈愿健康长寿、发财致富等,关注的焦点集中着眼于现实的幸福,是一种功利性很强的信仰诉求。

（四）民间信仰的信众。民间信仰不像基督教、佛教等正规宗教那样具有确定而稳定的信仰群体,群众对民间信仰多是出于无组织且带有功利性的参拜,许多人甚至对于其所拜的神不甚了解。不同的民间敬拜活动,参与的群体有着明显的区别。如在个人性、日常性的烧香祈福、解签占卜活动中,中老年人,尤其是妇女居多数。而于庙诞、传统节日时所举办的活动则一般由当地有名望、有一定知识的人组织,当地不同年龄、不同性别、不同文化水平、不同职业的群众基本上也都会不同程度地参与。此外,港澳台胞、海外侨胞是中山民间信仰活动的积极参与者,其所发挥的作用也比较突出,他们纷纷慷慨解囊,出资出力参与民间庙宇的修建及民间信仰活动。值得注意的是,民间信仰的信众结构日趋复杂,呈多元发展趋势,逐步延伸到知识分子、富有的企业家以及青年人群体。

(五)民间庙宇的产权与管理。据统计,中山市民间庙宇的产权归私人的有 7 处,归集体所有的有 390 处,产权不详的达 89 处。由于产权不同,民间庙宇的日常管理呈多样化状态。如图所示:

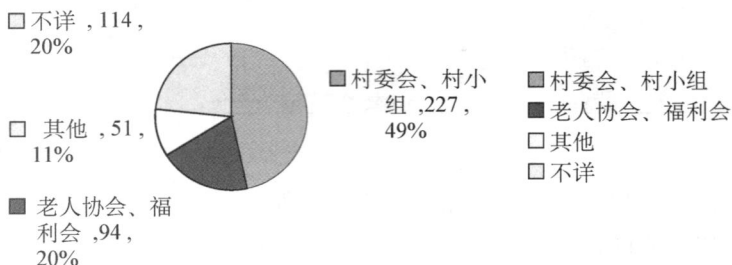

说明:

(1)属其他管理部门是指填写"个体"、"某某资产公司"、"私人"、"无人管理"、"某某乐园"等类似情况的庙宇。

(2)情况不详指的是填写栏空白或填写"不详"的庙宇。

在有专人管理的民间庙宇中,日常管理的人数由 1 人到 10 人不等,并且大部分都为当地老人管理。具体如图所示:

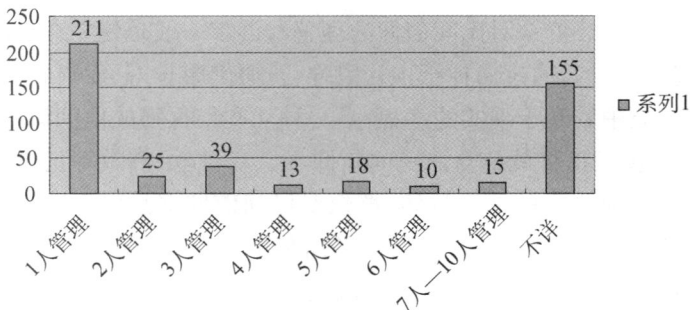

一般而言,规模较大,香火较旺的民间庙宇其管理人员相应也多,甚至有一套"粗糙"的管理办法及管理机构,规模小的民间庙宇一般由一两位老人负责管理。总体而言,民间庙宇一部分处于信众自我管理的状态,一部分则产权不清,管理不明,无人负责。显而易见,所有的民间庙宇均呈现出一种"无政府状态",均未纳入各级政府相关部门进行有效管理,这种管理混乱与管理缺位的现象应当引起各级政府的重视。

（六）民间庙宇的收支情况。几乎每处民间庙宇中都备有香油箱或功德箱,香油钱成为民间庙宇日常性收入的一部分。香油钱收入的多少与庙宇规模的大小、香火的兴旺有直接的关系,并且有一定的时间性,每月的初一、十五一般上香的人较多,所得香油钱也相应增多。不过,这一部分的收入总量并不大,庙宇的最大收入来自其所举办的一些敬神活动,如庙诞、花灯会、重阳节、佛诞、观音诞等。在这些活动期间,当地人都会向庙宇捐助钱财,少则一二十元,多则几百块。另外,海外侨胞及港澳台乡亲的捐助也是庙宇收入的一大来源。不同规模的庙宇,其收入也相差甚远,少的一年也就是几百块,多的达四五十万。庙宇的支出一般根据其收入来定,支出的项目主要有:日常性购买香火、水果的费用;管理人员的工资费用;一些宗教活动期间的支出。资金充足的庙宇还会在社会福利事业上有一定支出,如给当地老人的津贴、助学金、赈灾修路等费用。当然,由于管理的不透明,一些庙宇的资金来源及用途不甚明了,不排除一些人"借神敛财"、强行征款等不法现象存在。

（七）民间信仰场所的非法宗教活动。在调研过程中,发现民间存在自发的跨地区的敬拜活动。这些跨地区的宗教活动,不仅仅有民间信仰还有基督教、佛教等敬拜活动。也不仅仅是中山市民众去邻近地方敬拜,还有其他地区的信众前来中山敬拜,不过,以中山信众前往外地参加敬拜的为多。这些活动,既有个人性的,又有群体性的。其中一个比较突出的问题是游方僧尼公开半公开地在非宗教场所进行宗教活动,例如2006年7月份,石歧区南下社区三山古庙举行礼佛活动,擅自邀请从韶关来的6位和尚前来做法事。中山市民宗局了解情况后,会同相关部门进行宣传教育,及时制止了这一非法的宗教活动。另外,还有一些假和尚、假道士在中山市进行非法的宗教活动。这些现象,凸显出现有的合法宗教场所的分布与数量已不能满足信众的宗教生活需要的矛盾,而另一方面,信众对哪些是合理的正常的宗教活动场所与宗教活动也不太清楚。

二、中山市民间信仰的特点

以上便是中山市民间信仰的基本情况，民间信仰不同于佛教、基督教等正规宗教，有其自身独特之处。

（一）民间信仰历史悠久。民间信仰深厚的群众基础，源于其悠久的历史。这体现在民间庙宇的兴建年代上，如下图所示：

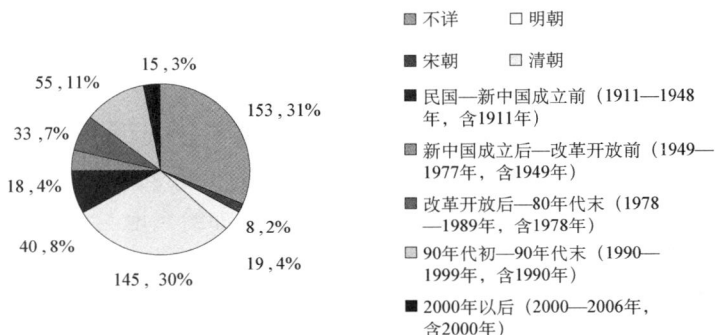

图例：
- 不详
- 明朝
- 宋朝
- 清朝
- 民国—新中国成立前（1911—1948年，含1911年）
- 新中国成立后—改革开放前（1949—1977年，含1949年）
- 改革开放后—80年代末（1978—1989年，含1978年）
- 90年代初—90年代末（1990—1999年，含1990年）
- 2000年以后（2000—2006年，含2000年）

说明：不详是指填写"空白"、"解放前"、"壬辰年"、"庚申年"、"历史遗留"、"不详"、"何时兴建"等的庙宇，共153间，其中有85处为1949年之前建设，但具体时间不详。

由此可见，兴建于1949年以前的民间庙宇多达297处，占总数的61.1%。民间庙宇成为中山历史的见证以及不可或缺的一部分，中华人民共和国成立后直到文化大革命时期，由于种种原因中山市民间信仰一度严重受挫，但从未完全销声匿迹。改革开放以来，民间信仰呈强劲复兴态势，突出的表现便是民间庙宇的重建、整修、扩建及民间庙宇香火的繁盛。据统计，改革开放三十年来，重建、整修及扩建的庙宇达324间，新建的有87间，两组数字加起来占现存庙宇总数的84.5%。从数量上来看，这还只是恢复性增长，但从兴建庙宇的建筑面积、占地面积而言，民间庙宇却有实质性的增长，现存民间庙宇建筑面积最大的达1600 m²，占地面积最大的达6000 m²，都是近十年中逐渐形成的。

（二）民间信仰的普遍性与群众性。中山市民间信仰无论从敬拜对象的数量、民间庙宇的分布与数量、群众参与的数量与程度、民间信仰与群众日常生活的密切关系等方面来看，均比其他任何宗教更具普遍性、群众性。民间信仰中既有自然崇拜,又有诸多佛道及各路神祇,还有许多先贤圣哲仁人崇拜,儒释道诸多思想教义搀杂其中,满足了不同群众的不同需求。民间信仰仪式简单,不需要特别的个人或组织来充当中介,也没有一套深奥的教理学说,易为群众所接受。民间信仰业已成为中山群众,尤其是农村村民日常生活场景的比较重要的一部分,与中山的地理人情、经济活动等共同构成了中山独特的民风民俗。

(三)民间信仰的复杂性。一方面,民间信仰是中山历史与社会经济生活的反映,如对北帝、天后的敬拜及在其基础上形成的民风民俗,成为信众日常生活的一部分,构成中山等沿海地区独特的文化现象;另一方面,民间信仰由于其信仰对象的包罗万象,涉及范围比较宽泛,遍存群众生活的各个层面,这就为许多非理性、不健康的迷信成分提供了栖身之所,其所宣扬的神命观、宿命论等,与现代科学文明直接对立。更有一些人利用民间信仰,大搞算命、占卜、跳大神等迷信活动,神汉巫婆以此敛取钱物。有一些地方的民间信仰活动、民间庙宇的管理且与宗族主义相联系,导致一些地方宗族势力抬头,给当地基层管理带来压力。此外,值得注意的是,在市场经济越来越发展的背景下,民间信仰的复杂性更与信众所持的赚钱、发财功利心理密切相连,这使得在一定程度上民间敬拜中的道德因素与信仰因素相分离。

(四)民间信仰的开放性与封闭性并存。随着时代的发展变化,中山民间信仰的形式、内容也在不断变化,这种变化的最突出特征就是开放性。这种开放性表现在:一、供奉神祇的开放性,不管是哪路神祇,不问出身来路,只要"灵"就供就拜。二、对"他者"的开放性。中山民间信仰基本上打破了狭隘的地区、宗族观念,对港澳与海外华人、外来务工人员等持开放态度。三、民间信仰与经济发展的相关性。中山经济的发展为民间信仰的复兴、民间信仰活动的开展提供了物质条件与基础,同时民间信仰又成为当地招商引资,扩大知名度,标榜文化底蕴的重要手段。四、敬拜神灵的心理需求已从传统农业社会中的乞求风调雨顺、出海平安、经商顺利等转变为现代工业社会中个人事业成功、经商顺利、求财升学等。

与急速发展的社会相比,民间信仰也还存在明显的封闭性:一、一定程度上封闭了人们的思想和心灵。近年来中山经济的发展和物质生活的逐渐富有并不代表人们精神生活的充实,尤其在精神文化生活相对缺乏的农村,民间信仰的"繁荣"使得人们把精神寄托在各种神灵之上,从而阻碍人们对健康的政治文明、物质文明和精神文明的追求。二、与基督教、佛教等正规化的宗教团体回报社会、参与社会公益事业相比,民间信仰的活动在这方面还存在较大差距;另外,民间信仰中搀杂的请财神、跳大神、解签、占卜等活动,不仅耗费钱财,且与现代科学相抵触,并给青少年的心灵成长造成了不良影响。三、民间庙宇的管理要么混乱落后,要么带有宗族家长作风,缺乏公开、透明的现代民主管理。上述这些情况使得民间信仰主要还是兴盛于农村地区而不是市区。

(五)民间庙宇管理体制上的多样性与自发性。目前中山市的民间庙宇存在着诸多管理模式,大体可分为三类:一、庙宇由村委会统一管理,这种模式在古镇较为典型;二、采取承包制,即村委会每年以投标的形式将庙宇管理权承包给本村竞标村民,此种模式在大涌镇较为典型;三、由村里的老人会管理,此种形式较为普遍。这三种管理模式都带有民间自发、自治的色彩,但同时也潜伏着不少问题。如占有相当比重的一部分民间庙宇存在产权不清、责任不明、收支不清楚、管理不透明等现象,因而容易产生纠纷。一句话,管理的无序与混乱性,是民间庙宇管理中所存在的一个常见与普遍的现象。

三、中山市民间信仰社会功能的两面性

如上所述,民间信仰构成了基层,尤其是农村地区民众日常生活场景的一部分,以民间庙宇为中心的敬拜活动已不单单是个人的信仰行为,它还具有社会性,并对社会带来了双重影响。

(一)中山市民间信仰的正功能

从有利方面来看,中山民间信仰崇拜观音、天后、北帝等佛道及各路神祇,向这些神祇祈求风调雨顺,国泰民安,表达了其对美好生活的向往;又敬拜古贤志士,弘扬了忠廉正义和传统美德;所举办的各样敬拜活动或多或少有助于加强邻里乡亲的联系,丰富了农村村民的生活,具有文化娱乐的作用。其一部分收益又用于基层的福利事业。由此可见民间信仰目前在基层承担起了许多社会职能,发挥着积极的作用。

概括而言,民间信仰的社会功能可分为如下几类:

1. 文化的功能。如前所言,中山民间信仰根植于基层民众,有着悠久的历史,一座庙宇便是当地历史的见证。民间庙宇中的碑刻、题词、神话传说等是一方群众传统文化的积淀,起了历史传承的功能。中山一些镇区对这些碑刻、诗词、传说加以搜集整理并刊出,不仅保存了分散于民间的地方文献,而且还提升了民间信仰的文化品位,向世人展示了其独具特色的地方文化。此外,民间信仰所举办的活动,如舞狮、舞龙、舞鹤、漂色等活动又成为雅俗共赏,老幼共享的民间娱乐形式之一,丰富了基层的文化生活。

2. 社会和谐的功能。在建设和谐社会的事业中,民间信仰也可以发挥积极的作用。不言而喻,建立和谐社会,反对拜金主义与极端个人主义等不良风气中,传统文化可发挥独特作用。传统文化倡导的人与自然的和谐关系,人与社会的和谐关系,人与人之间的和谐关系,人自身的身与心的和谐关系等都以通俗化的方式渗透民间信仰之中。可以说,民间信仰通过神明信仰的符号象征,提供了关爱、崇善、和谐、热爱自然、珍视生命等伦理的价值取向。显然,民间信仰中的积极健康的内容,有时能起到许多法律法规所起不到的作用,这对于社会稳定、构建和谐社会有着积极意义。

3. 加强群众凝聚力。民间信仰活动为群众共同参与、协同合作提供了平台,通过这些活动联谊了乡亲,交流了信息,拉近了彼此之间的距离。中山市是我国著名的侨乡、海外乡亲通过参与民间敬拜活动不仅实现了自己的寻根认祖之愿,而且还增强了其对祖国的亲近感,认同感,并给当地带来了实实在在的经济利益。民间信仰又与当地的民俗民风融为一体,它是世代相传的风俗习惯的历史积淀,也可以说是民间风俗习惯的符号操作系统,是一方信众历史与文化的载体,神明的信仰与尊祖寻根意识几乎是不可分割地联系在一起,成为当地信众身份认同的特殊符号,这对于凝聚民心民力,爱乡爱土有着重要的作用。

4. 社会福利功能。中山市民间庙宇有相当一部分由民间的老人协会自发管理,神庙也往往成为当地老人聚居游乐之所,有的镇区或村子还在神庙附近建有广场、戏台、牌桌和健身设施等。民间庙宇收益中的一部分往往也以福利的形式分发给当地的老人。民间庙宇及其举办的活动收益使得当地老人在一定程度上老有所养、老有所乐、老有所终。一些收入较大的庙宇也参与诸如助学、修路、赈灾等社会公益事业,民间信仰植根于社会,也为社会服务,发挥着积极的社会职能。

(二)中山市民间信仰的负功能

由上可见,中山市民间信仰在基层社会中可以发挥其独特的作用,对于社会有积极的一面,但不可否认的是,民间信仰中也蕴含着大量愚昧、迷信与非理性的精神质素;加之民间庙宇管理的无序、混乱,更使民间信仰存在诸多问题,给社会带来不利影响。

1. 安全隐患。民间庙宇多为民间自发建设,且分布广泛,不可避免地带来缺乏规划、监管等问题,且存在严重的安全隐患。主要有:一、火灾隐患,民间庙宇内多有香火、香炉,并且油灯、塔香日夜燃烧,且这些庙宇多为砖木结构,大多数庙宇内没有相应的完善的配套的消防设施。即使有消防栓也无法使用或无人会用,有的庙宇地处窄巷小街,一旦有火情消防车根本就开不进去。许多庙宇内电线线路老化,少有专人检修,加之日常管理人员多为老人,他们没有专门的电工知识与技能,而珠江三角洲一带又常有雷电天气等因素,这更使得民间庙宇的安全非常突出。在实地考察过程中了解到,因民间庙宇的香火而导致的火灾事件偶有发生。民间庙宇广布于各处,与民居、山林相邻,一旦发生火灾,后果不堪。二、水患,中山多拜北帝、天后等水神、海神,民间庙宇也多建于沿海邻江河之处,加之中山降水充沛,这些庙宇时有被淹之忧。三、偷盗之患。一些庙宇由于夜间无人看管或者由老人看管使得偷窃现象常有发生。

2. 聚财敛财现象时有发生。值得注意的是,民间信仰活动中时有"借佛敛财"现象发生。表现在:一、在某些游乐园,公园中供奉有观音像或其他神灵,旁边设有功德箱,利用人们游园之机敛取钱财,或随意将有崇拜偶像的某处当作一个游园景点,设卡收费。这类敛财行为具有较强的商业动机。二、民间的神婆神汉往往依附于民间庙宇,以解签、占卜、跳大神等形式敛取钱财,并且明码标价,这类行为有着浓厚的迷信色彩。三、民间的游方僧尼私设讲坛,并收取费用,还兜售护身符等,收取费用钱财。四、以扩建民间庙宇,或举办诸如庙诞等活动为由,强行集资。这些现象都具有很强的隐蔽性,信众往往也多是自愿上当,其社会危害性值得注意。

3. 乱建私建庙宇。民间信仰的复兴,外在的表现便是民间庙宇的重建、扩建。根据统计,现存民间庙宇中,多达 330 间是改革开放后重建或扩建的。但由于缺乏统一的规划及相应的监管,导致庙宇的违章建筑颇多,占用了大量耕地、宅基地,造成土地资源的流失。另外,也严重破坏和影响了城镇和建设社会主义新农村的整体规划,妨碍公共设施的建设。

4. 对社会风气一定程度上的负面影响,引发纠纷。显然,民间信仰所蕴含的愚昧、迷信与非理性的精神质素,对现代文明与现代科学是有所抵制的,其所宣扬的宿命论影响了文明、理性、爱科学、求进步的社会风气的形成,对青少年的成长尤其不利。同时由于民间庙宇产权不清、收支不明、收益分配不公也往往会造成纠纷。此外,民间信仰与宗族、地方利益密切相关,与其他宗教也多有接触,它们之间的关系,如处理不当,会导致更为严重的纠纷冲突。

5. 挑战基层村委会、居委会权威,给社会治安带来压力。民间信仰不像佛教、基督教等制度性宗教,有专门的神职人员,负有教化与管理之责,也没有明确的教义教理,更没有明确的如佛经、圣经等可以供信徒时时查阅的经典典籍。一句话,没有人教你如何行善。这就决定了求的多,施与的少;由于长期处于各级政府的监管视野之外,民间信仰的管理目前为止呈混乱的状态。民间信仰及其活动往往以地方宗族为根基,由于管理的缺位,而给街道办、村委会带来压力,给社会治安带来有形无形的消极影响。一些神汉、巫婆骗钱害命,对群众的生命安全和社会稳定造成一定威胁;民间庙宇在一些特定的日子如庙诞、某传统节日等所举办的一些活动,由于管理不善,人多事杂,易产生交通堵塞,拥挤踩踏,滋事扰民等事件,扰乱了社会秩序,给当地社会治安带来一定压力。

四、对中山市民间信仰现状的思考

(一)当前中山民间信仰现状值得注意的问题

根据上文对实地调研的分析,当前中山民间信仰的现状有两点值得我们注意,即信仰活动的无序与管理的缺位。改革开放以来,中山民

间信仰的升温带有很大的自发性,这在一定程度上造成信仰活动的无序。主要表现在四个方面:

一是民间庙宇兴建的无序。据统计,仅上世纪 90 年代,中山重建、扩建的民间庙宇就有 145 间,新建的则有 55 间。而这些庙宇都是民间自发兴建,没有得到相关部门的批准,非法占用土地,屡禁不止;庙宇也没有合理统筹分布,不少夹杂于民居、小巷之间,消防安全隐患突出。

二是民间信仰活动常伴随封建迷信、借佛敛财等违法宗教活动。不少民间庙宇在初一、十五或庙诞等上香者众多的时段,有神汉神婆为人解签算命的现象,在坦洲、神湾、古镇、三角、民众等镇区尤为突出;也有民间庙宇接纳游方僧尼,私设讲坛,大做法事,借机敛财。

三是自我管理混乱,隐患丛生。民间庙宇相当大部分存在产权、管理权归属不明晰,收支不透明等问题,也有一些因管理不善,致使火灾隐患突出等现象。

与民间信仰的升温与无序相伴随的是,民间信仰活动及其场所绝大部分未列入政府依法管理的范围。中山民间信仰管理上的缺位,一方面缘于民间信仰自身的特点。中山民间庙宇数量多,分布散,整个运作完全是民间性质,民间组织的特点非常突出,一直很难严格监管。例如老人会这样的自治团体利用"信仰"向村民筹集钱财,信众捐献的香油钱也是主要的经济来源,但钱怎么花,事怎么办,长期处于政府的监管视野之外,难以有效管理。另一方面缘于管理者层面,即不知由谁来管理,是属地管理? 还是"归口管理"呢?

之所以造成上述局面,具体来说,一个是"无法可依"。目前出台的宗教法规,没有适用民间信仰活动场所管理的规定。2005 年 3 月开始实施的《宗教事务条例》规定,任何宗教场所的建设都要登记报批。而允许"登记"的标准不是民间信仰自身的标准,而是正规的宗教寺观教堂的标准。如规定:纳入登记者必须具有相当的规模;要有合格的宗教教职人员主持;庙内只能按某一宗教神谱塑像等等。民间庙宇为获登记则必须改变自己的民间信仰特性,变成一座典型的佛教寺院或道教宫观。现有的管理政策难以适应当今民间庙宇的实际情况,给政府部门管理带来很大难度。另一个是各级相关部门的"不敢管、不愿管和不会管"。由于民间信仰的特殊性、复杂性,中山民间信仰活动场所没有专门政府机关进行统一管理,精神文明办、文化(文物)、宗教等部门从职权上说都可以对之进行管理,但实际上由于职责不清,权限不明,结果造成谁都不管的局面。

（二）群众对"民间信仰"思想认识上的误区

在实地走访中,我们发现,当前中山民间信仰活动无序、管理缺位的现状,很大程度上也与不少群众、庙宇管理人员、政府基层干部对"民间信仰"思想认识上的误区有关,主要表现在以下几个方面:

一是把民间信仰等同于迷信。主要表现为一些基层干部把民间信仰视为洪水猛兽,简单地视之为封建迷信,恨不得一夜之间把民间信仰清除出历史舞台。而一些群众则也确实把民间信仰活动和迷信活动混为一体。因而他们在个人性的烧香祈福的同时,往往伴有抽签占卜、择日相面、驱神弄鬼等迷信活动。

二是把民间信仰混同于佛教道教。在民间信仰中,信众关注的是神明是否"灵验",至于所信的是哪一路神灵,他们并不关心。不论是佛教的观音、道教的神仙,或是民间神明天后、关公、金花夫人等,只要"灵验",他们就去烧香磕头。这无疑模糊了民间信仰与佛道宗教的界限,也使得普通信众,甚至民间庙宇管理人员无法将佛教寺庙、道教宫观与民间庙宇区分开来,他们一方面将不同体系的神灵供奉在同一座庙宇中,另一方面,接纳一些游方僧尼常驻于民间庙宇中,私设讲坛,为信众做法事,使民间信仰呈现杂乱状态。

三是混淆了宗教信仰自由和坚决取缔迷信活动的界限。我国的宗教政策是依法保护广大信教群众的宗教信仰自由和正常的宗教活动,坚决反对和取缔各种迷信活动。但一些群众,曲解或滥用党的政策,借口"宗教信仰自由",乱建私建民间庙宇。而一些村干部,则在执行政策上,认为民间信仰历史悠久,具有广泛的群众性,借口尊重历史、尊重群众,疏于对民间信仰的管理,对民间信仰问题放任自流,不闻不问,甚至为乱建民间庙宇充当保护伞。这使得过去明令禁止的封建迷信活动,如今改头换面成民间信仰活动,处于无人监管状态,且有愈演愈烈之势。

（三）民间信仰的界定与定位

要消除群众在"民间信仰"思想认识上的误区,对中山民间信仰无序、管理缺位的状况进行规范和整治,都首先离不开对"民间信仰"这一概念进行清晰的界定和定位。而"民间信仰"概念的界定和定位,也将直接关系到我们日后开展中山民间信仰工作所应采取的态度、方向、方法,是一切整治工作的基点。

学术界关于"民间信仰"的定义,存有颇多争议。但他们一般是从学术研究的角度,去描述其内涵与外延。例如"所谓民间信仰,是指在我国五大宗教以外,盛行于民间社会,以各种鬼神的信仰和崇拜为核心,以地方性的传统礼俗活动为依托的亚宗教现象。"①但这些抽象的概念界定,并不能帮普通信众清楚、直观地区分日常生活中哪些现象是属于宗教现象,哪些是属于迷信活动,哪些是属于民间信仰,或许我们应尝试着从民间信仰在外在表现上,与宗教、封建迷信有何异同这一角度,去界定其概念,这将对普通信众和基层干部的日常生活和实际工作更有帮助。

民间信仰,作为一种广泛流传于民间社会的现象,是相对于佛教、道教、伊斯兰教、天主教、基督教等制度化宗教而言的。民间信仰与制度化宗教有着天然的共性,其本质都是有神信仰。而民间信仰与某些制度化的宗教,如道教、佛教甚至基督教具有一定程度的互相影响、互为补充的共生性。但民间信仰与制度化的五大宗教也有不同的特质,代表着中国传统宗教信仰的世俗化倾向,反映了民间社会的生活方式和风俗习惯。特别是泛神崇拜、没有严格划一的崇拜仪轨和教团组织的特点,是有别于制度化宗教最突出的差别。具体区别在以下三个方面,第一,制度化宗教是有系统的宗教组织和专门的教务机构,"民间信仰"完全是松散的自由的存在。第二,制度化宗教有专门的教职人员主持其信仰活动,"民间信仰"无权威主持,一切活动俱依照传统由群众自发进行。第三,制度化宗教有系统的典籍、教义,有严格的宗教仪轨,"民间信仰"仅据习俗和传说而设,常常将世俗生活中杂七杂八的内容渗入到信仰活动中。

民间信仰,包含有迷信成分,但又不等于迷信,两者之间是有区别的。根据权威资料显示,可以从三个层面区分民间信仰与封建迷信。

① 赛娟:《加强民间信仰管理,引导服务新农村建设》,《湖南省社会主义学院学报》,2007 年第 2 期,第 17 页。

第一，"有无中介"。迷信活动需要有专门人员的介入。在信仰主体与所信的命数、风水、鬼神等客体之间，插入了一个专职性人员，如神汉神婆、风水先生。所谓迷信，主要应指该群体人员所主持的活动及其结果。而在民间信仰活动中，信众直接参与，信仰者与信仰对象直接对话，不需要专职人员充当中介。

第二，"是否集中与共享"。民间信仰以集中与共享的特点与迷信活动相区别。从事迷信活动者弥散在各地，既无固定的活动时间，也不强调固定的活动场所，是一种随时随地都可以进行的活动。而在"民间信仰"活动一般都有社会约定的时间，也有庙宇之类的固定活动场所。

第三，"有无市场色彩"。迷信活动充斥着市场色彩。迷信从业人员向信仰者所提供的是所谓专业的服务，并因此向对方收取服务报酬，其市场商品交易的性质比较突出。"民间信仰"本质上与市场对立。人们在信仰的神灵前添油上香，是所谓"心意"的体现，钱多钱少完全是自愿，属于施予和捐赠性质。

可见，民间信仰具有一般宗教的内在特征，即信仰某种或某些超自然的力量，但又不同于一般宗教，它不是以彼岸世界的幸福而是以现实利益为基本诉求；没有完备的教义、教规、戒律、教阶制度、教团组织，这一切使其常带有迷信色彩，需要加以引导和规范。同时，它又不等同于封建迷信，它是中国传统民俗文化的重要组成部分，在当前这个社会转型阶段，民间信仰对中山的社会教化、融洽乡里、公益慈善、联系侨胞等方面正在发挥着它积极的作用，有其存在的合理性。中山民间信仰具有深厚的群众基础和悠远的文化传承特质，其历久弥新，又具备长期存在的土壤和条件，因而具有群众性、长期性和复杂性的特点。正如国家宗教局第四司副司长张剑所指出的，"民间信仰工作是新世纪新阶段宗教工作重要组成部分，也是宗教工作的新领域，能否做好民间信仰工作，能否正确引导和最大限度地调动蕴藏在人数众多的民间信仰民众中的积极因素，最大限度地克服和减少民间信仰活动中的不和谐因素，对于构建社会主义和谐社会具有十分重要的意义。"[1]

---

① 张剑：《重视民间信仰问题在构建和谐社会中的影响和作用》，《中国宗教》，2006 年第 11 期，第 41 页。

五、对中山民间信仰工作的几点建议

多年来的事实证明，对于中山广泛存在的民间信仰，简单地视之为封建迷信予以打击取缔的做法不仅行不通，而且十分有害，而对民间信仰不闻不问、放任自流，也同样是有害的。正确的做法是充分认识中山民间信仰的长期性、两面性，摸清情况，规范制度，明确管理职责，落实管理人员，将其纳入政府各级相关部门依法管理的范围，本着"保护合法，制止非法，抵御渗透，打击犯罪"的原则，趋利避害，从而使民间信仰在建设社会主义新农村、构建和谐社会中发挥积极的作用。

根据实地调研，结合中山现状，我们觉得对民间信仰的规范、管理工作，可以从下面几点入手：

（一）法制层面：制定相应法律法规，加强制度上的规范

现阶段我国正经历经济、政治与文化的转型，人们的日常生活正在发生着急剧的变化，这无疑会对人们的思想观念和行为模式带来巨大冲击，市场经济带来的机遇和挑战使许多人产生精神的困惑和心灵的失落感，而人们的精神是需要有所寄托的，这就决定了人们需要从现存的各种宗教与信仰中寻求适合自己的精神家园，这也就决定了民间信仰存在的长期性和合理性。目前，国家宗教事务局也已成立了宗教四司分管民间信仰方面的事务。既然民间信仰的存在有其长期性和合理性，不如赋予其必要的合理身份与地位，将其当成正常的宗教活动加以规范、保护与引导。具体而言：我们要通过政策和法规来规范民间信仰活动和行为，借助行政和法律的力量，防止有害行为和事件的发生，从而对民间信仰进行正确的引导。具体来说：

一是建议通过人大立法，制定相关法规，对民间信仰进行制度上的规范。包括界定民间信仰的性质、特点、范畴，以及在建设社会主义和谐社会中的地位和作用；明确民间信仰的管理归属，指定相关部门专门负责民间信仰事务。

二是建议有关部门根据国家有关法律、法规和政策，尽快制定《民间信仰活动场所管理条例》，对民间庙宇进行规范化的管理。建议其条例内容应包括：修建庙宇，必须按程序由土地、城建、规划等部门批准；

修建庙宇不能以任何借口向群众或港澳台胞、海外侨胞集资摊派；必须有专门管理人员，负责庙宇卫生、消防、安全等；在庙宇内举行大型活动，要报有关部门批准，并与公安、消防、卫生等部门联系，接受监督检查；不准进行跳神、抽签、占卜、符咒等封建迷信活动，尤其禁止未成年人参与其中；不准接纳游方僧侣，借开光、超度等名义进行非法敛财等。

三是各个乡镇村根据自身实际，制定具体的地方管理措施、办法及乡规村规民约等，通过它们将对民间信仰的规范落到实处，实现对民间信仰的正确引导。

（二）思想层面：加强教育，明晰认识，积极引导

中山群众对民间信仰存在种种认识上误区的现状，使得从思想上更新认识观念，普及信仰教育，改变管理思路成为当务之急。只有解放思想，端正认识，才能让民间信仰的日常监督、规范、管理工作得以正常开展，不至于走形。具体工作可分为普通信众、庙宇负责人、管理干部三个层面。对于普通信众，首先要对他们进行科学理性的启蒙教育，引导他们树立科学的世界观和人生观；其次是要开展与宗教、民间信仰、封建迷信相关的普法宣传，使群众能用积极健康的心态对待宗教和民间信仰问题，抵制封建迷信，避免迷信盲从。而针对当前中山民间庙宇负责人，素质普遍低下，安全防范意识淡薄，缺乏相关的宗教、法律常识的情况，要定期、有针对性地对他们进行相关培训，一方面让他们清晰认识、熟悉与民间庙宇相关的法律法规和党的宗教政策，了解民间信仰与宗教、封建迷信的联系与区别；另一方面，让他们明确自身的管理职责，杜绝庙宇中的封建迷信、借佛敛财现象，提高安全防范意识，将消防隐患消灭在萌芽阶段。对管理干部，要纠正他们管理理念上的一些误区，例如将民间信仰简单视为迷信一概取缔或对民间信仰放任自流；要使他们认识到民间信仰现阶段存在的合理性、长期性、两面性，本着"保护合法，打击违法，抵御渗透，打击犯罪"和不鼓励、不支持的原则，对民间信仰进行引导和规范。尤其是各街道、村委会，应明确认识到对民间信仰的管理也是自己本职工作的一部分，并将其所辖范围内的民间庙宇的管理纳入自己日常的职责范围，并有专人负责。

（三）管理层面：理顺管理体制，实行分类管理

要引导民间信仰朝正确的方向发展，必须理顺管理体制，实行政府宏观监督、属地微观管理、民间具体运作相结合的三层管理体制。具体来说，在政府层面上，应有专门的政府部门对民间信仰进行宏观的指导、监督并实施动态的管理。我们建议：政府相关部门应从宏观上管好党的政策、法规的贯彻落实，对民间庙宇重建、改建，重大的民间信仰活动，进行审批、引导和检查。制止一切借佛敛财、封建迷信等非法活动，积极主动地引导民间信仰与社会主义相适应。

根据属地管理原则，具体的管理工作可以委托给民间庙宇所属的基层组织，即镇（区）人民政府、街道办事处和社区（村）居委会。秉承产权明晰、财务公开、管理到位的原则，将民间信仰纳入基层管理视野，加以引导规范。具体到中山实际，在产权方面，现绝大部分民间庙宇归村一级或村民小组集体所有，只有 7 间的产权归私人，其中三角 5 间，三乡、坦洲各 1 间，但产权不明的还有 89 间。建议明晰每一个庙宇产权的具体归属，避免纠纷，产权归属地的基层组织要负起相应的管理责任。财务方面，具体管理方式可根据实际情况呈现多样化，但务必做到财务公开、透明、合理。村委会或村民小组要确保辖区内民间庙宇财务收支情况的定期公布，并设专（兼）职财会人员对庙宇收支进行监督，特别是庙诞、灯会等活动的收支，防止他人借民间信仰敛财。管理方面，基于中山民间信仰自发性、群众性、复杂性的特点，将民间庙宇具体运作完全归入基层组织的工作范畴，是不现实的。可供考虑的做法是：基层组织如村委会或村民小组制定符合当地实际的具体管理办法和措施，把民间庙宇的具体运作交给民间组织，如老人福利会等，通过这种授权的方式，把具体的管理办法和措施落实到人、到庙宇、到具体的活动中。

另外，还要完善民间信仰群体现有的自我管理体制。由于采取授权的方式，这使得民间信仰群体搞好庙宇自我管理变得十分重要。每个民间信仰群体、每座民间信仰庙宇都应该有自己的管理者和管理办法，并能进行有效的管理。就如上文所提及的，中山民间庙宇现已形成三种自发管理模式，即村委会（或村民小组）管理、老人会管理、投标承包制。在具体措施上，民间自发管理中也有一些可供借鉴的地方。如在庙宇收支上，就有定期在庙宇门口张贴收支公示的惯例，像南头镇的

某些民间庙宇甚至做到一天一公开。但民间信仰群体现有的自我管理体制，也有不少地方需要加以完善。譬如，管理者的素质普遍偏低，管理的规范性也不理想，并非所有庙宇都有专人管理等。因此，在沿用已有的民间自我管理体制的同时，要努力提高管理者的素质，对其管理办法进行制度化，将管理责任落实到位，并将值得借鉴的做法规范化、常态化，加以推广。

还应严格控制民间庙宇的修建，若需修建民间庙宇，则必须依法向相关部门递交申请，通过审批后方可兴建。而对中山现有的 486 间民间庙宇，宜承认其存在的既定事实，根据实际情况，进行分类管理。

目前，中山市 24 个镇区中只有 8 个镇区（石歧、小榄、黄圃、南朗、沙溪、南区、东区、三乡）有正式宗教活动场所，有 16 个镇区没有正式宗教活动场所。而近年来，中山市群众对宗教信仰的需求日益增大，如据不完全统计，中山市现有佛教信徒 1 万人，还有为数不多的道教信徒，其实，信仰佛教和道教的信众已远远超出这个数字。不少镇区因没有正式宗教活动场所，无法满足信众需求，而导致非法宗教活动现象时有发生，且许多人不得不跑到其他地方去参加宗教活动。因此，如何在这些镇区实现正式宗教场所的合理布点，成为当前中山宗教管理事务中亟待解决的一个难题。

而在此次调研中，我们发现，这些没有正式宗教活动场所的镇区，存在一类民间庙宇，它们具有一定的规模，且符合改造成某一类正规宗教场所的特点。针对此种情况，我们建议：可以尝试改造这类民间庙宇，在自愿的原则下，将其转变成正规的佛教寺庙或道教宫观，以实现中山镇区正式宗教活动场所的合理布点。这类庙宇将完全按照正式宗教场所的管理模式，进行管理。

另一类是少数历史悠久、有文物保护价值，海内外影响大的民间庙宇。可试着将其申报为文物保护单位、民俗文化景点。对其内在的文化底蕴进行深层挖掘，定期举行民俗主题旅游节，打造成文化品牌。

还有一类年久失修、香火凋零或无人管理、布点不合理的民间庙宇，可根据情况维持现状。

其余的大多数民间庙宇应纳入政府宏观监督、属地微观管理、民间具体运作相结合的三层管理体系，实行有效监督、管理。

（四）建立健全管理制度，消除安全隐患

在具体管理工作中，有关部门要建立健全规章制度，规范民间庙宇管理。对合法的正常的民间信仰活动要加以规范、予以保护；对利用民间庙宇进行封建迷信、借佛道敛财等违法活动，则要予以坚决制止和打击。而对于民间庙宇安全隐患突出的方面，既要做好日常的治理工作，也要防患于未然。具体而言，消除安全隐患的工作大致包含如下内容：

1. 就消防隐患而言，（1）基层管理组织应定期督促、检查其所辖庙宇配备消防栓、相应数量的灭火器材的情况，并将线路的定期检查和维修、消防设施的更换等加以制度化。（2）所有的庙宇要有专门的人员负责建筑、香火、纸钱等的防火工作，且具备或掌握基本的消防灭火技能。（3）所有的庙宇都要有"走火通道"，即每个庙宇至少要有两个门，以便遇到紧急情况时有利于疏散人群。

2. 就非法"聚财敛财"的治安隐患而言，要提高庙宇管理人员的素质，使其能正确分辨哪些是封建迷信活动，哪些是正常民间信仰，禁止神汉神婆在庙宇内为人跳神、解签、占卜；明确民间庙宇不能接纳游方僧尼或假道士等私设讲坛、大做法事等，一经发现，要追究庙宇管理人员的相关责任；庙宇管理人员要增强自律意识，建立公开透明的财务管理制度。而基层管理组织也要对庙宇的修缮、庙诞灯会等活动期间的集资行为进行监督，防止有人借机强行敛财。

3. 就重大信仰活动中的治安隐患而言，各级管理部门要建立健全重大民间信仰仪式活动的报告、准许制度和责任追究制度等，对其进行有效的规范和监督，一些大型的民间信仰活动如庙诞、灯会、观音诞等在举行前，一定要经过报批，且获得相关部门的批准才能举行。

4. 就应对突发性事件的安全隐患而言，凡举行一定规模的民间信仰活动时，相关部门要制定突发性事件处置预案，以便于及时应对和妥善处理有可能出现的突发性事件。

（五）发掘民间信仰的积极因素，发挥其在建构和谐社会中的积极作用

具体可以从下面四个方面着手：

一、提升民间信仰活动的文化品位，丰富农村基层生活。近年来，

全国许多地方都举办了很多围绕民俗活动和民间信仰为中心的文化节,且都取得很好成效,实践表明,用提升民间信仰文化品格的办法,促进民间信仰的功能转变,并使其在精神文明建设中发挥积极作用是完全可行的。促进民间信仰实现功能转变的另一个办法是利用传统民间信仰的包容性与开放性特征,给其注入健康的内容,使民间信仰与精神文明实现相互兼容。

二、完善和发展民间庙宇养老、慈善等民政功用。引导民间信仰的庙宇与宫观适应社会、服务社会,多做善事好事,探索回报社会的途径和方法,鼓励他们为民间福利、慈善事业和社会公益事业多做贡献。引导更多的民间信仰资金用于社会公益事业。如南朗镇大车村石仔庙将其收入的一部分作为村里老人的福利费,凡村里年满 60 岁以上的老人,每年新年和重阳节都会从庙里领取一定数目的老人慰问金。在社会福利保障制度还不太健全的农村,大车村的这种做法有其积极意义,值得推广。

三、充分运用民间信仰加强与海外华侨的联系。中山是著名侨乡,通过举办民间信仰活动,可以吸引海外华侨回国寻根认祖,增强其对祖国的亲近感、认同感,并为家乡的建设贡献自己的力量。

四、发掘和发扬民间信仰中的良风美俗,引导民间信仰活动朝着弘扬中华民族传统文化和传统美德、崇尚真善美、吸取民俗文化的精华的方向发展。要善于利用民间信仰的形式,用一些与时俱进的积极向上的价值观念,对其进行"移易改造",淘汰和抑制其迷信有害的内容及封建糟粕,弘扬其中的积极因素。

总之,通过各种形式与途径、各种手段与方法,充分挖掘和弘扬民间信仰文化中的积极的、正面的、向上的因素,尽可能地摈弃民间信仰中所带有的愚昧庸俗的与时代精神不符的消极的、负面的、落后的成分,使其成为建设社会主义新农村中的一股有为向上的力量。充分调动广大民间信仰者的积极性,为构建和谐社会贡献力量。

（2006 年,应广东中山市民族宗教局的邀请,笔者带领当时的研究生,于 2006 年 11 月至 2007 年 8 月对中山市所辖的 24 个镇区展开民间信仰的地毯式调研,这篇调研报告是在调研的基础上写成,报告初稿的主要撰稿人为代国庆、陈贤哲,笔者为调研报告的修改者和最后定稿人——笔者注）

宗教更多的用武之地和更多的空间

—— 如何使宗教界在社会公益社会服务方面更有所作为之浅见

三十多年来中国改革开放所带来的巨大变化有目共睹，而在精神方面变化的主要体现即是民众宗教信仰需求的增加，以及信仰表达需求的增加，在这种状况下，各种宗教的复苏和发展就不难解释和不难理解了。可以说，宗教信仰已成为中国民众当前精神需求之首选。

遗憾的是，自中国在恢复宗教信仰自由后，相应的对宗教事务的管理却未能及时跟上。20 世纪 80 年代之后，中国宗教的管理方法，已由单向式行政管理趋向宗教组织的自治与行政管理相结合。但总体而言，我们在宗教事务的管理问题上，依然习惯于循常规，即沿袭传统的依靠行政手段的管理模式。所以"行政管理"强过"自治"。历史的经验教训值得反思，几十年前，我们完全依靠行政手段去管理经济，处理社会、文化和思想问题，包括宗教问题，结果造成了巨大的危机和灾难；改革开放以后，随着市场经济体制的确立，政府已经越来越不能无限制地干预所有领域的所有问题，既不能再依靠行政手段去管理经济，更不能再依靠行政手段去处理比经济还要复杂的社会、文化、思想和宗教问题了。显然，与时俱进地改进和创新宗教事务管理的模式和方式既是必要的，也有其迫切性。如何达到管理的模式和方式上的改进和创新呢？笔者在这篇文章中主要从两方面谈谈自己的浅见：

一

从事宗教事务管理方面工作的有关人员先要解决自己思想上对宗教的认识问题，即先要自己去有所了解有所明白以下的一些基本问题，即宗教究竟是什么？宗教的本质是什么？宗教在现代社会有怎样的功能等诸如此类的问题。说实话，改革开放这么多年来，总有些人（包括领导干部，也包括一些从事宗教事务管理工作的人员）对宗教的基本理解,还有意无意地停留在以往相当狭隘和片面的阶段,以为宗教就是与科学、与文明背道而驰的东西,妨碍了其对宗教进行全面深刻的认识,从而在观念层次上影响了对待宗教的态度和决策。回头去看,中国五四运动后的几代知识青年和精英分子,多半都以为启蒙就是反对宗教,多半都不了解欧洲自 16 世纪宗教改革及其产生的基督新教对世界现代化的巨大促进作用,也不了解基督教传华同列强入侵无关而同文化交流相关的史实。这就造成了许多人一个多世纪以来对宗教、尤其是对基督教的片面和负面的固定观念。

其实,包括马克思、恩格斯和列宁等从来就没有否定宗教,马克思在其《黑格尔法哲学批判》导言中说:"宗教是这个世界的总的理论,是它的包罗万象的纲领,它的通俗逻辑。"①马克思、列宁都毫不含糊地主张"信教自由"、"政教分离",批判向宗教宣战是"愚蠢的举动",主张信仰不同的所有公民权利平等,主张让宗教团体成为"与政府无关的"、"志同道合者"的公民组织。

人类社会的宗教现象由来已久,可作为一门学科的现代宗教学的产生却是 19 世纪末的事情,一百几十年来,现代宗教学这门年轻的学科已有了长足的发展,并取得了许多重要的研究成果,宗教学还与许多传统的学科如社会学、人类学、历史学、心理学等相结合,形成了宗教社会学、宗教人类学、宗教历史学、宗教心理学、宗教经济学、宗教现象学等新兴的交叉学科,这些交叉学科的研究成果对于人们正确认识和理解宗教有着非常重要的意义。如宗教社会学认为,宗教是正常的社会结构之组成部分。而正常的社会结构,应该具有满足社会成员基本需要的那些社会制度,才能维持社会的生存。按照现代社会学家帕森斯(Talcott Parsons)的观点,家庭、经济、政治、宗教,即为一个社会最基本、最需要的制度,它们执行着四个必要的功能:家庭规范两性关系,照管与教育下一代;经济制度组织生产并提供与人们的贡献相应的报酬;政治制度整合地域、力量和权力,维系秩序并与其他社会进行联系;宗教提供根本的意义和认知的一般框架。因此,宗教乃是任何社会结构中基本和必须的体制之一。所以宗教社会学的鼻祖杜尔凯姆才说:

---

① 《马克思恩格斯选集》第一卷(上),人民出版社 1972 年,第 1 页。

"已知的社会都是有宗教的,不存在没有宗教的社会。"①

现在全世界的几十亿人口中,仍然有 80％以上的人是宗教信徒,即便在世界上最现代、最世俗的国家美国,每年一次的盖洛普测验显示,仍然有 94％～96％的人说自己"信仰上帝",40％的人每周上教堂,59％的人认为宗教非常重要,90％的人感到神的爱。1990 年参加宗教活动的人次,是观看各种体育运动人次的 13 倍;1992 年奉献给宗教事业的资金(567 亿美元),等于美国人最热衷的棒球、篮球与橄榄球方面花费的 14 倍。②

由此可见,现代社会的科技虽然日新月异,现代社会的生活虽然丰富多彩,但宗教的"宗教价值"在现代社会不仅没有削弱,反而得到强调,宗教的影响依然如同以往,并不见减弱。可以说,只要有人类存在,就会有宗教的存在。宗教独具的一些价值与意义,如向个人提供属于个人生存(生、死、苦难、幸福等)之意义的选择等,尤其对于社会中的孤独者、弱势者、下层民众、少数民族、外来移民等更具重要意义。

正是在对宗教有如此认识后,从事宗教事务管理方面工作的有关人员才能对各种宗教的广大信众有同情式接近式的理解,而不是单纯地只是把宗教的场所、宗教的信众作为被自己"管理"的对象,自己习惯于处在一种"上"(政府有关机构)对"下"(宗教团体和组织以及广大的宗教信众)的管理位置上,且这种"管理"只是被限定在"不出乱子"的范围内。显然,这是一种消极而不是积极、有创见式的管理。显然,"创新"应体现在自身观念的改变上,先须自己的观念有所新,才能在工作方面不囿于成见而有所创新。

二

在解决了认识问题后,我们的有关机构就要多多琢磨如何给宗教更多的用武之地和更多的发挥正能量的空间(我们今天的会议就是一个"琢磨"的过程),这就需要从事宗教事务管理的有关机构和人员,超越单一的政治角度,而从历史、社会、经济、文化、道德等方面,多角度、

① 参见 D. P. 约翰逊:《社会学理论》,国际文化出版公司 1988 年,第 525 页。
② 参见《交流》,2000 年第 1 期,美国驻中国大使馆。

全面客观地看待宗教在当代中国社会生活中的功能,以发挥而不是限定宗教在社会生活中所能发挥的积极作用和正面影响。

以宗教在社会公益与社会服务事业方面的作用与影响为例,一个不争的事实是,随着宗教在改革开放以后在社会生活中之空间的恢复,宗教在救灾济贫等社会公益与社会服务事业方面正日渐发挥出显著作用和正面影响。1991 年,中国佛教协会募集救灾款 500 万元,被授予"抗洪抢险救灾模范先进单位"称号;2003 年,佛教界为防治"非典"捐款 500 多万元;另外还资助残疾人事业、修复长城、抢救大熊猫等公益事业;同时还资助失学儿童、修建希望小学、帮助孤寡老人和残疾人、设立奖学金、义诊施药等等。[1] 天主教的情况也大致相同。据不完全统计,从 1998 至 2004 年 5 年多时间里,全国各地天主教徒为各种慈善及赈灾活动捐款达 5554 万元,衣物 70 余万件;兴建希望小学 60 多所,资助失学儿童及大学生 3630 多人;建幼儿园 22 所,诊所 174 所。[2] 在汶川大地震和近年来的多起大灾难中,数量巨大的宗教组织,尤其值得一提的是,有无数家庭教会,一直默默地为灾区捐款出力、在灾区抢险、为受灾民众祈福、为灾后的家园重建和心灵救治均做出了巨大的贡献和人力投入。

总之,每逢国内发生较为重大的自然灾害之时,总有宗教团体的身影在起作用。我国的宗教团体历来有慈善济世的精神,在希望工程、温暖工程、扶贫工程、公民道德建设、救助社会弱势人群、帮助聋哑残障人士、临终关怀、保护环境等上述社会工程中都有宗教团体的参与。近十多年来,宗教类的非政府非营利组织(NGO&NPO)已经在中国兴起,尽管其数量屈指可数,规模也较有限,但是它们将宗教乐善好施、扶贫济困的优良传统经常化、持续化、规范化、系统化,为宗教进入社会公共生活提供了一个新的平台。以河北进德公益事业服务中心[3]为例,这个公益事业服务中心是河北省天主教爱国会、教务委员会兴办的,这是中国大陆的首家天主教 NGO&NPO。其宗旨是:笃行仁爱,践行信

---

① 可参见何光沪主编:《宗教与当代中国社会》佛教篇,中国人民大学出版社 2006 年。

② 参阅:傅铁山主教 2004 年 7 月 7 日在中国天主教第七届代表会议上所作的工作报告。

③ 该中心前身是北方进德天主教服务中心,于 1997 年 5 月在石家庄创办,1998 年 8 月获得政府批准。2006 年 4 月 11 日,北方进德天主教社会服务中心在河北省民政厅正式登记注册为"河北进德公益事业服务中心",简称"进德公益"。

仰：发扬教会服务社会的优良传统，加强与地方教会、社会各界、海外民间机构的积极合作，分享资源，造福人群，推动社会的均衡发展。其目标是：促进社会平衡与持续发展。加强与海内外民间机构的友好往来。为广大信友和教会团体提供服务社会人群的机会。加强教会与社会之间的彼此了解与合作。其开展的公益项目有：1. 紧急人道主义援助（包括个人紧急援助与赈灾）。2. 社会发展项目：水利、农业、环保、建校、残婴、弱智与幼儿教育、医疗卫生等项目及慈善商店。3. 教育培训：能力建设、团体培训、资助学术研讨会、与大学以及社科机构的合作。4. 助学金（原圣召暨教育基金会）：按捐款人意向分别为贫穷的大中小优秀学生及男女修道生提供学费补助。5. 北方进德防艾办（原希望之光）：举办防治艾滋病培训班，并关怀病患者。6. 反拐卖项目。7. 安老服务：支持老人院项目、提供安老服务和家政培训。8. 为"教会办的项目"提供资助服务。从1997年到2006年，该中心累计捐款2000多万元。

人们不妨可以设想：如果类似"进德"这样的由宗教组织举办的公益事业服务中心更多地涌现出来的话，岂不能更好地发挥宗教组织所特有的各样资源的能量而对我们的社会生活有所裨益吗。

此外，近些年来，各宗教界的人士还努力与学界联手，积极举办和组织学术会议，以及举办许多研讨会、研究会等，一起讨论关于道德重建、环境保护、社会公益和社会服务、维护社会安定与和平等重大社会问题，这些都表明了中国宗教界在社会关怀方面的态度和立场。

从国际上一些国家现代化的经验来看，人均国民收入从1000美元到3000美元这一阶段，既是黄金发展期，也是矛盾凸显期。我国目前人均收入1200美元左右，正处于这样一个特殊的时期。尤其是贫富收入差距在拉大，在这个特殊时期，社会问题比较多，在社会公益和社会服务方面的缺口仍然很大，要解决这些点多面广的社会问题，单纯依靠政府的力量远远不够，政府各级民政部门也很难照顾到方方面面。而在动员社会力量兴办社会公益和社会服务事业方面，宗教界无疑有其自身的特殊优势，这种特殊优势具体而言表现在：1. 宗教的公益和服务事业是信仰实践的组成部分，是宗教信仰的外化与物化。所有的宗教，都有着济世助人的主张。可以说，宗教界出于其信仰和教义理解来参加扶贫济困、赈灾救难、养老托幼、帮残助弱等社会公益慈善活动，少有功利色彩而更多超越之境,以其"社会关怀"来表达或传递出"终极关怀"。而社会公益和社会服务事业又使宗教的社会关怀找到了由以落实的途径,从而彰显出自身的社会价值。2. 有较高道德感召力与社会公信度。一般而言,健康发展的正信宗教一般都具有良好的道德形象,为开展社会公益和社会服务事业提供了较高的道德感召力。这有利于避免寻租,克服腐败,实现低成本运作,更容易得到社会大众的信任与认同。

宗教界在社会公益与社会服务上本来就有着悠久历史和丰富经验,但在过去较长的一段时间内被我们所忽视。目前我国宗教的社会公益和社会服务工作和国际上以及港、澳、台地区的宗教参与公益事业和社会服务的广度和深度相比,我国总体上则还处在起步阶段。以美国为例,美国着眼于宗教团体对社会促进的客观效果,实行"法治＋社会服务管理＋宗教团体自治"模式,宗教机构的社会服务已涵盖到社会生活的各个方面,其促进美国社会发展、解决社会问题的效果有目共睹。由此形成的社会资本在充分"造福"于广大信众的同时,还强调互惠、信任和社会和谐的伦理系统,为解决教育、城市贫困、失业、公共卫生、控制犯罪和毒品等问题,带来更多的潜在资源。

与其相比,我国宗教界在社会公益和社会服务方面所发挥的作用,与其所拥有的巨大的人力财力资源相比,可以说是微不足道,其促进社会和谐的潜力在一定程度上可以说是处于"休眠"状态。这非但无益于我国宗教事务的管理,对社会整体福利而言,更是一种巨大的资源浪费。宗教界在中国各地的社会公益和社会服务还应该也还可以发挥出更大的作用。而这个"更大的作用"之所以发挥不出来,不是其不愿也,而是其不能也。不能是由于其受到了许多牵制或限制,而这些牵制或限制的一个重要来源是我们政府的有关管理部门或机构,正是有关管理部门或机构的一些僵化的、不与时俱进的管理,使得宗教界进入公共生活、服务社会的渠道很不畅通。目前还没有对宗教界参与社会公益和社会服务事业确定较为明确的范围,形成较为稳定的机制,尚未出台具体政策,宗教界人士虽对参与进入公共生活、服务社会普遍抱有热情,但很难将之规范并进一步引向深入。制度安排和法律缺失是当前影响我国社会公益和社会服务事业发展的重要因素。在很大程度上影响了宗教界参与该项事业的热情和该项活动运作的能力。

　　我国目前涉及公益和慈善事业的法律法规主要有《公益事业捐赠法》《社会团体登记管理条例》和《基金会管理条例》等,随着形势的发展,上述法律法规已不能满足我国社会公益和社会服务事业发展的需求。而对于宗教界从事社会公益事业,只有2004年由国务院颁布的第一部综合性行政法规《宗教事务条例》中所作的一句原则性的规定:"宗教团体、宗教活动场所可以依法兴办社会公益事业",但由于没有配套的激励、规范、约束、监督机制,可操作性比较低。针对上述情况,2012年2月26日国家宗教事务局联合中共中央统战部、国家发展和改革委员会、民政部、财政部和国家税务总局联合印发《关于鼓励和规范宗教界从事公益慈善活动的意见》(国宗发〔2012〕6号),这正说明了随着当代社会的多元发展及在社会转型过程中出现的复杂局面,宗教界参与社会服务和公益事业应该说是水到渠成、恰逢其时。该"意见"审时度势,明确提出宗教界从事公益慈善活动"是促进我国公益慈善事业健康发展的有益补充","宗教界依法开展的公益慈善活动和设立的公益慈善组织受法律保护,享受与社会其他方面同等的优惠待遇"等,这就给予了宗教界从事公益慈善活动以准确的定性与定位,一方面有利于宗教界以更好的姿态融入社会、服务社会,另一方面也有利于社会各方统一思想,正确认识宗教界社会公益和社会服务活动的"身份问题",从而将其纳入现行法律、法规、制度体系,实现法制化、规范化管理。

　　实践证明,宗教界从事社会公益社会服务事业是一种整合社会资源的现实有效的做法,不仅为政府方面分担了大量的社会工作,而且为民众提供了良好的社会服务。政府的管理机构又应该怎样对宗教界在社会公益和社会服务方面的"支持"提供具体的服务、帮助与支持呢?鄙人不才,特提出以下建议:

　　第一,转变管理观念,不仅从单一的政治角度,而且从社会、文化、道德、经济等多个角度,全面、客观地认识宗教社会的功能和作用,从以防范为主的心态转变为以发挥积极作用和提供服务、帮助与支持为主的心态。深入研究和借鉴港澳台和国外的经验,努力探索鼓励、支持宗教界在参与和兴办社会公益慈善事业方面的新思路、新途径。

　　第二,准确定位宗教团体的法律身份,将宗教团体、活动场所与其他社会团体一视同仁,给予其独立自主自办的空间,使之能够真正代表各宗教团体以及各宗教活动场所的合法利益;政府的有关宗教事务的管理机构应从行政方式的"管理机构"转变为法治方式的"裁判机构",由广东省人大制定通过有关条例法规,规范宗教组织作为"非政府组织"和"非营利组织"登记的程序,明确其法律地位、法律权利和法律责任,使执法机构在处理其法律问题时有可以适用的具体法律依据。与此同时,还要加快与完善社会公益和社会服务方面的相关立法,推动该项事业走上规范化法制化轨道。另外,广东省可根据本省实际,出台《关于鼓励和规范宗教界从事公益慈善活动的意见》,并就宗教界接受社会捐赠和宗教界为社会公益和社会服务事业而创办的一些经济实体出台相关的优惠政策,适时出台有关宗教界参与社会公益和社会服务事业的具体政策,鼓励宗教界在扶贫、济困、救灾、助残、养老、支教、义诊与环保等方面发挥有益作用,要明确他们参与上述领域社会公益事业的范围、程度和方式,建立相应的激励、规范、监督和约束机制。

第三,政府要给予适当政策扶持,在税收政策方面,应当依照惯例和通行做法,给予税收减免;在财政方面,也要给予适当的资助和补贴。政府部门还应引导新闻媒体加强对宗教界参与社会公益和社会服务方面的正面宣传和报道。此外,要依法加强管理,特别是对跨地区、跨宗教以及涉及与国外宗教组织合作开展的社会公益和服务事业方面的活动,要加强引导、协调和管理。

综上所述,我们应清醒的意识到宗教作为"大社会"中之一元的重要意义。随着"万能政府"概念的过时,政府职能已经正在发生渐渐的变化,在政府由传统管制型向服务型转型的大背景下,在宗教事务的管理方面,从"约束为主、只管不理"向"引导为主、依法管理"的方向发展应当成为国家和各级政府宗教事务管理的发展趋势。在这种趋势下,政府与宗教团体各自与社会公共事务的关系界限也应得到明确。各宗教团体与组织应与各种非政府组织和非营利组织一起,成为参与现代社会公益和社会服务事业不可缺少的组成部分。因此,我们的"引导"政策应该增加更多鼓励的成分,给宗教更多的用武之地和更多的空间,使中国宗教从"相适应"状态转向"做贡献"状态,为建构和谐社会做出更大的贡献。

(本文为 2012 年"广东省加强和创新宗教事务管理研讨会"的会议论文,在 2013 年 4 月 30 日的《中国民族报·宗教周刊》上发表时略有缩减)

广州伊斯兰教及文化发展现状的田野考察①
——以怀圣光塔寺为中心

序　言

　　广州是我国历史最悠久的对外贸易大港,早在唐代,一条当时世界最长的远洋航线,从广州直达波斯湾,被称为海上丝绸之路。

　　纷至沓来的外商中,以阿拉伯人为最。他们把广州称为"新卡兰",意为大中国。这些侨民"多流寓海滨湾泊之地,筑石联城,以长子孙"。这些来自阿拉伯地区的外籍番客穆斯林大约聚居在今天广州的越秀区怀圣光塔寺的周边地带,东以米市路为界,南抵惠福路,西至人民路,北到中山西路,史书称"番坊"。相传唐代广州的"番坊",最盛时有外商 13 万人之多。现今的"玛瑙巷"、"大纸(食)巷"、"普宁巷"(旧称"普宜人巷")等都是当年"番坊"的遗迹。直至今天,这里仍然是广州市回民的聚居地。

　　怀圣光塔寺地处今天广州市越秀区光塔路 56 号,据说该寺是唐初贞观年间,伊斯兰教传教士萨阿德·艾比·宛葛素奉穆罕默德圣人之命,乘船从海上丝绸之路达到广州后,发动当时在"番坊"内的穆斯林"番客"所建的中国最早的清真寺之一,因此该寺历来被视为是中国伊斯兰文化的发源地。之所以取名"怀圣",系取怀念穆罕默德圣人之意。史学家张星烺教授在其《中西交通史料汇编》中认为,公元 851 年阿拉伯旅行家苏烈曼在广州见到的回教教堂"必即怀圣寺"。因寺内有光塔,人们也常称之为光塔寺。不过,比较正规的称呼则为怀圣光塔寺。

---

① 这篇论文是笔者指导的第十三届"挑战杯"广东大学生课外学术科技作品·哲学社会科学类社会调查报告和学术论文,学生们撰写初稿,由笔者修改润色完成。

由上可见怀圣光塔寺之历史悠久,它是历史上的"海上丝绸之路"的重要见证场所,是众所周知的中国海上交通史和外贸史的象征之一。

岁月如梭,时至今天,怀圣光塔寺及其所在光塔路一带,仍是广州伊斯兰教文化最集中和最有影响的地方。

一、研究意义

若要对今天广州伊斯兰教,或者伊斯兰教文化的生存和发展状况有所了解的话,怀圣光塔寺及其所在光塔路一带就是一个不得不去的地方。本次的田野调查报告是在实地走访、口述访谈、问卷调查及其资料整理的基础上完成,我们的报告一定程度上能有助于厘清广州伊斯兰教及文化的发展脉络,更清晰地了解伊斯兰教及文化在广州的生存与发展现状,以及广州在对外经济开放和"一带一路"的战略构想中在宗教方面所能发挥的积极作用与影响。当然,也能为具有开放包容的广州地方特色文化的研究提供参考和借鉴。

伊斯兰教传入广州,传入中国至今已有 1300 多年的历史,本调研报告通过实地考察,客观地向人们展示了广州历史悠久、流光溢彩的伊斯兰教文化底蕴;同时也客观地呈现和分析外来穆斯林(既包括从国内的大西北来的穆斯林,也包括境外来的穆斯林)在广州的生存发展境遇和面临的现实困境,并提出相应的对策与建议,以供有关部门参考。当然,我们也希望调研报告能在一定程度上增强广州市民对于包括怀圣光塔寺在内的光塔路一带的伊斯兰教文化圈的认识和保护意识,并发掘其新亮点,这不仅有利于当地伊斯兰教物质与精神文化遗产的保护与发扬,而且还会使得广州的"开放包容"特色在新的时代更加发扬光大,各种宗教及其文化传统在此和谐共处。

二、课题研究综述

多年来,学界对于广州伊斯兰教及文化的研究作出了许多卓有成效的贡献。不过,学者们关注比较多的是关于广州清真寺兴建的具体历史年代的考证,以及广州清真寺与历史上的海上丝绸之路的联系,如马强的《符号的言说:广州伊斯兰教活动场所及文化变迁》(见《西北民族研究》2005 年第一期）一文，比较详细地考察了广州伊斯兰教活动场所分类及历史钩沉；张难生、叶显恩的《海上丝绸之路与广州》（见《中国社会科学》1992 年第一期）一文，从航道的开辟、造船与航海技术的改进、海上丝路商品结构的交化、历代王朝的政策等方面进行了探讨，详细研究了海上丝绸之路的形成、发展与广州历史的关系。也有不多的几篇论文是关于广州穆斯林现状的研究，如熊威的《民族宗教流动人口社会学调查——广州市化隆拉面从业群体的基本特征调查报告》（见《贵州大学学报》2010 年第六期）一文，主要关注外来穆斯林在广州的流动与适应情况；马建钊的《伊斯兰文化对广州回族社区形成发展的作用》（见《回族研究》1994 年第三期）一文，则主要探讨在广州回族社区的形成发展中如何发挥伊斯兰文化的积极作用。而在关于具体的清真寺如怀圣光塔寺的研究方面，学者们比较聚焦于其建造年代、寺内碑刻等方面的研究，而对于怀圣光塔寺所辐射的文化圈或以该寺为中心的社区——光塔路作为一个具体个案或者窗口来考察广州伊斯兰教的现状与文化效应的论文则不多见，我们的田野调查以及基于田野调查所提出的相关思考与建议自然就有了不言而喻的重要意义。

三、相关简介：

1. 怀圣光塔寺简介

怀圣光塔寺地处今天广州市越秀区光塔路 56 号，其建筑是中国最早融合中国与阿拉伯建筑艺术的典范。全寺坐北向南，占地面积 3200 多平方米。寺内庭廊楼檐对称布局是典型的唐代中国建筑风貌，寺内光塔则是阿拉伯式建筑。寺内保留着历朝修葺的历史遗迹。入寺内进甬道，迎面是清光绪皇帝御赐的《教崇西域》牌匾，边框镶着六条盘龙，气宇非凡。接着是状似古城门的看月楼，重檐斗拱，红墙碧瓦，拱门四开，贯通两廊庭阶。看月楼用"红米石"砌成的砖墙，是元明时代重修的遗迹；四层的重檐斗拱是清康熙年代重修的遗迹；北面的礼拜大殿，广庭居中，壮丽宽宏。在礼拜大殿与看月楼之间的小广场环绕着元代雕刻的石栏。殿南两翼，各有东、西碑亭，分别竖着元至正十年和康熙三十四年重修怀圣光塔寺碑记。殿后东侧建有藏经厅。碑亭和东廊保存有历代碑碣和楹联。

寺内西南角的光塔,高 36.6 米,塔表圆型,光洁无层。其原建在唐初时期古珠江河岸边上,晚上在塔顶点灯兼作导航标灯。文物专家认为,光塔是古代海上丝绸之路和中阿文化交流的重要历史遗迹。既是国内至今唯一屹立不倒的唐代高层建筑,也是当今世界上现存最古老的清真寺"邦克塔"(邦克,阿拉伯语"宣礼"之意,是提醒和召唤穆斯林做礼拜的专门用词)。

千百年来,怀圣光塔寺一直是广州穆斯林进行宗教活动的中心清真寺,为广州伊斯兰教事业和伊斯兰文化的发展作出了积极的贡献。

2. 怀圣光塔寺所在的光塔路简介

光塔路又称光塔街,古代在阿拉伯语称呼为"大食街"、"大纸街",因有大批大食人聚居而得名。由于广州是中国最早开放的通商口岸之一、昔日海上丝绸之路起点,同时也是各种宗教传入中国登陆点之一,因此,早在唐代,光塔街已经是著名的"番街"。而光塔路附近区域为"番坊",商贾如云,有沿着海上丝绸之路来中国贸易的各国商人。

如今,光塔街是广州市越秀区下属的一条行政街,位于越秀区的中心地带。它是在 2013 年 3 月越秀区调整街道行政区域时合并而成的,新光塔街东至起义路,西到人民路,北达净慧路,南临大德路,由原光塔、诗书两街以及大新街的庆福里、象牙北、魁巷三个社区合并而成,面积共 1.07 平方公里,目前户籍人口 90851 人,居民户数 33166 户(不包括流动人口)。光塔街辖内现聚居有回、满、黎、苗、壮、瑶、土家、侗、蒙古、土家、维吾尔等少数民族 28 个,是广州市少数民族聚集比较集中的街道之一,而且尤以信仰伊斯兰教的回族居多。广州市仅有的两所少数民族小学——回族小学和满族小学也在辖内。另外,除了伊斯兰教的场所之外,光塔街一带还有道教的五羊仙观,基督教的锡安堂、光孝堂等宗教建筑。

第一节　怀圣光塔寺在广州伊斯兰教中的重要地位

一、怀圣光塔寺的历史与发展

唐朝时期,素有"番坊"之称的广州光塔路一带成为海上丝绸之路的起点,大量的波斯人、阿拉伯人通过海上丝绸之路来到广州经商或传教,之后,便有相当数量的商人和教徒定居在此地。当时,伊斯兰教文化随着信奉伊斯兰教的阿拉伯商人和传教士的到来而在此落地扎根。相传唐高祖武德年间(618—626),伊斯兰教创始人穆罕默德曾派门徒4人来华传教,其中的艾比·宛葛素于唐贞观初年从波斯湾到达广州,建造了怀圣光塔寺。怀圣光塔寺于627年建造,至今已有1300多年历史。对于怀圣光塔寺的具体建造年代,学术界尚有争论。主要有隋代说、唐代说和宋代说。但持唐说者众,广东学界多持此说。其实,无论该寺建于哪个朝代,它都是我国伊斯兰教最为著名的古老建筑之一,为目前中国海内外闻名遐迩的清真寺之一。怀圣光塔寺现位于广州市越秀区光塔路56号,这一带也就成为了广州最富有伊斯兰文化特色的地方。

怀圣光塔寺凸显了广东伊斯兰教及文化的悠久历史。广东的伊斯兰教及文化源远流长,它和广州的清真先贤古墓一起成为唐宋时期广东伊斯兰教及文化的历史见证,可以说怀圣光塔寺及所在的光塔路一带是广东伊斯兰教及文化圈形成的起点与发展的中心。在广州清真寺发展的历史上,怀圣光塔寺宗教活动的持续性非常明显。元末明初,回族作为一个民族共同体在我国形成,广州回族逐步形成穆斯林社区,广州穆斯林的主体为本土回族穆斯林。伊斯兰教在广州的传播也迈进了本土化的历程。民国时期,在伊斯兰文化纽带的联系下,以怀圣光塔寺为平台,广州的伊斯兰教团体通过举办经堂教育创办伊斯兰教刊物、兴办公益慈善事业、维护穆斯林合法权益等社会活动,使伊斯兰教在广州进一步传播和发展。

新中国成立后的前十几二十年,受到政治上"极左"政策的干扰,怀圣光塔寺内部分场所曾一度被占用,但尽管如此,还是不间断地有回民穆斯林去那做礼拜,其宗教色彩在广州回民穆斯林的心中却从未褪去,其宗教功能也未曾消失,怀圣光塔寺的宗教氛围仍存。而且与广州其他清真寺的历史命运相比,它更为幸运和更有宗教文化的延续性,其他的几所清真寺就没有它那么幸运。如自1952年起,广州的濠畔清真寺曾先后部分用作回族安老所和少数民族生产工场。1964年,又由广州市回满族工厂使用。1973年,除大殿外,南北两边走廊及看月楼已被使用,单位全部改建为五层混凝土厂房。广州的南胜清真寺自1958年起停止宗教活动,借给广州市民族电器厂使用,1969年改为租用,产权仍归寺管会所有。除大殿外,已全部改建为三层混泥土楼房,用作生产场地。广州的东营清真寺在1966年曾一度为本市回满族工厂借用。上述所指的濠畔清真寺、南胜清真寺和东营清真寺都是广州乃至我国南方地区著名的回族清真寺。如上所述,它们都曾经为工业用地所占用,一度丧失了其原来的宗教功能,转化为经济场所。相比之下,怀圣光塔寺更具有文化的持续性与不间断性,也成为了伊斯兰教及文化在光塔路一带形成与发展的重要见证人。

改革开放30多年来,外省区大量的穆斯林(10个信仰伊斯兰教的少数民族成分俱全)涌入广州务工、经商及就学,其中以来自西北地区的回族穆斯林居多。随着广东社会经济的迅猛发展,尤其是对外贸易活动在全国遥遥领先,给外籍穆斯林来穗发展提供了各种商机,加上广东毗邻港澳,对外交通方便,历史上又是伊斯兰教传入中国最早的省份之一,是中国与阿拉伯国家开展经贸活动的"海上丝绸之路"发祥地,有良好的地理位置和开放包容的人文环境。因此近几十年来吸引了大量世界各地的外籍穆斯林进入广东,聚居广州,从事各种商贸活动。据有关部门统计,目前包括广州在内的广东外来穆斯林和外籍穆斯林人口近27万人,已经成为我国东南沿海外来穆斯林和外籍穆斯林人口最多的省份,广州无疑是我国东南沿海外来穆斯林和外籍穆斯林人口最多的城市。这就使得怀圣光塔寺即所在的光塔路一带成为外来穆斯林和外籍穆斯林心中的一处最温馨的港湾,也成为广州最具有伊斯兰宗教文化特色和底蕴的所在。

为了更好地了解怀圣光塔寺的发展与变化,我们多次走进该寺并采访寺里的王官雪阿訇与工作人员。从访谈和有关材料中我们得出的一个重要印象即是:怀圣光塔寺如今的发展主要体现在其外观、知名度和开放程度这3个方面。自1990年以来,随着创建广州市文明宗教活动场所活动的开展,广州市伊斯兰教协会投入了大量的人力、物力对怀圣光塔寺进行修葺。耗资超过百万元,使这座历史悠久的千年古寺在繁荣喧闹的广州市中心区保持着庄严肃穆、整洁幽雅。正是广州市伊斯兰协会的鼎力支持才使得怀圣光塔寺经多次修缮后,成为越来越美观,越来越富有中国特色的伊斯兰教建筑。

怀圣光塔寺的王文杰阿訇告诉了我们该寺外观与占地面积的变

化。当我们采访他的时候,王阿訇说:"(怀圣光塔寺十多年来)没有新建房子。"他还指着一片崭新的房子,告诉我们哪栋房子是新买进来的,加上新买进来的房子,怀圣光塔寺的占地面积一共扩大了六七百平方米。如今的怀圣光塔寺外观比以前更为明亮整洁,而且不失古韵。

除了外观与占地面积的变化,怀圣光塔寺的知名度也在发生着变化。在与怀圣光塔寺工作人员马先生的交谈中,他说现在每周五到寺内参加聚礼活动的穆斯林数量比之从前大大增加。王阿訇也一再提到,尽管怀圣光塔寺的面积增加,容量增加,但是仍然不够大。因为近年来,前来礼拜的穆斯林数量越来越多。因而每逢周五中午的聚礼,寺内会出现拥挤的状况。我们从收回的 80 份有效问卷的数据中,也得知大部分人认为到怀圣光塔寺做礼拜的穆斯林人数增长太快。这一趋势从侧面反映了怀圣光塔寺为更多人所知,其知名度有所提升。

除了外观、知名度这两方面之外,怀圣光塔寺的变化还体现在其开放程度上。过去,怀圣光塔寺在许多市民和游客眼中一直是一个神秘之处,即便在广州这样的开放城市里,伊斯兰教的宗教场所向来也是不对外开放的。然而,从上述提到的该寺工作人员马先生口中,我们得知如今怀圣光塔寺的门禁没有以前那么严格,只允许穆斯林进入;今天不少的游客、学习者等非穆斯林只要不是不怀好意,一般情况下都可以进入寺内进行参观或拍摄。在访谈中,马先生还说寺内的阿訇挺欢迎更多人前来参观。在实地走访时,我们也亲眼看到不少非穆斯林进入寺内参观。我们的经历也是一个例证。当我们一行人清楚地说明自己的意图,就可以多次直接进入怀圣光塔寺进行参观与采访。这些充分地表明了该寺的开放程度。

当然,怀圣光塔寺的开放并非无限度,这体现在寺内工作人员的招收层面上。从与马先生的访谈中,我们了解到该寺的工作人员除了保安以外,其他的人员都必须是穆斯林。这当然也是穆斯林协作团结和互帮互助的反映。此外,怀圣光塔寺的开放性也是建立在教规的基础上的,怀圣光塔寺对进入寺内的人有着一定的着装要求,如女人不可穿丝袜,无论男女,裤子一定要过膝盖等等。这是伊斯兰教文化的自我约束性的表征。

二、怀圣光塔寺在广州穆斯林心中的特殊意义

广州作为一个著名的现代化大都市，其文化具有多样性和包容性。其中又包含着不同的宗教文化圈，它们各自独立而又有所交错。伊斯兰文化圈当然也是广州文化圈的重要组成部分。广州的伊斯兰文化圈主要支柱是清真寺。在一定程度上，清真寺是一个辐射点，通过向外延伸与辐射而形成一个小小的文化圈。不同清真寺所形成的伊斯兰文化圈通过彼此的融合而构成了广州整体的一个伊斯兰文化圈。目前，广州有四座清真寺：怀圣光塔寺、先贤古墓清真寺、濠畔清真寺、东营清真寺，这四座清真寺中最年轻的东营寺建于明成化年间，距今已有将近六百年的历史。从历史和知名度来看，怀圣光塔寺和先贤古墓清真寺显得较为突出。怀圣光塔寺是其中年代最古老的清真寺，也是广州伊斯兰教协会的驻地。在今日广州老城区越秀区光塔路深处，怀圣光塔寺的邦克钟声已经响了 1300 多年。斑驳的白塔，低矮的大门，市民每日从清真寺前来来往往，或许并不会特别在意，但在中国广大穆斯林和外籍穆斯林心目中，怀圣光塔寺有着特别意义——它与泉州圣友寺、杭州凤凰寺和扬州仙鹤寺一道，并称为伊斯兰教传入中国后最早创建的四大著名清真寺。

比较一番怀圣光塔寺与先贤古墓清真寺是很有意思的。这两个寺之间有着密切的历史渊源，两者的联系与交接点离不开"一贤一路"。所谓"一贤"指的是先贤宛葛素，"一路"指的是古代的"海上丝绸之路"。有学者称，先贤古墓清真寺里的主人是伊斯兰教传播人穆罕默德（求主赐福他）的舅父，即圣徒萨阿德·宾·艾比宛葛素（求主赐其快乐）。这位先贤曾于公元 618—626 年间来华传教，他到达中国的第一站就是广州。在广州期间，他主持建设了中国第一间清真寺——怀圣寺，亦称光塔寺、怀圣光塔寺或狮子寺。后来，这位先贤在广州归真，广州穆斯林为了纪念他为广州乃至整个中国伊斯兰教事业所做的贡献，便在流花桥外——越秀公园对面、兰圃公园西侧的地方为他修建了陵墓——先

贤古墓清真寺。① 怀圣光塔寺是宛葛素生前的住地,而先贤古墓清真寺是宛葛素死后的归宿。如今,怀圣光塔寺与先贤古墓清真寺的外传也得益于宛葛素在穆斯林心中的地位。在穆斯林心中,怀圣光塔寺的第一任"伊玛目"(领拜人)宛葛素阿訇是重要的精神导师。这不仅是对于外国穆斯林而言,对于国内穆斯林也同样如此。宛葛素的故事也成为了广州伊斯兰民众集体记忆最重要的符号之一。广州的回民习惯称宛葛素为"大人",其位于广州先贤古墓清真寺的墓庐为"大人坟",其忌日为"大人忌"。② 可见,宛葛素在穆斯林心中具有不可替代的地位,是他们心中的重要精神领袖。

宛葛素的生平与死后将怀圣光塔寺与先贤古墓清真寺相连。在现实中,宛葛素的知名度推动了怀圣光塔寺与先贤古墓清真寺的外扬。然而,宛葛素因何而来? 他又是怎么来到广州的呢? 这与"海上丝绸之路"密切相关。由于隋唐时期的中国具有相对比较安定、宽松与开放的环境,对外国宗教来者不拒,兼收并蓄,每一种宗教在特定群体和特定空间里都能找到合适的成长土壤和发展机遇,因而这一时期中外宗教交流与传播依然十分盛行。③ 在这一背景下,外来的伊斯兰文化在中国找到了生长的空间和发展的机遇,而生长与发展的前提条件是落地扎根。外来伊斯兰文化在广州的落地扎根离不开当时的海上丝绸之路这一桥梁。唐代,西亚的伊斯兰教、祆教、摩尼教、景教等也随着广东"海上丝绸之路"传入中国,广州是主要传播通道和流行地区。④ 与其他宗教相比,伊斯兰教是较早传入广州且发展较为迅速的宗教。这离不开商人们的推动和传教士的努力。当时,伊斯兰教在广州率先传播,是因为广州是唐朝的"海上丝绸之路"的始发港和东方大港,也是阿拉伯人、波斯人的主要聚居地,教众最多、基础雄厚。明人何乔远称:穆罕默德有门徒四人,号称"四大贤人","一贤传教广州,二贤传教扬州,三贤、四贤传教泉州",⑤ 由此可见,先贤宛葛素是通过"海上丝绸之路"

---

① 阿布杜拉·王文杰:"广州先贤清真寺兴建始末""广州社会科学学院学报",2011 年第2 期。

② 张胜波:"广东:伊斯兰教传入中国第一站""南方日报",2010 - 8 - 6(A20)。

③ 参见黄启臣:《广东海上丝绸之路史》,广东经济出版社 2003 年,第 211 页。

④ 参见黄启臣:《广东海上丝绸之路史》,广东经济出版社 2003 年,第 215 页。

⑤ 何乔远:《闽书卷七》,《方域·灵山(崇祯课本)》,《四库全书存目丛书》,齐鲁书社1997 年。

来到了广州,且致力于伊斯兰文化的传播,创建怀圣光塔寺,死后被葬于先贤古墓清真寺。不难发现,海上丝绸之路对怀圣光塔寺的建立与后来先贤古墓清真寺的存在起着重要的历史作用。可以想象,当时那些穆斯林一手提着货物,一手拿着《古兰经》,乘着海船向东方驶来,终而在广州留下了不可磨灭的印迹。其中,怀圣光塔寺与先贤古墓清真寺便是真实的佐证。

不过,"番坊"一词是广州历史的一大特点,而历史上的番坊离不开清真寺的构成。以往的番坊就是以今天怀圣光塔寺所在的光塔街及其附近为中心。从这一层面上看,怀圣光塔寺是广州穆斯林心目中的中心,这一地位似乎比先贤古墓清真寺的地位略高。在现实中,怀圣光塔寺不仅是穆斯林做礼拜的重要场所,还是广州伊斯兰协会的驻地。怀圣光塔寺可谓广州伊斯兰文化圈的领导中心。

在入寺做礼拜的穆斯林数量方面,先贤古墓清真寺远远多于怀圣光塔寺。根据与怀圣光塔寺王阿訇和先贤古墓清真寺张阿訇的访谈,他们都曾谈到在聚礼时和重大节日时,到怀圣光塔寺的穆斯林一般会有 2000 人左右,最多的时候达到 3000 人。相比而言,到先贤古墓清真寺的穆斯林较多,一般会有 9000 人左右,最多可达 10000 人。这样比较下来,到先贤古墓清真寺的穆斯林数量为怀圣光塔寺的 4 倍到 5 倍。然而,如此悬殊的差距主要不是知名度高低的问题,主要是两者的规模差别与地理位置的差异。先贤古墓清真寺是广州所有清真寺中规模最大,可容纳人数最多的清真寺。除此之外,先贤古墓清真寺还处于较为特别的地理位置上。先贤古墓清真寺临近广州小北地区,小北地区为许多外国穆斯林聚集之地,尤其以商人居多。在聚礼的时候,小北地区的穆斯林便会采取就近原则,奔赴先贤古墓清真寺做礼拜。另外,先贤古墓清真寺位于广交会北侧。广交会期间,有大批来自世界各地的穆斯林,尤其是北非、西亚和东南亚地区的穆斯林参加广交会。他们之中的很多人每到礼拜的时候都会从交易会的六号门直接进入先贤古墓清真寺,该寺的南大门正好在交易会六号的旁边。这些穆斯林进出交易会展馆、先贤古墓清真寺都非常方便。他们在先贤古墓清真寺内做完礼拜后,小憩一会再回到交易会

展馆。^①

由于邻近广交会、小北等经济商贸点这一特殊的地理位置,先贤古墓清真寺成为了大量穆斯林商人的重要礼拜场所。正是由于空间与地理位置差异的客观原因,到先贤古墓清真寺的穆斯林数量远远多于怀圣光塔寺。就入寺做礼拜穆斯林的来源来看,怀圣光塔寺与先贤古墓清真寺也有着不同的区域特色。从与怀圣光塔寺王阿訇的访谈中,我们得知:到怀圣光塔寺的阿拉伯穆斯林比较多,而到先贤古墓清真寺的印巴和我国西北的穆斯林比较多。王阿訇还告知我们这一区域特色与穆斯林习惯选择有关。一些穆斯林选择自己比较熟悉的清真寺进行礼拜。长年累月,他们便习惯成自然。再者,这一区域差异也与穆斯林居住范围的差异有关系。阿拉伯穆斯林多在怀圣光塔寺附近工作,而印巴穆斯林与我国西北穆斯林多聚集在先贤古墓清真寺附近。此外,到先贤古墓清真寺的女穆斯林不少是穿着自己国家的服装。不少男穆斯林穿着白色长袍到先贤古墓清真寺做礼拜。这一现象在怀圣光塔寺是比较少看到的。到先贤古墓清真寺礼拜的穆斯林以家庭为单位的现象比较常见。在我们走访的过程中,发现不少穆斯林小孩在父母的带领下到先贤古墓清真寺做礼拜。从表面来看,先贤古墓清真寺聚礼的气氛给人的感觉更为庄重,规则形式性更强。这一感觉主要是从穆斯林的穿着和组成而言的。

如前所述,尽管先贤古墓清真寺对穆斯林的容纳量更大,但是不能否定怀圣光塔寺在广州伊斯兰文化圈中所处的中心地位。在穆斯林的心中,怀圣光塔寺不仅是中国最早和最为著名的清真寺之一,也是广州市伊斯兰教协会的所在地,怀圣光塔寺作为广州伊斯兰教及文化圈的领导地位和辐射能力,对广大穆斯林具有特殊意义。

三、怀圣光塔寺的辐射作用

广州伊斯兰文化没有只局限于怀圣光塔寺寺内。它以怀圣光塔寺为中心点,对当地起着辐射外延的影响。其影响主要体现在文化教育、

---

① 阿布杜拉·王文杰:《广州先贤清真寺兴建始末》,《广州社会科学院学院学报》,2011 年第 2 期。

经济和社会生活这三个方面。

首先,在文化教育层面上,伊斯兰文化促进了光塔路一带文化的多样性。光塔路一带在历史上曾一度属于少数民族聚居和外国商人来华贸易的番坊区。因此这里的少数民族文化氛围浓厚,民族色彩鲜明。当地少数民族以满族和回族为主,而回民信仰伊斯兰教。当地伊斯兰文化的形成与发展满足回民们的文化需求,也成为当地穆斯林的精神支柱。中国穆斯林把清真寺附设学校,培养宗教人才的办学形式称为经堂教育,如今,这里的经堂教育氛围没有以往那么浓厚。虽然如此,但与怀圣光塔寺及伊斯兰文化相关的教育场所依然存在。光塔路一带有着回民小学的多个校区,回民小学为当地穆斯林子女上学和遵守教规提供了便利。回民小学成了当地教育的一大特色,也有利于增强当地教育体系的民族性与综合性。伊斯兰文化为回民小学的建立与发展提供了有利的文化条件,间接地推动当地教育通过增强自身的多样性来符合当地人民的文化需求。

其次,在经济层面上,伊斯兰文化为当地的经济发展带来了不一样的领域。伊斯兰教教规对穆斯林有着严格的饮食和穿着等方面的要求。这一要求与限制使得一些清真店铺应运而生。通过实地调查,我们知道目前在光塔路一带有十多家清真商店,其种类主要集中在饮食类,还有少数的是服装类与电器类。通过对光塔街办事处工作人员的采访,我们了解到当地的清真店铺的经营状况比以往改善了很多,得到越来越多的穆斯林的光顾与支持。同时,不少的清真商店也为当地非穆斯林居民所接纳与欢迎,尤其是一些特色的食品店。从与光塔街办事处工作人员的访谈中,我们得知有些清真商店有着惊人的变化,其生意为出口贸易,获得了可喜的经济效益。从中不难发现,当地清真经济有所发展,有着可观的发展前景。这也凸显了伊斯兰文化对当地经济所发挥的能动作用。然而,怀圣光塔寺与当地的清真商店是互相独立的。它们之间交流不多,双方是独立发展的个体。这信息可以从王阿訇的话语中体现出来。在访谈中,王阿訇曾对我们说:"他们怀圣光塔寺与外部的清真商店基本上是没有什么交流的。"总体而言,两者是独立发展而又相互联系的。

除了清真商店外,伊斯兰文化还为当地带来了推销行业的经济发展链条。在实地调查中,我们发现每当星期五聚礼时,怀圣光塔寺乃至光塔路一带有着许多年轻的推销人员。据了解,他们都是来自不同公司的推销人员,其主要顾客对象是到怀圣光塔寺礼拜的穆斯林。因为他们相信能有时间参加周五聚礼的大多数穆斯林是老板。这一信息也可从王阿訇的访谈中得到印证。由此看来,当地穆斯林定期的聚集为推销行业带来了重要客源。伊斯兰文化可为当地的经济发展提供客源与市场,进一步促进当地经济结构的多样化发展。除了以上两个方面外,伊斯兰文化对寺外的社会生活产生重要影响。

在此,在社会生活层面上,伊斯兰文化对怀圣光塔寺外的社会生活也产生重要影响。文化是民族差异性的重要表现,不同民族的服饰也是文化的表现形式之一,戴帽的男穆斯林和围巾裹头的女穆斯林在光塔街一带的来来往往成为了当地特别的风景线。不仅如此,来来往往身着各色民族服装的人在此购物、饮食、游览等,使此地呈现出与广州城其他区域不同的带有伊斯兰色彩的独特面貌。

第二节 以聚礼活动为纽带的本地与外地穆斯林交流

一、怀圣光塔寺聚礼活动的考查

清真寺是穆斯林社区的一个重要的标志,是穆斯林生活中不可缺少的一部分,也是穆斯林的文化得以形成、发展和传承的重要场所。对于穆斯林而言,清真寺是穆斯林宗教活动的净地,是日常生活所依赖和共有的场所,是穆斯林的经济、教育、文化中心,同时也是异地穆斯林之间相互交流的场所。流动的穆斯林来到一个城市的时候,往往第一个地方就是去当地的清真寺,既是寻求物质上的援助也是寻找精神上的归宿。虽然城市在不停地发展变化,但"围寺而居"这个传统居住形式一直是穆斯林聚集区的一个重要特色,未被打破过。

若说一座清真寺是穆斯林们流动途中的聚居地,那么礼拜,则是穆斯林心灵的归宿点,尤其是周五的聚礼活动,不同区域的穆斯林都聚集在清真寺进行礼拜,伊斯兰教每周五的"主麻"(阿拉伯语"聚礼"音译)日,规定成年男性穆斯林必须集中于城镇的一个中心大寺,共同举行礼拜,即举行聚礼。穆斯林都非常注重每周五的聚礼,不管路途的遥远,不管天气恶劣,不管工作、学习的繁忙,都会前往清真寺进行聚礼。《古兰经》中号召和鼓励信士举行聚礼:"信道的人们啊! 当聚礼日招入礼拜的时候,你们应当赶快去纪念真主,放下买卖,那对于你们是更好的,如果你们知道。"(62:9)[1]《天方典礼·聚礼篇》中的"合众寺之人,统归一寺"[2]便详尽描述了这一盛况。在 2014 年 4 月对王阿訇的采访中,他也曾提到:"来(怀圣光塔寺)这边礼拜的人数大概是 2000 左右,最多的时候到 3000。而先贤古墓清真寺那边最多,大概有 9000 到10000 多人。"阿訇表示,怀圣光塔寺内的空间范围无法完全容纳如此之多的穆斯林,因为礼拜应该在礼拜殿里面进行,其他空地只是休闲的地方,礼拜殿内只能容纳 300 人,其他穆斯林就只能在院子里做礼拜。

在聚礼活动之后,穆斯林都不会马上散去,而是聚在一起闲谈杂聊,由于来此地的穆斯林的目的除礼拜之外各有不同,有些只是单纯来朝圣的,有些是来广州经商的,有些是来找同为穆斯林伴侣的。可以说,聚礼活动是不同地域穆斯林在一起交流宗教思想理念或是谈论商业贸易或是闲谈日常琐事的一个平台,不同地域穆斯林在此交流,并在这个共同的宗教群体下最终获得宗教归宿感。

当地穆斯林与外地穆斯林之间交流的契机除聚礼活动外,便是在礼拜后对怀圣光塔寺外乞丐的课施,头戴帽子的男穆斯林和围巾裹头的女穆斯林在光塔路一带的来来往往成为了当地一道特别的风景线,也成为了当地社会慈善事业的重要支持者。课施,大致可以分为两类:一类是法定履行的施济,其中包括"主命"的"扎卡特"(天课)和"当然"的"费图尔"(开斋捐);另一类为自愿性质的施舍,即出散"索德格"(施舍)。在穆斯林看来,伊斯兰慈善——不论是义务性的天课还是自愿性的施舍,都会给捐赠者带来无尽的福祉,将使其自身的财富增加。几乎每种宗教经典里都有关于信徒应该施济贫困者的规定,而在伊斯兰教里,这种善举称为"萨达卡"。

无论是外地还是本地的穆斯林都把救济困难者的教义精神变为实际行动,热心地帮助有困难的人,穆斯林的如此作为吸引了不少的

① 马坚译:《古兰经》,中国社会科学出版社 1981 年。
② 刘智:《天方典礼·聚礼篇》,天津古籍出版社 1988 年,第 189 页。

乞讨者聚集在怀圣光塔寺周围。每逢周五的聚礼与伊斯兰教的重大节日,成群结队的乞讨者都会纷纷散布在光塔路一带,因为他们相信前来礼拜的穆斯林会成为其重要的经济来源。因此,众多乞讨者定期在怀圣光塔寺附近的群集也成为了当地社会生活的一部分。

由于伊斯兰教非常强调个人与集体、个人与社会利益之间的平衡,社会互助正是体现这一重要思想的伊斯兰教基本教律之一。因此伊斯兰教一方面倡导关爱弱势群体,禁止羞辱弱势群体;一方面坚决主张勤奋劳动、积极生产,反对好吃懒做和一味地依赖别人。尤其是传授弱势群体谋生之道,帮助他们恢复自立,摆脱贫困和弱势。这不止于捐出"济贫"的钱来,更重要的是"扶贫"。伊斯兰教提倡的是一种具有纯正信仰精神与高尚道德情操的施济观,其意义在于它是一种精神的修炼,使穆斯林从现实的物质世界的生活上升到精神世界的生活,培养穆斯林的慈善恻隐之心,体现穆斯林慷慨互助、乐善好施、合作互助的精神风貌,以维护社会成员之间的平等、友爱、团结、互助。从另外一个角度来讲,就是希望通过施济的方式,加强社会公益事业的发展,对社会财富进行公平合理的再分配,避免出现社会成员之间贫富差距过分悬殊的状况。伊斯兰教特色的施舍观念,即以救赎自己为内在核心,然后帮助贫困人士,其目的在于让贫困人士自强自富而不是让他们以此乞讨为以后的生存手段。在这一原则的指导下,"劝善戒恶"在穆斯林现实生活中不仅被用来自勉,而且也常常被用来劝世,有助于培育出良好的社会风尚。在"课施"这一方面,外来穆斯林和本地穆斯林的思想观念十分统一,随心而为,他们相信不论是义务性的天课还是自愿性的施舍,都会给自己带来无尽的福祉,将使其自身的财富增加。

二、不同地域穆斯林之间的交流考察

我们曾在一次走访中亲身经历聚礼这一场伊斯兰教的宏大场面,当时来到怀圣光塔寺的时候是中午十二点半左右,这个时候聚礼活动还没有结束,以前略显冷清的街道已经充斥着来来往往的人们,大概过了半个小时左右,做完礼拜的穆斯林便从怀圣光塔寺的大门鱼贯而出,几乎填满了整个街道。大多数穆斯林在礼拜完后不是马上离开此地,而是在街道上三三两两地聚在一起。我们看到他们见面的时候,先是用外语打招呼(外语的大意是"愿安拉赐你平安",每个穆斯林在见面的时候都会用这句话来问好,以表达对对方真挚的祝福),然后互相拥抱在一起,接着才开始交谈。这时,我们发现到怀圣光塔寺礼拜的穆斯林大多数都不是广州本地人,甚至不是中国人,怀圣光塔寺的王阿訇说道:"来怀圣光塔寺礼拜的穆斯林中国人占一半,外国人占一半,而中国人以来自北方的占多数,外国人以中东阿拉伯人占多数,还有非洲以及印巴这些东南亚人士。"

这些来自世界各地的穆斯林在做礼拜的场所也因为工作的场所而显现出略微的不同,来自非洲的穆斯林多去小东营清真寺,来自印巴的还有一些西北的穆斯林多去先贤古墓清真寺,而来怀圣光塔寺这边做礼拜的穆斯林多是阿拉伯人士,但是我们在采访这些外来的穆斯林的时候,他们明确地表示每逢伊斯兰教的重大节日他们都会来怀圣光塔寺礼拜,主要原因在于怀圣光塔寺是古代海上丝绸之路兴盛后中国建造的最为古老和著名的清真寺之一,历史十分悠久,他们没来此之前就十分向往了。

怀圣光塔寺的聚礼活动,在促进不同地域穆斯林的接触与交流的同时自然也提高了怀圣光塔寺的知名度。不过,我们在采访外地穆斯林时发现,他们与本地穆斯林并不是完全毫无隔阂,外地与本地的隔阂主要体现在礼拜的次数上,由于外地穆斯林多是南亚和阿拉伯人士,在他们原来居住的地方,对礼拜的次数要求十分严苛,要求每日必须举行5次礼拜(晨礼、晌礼、哺礼、昏礼、宵礼),十分虔诚,而广州本地穆斯林则由于工作繁忙或者宗教意识淡薄,只有在周五的聚礼活动上进行礼拜,而每日的礼拜都在慢慢地简化甚至淡化。对此现象,某些外地的穆斯林表示十分愤懑,甚至偏激地认为本地的穆斯林信仰不再坚定,已经不是一位纯粹的穆斯林了。

来怀圣光塔寺礼拜的外地穆斯林有一点共性,即多数穆斯林都是来此地经商的。王阿訇说过:"伊斯兰教传入中国主要靠阿拉伯人,最初阿拉伯人把他们的文化、宗教、哲学、数学带入中国,把伊斯兰教传入中国,然后把中国的瓷器、茶叶、纺织品、丝织品带到他们国家,这便是古代海上丝绸之路。"如今,广州作为21世纪"丝绸之路经济带"和"海上丝绸之路"(简称"一带一路")的重要据点,外地穆斯林通过本地清真寺举办的宗教活动获得宗教认同与归属感,并在此基础上与广州各大商业区进行贸易往来。如今，"一带一路"的经济战略健康发展是以"和"文化引领的，广州文化的包容性满足了来自世界各地穆斯林的信仰需求，为他们在此经商贸易提供了便利。

按照伊斯兰教的教规，每逢周五的聚礼日，穆斯林都要到清真寺参加集体聚礼，在礼拜殿履行礼拜后，听阿訇讲"卧尔兹"（阿拉伯语音译，意为"劝导"、"训诫"、"教诲"、"讲道"、"说教"。是伊斯兰教宣教的一种方式），内容广泛丰富，以解读伊斯兰教经典《古兰经》、讲解伊斯兰教教义教法知识为主要内容，还包括履行宗教义务、伦理道德以及处世为人教育等。通过听讲"卧尔兹"，使得每个穆斯林坚定了宗教信仰信念。通过在清真寺举行集体的宗教活动，穆斯林"群体集体性的记住其共同的意义，并且使群体对自身的意识获得新的活力"①，对于本地穆斯林而言，这会使得他们生发出更多的团结感；而对于外地穆斯林个体而言，使得他们逐渐认同于群体并获得归属感。而在中国这个大环境下，更是通过在清真寺举行集体聚礼的宗教活动，团结和统一宗教群体，使宗教群体的归宿感和认同感逐渐形成并得到强化与延续。

第三节　光塔路社区文化中伊斯兰教与岭南文化的融合

一、光塔路一带街道地名与伊斯兰教的联系

众所周知，街道都有其特定的名称，街道名称不仅能够指示地区方位，而且蕴涵着丰富的历史文化底蕴，承载着当地过去与传统的记忆。现今，光塔路一带许多街道的命名，均体现了当地历史悠久的伊斯兰文化。如光塔路这一名称，即因全国现存最古老的清真寺——怀圣光塔寺坐落于此路而得名。然而对于当地的其他一些地名，如果把它们放在汉语的文化语境中来解释与理解是说不通的，因为它们来自阿拉伯语，是阿拉伯语的译音。如"在广州古代的番坊区域内，许多街巷名保存了珍贵的历史信息……蓬莱北街——蓬莱北，阿拉伯音译，即光塔上

①　孙尚扬：《宗教社会学》，北京大学出版社 2003 年，第 77 页。

宣礼之声'真主至大'……由蓬莱北街可知,当时的声响影响半径可从怀圣光塔寺传至今蓬莱北街之远。"[①]"如朝天路,是唐宋时期穆斯林出殡赴小北流花桥伊斯兰教坟场的必经之路,朝天有归天,朝天房之意。"[②]这些街道地名恰恰反映了历史上穆斯林在光塔路一带的宗教活动与仪式情况。

此外,广州市大概有十几条街道的名称都来源于阿拉伯语,他们大部分集中分布在光塔路一带。如附近的"甜水巷——甜水,阿拉伯语音译,意即中国山岗;仙邻街——仙邻,阿拉伯语音译,意即中国;大食街(今光塔路),大食巷(今惠福路)——大食,彼时国人对阿拉伯的称谓,可知该处是阿拉伯人聚居区域;诗书路——诗书,狮子的谐音,狮子国是国人当时对斯里兰卡的称谓,该路是斯里兰卡人的聚居区。"[③]由这些保存至今的路名,我们不难窥见历史上光塔路一带中阿交往的频繁及对当地产生的影响。

二、伊斯兰文化与当地建筑及规划的融合

走在光塔路一带,你会发现这里的建筑风格与其他地方不太一样,颇具自身特色。一方面,当地的许多建筑物都或多或少地呈现出伊斯兰教的影子,而另一方面,中国本土的建筑风格也深深地影响了光塔路一带伊斯兰教的建筑。坐落于广州越秀区光塔路 56 号的怀圣清真寺,就充分地体现了伊斯兰文化与中华文化的交融。"受中国传统建筑坐北朝南惯例及寺外街道走向的影响,怀圣光塔寺内建筑群的组织也为南北朝向。"[④]而且,怀圣光塔寺从大门至礼拜殿一共有六道门,形成一条直线,直线两边的布局呈对称分布。这些都体现了典型的中国古代建筑风格。历史上,儒家思想长期占据着中国古代思想文化的主流地位,受其"中庸"思想的影响,大多数具有代表性的中国传统建筑,其布

---

① 何韶颖:《广州怀圣寺及其周边街区城市形态解读》,四川建筑科学学院,2009 年,35(4):226—229。

② 同上。

③ 同上。

④ 何韶颖:《广州怀圣寺及其周边街区城市形态解读》,四川建筑科学学院,2009 年,35(4):226—229。

局的特点都会有一条明显的中轴线,在这条线上建造的是主要的建筑物,两边的建筑则起陪衬作用,这种建筑风格布局严谨,讲究对称,一般都为坐北朝南走向。然而,寺内历经风雨仍高高耸立的光塔,则"用砖砌圆形,完全保留了阿拉伯的风格和式样,它精妙的建筑石砌技艺,影响着后来砖砌佛塔的技术。"①具有中国古代建筑特色的怀圣光塔寺与寺内具有浓厚伊斯兰文化色彩的光塔融为一体,反映了伊斯兰教传入中国后与本土文化的适应与融合。

在怀圣光塔寺附近的杏花巷社区里,有一个圆拱形的凉亭,凉亭顶端有一个弯弯的新月标志。在凉亭旁边,还建有一面带有葫芦形宝顶和伊斯兰教纹饰的墙壁,这些带有新月和葫芦形宝顶的建筑在怀光塔圣寺内也有发现。"远古时期,对太阳、月亮、星星的迷信与崇拜是世界上很多民族曾经有过的现象。而在沙漠,对月亮的崇拜就更为突出……那里炎热干旱,游牧民族的生产生活多在夜晚进行,阿拉伯历遂将太阳降落到太阳初升作为一天,而将新月初升作为每月第一天的开始。在穆罕默德看来,新月代表一种新生力量,从新月到月圆,标志着伊斯兰教摧枯拉朽、战胜黑暗、圆满功行、光明世界。"②可以说,新月是伊斯兰教的标志。当地社区内这一带有新月标志凉亭的建造,反映了伊斯兰教与当地建筑的融合。

杏花巷社区内,还有一条政府于 2010 年结合广州亚运会与光塔路一带民族宗教文化打造的少数民族民俗文化长廊,这也是伊斯兰教在当地建筑方面的一个体现。怀圣光塔寺的负责人王阿訇曾跟我们谈到,国家把回族、维吾尔族、哈萨克族、柯尔克孜族、乌兹别克族、塔塔尔族、保安族、东乡族、撒拉族这十个少数民族都看作是全民信仰伊斯兰教的。而根据光塔街道办事处所提供给我们的资料,我们得知光塔街道是广州市越秀区下属的一条行政街,位于越秀区的中心地带,它是在2013 年 3 月越秀区调整街道行政区域时合并而成。新光塔街道东至起义路,西到人民路,北达净慧路,南临大德路,由原光塔、诗书两街以及大新街的庆福里、象牙北、魁巷三个社区合并而成,面积共 1.07 平

---

① 苏和平:《试论我国的回族伊斯兰教建筑》,《西北民族学院学报(哲学社会科学版)》,2001年第 3 期。

② 文刀:《伊斯兰教的星月标志与偶像禁止》,中国民族报,2004 - 6 - 25(003 版)。

方公里,户籍人口 90851 人,居民户数 33166 户(不包括流动人口)。另外,光塔街西连西门口,东接北京路。光塔路历史悠久,自唐宋以来就已经是广州城内的主要街区,辖内现聚居有回、满、黎、苗、壮、瑶、土家、侗、蒙古、维吾尔等 28 个少数民族,是广州市少数民族聚集较多的街道之一,而且尤以信仰伊斯兰教的回族和满族人数居多。

广州光塔街少数民族博物馆位于光塔路进步里 35 号,在博物馆里我们可以观赏到具有回、满、黎、傣等少数民族特色的服饰,穆斯林诵经时用的书架,穆斯林沐浴与洗涤专用的磨瓶等等。由于该博物馆是免费对外开放的,而且还有志愿者在这里当义务讲解员,为游客讲解相关的知识,这样就有更多的人可以进来参观,了解各少数民族文化的知识,促进各民族之间的文化交流。又因为该博物馆陈列了较多的关于伊斯兰教的器物,这不仅体现了少数民族博物馆的特色,也让人们更好地了解伊斯兰文化,也从另一个侧面体现了伊斯兰教在当地建筑物中的影子。

在博物馆内还竖立了一些关于政府建设"广州光塔民族文化风情街"规划展示板。"广州光塔民族文化风情街"是由广州市民族宗教局和越秀区政府联合规划的,旨在展示广东省和广州市民族民俗文化品牌的建设项目,根据规划方案,光塔民族风情街既要彰显民族民俗文化特色,又要与广府文化紧密衔接,同时还要积极引导旅游、商贸产业与历史文化项目交汇融合,推动地区业态转型升级。近期,该方案规划:第一,在道路整饰与业态提升方面,通过道路整饰将光塔路打造成民族文化特色商业街。规划对建筑物立面进行重新粉饰,融入民族元素,统一建筑物立面。而在业态提升方面,则计划将改造后的光塔路打造成一个复合型的,集宗教场所、传统居住、特色购物、特色餐饮和旅游住宿等于一体的体现民俗文化特色的、多样的休闲商业街,并且,在项目运营过程中,政府通过对光塔路的重新定位,对入驻商业的业态进行合理筛选和引导,利用已有公共物业作为引导模范,通过租金优惠等策略,保证入驻商业是具有能反映民族文化、宗教文化和广府文化的特色商业,营造光塔街区的民族民俗文化氛围,建设出具有本土文化特色的街区典范。第二,通过社区环境整治,延伸进步里现有民族文化长廊至惠福西路,进一步提升其民族文化特性,并提升进步里、杏花巷社区空间环境品质,融入回、满等民族文化符号。第三,通过依托怀圣光塔寺近期修缮项目,结合广州市申报"海上丝绸之路"世界文化遗产工作,在怀圣光塔寺东地打造民俗文化广场项目。第四,以回、满两族文化为主题的展示内容,汇集民族文化遗存,结合进步里现有的民族文化展示长廊,打造广州城市民族博物馆,扩建进步里现有的博物馆为广州市唯一的城市民族博物馆,让光塔街区成为又一文化旅游品牌。我们从中可以看到政府对少数民族聚居区和及其宗教信仰的尊重与重视,在建筑规划方面注重宗教文化与广府文化相融合,兼容并包,从而打造具有本土文化特色的历史文化街区。

三、光塔路商贸活动中的伊斯兰特色

如前所述,广州凭借着自身特殊的地理位置,自秦汉以来就是对外贸易的重要港口,也是海上丝绸之路的重要交通要道。隋唐时期,在商品贸易往来的过程中,阿拉伯人通过海上丝绸之路把伊斯兰教传入广州,并有许多的阿拉伯人定居广州,而他们的聚居地就是我们今天所说的"番坊"。经过宋、元、明、清的发展,伊斯兰教在广州扎下了根,并与广州文化相结合。由此,可以说,海上丝绸之路为伊斯兰文化与广州文化相互交流、碰撞与融合提供了一个平台,从而对广州的经济与社会产生了极大影响。

清真寺是穆斯林生活中不可缺少的一部分,也是伊斯兰教及文化得以形成、发展和传承下去的重要场所。怀圣光塔寺的王阿訇跟我们谈道,信仰伊斯兰教的各民族多数有一个特点,那便是"围寺而居"。因为选择在清真寺附近居住,穆斯林进行宗教活动较为方便,买吃的东西也方便。那么,如果各方面条件允许的话,选择在清真寺附近设一个店铺,就有客源、市场,这就有利于店铺的经营。再加上伊斯兰教对于穆斯林在饮食方面有一些特殊的规定,例如不吃猪肉、自死的牲畜和牲畜流出的血液等,使得当地的一些清真商店应运而生。

目前,开设在怀圣光塔寺附近的清真店铺大约有十多家(如果从整个光塔路一带来看,数量远远不止这些),其种类大多为食品类,还有少数为服装、电器类。而且,从对王阿訇的采访中,我们了解到近几年来,当地清真商店数量的发展趋势是越来越多,这主要是由于越来越多的国内外穆斯林前往怀圣清真寺参加聚礼活动或者旅游观光,从而带动了光塔路附近清真商店的兴起,并进一步促进了当地经济的发展。

　　我们也曾走进怀圣光塔寺对面的"古塔美食坊"这家清真食品店,这家店的穆斯林老板跟我们分享道,每周的周五大型礼拜这一两个小时的时间段里顾客量明显增加,生意也比平时要好得多。进店吃东西的穆斯林顾客来自世界各地,如东南亚的、非洲的和中东的等等。从过去的这几年来看,当地清真商店得到越来越多穆斯林的光顾与支持,经营状况日益改善。同时,不少清真店铺,尤其是具有清真特色的食品店,也渐渐受到当地非穆斯林居民的接纳与欢迎,吸引了不少居民进店消费。对此,在怀圣光塔寺内工作的穆斯林马先生曾说道,这儿的穆斯林群体比较发达,他们的食品又比较严格,所以有监管的清真食品,不仅是穆斯林,而且当地的非穆斯林居民也吃得放心。这体现了广府文化讲求实利实惠的倾向。

　　相比而言,广州本土的穆斯林人数较少,而外来的多,外地的穆斯林来这儿主要是做生意。可能是因为这个缘故,所以每当周五中午怀圣光塔寺进行聚礼活动时,不仅国内外的穆斯林会前往怀圣光塔寺,而且更吸引了来自不同行业、不同公司的工作人员出现在寺门口。这些工作人员手持其公司的宣传资料,热情地与穆斯林打招呼,并尝试着与他们交谈。我们曾与几位站在寺外的企业业务推销人员进行交流,了解到他们的主要目标顾客群是来怀圣光塔寺参加礼拜活动的穆斯林,而不是路过或居住在此地的非穆斯林。一般而言,每周五中午他们要么就是来怀圣光塔寺这边,要么就是去小北那边的先贤古墓清真寺清真寺。他们的主要任务就是向穆斯林推销其所在货运公司的货物运输业务,比如,外国的穆斯林会在广州买一些这里生产的衣服、鞋子和电器等,然后运回他们国家去卖。就像基督教教徒每周日都要礼拜一样,在他看来,穆斯林每周五都会按时来怀圣光塔寺礼拜,他们的宗教信仰很坚定,所以公司就会派出一些工作人员来此地开拓业务。

　　不难发现,广州作为对外贸易的重要港口城市,在频繁的贸易往来中,形成了开放性和包容性的文化特征,而穆斯林的经商活动得以长久地扎根广州,即反映了中华文化海纳百川、兼容并包的文化特质。外来思想文化在与广州文化相互碰撞、交流中日益相互融合,并找到属于自己的一席之地。21 世纪的"一带一路"经济战略健康发展是以"和"文化引领的,和而不同,广州作为海上丝绸之路的重要交通要塞,广州文化的包容性为世界各地的穆斯林在此经商贸易提供了有利条件。

第四节　政府对光塔路一带伊斯兰教及文化的保护

伊斯兰教及文化经由古代中国海上丝绸之路传入当地,适应了当地文化的发展,并与其相互融合,这一发展过程当然离不开当地政府在当中所起的作用。近年来,政府愈加重视推动伊斯兰教及文化与当地文化的交流。

一、规划广州光塔民族文化风情街

根据实地走访调研,我们在民族博物馆内看到了一些与政府建设"广州光塔民族文化风情街"相关的规划图。广州市贡儿珍副市长于2012年8月20日到越秀区光塔路杏花社区和宗教活动场所视察时指出,要从"民族团结进步、宗教文化建设、培育社会组织和打造幸福社区"的角度出发,利用联席会议制度,加强沟通协调,共同打造光塔民族风情街区。"广州光塔民族文化风情街"是由广州市民族宗教局和越秀区政府联合规划的,旨在展示广东省和广州市民族民俗文化品牌的建设项目,拟分两期推进。近期建设以整饰为主,突出文化载体,提升环境品质,计划于2016年完成,远期建设则计划在2020年前完成。根据规划方案,光塔民族风情街既要彰显民族民俗文化特色,又要与广府文化紧密衔接,同时还要积极引导旅游、商贸产业与历史文化项目交汇融合,推动地区业态转型升级。围绕"广州光塔民族文化风情街"规划的内容,我们进行了参观调查,发现在进步里和杏花巷有许多崭新的,或者经过粉饰装修的建筑物,还有一些仍在施工的楼房。

为了进一步核实政府对当地的整饰以及开展民族文化活动的情况,我们还与当地的居民进行了交流,得知政府对他们的公共场所、居住的楼房,还有道路都进行了整饰,为他们提供了良好的社区环境,使他们的社区初步形成了风格比较一致的建筑群,体现了民族文化与广府文化特色。而且在2010年,政府结合广州市迎亚运环境综合整饰工程和光塔民族宗教文化特色,在进步里建设了少数民族民俗文化长廊,并开展了少数民族美食大餐、民俗文化展览、民族武术等少数民族社区特色活动。

从调查中,我们了解到该规划的近期方案已真正开始实施。政府的这一举措得到了许多居民,包括信奉伊斯兰教的居民在内的认可,使他们感受到一种归属感,促进了社会的和谐发展。

二、对社区宗教文化活动的管理

据我们对光塔街街道办事处工作人员的采访,我们得知光塔街道办事处作为政府的一个派出机构,通常是按照"上面一条线,基层一根针"的原则来开展各项工作。他们主要是从民生和民族文化这两大方面对光塔路一带的居民进行管理。对于伊斯兰教文化,他们一贯尊重穆斯林的风俗习惯,在法律法规允许的范围中,尊重穆斯林的意愿,对伊斯兰教的活动和穆斯林给予帮助。如政府对小商贩专门开辟了一个地方,让他们放货车和货品;当他们去做礼拜时,政府也会派人去看管他们的东西,让他们安心地做礼拜。从中可以看到政府对伊斯兰教及文化的合法活动是给予一定保护的。

另外,我们在光塔街道办事处里也看到了一些关于光塔路民族志愿服务队的宣传单。根据办事处负责人的介绍,这些宣传单能放在办事处这里进行对外宣传,是因为该志愿服务队是得到了政府的鼓励与支持。该服务队主要是由光塔路爱心人士成立的。它是以"我们是一家·古树新芽"为主题和以光塔路内居民,尤其是青少年及少数民族居民为主要服务对象。它为不同民族的居民提供社会服务和文化交流服务,有利于增进各民族居民的相互了解、交流和发扬光塔路各族世代睦邻友好的传统。其中,"我们是一家"体现的是当地政府多民族互助项目。该项目通过多种途径鼓励少数民族参与社区建设,提高其参与热情与能力和建立多民族互敬互助的良好社区氛围。"古树新芽"体现的是民族文化薪火相传计划。该计划是将辖区内的青少年培养成为社区文化使者,鼓励他们在社区、学校、家庭中向大家推广光塔路的历史文化、宗教文化以及丰富的少数民族文化。

此外,我们还在伊斯兰教的主麻日那天到光塔寺附近进行实地调查,看到了穆斯林人群朝拜完之后的盛大场面。街道上挤满了人头攒动的穆斯林,交通也因此受到了阻碍,但政府部门安排了城管和相关的公安人员来维持交通秩序,以确保交通安全。另外,我们还与一位维持交通秩序的警察进行了访谈,得知政府每周五中午都会派出交通警察来维持光塔寺附近的交通秩序。这一方面体现了政府对于伊斯兰教活动的一些保护措施,让他们的宗教活动顺利进行;另一方面也有利于政府维持社会治安和秩序,促进社会的和谐与稳定。

三、支持回民小学的发展

在光塔路辖内的教育文化特色显著,有广州市仅有的两所少数民族学校——满族小学和回民小学。其中回民小学是省内唯一的回族子弟学校,该校之所以设在光塔路辖内,与其特有的地理环境和人文环境有很大的关系。

回民小学贯彻党的民族政策,优先照顾少数民族子弟入学,尊重少数民族的风俗习惯。在 2006 年该校被评为"广州市一级学校"。学校以发展民族教育事业为己任,认真贯彻党的教育方针和政策,遵循"依法治校,科学管理"的办学思想,形成了"团结、爱国、诚朴、勤学"的良好校风。另外,在 2000 年,政府投入专款,按回族建筑风格把校舍装饰一新。至 2010 年,学校建筑面积 88000 平方米,共有 25 个教学班,1088 个学生,其中回族学生 104 人,其他少数民族学生 5 人,少数民族学生占全校生总数的 12.5％。①

为了进一步了解回民小学的现实情况,我们参观了回民小学。在回民小学校区里,我们看到了一些具有伊斯兰特色的教学楼、室外活动场地等建筑物,而且在宣传栏里,我们还看到了回民小学的校徽,并从中获悉该校徽由广州的市花——木棉花瓣,以及像"回小"字样的花蕊组成,图案选用绿白两种颜色,绿色象征和平,白色象征纯洁,是回族人民喜爱的颜色。另外,我们还与回民小学的主任进行了交流,得知为了鼓励回族学生努力学习,广州市回民历史文化研究会特设立三好学生

---

① 中共越秀区光塔街工作委员会、越秀区光塔街道办事处编:《番坊觅踪——光塔街史萃》,广东,2010:78。

奖学金制度。

根据我们对部分穆斯林的采访,我们得知穆斯林都很重视他们的子女对于伊斯兰教及文化的学习。本地的穆斯林大部分都把小孩送到回民或者满族小学去学习,外地的穆斯林如果是连同子女一起搬迁到光塔路的,大部分都会把他们送到这两所小学去,而这种现象的出现在很大程度上是因为这两所小学所具有的民族特色的教学理念。

由上可见,由于光塔路独特且多元的民族文化与宗教文化,政府对光塔路民族文化与教育的发展所作的努力是具有重大的现实意义的。政府的一系列政策与措施为光塔路文化与经济的发展带来一定的促进作用。它不仅有利于促进少数民族,尤其是穆斯林对当地的归属感与认同感,而且有利于增进各民族间的文化和情感交流,也促进了当地经济的发展,这对维系各民族团结、建设和谐社会以及弘扬各民族文化有着重大的影响。当地政府所采取的一系列措施,印证了新中国建立六十多年来,我们国家的民族政策总体上是正确的、成功的,同时,也响应了两会提出的民族宗教政策。在 2015 年的两会中,李克强总理在作政府工作报告时特别指出,"要保护和发展少数民族优秀传统文化及特色村镇,促进各民族交往交流交融。我们要全面贯彻党的宗教工作基本方针,促进宗教关系和谐,维护宗教界合法权益,发挥宗教界人士和信教群众在促进经济社会发展中的积极作用。"两会中强调的民族宗教政策也为当地政府管理多民族宗教文化事宜提供了指导。

广州作为 21 世纪海上丝绸之路的重要据点,政府对当地伊斯兰教及文化的尊重与保护,有利于来自世界各地的穆斯林的宗教信仰得以实现,吸引更多的穆斯林至此经商。这契合了近年来习近平主席所提倡的理念:以"和"文化引领"一带一路"经济战略健康发展,也体现了中华文化的包容性。

第五节 当地伊斯兰文化的发展问题及对策

以怀圣光塔寺为中心的伊斯兰文化,经过了几百年历史的发展,在各方面的努力下,在光塔街形成了独具特色的宗教文化圈。但如今当地的伊斯兰教文化在发展的同时,也面临着一些挑战。而与其相关的广州光塔街少数民族博物馆由于各方面的原因,其对外宣传力度仍有待加强,其功能的发挥也遇到了一定的挑战。

一、礼拜场所不足及对策

随着广州经济的发展和怀圣光塔寺知名度的提升,以及广州穆斯林的人口的逐渐增多和分布范围的日益扩大,越来越多的国内外穆斯林每周五慕名前往怀圣光塔寺参加聚礼活动。我们的实地调研发现,每到周五聚礼的时候,怀圣光塔寺内都会挤满了来自不同地区的穆斯林,甚至出现了拥挤不堪的状况。在与怀圣光塔寺王阿訇的访谈中,他也明确地告诉我们,怀圣光塔寺现在的占地面积是 3600 多平方米,比以前扩大了约 600—700 平方,但如今仍然无法容纳越来越多的穆斯林进行礼拜,因为礼拜殿只能容纳 300 多人,而现在来这里礼拜的有 2000 多人,按道理礼拜就应该在礼拜殿里面进行,但迫于现状,大多数穆斯林只好在礼拜殿外的空地上进行礼拜。同时,他也指出,目前四间清真寺都集中在越秀区,边远地区的穆斯林到清真寺来进行礼拜不太方便。显然,伊斯兰教活动场所与佛教、道教、基督教、天主教相比,相形见绌,严重欠缺。我们了解到,尤其在每年春秋两届交易会期间,广州现有的四间清真寺更是人满为患,几无立锥之地,不少穆斯林对此怨声载道,指责伊斯兰教协会不作为。

据统计,2000 年以来,由于广州穆斯林人口不断增多,由当时的 1 万多人,增加到现在的 10 万多人。主麻日礼拜人数已从 1998 年的每次 300 多人剧增到现在每次 1 万多人。日益增加的穆斯林入寺进行礼拜的需求与伊斯兰教礼拜场所的欠缺的矛盾越来越突出。面对这现状,我们要有充分的思想认识,广州作为国家中心城市,作为改革开放前沿城市,穆斯林增多是必然趋势,同时也要认识到正信的宗教具有社会正功能,而伊斯兰教本身就是一个倡导和平、劝善戒恶的宗教,我们要充分发挥其社会正功能。众多穆斯林来到广州不仅是广州经济社会建设的一支主要力量,也是我国"一带一路"经济战略重要推动力量。

在思想认识的基础上,我们提议:一是可以在怀圣光塔寺内规划出新的礼拜用地来修建新的礼拜大殿,或者改造原有的空置房子作为礼拜殿,以增加穆斯林的礼拜场所。在这方面,怀圣光塔寺可以借鉴先贤古墓清真寺的扩建经验。先贤古墓清真寺在其西侧新建了一座占地1000平方米的两层礼拜殿,并建设了两个共8000多平方米的礼拜广场。而在扩建的资金方面,怀圣光塔寺可以寻求政府、伊协的支持以及向各宗教界人士和信仰群众进行募捐等。二是科学规划建设伊斯兰教活动的场所。由于目前广州四座清真寺都坐落于越秀区,而穆斯林的分布范围却很广,有的甚至分布在较为边远的郊区,这对穆斯林前往清真寺进行礼拜极为不便。伊协等有关部门可以通过对不同地区的穆斯林人口数量进行统计,在穆斯林人口相对集中的地方适当地增设礼拜点,这不仅可以缓解宗教场所不足的问题,而且为各地区的穆斯林进行礼拜提供了便利。

　　当穆斯林聚礼完毕后,先贤古墓清真寺外的社会秩序显得比较混乱,交通堵塞问题比较明显。而怀圣光塔寺在这方面显得更为有秩序,在与怀圣光塔寺外的城管访谈中,城管确切告诉我们:当穆斯林到怀圣光塔寺聚礼后,他们一般不需要费很大力气去维护秩序。然而,由于赴先贤古墓清真寺的穆斯林数量较多和先贤古墓清真寺正门处于大公路旁边等原因,每当聚礼过后,先贤古墓清真寺外的场面相对而言比较混乱,这不利于道路的顺畅与交通秩序的正常运行。面对这一问题,相关的政府负责人和一些穆斯林志愿者都付出了相当大的努力,并亲自到现场维护秩序。先贤古墓清真寺的张阿訇告知我们,志愿者是先贤古墓清真寺出面招募的。他们也认识到这一问题的严重性和解决问题的艰巨性,愿意为先贤古墓清真寺外秩序的稳定贡献一份力量,这离不开与政府相关人员的协商与合作。这一举动充分体现了伊斯兰文化的"劝善和谐"理念。总而言之,怀圣光塔寺和先贤古墓清真寺在地位、规模及入寺礼拜的穆斯林数量与来源等方面存在着明显的差异。这些差异背后凝聚了历史渊源、地理位置和区域规划等因素。不管怎样,怀圣光塔寺与先贤古墓清真寺在广州穆斯林心中有着重要地位,都是广州伊斯兰文化圈的重要支柱。

二、穆斯林与非穆斯林交流问题及对策

　　我们的问卷中设计了一道题目:"您认为当地(即光塔路一带)伊

斯兰教文化的发展有什么阻碍",从已回收的有效问卷的统计中,可以看到大部分人选择了"风俗习惯的差异"和"对伊斯兰教的误解"因素。在问卷中他们表达了希望有多一些关于伊斯兰教的正面宣传。另外,从对调查问卷的数据分析中,我们得知:仍存在相当一部分人对于伊斯兰教十分不了解或者误解,其中一位负责每周五在怀圣光塔寺执勤的城管甚至认为伊斯兰教有可能就是邪教,因而不愿意与当地的穆斯林打交道。而且,他还认为当地伊斯兰教的活动定期造成了光塔路一带交通的拥堵、社会秩序混乱等不良影响。对此,我们采访到了怀圣光塔寺的负责人王阿訇,他告知我们:"当地居民对伊斯兰文化的了解很不够。不过清真寺对于宣传我们的宗教也是不够主动的,尽管我们来者不拒,但我们也没有走上街头去主动宣传我们的宗教,这就使得有许多人对伊斯兰教感觉很神秘。甚至还有一种误解,特别是在欧美的媒体主导宣传的时候,大家都将伊斯兰教与恐怖主义划上等号。但是如果你真正了解伊斯兰教教义,你会认为它真的是一种很好的宗教。"宗教的社会动能具有正负两重性,因此在教育中,如何引导人们正确看待宗教文化,尊重不同民族的文化习俗和宗教信仰,树立"和而不同"的文化理念,以增强各民族的团结与融合,消除误会,促进社会的进步与和谐,这的确是一个值得人们去关注的。

三、光塔街少数民族博物馆宣传问题及对策

我们在实地调查中发现,位于光塔路杏花巷社区里的少数民族博物馆知名度不高,宣传力度仍有待加强。首先,由于该民族博物馆位于进步里的一条小巷中,深居社区内部,地理位置比较偏僻,在加上占地面积相对来说比较狭小,一般是光塔街附近的居民对此地比较熟悉,而外面的游客对它的了解甚少,甚至不知道有这样一个博物馆。其次,该博物馆所举办的活动大多数是面向社区内的居民,而且来参加这些活动的居民大多是中老年人,年轻人很少来参加,外来的游客则很少知悉这方面的活动消息。一方面这是由于年轻人都忙于学习或者工作,很少有闲暇时间来参加这些社区活动,或者是对这些活动不感兴趣;另一方面是因为博物馆对这些活动的宣传力度不够,普及的范围比较狭小,或者是活动内容本身不足以吸引年轻人。实际上,年轻人对各民族文

化、包括宗教文化的理解以及当地本土文化的认同是很重要的，他们是促进民族团结、社会和谐的关键群体。外来的游客则可以把博物馆的文化活动传播到更远、更宽广的地方去，让更多的人了解该地区的民族文化活动。而从博物馆活动的实际参加者来看，情况恰恰相反。这就导致了民族博物馆的对外知名度不高，没能够充分发挥它在促进文化交流与民族融合方面的功能。

面对当地少数民族博物馆的发展问题，首先，对于民族博物馆的地理位置问题，我们可以变劣势为优势。经实地调查，我们发现在光塔街里很少有路牌指明该博物馆的所在位置，因此政府有关部门可以通过在光塔街的各个路口设立路标，写明该博物馆的所在方向，这样一步一步地把外来游客引导到博物馆里进行参观，提高该博物馆的对外知名度，增加人们对它的了解与认识。而且，该博物馆还可利用其在社区内的地理位置，展现其与当地本土文化相互交融的特点，让人们感受地方博物馆的特色。再者，该博物馆可以运用现代信息技术建立自己的官方网站或者微信公众平台，并及时地对博物馆的信息进行更新和维护。这就增加了宣传该博物馆的途径，并拓宽该博物馆与外界交流的渠道，以便人们对该博物馆的信息有一个全面的了解和认识。此外，广州市政府于 2013 年通过了《关于广州丝绸之路申报世界文化遗产工作方案》，将海上丝绸之路的申遗工作正式提上了政府的工作日程。民族博物馆可以借此机会，通过举办临时陈列的形式，展览怀圣光塔寺内的有关海上丝绸之路的文物精品或引入其他博物馆所藏文物，吸引更多的市民和游客前来参观。这不仅提升了海上丝绸之路作为广州这座城市文化名片的影响力，而且对该民族博物馆也起到了很好的宣传效应，同时，也会增加人们对各民族文化，包括伊斯兰文化的认识和理解，从而有利于促进各民族的团结进步与和睦相处。

四、清真商店发展问题及对策

因为穆斯林有"围寺而居"的传统，再加上伊斯兰教独特的清真饮食习惯，例如不吃猪肉、自死的动物和动物流出的血液等，所以在怀圣光塔寺附近开了很多清真商店，而且在我们进行问卷调查后统计得出，当地居民普遍认为近年来附近的清真商店的数量越来越多。这主要是因为越来越多的国内外穆斯林前往怀圣光塔寺参加聚礼活动或者旅游观光,从而带动了附近清真商店的兴起,促进了当地经济的发展。

从清真商店的种类来看,食品类占了绝大多数,衣服鞋帽和电器建材类只有很少一部分。其中,食品类又以清真拉面馆居多,铺面规模普遍较小。"在广东省的 4000 多家拉面馆中,绝大多数还是 20—50 平方米的单店经营,一间铺面两口锅、几张板凳几张桌是其真实写照。一个拉面馆就是一个大家庭,老板就是一家之主,妻子负责炒菜,儿子、侄子负责拉面,再请几个小工负责打杂。"①另外,一些清真拉面馆或多或少的存在着店面狭小、就餐环境简陋和厨房卫生条件不符合标准等不足之处。

此外,我们还发现清真食品店因为经营的技术含量不高,容易被后来者效仿,而且都把目标顾客对准前来怀圣光塔寺礼拜的穆斯林,导致了光塔街一带清真食品店扎堆开店。而且,在向一些清真商店从业人员派发问卷时,我们发现很多穆斯林都不认识字或认识的字很少,问卷的填写须得在我们的辅助下完成,这反映出他们的知识文化水平比较低。随着广州市经济的进一步发展以及国内外前往怀圣光塔寺礼拜的穆斯林人数的增加,光塔路一带清真商店的数量势必将不断增加。面对这一发展需求与挑战,清真商店提升自身的竞争力是重要的发展之道。一方面,穆斯林店主可以提高自身的品牌意识,以及树立"人无我有,人有我优"的竞争意识,打出具有自身特色的招牌,开发不同种类的具有清真风味的系列特色产品。另一方面,由于总体上清真商店的从业人员文化水平和管理素质不高,那么,他们可以通过自身的努力去改变这些不足之处,譬如通过参加相关的职业技能培训班,不断提高自身的管理能力与文化素质,以便能为顾客提供高质量的服务,树立良好的口碑,扩大商店的知名度和影响力。

结　　语

广州是伊斯兰教传入中国最早的地方之一,早在唐朝时期,就有大

---

① 王玉霞:《和谐社会中的一个特殊群体——珠江三角洲清真牛肉拉面馆的现状与思考》,张志湘主编:《广东伊斯兰学术论坛论文选集》,广东经济出版社 2012 年,第 249 页。

量来自阿拉伯地区的穆斯林商人和宣教人士,沿着"海上丝绸之路"进入广州从事商贸活动在广州建造了我国最早的清真寺之一怀圣光塔寺,开创了伊斯兰教在广东传播的先河,而怀圣光塔寺所在的光塔路一带也成为中国最早的"番坊"之一。

改革开放 30 多年来,外省区大量的穆斯林(10 个信仰伊斯兰教的少数民族成员俱全)涌入广州务工、经商及就学,其中以来自西北地区的回族穆斯林居多,据我们的调研,仅青海海东地区回族穆斯林开办的清真拉面店就有近 5000 家,从业人员及家属超过 5 万人。

随着广东社会经济的迅猛发展,尤其是对外贸易活动在全国遥遥领先,给外籍穆斯林来穗发展提供了各种商机,加上广东毗邻港澳,对外交通方便,历史上又是伊斯兰教传入中国最早的省份之一,是中国与阿拉伯国家开展经贸活动的"海上丝绸之路"发祥地,有良好的地理位置和和开放包容的人文环境。因此近几十年来吸引了大量世界各地的外籍穆斯林进入广东,聚居广州,从事各种商贸活动。

据有关部门统计,目前包括广州在内的广东外来穆斯林和外籍穆斯林人口近 27 万人,已经成为我国东南沿海外来穆斯林和外籍穆斯林人口最多的省份,而广州无疑是我国东南沿海外来穆斯林和外籍穆斯林人口最多的城市。这就使得怀圣光塔寺即所在的光塔路一带成为外来穆斯林和外籍穆斯林心中的一处最温馨的港湾,也成为广州最具有伊斯兰宗教文化特色和底蕴的所在,当然也可谓是广州"开放包容"的城市名片上具有伊斯兰风格的一抹重彩。

众多穆斯林进入广州工作、学习和生活,为广州乃至广东经济社会的发展增添了活力,促进了广州的对外交往,丰富了广州的伊斯兰文化,推动了广州伊斯兰教事业的发展;但我们不得不正视的是:众多穆斯林的进入,也给广州的社会治理、城市管理,特别是宗教事务管理工作带来了一系列新的问题和挑战。

中国共产党的十八届三中全会《决定》提出,推进丝绸之路经济带、海上丝绸之路建设,形成全方位开放的新格局。这对广州乃至广东省而言,抓住建设 21 世纪海上丝绸之路的战略机遇,加强与东盟各国及南亚、中东、非洲等地区的经贸合作,是理所当然、不言而喻的。而伴随着这一过程而来的肯定是外籍穆斯林人口在广州乃至广东的持续增加。因此,广州的伊斯兰教与 21 世纪海上丝绸之路建设、外籍穆斯林与广州的对外开放、穆斯林流动人后的社会管理等问题已经超出了宗教范畴,涉及到政治、经济、社会治理乃至国家安全等各个方面,因此,在建设"21世纪海上丝绸之路"的今天,如何应对上述挑战,如何打造更加和谐和开放包容的广州城市名片,更需要宗教界人士、学术界及政府部门等多方面的努力和通力合作,正是在这一点上,我们的调查报告和研究就有了现实的关怀和积极的意义。

(这篇田野调查报告获广东省第十三届"挑战杯"广东大学生课外学术科技作品·哲学社会科学类社会调查报告和学术论文三等奖)

第五章

感想与札记

宗教与科学之关系的感想

——从印度的宗教文化传统谈起

宗教与科学的关系是现代人喜欢谈论的一个问题，我相信，生活在后现代的人越来越倾向于认为这两者之间其实各有各的领域，它们有区别也有联系。如同这世上的男人和女人，一个没有女人或没有男人的人类世界是不可想象的，同样一个没有宗教或没有科学存在的人类世界也是不可想象的。爱因斯坦曾就宗教与科学之间的关系说过："科学离开了宗教就变成了瘸子，宗教离开了科学就变成了瞎子。"

或许可以做一个粗浅的不甚准确的划分，宗教研究意识、精神以及内在世界的本质，科学研究物质以及外在世界的特征，由于人类生活的外部现象和内在领域具有同等的重要性，所以，对于宗教的研究和对于科学的研究，也就具有了同等的重要性。如果说科学研究是为了探寻真理的话，宗教研究同样也是为了探寻真理。宗教总是与人的内心相关。在这篇文章中，本人想谈谈自己做宗教研究这么多年来对宗教与科学关系的一点感想，而不是将此做成一篇通常意义上的学术论文。

一

我从小成长的环境与我同时代的大多数人一样，是一个无神论的环境，接受科学的教育比接受宗教早，我的父母也是正宗的老派的唯物主义者，不接受任何唯心主义的东西，我对于宗教的最初认识是来自文学作品和民间。譬如文革中由于学校停课而囫囵吞枣地读了许多外国文学作品，我对基督教的最初了解就是来自爱尔兰女作家伏尼契的《牛虻》和波兰作家显克微支的《你往何处去》；我对佛教的了解则来自把我们兄妹几人带大的保姆，我们从小就住在保姆家，她给我讲观音的故事、菩萨的故事，还有许多因果报应的故事（而这些是我的父母亲不赞成和不喜欢的,他们认为这都是迷信)。读大学时,我对宗教有了一点粗浅的表面的直观的感觉和印象,连认识都还谈不上。读硕士研究生时,我开始接触到印度的历史与宗教文化传统,且饶有兴趣不知天高地厚地做起了"研究"。毕业留校任教后,国内学术界宗教研究渐起,不知是偶然还是命定,我进入了这个领域,且一直兴致益然地从事这方面的教学与研究,并对基督教、佛教渐渐有了比较深入的了解,同时也一直保持了对印度的宗教文化传统的兴趣,对中国土生土长的道教、民间信仰等其他宗教也有兴趣去了解。

一直以来,我的求知欲引导着我以理性的经验的方式去了解更多的关于宗教的知识并探索一些问题,譬如,究竟有没有造物主,谁是造物主? 人一生的际遇究竟是偶然还是必然? 生命的意义是什么? 信仰与理性、宗教与科学究竟有何关联? 我读过圣经,也读过佛经以及其他的宗教经典,也听过许多信仰各异、学识渊博的人关于宗教和人的精神及意识的讲座或谈话等,我的学习和研究都使我越来越确信:宗教是人类固有的神性的表现,而神性与个人的自我或灵魂密不可分。《圣经·创世记》说,耶和华神在创造了亚当后,"将生气吹在他鼻孔里,他就成了有灵的活人。"[①]我越来越相信,世界上主要宗教的观点和价值观在本质上具有普遍性,或许可以说,所有的宗教都是认识"上天",所有的宗教都代表了不同地域的人类灵魂对"上天"的认识或了解。当然,我既认定宗教、信仰与非理性的东西在我们的生活中不可或缺,因为这关涉到人对人生意义的追求;也认定科学与理性在我们的生活中也同样不可或缺,这关涉到人对美好生活的追求。而对人生意义的追求和对美好生活的追求并不能截然二分,它们是彼此相联系的,或者说本来它们就是同一的。

二

虽然这些年来我比较少做印度宗教文化传统方面的研究,但我对这方面的兴趣一如当年,我很欣赏印度现代哲人们对于印度宗教和科学之关系的许多智慧的看法,在其看来,"人生是在宗教与科学之间的

---

① 《圣经·创世记》2:7。

一条溪流,左岸是吠陀,右岸是科学,两岸都坚实,河水就会平稳。"他们相信:当人们过分依赖宗教或科学的其中之一方而排斥另外一方时,它就会对人类福祉起反作用;当二者相互联合时,它们就会相得益彰,并能充分展示人类的智慧和成就。印度一个著名的研究《吠陀经》的学者尤西(Joshi)认为,人们通过研究《吠陀经》,可以发现它代表了"对世界的动态解释并且赋予了世界上的活动以深刻的含义和深远的意义,它命令人们行动起来而不是放弃行动。它给人们带来了行动的方法,这些方法是吠陀先知经过长期深入的探寻才发现的。"[1]在其看来。吠陀的先知们是真正的科学家和实验者。

印度近代哲学家、社会活动家、印度教改革家斯瓦米·维韦卡南达(Swami Vivekananda 也被称为辨喜,1863—1902)强调应将科学态度与精神领域结合起来,他将宗教称为"人类固有的神性的表现",他还认为,大众需要两种知识:一种是世俗知识,或曰是科学的理性的知识,用来改善他们的经济状况;还有另一种是灵性知识,用来向他们灌输信仰,强化他们的道德感,使其渐渐变得高尚起来,这是吠檀多[2]的高尚法则。人类正生活在一个受科学支配的时代,当代人不可否认的一个事实是,无论科学怎么发展,宗教也会并行不悖地发展。斯瓦米·维韦卡南达就认为,物理学家和神秘主义者以不同的方式抵达同一真理,他说:"今天的物理学与哲学的关系越来越密切,并且与吠檀多哲学越走越近……现代科学家正在用精密的仪器来验证吠陀圣贤们通过神秘的直觉发现的真理。"[3]他的这种看法也得到了美国加州大学伯克利分校著名的高能物理学家弗里乔夫·卡普拉(此人著有《物理学之道》,中译本名为《现代物理学和东方神秘主义》和《转折点》,在中国读者中有广泛影响)的认同与支持,卡普拉说:"神秘主义者和物理学家取得了同样的结论:一个始于内在领域,一个始于外在世界。他们,它们观点上的协调一致证实了古印度人的智慧,即婆罗门——外在的最高实在,与

---

① 转引自沙伦·M. P. 哈珀主编:《实验室·庙宇·市场——对科学、宗教和发展的交互作用的反思》,张继涛等译,广东人民出版社 2006 年,第 12 页。

② 吠檀多的意思是"吠陀的终极",原指奥义书,它是印度教的精华,是印度教经文中的哲学和形而上学部分。

③ 转引自沙伦·M. P. 哈珀主编:《实验室·庙宇·市场——对科学、宗教和发展的交互作用的反思》,张继涛等译,广东人民出版社 2006 年,第 29 页。

灵魂——内在的实在,是一致的。"①

也有印度的科学家、宗教家、社会科学家同样注意到了现代科学发明与印度神秘主义者的发现之间的基本相似的地方,他们甚至认为,某些科学发明,如进化理论、物质守恒定律和相对论,与吠檀多的宇宙观有异曲同工之妙。在其看来,宗教和科学好像越来越用同一种语言说话,而这同一种语言表明了一切存在现象的统一性。如前面提到过的斯瓦米·维韦卡南达就认为,艺术、科学和宗教潜在的基本相似性在于非二元性。印度学者吉塔特马南达则认为,"整个现代物理学界正在发展成为一门关于世界终极一致性的学科。吠檀多作为吠陀经的哲学和形而上学部分,证实了这种一致性就是一切实在的基础并且是所有知识的终极目标。"②研究印度宗教文化传统的人都知道,印度教的吠檀多哲学理论认为,在众多的神灵背后还有一个最高的实在,称之为"梵"。梵是一种没有人格的、抽象之神。它永恒无限,至高无上,无形式无属性,超越一切时间和空间,但是它又是宇宙的根本,万物的始祖。因此,在印度教徒看来,一切神灵都不过是无形之梵在时空中有形的显现。正因为如此,吉塔特马南达认为:"现代粒子物理学说明那种寻找单一物体、次原子粒子或者作为单独存在实体的电子的尝试是愚蠢的。这样东西根本就不存在。而要见识某种决然独立的事物也是不现实的——吠檀多称之为神话(mithya)。正确的做法应该是在所谓孤立的实体中窥见整体。吠檀多所说的'只有婆罗门是实在的'就是这个意思。"③(此处的婆罗门即是"梵",或称"大我"。——笔者注)

这些语言使我们不由得不想起中国的老子讲过的那句著名的话:"道生一,一生二,二生三,三生万物。"在这里,"道"似乎是"万物之宗",老子所建立的以"道"为最高本源的宇宙论就是中国哲学史上第一个比较完整系统的宇宙论,而"宇宙论"的特点"是确认宇宙万物出于同一本源,并由同一本源的生化来说明宇宙万物的现存状况与变化法则。"④

---

① 转引自沙伦·M. P. 哈珀主编:《实验室·庙宇·市场——对科学、宗教和发展的交互作用的反思》,张继涛等译,广东人民出版社 2006 年,第 29 页。

② 同上书,第 32—33 页。

③ 转引自沙伦·M. P. 哈珀主编:《实验室·庙宇·市场——对科学、宗教和发展的交互作用的反思》,张继涛等译,广东人民出版社 2006 年,第 29—30 页。

④ 冯达文、郭齐勇主编:《新编中国哲学史》(上册),人民出版社 2004 年,第 46 页。

当代最重要的广义相对论和宇宙论家霍金的《霍金的宇宙》《时间简史》等现代科学著作,似乎是为印度教的吠檀多哲学和老子的上述语言作了注脚,因为在他的书中大量描述了宇宙是如何从一片虚无通过大爆炸演变而来。我们似乎可以说,印度教的吠檀多哲学、中国先秦的老子哲学与当代的霍金的理论,似乎都有异曲同工之妙。

通过这些年来对宗教文化传统的研究,我越来越体会到,无论是哪一种宗教的经典,《圣经》《佛经》《古兰经》以及印度教的《吠陀经》,它们既是神的启示,也是人们探究真理的结果,而这种探究与现代科学研究的本质和过程至少可以说有相似性。

三

像印度这样一个拥有历史悠久的巨大宗教遗产的国家,最近这些年来在科技和经济发展方面的成就世人有目共睹,可人们常忽视了印度是一个将科学和宗教两方面的关系都处理得比较好的国家,在印度社会中科学与宗教之间的关系历来都是很和谐的。众所周知,在古代印度,其宗教传统的高度发达并不妨碍其数学和逻辑学的高度发达,在数学方面,他们最杰出的贡献是发明了目前世界通用的计数法,创造了包括"0"在内的 10 个数字符号。所谓阿拉伯数字实际上是起源于印度,只是通过阿拉伯人传播到西方而已;在现代印度,其以 IT 行业为代表的高科技的发展也并不影响其宗教的继续发展与发达。许多坐在电脑前编程的软件工程师也依然遵循他们早晚祷告、感恩上天、祈求印度教的各样神灵祝福的生活习惯与传统。

其实,早在印度半个多世纪前成为独立的民族国家前后,当时以尼赫鲁为首的领导人就已经认识到,纯粹的科学并不足以提供有关民族国家的想象,而印度教对于国家的想象最为重要。虽然尼赫鲁以科学精神和理性主义为指导,以印度现代社会的国情为依据,以国家的统一和改善民众生活为根本宗旨,建立起自己的一套世俗主义学说。印度独立后,历届印度政府都非常重视高科技发展。经过六十多年的努力,印度在原子科技、空间科技、信息科技、生物科技和海洋科技等高新科技领域取得了举世瞩目的成就。高科技的发展促进了印度经济增长,提高了印度国防现代化水平,增强了印度的综合国力和国际影响力,提高了印度的国际地位。但与此同时,印度独立后就在其新宪法中明确宣称:国家不会干涉公民信仰任何宗教的自由。在印度,在科学与经济发展的过程中有关宗教作用的对话一直同科学一起,得到扩展与丰富。印度的哲学家、宗教学家和科学家大都对宗教与科学之间的关系有比较明晰的认识,集科学家与宗教学家的身份于一身的例子也不乏其人。如斯瓦米·穆克提那撒南达(Swami Muktinathananda)本是一位科学家,在加拿大居住了多年,但他最终放弃了世俗世界而成为罗摩克里希那传教会①(Ramakrishna Mission)的一名传教士,一次,在回答关于"什么是印度教的本质"问题时,他指出这个问题涉及了下列基本问题:

"(1)我是谁?(2)这个世界是什么?(3)上天是谁?(4)我与世界及上天的关系是怎样的?印度人的人类观念认为:人是三分的,即肉体、精神和灵魂。每个人的目标就是了解他自己到底是谁;是肉体,或是精神,或是灵魂。实际上,印度宗教开始于人们认识自我及其与上天和世界的关系这样的问题。"②

我很欣赏这段话,我以为人们若要"认识自我及其与上天和世界的关系这样的问题",从宗教与科学两方面作出的探寻都是必要的,都是必不可少的。由于科学探索的是自然界并且绝大部分考虑的是物质世界,所以常与唯物主义混淆,在印度的哲人们看来,世俗的人们常假定精神世界是一个神秘而且随机的世界,没有理性与逻辑;而在他们看来,宗教作为一个知识体系,提供着控制精神世界的基础秩序与逻辑洞察,精神律法和原则为人类在现实生活中和谐生活和发展提供了手段,违背神律法导致的后果与违背自然规律的后果是一样的。

现代的印度社会已是一个比较成熟的公民社会,有充足的包容能

---

① 罗摩克里希那为近代印度教改革家,他继承印度传统的吠檀多不二论思想,认为世界的最高本质是无形式、无属性的梵,即绝对存在,万物皆为梵的显现。在宗教改革方面,他在印度教的基础上提出"人类宗教"的思想,认为世界上各种宗教所信仰的神都是同一个实体,只不过名称不同;各种宗教的目的都是一致的,都是要达到人与神的结合,实现普遍之爱和美好的生活。他主张不同宗教信仰的人联合起来。他去世后,其弟子辨喜在加尔各答建立"罗摩克里希那传教会"。目前,这个传教会不仅在印度各地,而且在东南亚和日本、英、美等国都有活动中心。

② 转引自沙伦·M. P. 哈珀主编:《实验室·庙宇·市场——对科学、宗教和发展的交互作用的反思》,张继涛等译,广东人民出版社 2006 年,第 10 页。

力,既能容纳来自西方的科学知识,也能包容本国的宗教传统,因此,这样的社会不会使国家变成白开水——即只有科学,没有其他。斯瓦米·维韦卡南达曾说过:"在印度,宗教生活形成了中心,它是民族生活整个乐章的主要基调。"①这种状况直到今天仍是如此。作为印度最主要的本土宗教,印度教已经深深融入了印度人的精神世界、思维方式、社会生活、风俗习惯等等。在今日的印度社会中,到处可见印度教的影响。当然,这种影响既有正面的,又有负面的,具有明显的两面性,不过,这种"两面性"不是本文所讨论的主题。笔者在此只是为了强调,印度近现代以来经济的发展,尤其是近年经济的高速增长表明,传统与现代、宗教与科学与经济发展并非水火不容,只要做出适当的变革,各宗教、各民族都能顺应现代社会的发展,融入新的生产和生活方式。

相形之下,中国自从 1949 年后,有三十年的时间没有处理好宗教与科学的关系,其实,还远远不止这三十年,中国近代以来的屈辱历史使得国人丧失了对包括宗教在内的传统文化的信心,尤其五四运动后的几代知识青年和精英分子,多半都以为启蒙或现代化就是要高扬科学的旗帜而反对宗教,多半都不了解欧洲自 16 世纪宗教改革及其产生的基督新教对世界现代化的巨大促进作用,也不了解基督教传华同列强入侵无关而同文化交流相关的史实。这就造成了许多人一个多世纪以来对宗教的片面和负面的固定观念。无论是国民党政权还是共产党政权,其实在对待宗教的态度上均有共同之处,这就是不支持、冷淡甚至打压,宗教因此备受冷落。直到上世纪 70 年代末,中国开始改革开放后,这种状况才有所改变。30 多年来中国改革开放所带来的巨大变化有目共睹,而在精神方面变化的主要体现即是民众宗教信仰需求的增加,以及信仰表达需求的增加,在这种状况下,各种宗教的复苏和发展就不难解释和不难理解了。可以说,宗教信仰已成为中国民众当前精神需求之首选。

是否可以这样说,宗教仍是世界上大多数人生活的重要部分,是人们世界观、道德标准、信仰和价值观的源泉,它维系希望、赋予意义并且是动机的最深远来源。它是人类存在的精神维度。按照现代社会学家帕森斯(Talcott Parsons)的观点,家庭、经济、政治、宗教,即为一个社

① 黄心川:《印度近代哲学家辨喜研究》,中国社会科学出版社 1979 年,第 91 页。

会最基本、最需要的制度,它们执行着四个必要的功能:家庭规范两性关系,照管与教育下一代;经济制度组织生产并提供与人们的贡献相应的报酬;政治制度整合地域、力量和权力,维系秩序并与其他社会进行联系;宗教提供根本的意义和认知的一般框架。因此,宗教乃是任何社会结构中基本和必须的体制之一。宗教社会学的鼻祖杜尔凯姆则说得更干脆:"已知的社会都是有宗教的,不存在没有宗教的社会。"[①]我们是否可以接着说,如果存在没有宗教的社会,那一定是一个不正常的畸形的社会,如中国在文革时期就处在如此这样的一个不正常的畸形的社会。

行文至此,笔者以一个印度学者讲的一段话作为本文的结束:"科学和宗教没有冲突,自然科学和精神科学没有冲突。它们的共同目标是发现真理,帮助人类在物质上和精神上逐渐成长并取得成就。但如果二者各行其是,就将变得势单力孤。"[②]

(本文为 2012 年广东省民族宗教研究院、华南师范大学宗教文化研究所举办的"科学、宗教与人文传统学术研讨会"的会议论文)

---

① 参见 D. P. 约翰逊《社会学理论》,国际文化出版公司 1988 年,第 525 页。
② 转引自沙伦·M. P. 哈珀主编:《实验室·庙宇·市场——对科学、宗教和发展的交互作用的反思》,张继涛等译,广东人民出版社 2006 年,第 33 页.

广东宗教活动场所法人资格
问题的田野考察札记

2013 年 7 月 29 日

今天,我和代国庆等和省民宗委的王丹处长一行正式出发去梅州等地,就全省宗教活动场所法人地位问题开展调研,省民宗委还专门为此发了通知。调研组的人员名单如下:

组　长:

温卫平[①]　　广东省民宗委副主任

组　员:

王　丹(女)　省民族宗教委宗教工作三处处长

贺璋瑢(女)　华南师范大学历史文化学院教授　宗教文化研究所副所长

何方耀　　　华南农业大学历史系教授　华南农业大学宗教与文化交流研究中心主任

张全会　省民族宗教委宗教工作三处干部

代国庆　　　华南师范大学历史文化学院讲师　宗教文化研究所成员

曾　波　　　华南师范大学历史文化学院在读硕士研究生

陈丽君(女)　华南师范大学历史文化学院在读硕士研究生

司机 1 人: 刘伟(湖北松滋人)

我们将近八点钟时从华师西门出发,一路东行,刘伟(湖北老乡,曾在广州当过 8 年的消防兵)的车坐 12 人,宽敞又舒服,他的开车技术也很好,平平稳稳的,窗外天气晴朗,蓝天白云,离广州越远,景色就越好,

---

① 温主任因工作的缘故,不用亲自和调研组的成员一起下去调研,他主持过在广州市召开的有关方面的座谈会。广州市以外的调研主要由王丹处长和我负责。

天更蓝云更白,车窗两边的绿色连绵不断,我不由得想起了几年前去敦煌沿途所见的一片黄沙大漠,苍凉悲壮,而岭南这边则是郁郁葱葱,一片生机,东南还是比西北好啊!

驱车四个多小时到了梅州,梅州市民宗局的人已安排了丰盛的午餐在等待着我们。这是我第一次来梅州市区,早就听说梅州是中国著名的四乡——"文化之乡、华侨之乡、足球之乡、客家之乡",同时还享有"山歌之乡、金柚之乡、客家菜之乡、单丛茶之乡"的美称,梅州处于闽粤赣三省交界处,辖梅县、蕉岭、五华、大埔、平远、丰顺(我曾随我的博士生导师冯达文老师的夫人冯师母来过丰顺,在此泡过温泉,喝过梅州的客家娘酒)、兴宁市和梅江区六县一市一区,是客家人最主要的集散中心和聚居地。到了客家的地盘,少不了要喝客家娘酒,我们的餐桌上就有客家娘酒,真是太好了。

午餐后我们没有休息,直奔著名的千佛塔寺,我没有想到该寺竟然是佛门女众之地,名为"寺"而不称"庵",这倒是我第一次见到。千佛塔寺的住持为释明慧,俗名侯慧珍,她于1947年生,算来也有66岁了,她现任梅州市佛教协会会长、千佛塔寺方丈、全国佛教协会理事、广东省佛教协会副会长、梅州市人大常委会委员、广东省政协委员等职。明慧师于1982年在广东云门寺随礼佛源大和尚出家,1985年在江西云居山出家受大戒后,1989年10月回梅州,为保存省级文物千佛铁塔发起筹建千佛塔寺并担任主要负责人(看来此人有筹钱的能力),建成之后,任该寺住持。二十几年间千佛塔寺已成为当地著名的一座佛寺,整个寺庙的建筑堪与我去年去过的杭州灵隐寺媲美,只是更新,少了灵隐寺的"古"气(我更喜欢有"古"气的佛寺)。

稍稍参观了佛寺后,我们就来到她们的一处很大的厅里座谈,桌上摆满了水果、茶水、糖果等,明慧师边和我们聊着,边两只手在摩娑着一串串的手镯(我猜她在为这些手镯开光,完了会送给我们的,果不其然,她给我们在座的每个人都送了手镯)。当王丹处长介绍了宗教场所的法人地位是怎样一回事后,明慧师发表了她的看法,她认为**从防患于未然、以免宗教财产被侵占的角度出发,赋予宗教场所以法律地位是完全必要的(她头脑还挺清晰的)**;她还认为在实际工作中宗教场所似乎已有法律地位了,只是差一个"名分"的问题(在这一点上她似乎又有点不太清楚"场所"与"法人"是两个完全不同的概念,在接下来的调研中我们经常会遇到对"场所"与"法人"的概念混淆不清的教门人士)。

接着我们去了梅州市梅江区的基督教东门堂,早在清咸丰二年(1852)时基督教就传来梅州,有崇真会、浸信会、长老会、安息日会、聚会处(小群派)和真耶稣教会等宗派。东门堂应是 1890 年(清光绪十六年)来梅州传教的美国传教士甘武夫妇于 1902 年(清光绪十八年)在当时的梅城东门建立的礼拜堂,建成至今已有百多年的历史了(据说新堂已奠基开工)。这里的牧师是王承恩牧师,他也是广东省基督教协会副会长、梅州市基督教协会会长。知道我们的来意后,王牧师拿出各种证件,证明他们已有法人代表证。王丹处长微微一笑,很耐心地解释他们的证件是国家宗教事务局颁发的,在民政部是无效的,2005 年国家宗教事务局颁发的都是宗教场所的负责人证。**我国目前只有四类团体的法人代表,即机关、企业、事业与社团组织,各种宗教协会作为社团组织有法人地位,而具体的寺庙、宫观、教堂、清真寺等,作为具体的宗教场所是没有法人地位的。**而我们现在所做的调研就是围绕着是否应给寺庙、宫观、教堂、清真寺等具体的宗教场所以法人地位而展开的。**王牧师说,如果这些具体的宗教场所都有法人地位了,还要协会干什么?**他倒是提出了一个很好的问题。如果具体的宗教场所有了独立的法人地位,势必协会的职权、功能与作用等都会削弱,我猜想,这一定是具体的宗教场所负责人乐意,而协会的负责人不乐意的事。

第三个地点是佛光寺,佛光寺地处梅州市梅县扶大乌仙村。毗邻梅县新城,离梅州城六公里,交通便利,景色秀丽。佛光寺原名乌仙岩,始建于明朝,历时四百余载,据说该寺在 1959 年因失机缘,僧众离寺,殿堂倒塌。在上个世纪 80 年代末,在乡贤及海内外善信匡助下,该寺于 1988 年开始重建,但头几年可能没有什么成效,1995 年由释证荣法师负责后,1997 年特向上级主管部门申请批准扩建,在社会各界热心人士及广大善信的支持下,得倡佛法,而命名为"佛光寺"。该寺依照传统佛教古刹格局,仿明代建筑,精心进行总体规划设计,扩建工程项目及绿化需用地 2000 多亩。2000 年动工建造,目前已完工的项目有:四千多尊铜造贴金圣像、大悲楼、三施楼、观音亭、延年亭、益寿亭、朝圣廊、江西伯公殿、聚宝塔、仙岩路、圣水观音路等。我总是很惊奇我们一路看到的佛教的建筑,尤其是近几十年佛教庙宇的"新"建筑为什么要修建得如此气派,但又好像不会给人有什么"艺术"或"现代艺术"的感觉,为什么要将如此多的钱投入到建筑中而不是"公益慈善"事业中?

释证荣师祖籍广东梅州,1958 年出生,1995 年在梅县乌仙岩佛光寺出家(他 1995 年出家后就负责佛光寺的建筑),1997 年 11 月在广州光孝寺求授具足戒,2005 年 9 月至 2007 年 4 月在中国人民大学就读佛教研究生班,现任广东省佛教协会副秘书长、梅州市佛协副会长、梅州市政协常委、梅县佛教佛光寺住持。

谈及宗教场所的法人地位问题,证荣师告诉我们佛光寺正有一桩官司拖了十年之久仍是未了。他们十年前将一桩工程承包给一家公司(后来搞清楚这不是一家正规公司,可能是一家私人的承包队),但这家"公司"的工程做得非常糟糕,还欠了寺庙 100 多万,他们双方交涉不果,而佛光寺由于没有法人地位,既不能起诉对方,也不能作为应诉方,他们现在也不知道该怎么办,证荣法师一副无奈的表情令我们在座的人印象深刻。

佛光寺的整个建筑确实给人耳目一新之感,我们也"见识"了证荣法师提及的那个"烂工程",这倒是个很好的例子。我不解的是,证荣师作为广东省佛教协会副秘书长、梅州市佛协副会长,而佛教协会是有法人地位的,为什么不能以"佛协"的名义来打这场官司,为佛光寺维权呢?

一个下午跑了三个地方,还是挺累的,只是梅州蓝蓝的天上白云飘,空气很好,环境也不错,这个"客家之都"真是名不虚传的宜居城市。

2013 年 7 月 30 日

今天上午第一个去的地方是梅州市主教堂。天主教传入梅州要比新教早那么二三十年,应该是 19 世纪中期吧。目前梅州教区的主教是廖宏清神父。十年前,梅州教区全体神父和修女、教友代表,按照《中国天主教主教团选圣主教的规定》程序,以无记名投票方式,选举他为教区主教。主教祝圣典礼就是在梅州教区主教座堂隆重举行的。梅州教区担负梅州、河源(在我国,天主教区的管理一般跨行政区域,我还是第一次听说)共 48 个堂区、45000 左右教友的宗教活动,目前共有 3 位神父、5 位修女。教区内的重大活动(如祝圣等)都是在主教府举行。每年平均要接待 20 多个国家和地区的外宾来访,该主教堂的财务规范、财务制度等都很健全。

当王丹处长介绍了我们此行的来意后，廖说梅州所有天主教堂区的财产是以教区的名义登记的，而教区不是社团，也没有法人地位，主教府也没有社团组织代码证，万一发生民事纠纷，教区与主教府都不是法人，既不能做原告，也不能做被告，不能打官司。廖说广东省的 5 个教区只是在省里的民宗部门有登记，而在民政部门没有登记，廖还说目前全国只有河北省教区、云南省教区，以及北京教区在民政部门有登记，因而有法律地位（**我很奇怪，天主教宗教场所的法人地位在全国的情形有不同吗？**）

廖强调：1. 天主教的财产属教区所有，属教会所有，这是约定俗成、不容置疑的，佛教的场所与此不同，不能一刀切，应有所区别。2. 神父对大主教负责，堂点发生问题由教区主导解决，教区不统一，主教不签字，什么问题都解决不了。若是发生什么纠纷，神父还是要找大主教，由教区来做应诉、被告与原告。

讲到此，何方耀插话，这是天主教的神职科层体系决定的，神职科层体系也是天主教的特点。主教区拥有法人地位还是很重要的。**3. 天主教教区若无法人地位的话，堂区若发生问题，管理就更难了。教区的法人地位因此比堂区的法人地位更重要。而目前国家宗教事务局颁发的宗教活动场所法人登记证（2005 年前颁发的，之后颁发的是宗教活动场所负责人登记证）只是内部认证，民政部门是不承认的，而没有民政部门的认可，国土部门也不认可。只有教区社团化，才符合现行法律，社团化才有真正的法人地位。**此番话还是很有道理的。

这时小张插话，问，教区社团化是否又有新的问题？廖主教稍作停顿，接着说，现丰顺有一教堂正在打官司，有一老板租了教堂的房子做餐馆，在合约即将到期时，他提前花了 80 万将餐馆装修了，当教堂不想再租给他时，老板起诉要装修费 83 万或者要教堂重新将房子租给他，教堂认为他是不经同意的恶意装修，但当时的租约上盖的是堂区的章，但现在打官司，堂区不是法人，教区也不是法人，而现在起诉方的主体明确（酒家老板），而应诉方的主体不明确（堂区、教区都不是法人），现在就不知怎么办了。王丹这时说现在看来和解可能是唯一稳妥的办法，即教堂继续把房子租给这位老板。在我看来，如此就让这个老板钻了空子，他的预谋得逞。但不如此又能怎样呢。看来这是一道难解的题。大家一时无语。我后来想了好久，觉得还是王丹的脑子转得快，和解至少是双方目前能找到的不麻烦的一条途径。

我们从主教堂出来后,又顺道去看了正在建设中的新主教堂。由于原来的主教堂位置偏僻,面积较小,只能容纳 400 人左右,而大型宗教活动动辄都有千人以上,所以政府重新划拨了约有 17 亩的地方给他们另建主教堂,前不久已举行了天主教梅州教区主教府工程的奠基典礼,新的主教府按规划将建成教堂、主教府、修女院、培训中心、综合楼、婚礼广场六大功能区,其中,教堂设计为高 42 米、哥特式风格的标志性建筑。工程计划总投资 4500 万元,预计两年内建成,期望到时再来此参观参观。

第二个去的地方是梅州道教的赞化宫,赞化宫位于梅州市东郊乡东厢百子岗,是梅州市规模最大的一座道观,也是梅州市梅江区道教协会的会址所在。赞化宫在清朝称吕帝(吕洞宾)庙,光绪十三年(1887)嘉应州知事李鹏与知府金桂馨等,在金山顶下官井头,筹建吕帝庙,翌年建成。光绪二十三年(1897)长乐县知县蒋鸿庆撰文叙事,刻铭立碑。赞化宫命名,取自《中庸》"赞天地之化育"一句。据说吕帝庙自清末以来,坛中设有药签,供善信求医问药。据梁伯聪(1871—1946)《梅县风土二百咏》载:"处方平淡不矜奇,寒热随人面面宜;城北吕仙求有应,一钱不费胜医师。"药签分外科、眼科、男科、妇科、儿科共五种,庙内设制药室,自制丸散施赠。签方及丸散,乃是历代名医经验方选赠到吕帝庙,历百多年来积累而成。

据说 1980 年之前赞化宫规模不大,1980 年泰国的吕祖信徒回乡探亲,要求修复吕帝庙,1983 年获批准选址重建赞化宫。及后成立吕帝庙复宫筹建委员会,另择东郊百子岗重建吕帝庙。1985 年吕祖殿竣工,泰国的吕祖信徒组成"回祖国祖庭参拜进香团"一百多人,参加复宫开光庆典,同年中秋节正式恢复活动。1988 年正式定名为"梅州市梅江区道教赞化宫"。虽然赞化宫现址是另择地方恢复再建的,但仍保存有部分文物,例如诵经堂门外墙上嵌着光绪年间"吕帝庙"石碑与《孚佑帝君庙碑》碑文。

赞化宫殿宇巍峨雄伟,红墙绿瓦.具有古式建筑风貌及浓厚的道教气氛。尤以近年建成的外山门"玄妙之门"及古式长廊更显雄伟壮观,长廊内刻有《道德经》和二十四孝图以及山水人物画供游人观赏。宫内绿树成荫、鸟语花香,伴随着道教独具的仙乐和道徒门的咏经声,不时幽然入耳。除主殿"吕帝宝殿"外,还有"三清道祖"、"玉皇上帝"、"观音大士"、"财神"及三教、八仙、关帝、真武(北帝)、道教诸法神"王灵官"等诸神。这里还有安放先灵的"灵安阁"等。

赞化宫的钟标发道长说目前赞化宫是没有法人资格的,而道教协会有法人资格,协会成了一个行政机构,而服务信众、服务社会的工作则完全是在场所(我怎么隐隐听出了钟对协会的不满)。钟还说,只要**是在民宗部门登记过且又正常开放的宗教场所,就能开展正常的宗教活动,因此场所的法人地位很重要**,他认为应该给场所法人地位。

钟不知怎么地就提起了民间信仰,他说潮汕的民间信仰场所是不愿在民宗部门登记的,这一是因为政府管得死,不自在,二是因为民间信仰场所的钱一旦多了,是很怕被别人要去的。

出门后,我对王丹说,其实道教和民间信仰的关系是最理不清也说不清的,而道教总是要撇清自己和民间信仰的关系,总是要强调自己的"正统"身份,而认为民间信仰是不入流的。不过,民间信仰倒是很愿意往道教上靠的。

上午去的最后一个地方是梅州佛教香花的传承基地——梅江区的慈云宫(老观音)。早就听说**"香花"是广东梅州客家的一个历史悠久的独有的宗教形态,是客家丧葬、祈福、消灾仪式中的重要组成部分,保留了丰富的客家文化元素,从科仪唱词、宗教舞蹈、建筑布局等各个方面均沉淀了大量研究客家文化的材料信息,是客家文化研究不可或缺而视角独特的组成部分**。近年来,香花的地域特色以及宗教仪轨所蕴含的艺术魅力、教化魅力,越来越受到国内外学界的重视。慈云宫是梅州地区富有代表性的香花活动场所,慈云宫的大门前赫然挂有"梅州市佛教香花文化传承基地"(香花只是梅州这一地的"特产")的牌匾。

慈云宫坐落在梅州市梅江区城北镇岭上村。占地面积近万平方,建筑面积五千多平方。据说此宫始建于明洪武三年(1370),有700余年历史。在路口遥遥望去,一座白色大理石的牌坊,书写着金色的"佛"字,肃穆庄严。这里的"老观音"是仿古建筑,殿宇错落有致,红色中却透着古朴典雅。盈门有一尊笑口常开的弥勒佛,似乎在恭迎迎接天下善信。进门往右的石雕滴水观音菩萨慈祥庄严,手持净瓶,轻拂杨柳,似乎要把把清凉的甘露洒向人间。慈云宫可谓是一处充满观音菩萨慈悲精神清净祥和的净土,好一个清净女儿国。进了慈云宫的山门,两边是四大天王的彩塑。观音殿正中的佛台上供着一尊据说是从明代传下来的的观音像。观音殿后边是大雄宝殿,供奉释迦牟尼佛、药师佛和阿弥陀佛。大殿的右边正对山门的后面还有西方三圣殿、天王殿、财神殿、地藏殿、斋堂、尼舍等建筑,此外还有画廊、放生池、和合亭、关帝亭、圆心亭、延寿亭、停车场等。慈云宫的整体方位是坐西向东,被青山环抱,面向着梅城,山上流下来的泉水从庙中流过,前面是一片绿油油的稻田。远观近看,此处的建筑令我们这一行人惊叹不已。一时间只是把它与"佛教"相联系,忘了其"香花"特色。

慈云宫的主持是释明平(释秀平)是梅州市佛教协会的副会长,她看上去很是质朴,我暗自猜想她若穿上俗衣在人群中也不会引起多大注意,而现在的她穿着香花的传统服装,一身黑色中式衣裤,挽着发髻,也还有点味道。我忽然想起,曾听人说过,佛教香花在做法事时,上穿黑色的中式上衣,下着黑色长至脚踝的搭片百褶裙,手持法器和着本派法事仪轨的动作,唱着香花优美的旋律,此时衣裙如墨蝶飞舞,如舞如歌庄严中不失神秘和浪漫。释明平于1959年出生在城北岭上村刘屋,据说宿世与佛有缘,祖辈都是行善信佛之人,看来出家人都是世代与佛有那么一点"佛缘"的。她告诉我们佛教香花出自佛教禅宗中的一派——灵济宗(对此我似乎有点迷惑或怀疑),慈云宫是作为佛教场所的类别在宗教部门登记的。她还说,她们这儿在道场诵经上基本上是按汉传佛教的丛林执仪来实行的,但同时又有客家传统的"佛教香花"特色。在我们的此次访问与座谈间,我脑中始终萦绕着这么两个问题,即什么是"客家传统的佛教香花特色"?"香花与佛教究竟是什么关系?香花属于佛教还是不属于佛教?"

由此我们就佛教香花信仰究竟属于佛教还是属于民间信仰讨论了半天,何方耀对此早有关注和了解,他说**香花信仰非常希望自己被认定就是佛教,就是汉传佛教内部的一个派别,而佛教界内部却不承认香花信仰属于汉传佛教内部的派别,因此不发给其认定身份的界牌与度牒。2012年,国家宗教局要求对五大宗教教职人员进行认定的登记,而佛教香花教职人员的身份认定到目前为止还没有得到认定。梅州市的民族宗教事务局倒是想积极推动此事,而中国佛教协会和广东省佛教协会是不可能也不愿意推动此事的。**何还特别强调说千佛塔寺的明慧法师很可能就是和全国佛协和省佛协的态度是一致的,即不赞同认定香花是佛教内部的一个派别。**看来在当下政府对宗教的管理模式下,归属问题则升级成为直接影响香花如何自处及如何发展的关键性问题。香花的身份认定与归属问题看来不是那么容易清晰界定的,而身份认定与归属的界定肯定会直接影响到"香花"日后的发展,但是否朝着"非物质文化遗产"的方向去界定呢?**

午餐后,我们和梅州市民宗局的温局长告别,这是一个看上去贤淑温婉的女子,刚从教育局调到宗教局来的,这两天她都是不辞辛苦的一路陪同。她告诉我们她的女儿考上了我们华师政治与行政学院的硕士研究生,9月她带女儿来华师时会给我打电话的。真好,有这么一个有出息的女儿。我总是对那些有女儿的人,尤其是有出息女儿的人心存十二万分的羡慕,因为女儿才真真正正是妈妈的贴心小棉袄。

何方耀也因有事要坐火车回广州,他要本周五去罗浮山与我们会合。告别了他们,我们又驱车直奔梅州的县级市兴宁,在车上稍稍小憩了会儿,下午我们去了两个地方,一个是神光寺,另一个为墨池寺。神光寺位于兴宁神光路的神光山,旧时称为南山寿庆寺,在神光山腰,建于北宋嘉祐三年(1058)。明朝成化年间,寿庆寺经数百年的风雨,已显破漏,其时,陈礼明任兴宁县令,于成化十五年(1479)将破旧的寿庆寺扩建重修,改南山为神光山,改寿庆寺为神光寺。神光寺后有几经迁址(还是在附近)和重修,到1958年已完全毁坏,只剩墙脚。寺内大匾"甘雨救民"则仍保存。1984年,兴宁县经济考察团访问泰国,曼谷北柳"龙福寺"住持彰慈大师(石善光)等旅泰侨胞,提议将神光山开辟为旅游区,甚得国内外乡亲赞许。1985年兴宁县人民政府决定在神光山开辟旅游区,并同意修复千年古刹神光寺。经过几年努力,神光山神光寺才有今天我们所看到的容貌。神光寺的现存建筑有大雄宝殿、藏经阁、地藏殿、观音殿、祖师殿、僧房、海会塔等,其中大雄宝殿为泰国式荷花殿,寺中有碑刻14块。

虽然历尽沧桑,神光寺重要文物和古迹依然历历可数:千年古榕,生长于祖师殿门坪右边,缅甸汉白玉释迦牟尼塑像,高1.6米,于1993年被请到寺院安放。泰国1500公斤铜塑释迦牟尼佛,位于大雄宝殿正中。此外尚有鸳鸯菩提树,位于寺门坪中央。有碑刻存放于祖师殿二十四周天走廊。有明代牌匾存放于牧原堂。明代古香炉则位于大雄宝殿前。

在落座后，我忽然发现我把我的记录本遗忘在车上了，因而缺了座谈记载。总的印象是：释耀伟住持介绍了神光寺的大体发展的情况，寺院常住的僧人大概有 13 人，寺院有各项健全的管理的规章制度，有各种安全措施，定期进行各项安全检查，寺院一直以来都没有发生重大的安全事故。财务方面收入主要靠香客和一般的捐资，寺院也聘有财务顾问，七项制度严格遵守，设立专门的对公账户，也有专门的会计人员，账目做到日清月结，严格管理和用好每一分钱。近年来，2006 年时已办了对公账户。当说起法人地位时，释耀伟住持认为有法人地位总归是肯定好一点，处理问题或者做什么都方便。

王丹处长有一段话令我印象深刻，她说，之前在 2005 年宗教事务条例颁发之前，我们的宗教活动场所每一年都要年审，因为它是作为法人登记的，所以每年都有年审，年审的单位就是宗教部门，即由宗教部门来年审。法人证取消后年审也取消了，其实是国家宗教局自己在折腾，没有搞清楚状况。所以在条例颁布之后管理是走回头路了。确实如此，我们的政府管理部门经常是瞎折腾，常常是绕一圈又绕回来了。

接下来去的墨池寺位于风景秀丽的神光山南麓贵人峰，寺旁有口石泉，据说从前有泉水自石缝涌出，长流不息，清澈纯净（可惜现在看不到这种景象了）。据明朝祝枝山编《正德兴宁县志》记载，宋谏议大夫、翰林学士、探花罗孟郊童年在此读书。常在池边习书，洗砚池中，其水尽黑。明万历辛亥孟夏县令陈应荐亲笔书"墨池"两字刻石，立于池边（现在还可以清晰地见到这两个字），后人便在此修建一座墨池寺，以供信众奉香朝拜。寺内有一座房舍，名曰"探花书院"，有对联曰："挂榜名山池染黑，墨池书院紫薇香"，这个"墨池"也是兴宁古八景之一。"墨池"犹在，颇显破旧，如今的"挂榜之人"无须来此用功读书了。

1980 年 10 月 31 日，墨池寺被列为兴宁市重点文物保护单位，1987 年墨池寺重修开光后，引来香客游人踊跃捐资修建，使原来破旧不堪的小寺发展成为建筑面积近 2000 平方米、拥有七个大小殿堂的寺院。大雄宝殿内塑有高 8.3 米贴金的佛陀、阿难、迦叶像各一尊，1.5 米高的罗汉像五百尊，还塑有普陀、九华、五台、峨眉佛教四大名山及观音、地藏、文殊、普贤四大菩萨像；下殿有闻名于梅州佛教界的 12.85 米高的贴金千手千眼观音菩萨一尊、寺侧建有探花亭。

现在的这个墨池寺其实是尼姑庵,庙里只有 2 尼姑,均已年过七十,平常就由 4 个女居士负责寺庙的管理工作(她们看上去没有什么文化,到是挺能干,其中一个身材瘦小的居士做好了接"尼姑"班的准备,随时准备出家)。平常庙里人不多,只是初一、十五人多点,看来这是座小庙,我又一次惊奇的是为什么这座小庙或尼姑庵的"建筑"也要修建得与其身份和实力颇为不符? 当我们坐定后,4 个女居士中的一个看上去似乎比较会讲话的人告诉我们,这座寺庙买的是村里的宅基地,因而只是和所在村的村委会签订了合同,既无产权,合同也没有公证过,当然村里的人也从没有来此和她们争论过什么……我都不知道这样的小庙是如何举行佛事活动的,它到底是座佛教的寺庙还是一个旅游场所,或者能将它定义为"宗教活动场所"吗? 抑或它只是提供了村民一个"拜"的地点而已。就靠这些看上去就没有什么文化而有热忱的女居士就能举办佛事活动,她们究竟对自己拜的什么? 信的什么有多少了解? 我心里对此有点犯疑。

一天的活动就这样结束了,梅州的调研活动也结束了。吃完晚餐,我们驱车直奔汕头而去。暮色中行车,另有一番惬意……

2013 年 7 月 31 日

今天上午我们去的第一个地方是汕头潮阳区石洞岩玉龙宫。

陪同我们的是汕头市民宗局的孙建宏副局长,他是安徽人(来汕头有二十来年了,算是汕头人了吧),北京师范大学教育学专业的研究生,颇善言谈,不愧是硕士毕业,颇有学识,对中国传统文化还有点研究,譬如风水五行之类他都有所涉猎。我暗暗有点替他遗憾,他若是在大学里当教授,以他的外貌和他的口才,一定会吸引那些年轻的女学生。要知道,时下的大学,正是那些中年男人,尤其是那些身形不错、容貌还可以,又还没有老态龙钟、又还有点才学的中年男人的风水宝地呀。

驱车近一个小时左右,我们来到位于汕头潮阳区的石洞玉龙宫。玉龙宫始建于清末,据说有邑人每于夜晚常见此地出现毫光,遂寻觅到此,见一巨石,去土成洞,因巨石覆盖,号称"石洞",洞内供奉"鸿钧老祖"及"玉皇上帝",故名为"玉龙宫"。不过此宫命运多舛,历经战乱,后又年久失修,早就是断瓦残垣、一片破败。1991 年,石洞的北侧首先建起"三清宝殿"一座,占地五亩,供奉"元始天尊"、"灵宝天尊"、"道德天尊"和南、北斗星君等神像,1994 年 9 月,宫观挂牌为"中国道教石洞玉龙宫"正式对外开放。

玉龙宫前有一"蓬莱仙境"的巍峨的山门,过了此山门,再走几十米就是"石洞玉龙宫",宫的大墙石壁镌刻着"道尊德贵"四个镏金大字,门口的对联、石雕蟠龙柱都贴金并配上彩色,整个门面显得富丽辉煌,使我不由的感觉到这"蓬莱仙境"的"仙"味究竟是少了点。此宫的独特之处是其后面连着"石洞",石洞内的所有神像取用整块汉白玉石雕成,雕艺精致,栩栩如生。这些神像安放在用青石雕刻的巨型神龛内,龛的外围是用青石雕刻成十二生相的弧形栏杆,沿着栏杆拾级而上,是个洞内之洞,洞的顶端供奉"玉皇上帝",各个洞内墙壁全用花岗岩石板材砌成。整个洞内造型颇为独特,好一个得天独厚、颇具规模的道教宫观。

自然王丹处长又不厌其烦地将我们此行的目的做了一番介绍,这个玉龙宫的道长似乎不那么善于言谈,我的笔记记载简略,只是记载了玉龙宫的管理虽有管理小组,但还是以道长为主,道长也管钱(并没有多少现金流),此宫也无房地产权证,也没有对公账户(这是省民宗委近年来一再强调的工作),也没有车等。我感觉。去了这么几个地方,天主教、基督教的管理似乎要规范些,其教职人员也显得各方面的"素质"相对要高点,佛教次之,道教则相形见绌。我心中暗想,这些宗教场所的负责人到底有多少明白或理解"法人地位"究竟是怎么一回事吗?

第二个去的地方是潮阳区的棉城基督堂(这是潮阳区最大的基督堂),牧师名叫黄任思,据说这儿从没有发生过民事纠纷,他们的土地证、房产证、对公账户等一应俱全,教堂内部实行民主管理,有堂务组。当问及黄牧师宗教场所是否需要办理法人地位的登记时,黄说,维持现状就好,不用打破现在的宗教管理格局。如果从大局的需要出发,办理法人地位的登记也可以,他不坚持己见。黄告诉我们,棉城基督堂每年的收入大约 40 几万,来源于信徒奉献,收入支出大体相抵,略有盈余。看来基督教的教堂倒是比佛教的寺院要清廉不少,有钱的还是后者。

下午我们去了正在建设中的潮阳区海门镇的海兴寺,孙局长还特地说明去这个地方是他临时建议的,原来的安排中没有这个地方。他的建议太对了,这所寺庙的"艺术性"让我大开眼界(尤其是那些酸枝椅、有地方特色的精美的木雕与潮绣等),寺庙的主持隆道法师倒有几分设计大师的才学。据说隆道法师于 1996 年春来海门镇弘法,途经乌石堀时见练水来潮,闻潮音充耳,虽乱石满地,却是禅林宝地,故萌发在此开山创寺之念。这座寺庙自 1996 年至 2000 年辟山开创,于 2001 年 8 月 1 日获宗教部门批准登记,以其山势嵯峨,精工建筑,装饰庄严,配套齐全,特别是有一尊炸石时所发现的石佛及由一块乌石刻成弥勒佛而引人入胜。整座寺庙的设计、装修、摆设,从大到小,无不体现了隆道法师的艺术鉴赏力。海兴寺占地 50 亩,约 3 万多平方米,常住僧人有七八人,挂单的有 20 来人,我暗想,来此修行的僧人若能在这儿得点艺术的熏陶,也算是不枉此行了。

隆道法师说起话来总是笑眯眯的,让人感到亲善友好。他告诉我们这座寺庙的投资已有几千万之多,资金大多由信徒发心而来,目前寺里没有寺管会(民主管理机构),常住僧人也没有"单资"(僧人的收入),寺里的大小事情由他一人说了算。看来这位看上去有亲和力的住持在此还是很有魄力和威信的。这种人如果公正无私,可能对一方的信众也能发挥正能量,否则难说。不过,我怎么打量他心中多少还是有亲切感的。

历经十几年,海兴寺的建设还没有最后完工,隆道法师说正在赶期,寺庙大约于今年的 11 月 20 日(农历 10 月 18)要举行开光(落成)大典,欢迎我们到时再来。出门时,隆道法师又转身回去,旋即拿了一盒"大红袍"的红茶递给我,喜欢喝茶的我知道此乃乌龙茶中之极品,曾有书法家为武夷山大红袍吟赋题写"绿叶镶边兮红袍罩身,善缘接善兮一泡心宁",这应该是对大红袍"禅茶一味"的品质特征的精炼概括。

这座寺庙如此之艺术,这个和尚如此之亲和,"大红袍"如此合我意,待到海兴寺"开光"的日子,我一定再来,品茶论道论艺术,岂不人生一大快事也!

下午去的第二个地方是潮南的峡山基督堂,这里比较特别,没有住堂牧师,由外地来的牧师轮流讲道,管理机构是堂委会,全是由执事(即平信徒组成)组成。当我们聊起是否给予宗教场所的法人地位时,几个在场的执事都认为还是确认宗教场所的法人地位比较好,这个堂通过私人关系以堂的名义开设了对公账户,但组织代码证还未办。

下午去的第三个地方是潮南两英镇古溪村的天主教堂,古溪村还是很有历史来历的村子,据说该村于南宋淳熙年间(1174—1189)始建,想当初因水源奇缺,村民历尽艰辛,凿渠引水,故初名苦村,后来才改称古溪村的。这个村有李郑郭姚等姓,李氏占据七成(2010 年数据)。古溪村为两英镇的中心村,素有"针织之乡""文明之乡"雅称,又是著名侨乡。天主教传入潮汕,已有 300 多年之历史。古溪天主教堂隶属巴黎外方传教会,法国韦希圣神父为第一任神父,教堂建于清光绪八年(1882),可惜的是古教堂早已被拆毁,

当我们在参观该堂时,得知古溪村还有一基督教堂,一佛教教堂,这三个教堂都相距不远,且不同宗教的信徒们都相处得非常的和谐,不管哪个宗教在举行活动时,都要邀请其他两个宗教的信众积极参加,村民们也都乐意参加与自己信仰不同的宗教的活动,这里真是体现了宗教生态的平衡,我感觉以后要找个学生来此专门做有关宗教生态的田野调查。

今天去的最后一个地方是白云岩寺,孙局长说不知潮南区宗教局为什么安排这么一个地方? 言下之意这是个不值得去的地方,他说我们应该去另外一个寺(可惜我忘了名字了)。到了白云岩寺,我才知道这又是个尼姑庵,据说潮南的佛协秘书长是该寺的当家尼师,遗憾的是她今天出门了。该寺收养了两个女孩,她们都是弃婴。在潮汕一带,重男轻女严重,因此弃婴多半是女孩。这个寺规模不大,我感觉这里的香火应该不是很旺,果不其然,我们被告知平常这里人不多,只是初一、十五时人稍稍多点。当家的不在,而待客的尼姑似乎也说不出个啥,我们休息了片刻就离开了此地,一天的调研结束了。

今天一天还挺累的,马不停蹄地跑了好几个地方,中午也没有休息。不过还是挺有收获,尤其在海兴寺和古溪天主教堂。只是我们不了解情况,去哪里不去哪里,完全是下面市甚至区的民宗局安排,哪些地方该去? 哪些地方并不值得去? 我们完全不知情,该去的地方去了是庆幸,不该去的地方去了是浪费时间,还是有些许的遗憾……

2013 年 8 月 1 日

今天上午的任务比较轻松,只去一个地方,即汕头市区的恩典堂。教堂的建筑不像佛教的建筑那么堂皇,倒是显得朴实,更接近人间与现代社会,尤其是在城市市区中的新教建筑更是如此。

接待我们的黄惠仁牧师告诉我们,汕头市中心城区共有 9 个礼拜堂(郊区还有 11 个堂点),都是由汕头市的基督教两会直接管理,所有

的人事、财产、诗班等都是由两会统一安排,信徒的奉献也不由各个礼拜堂所有,而是直接上缴两会,信徒的奉献不向信徒公开,但会向教牧同工公开。由于奉献一律全部上缴,所有的堂点既没有收入,也没有支出。因此这 9 个堂的任何一个堂需要买任何东西,哪怕是一卷卫生纸,一把扫帚,也要两会的会长签字。教牧人员的工资也由两会统一发放。所有堂点的财产也是由两会所有。总之,所有的收入和支出都是由两会统一运作。两会就是这 9 个礼拜堂的法人代表。当然,每个堂都有堂务组,但堂务组的成员(由专职教牧人员和平信徒、义工组成)也是由两会来统一安排的。据说由于历史的原因,**汕头从 1958 年开始,所有的堂点就是在两会的统一管理之下。看来汕头城区基督教的管理模式是高度集中管理的模式,两会的头儿有很大的权力,这种"高度集中管理的模式"给了我很深刻的印象。**

　　当问及教堂是否该有法人地位时,他们回答:若堂点和协会均独立、都有法人地位时,两会就无权干涉堂点了,也无权干涉两会属下的社会服务组织(如安老院、医疗服务室等)了。对此他们表示了很大的不情愿。他们还提出,堂区若有了法人地位,就存在自养问题,大堂自养或许没有问题,而远离城区的郊区的教堂自养就肯定会存在问题,而在目前统一管理的模式下,可以大堂养小堂,较富有的堂养较贫穷的堂,这就是统一管理的好处。**总之是维持现状的好。看来什么事都不能一刀切,还得具体情况具体对待才是。**

　　午餐后,我们又直奔汕尾而去。汕头汕尾我都是第一次来,因而有点莫名的兴奋。在车上我们不断谈论着汕头汕尾的民风民俗之类的话题,司机刘伟是我的湖北老乡,他是湖北松滋人,在广州当过消防兵,转业来到民宗委这么一个有文化内涵的政府机关,这几年在广东的不少寺庙道观都转悠过,因而还是个颇有见识的人。他告诉我汕尾这个地方的民风彪悍,有这么一句话"天上雷公,地下海陆丰"。我不由得笑了,忽然想起了从前学历史时知道广东有个海陆丰革命根据地,是中国历史上第一个苏维埃政权诞生地,全国十三块红色革命根据地之一。彭湃就是这儿的农民运动的领导人,他是中国共产党早期农民运动的主要领导人之一,也是海陆丰农民运动和革命根据地的创始人,被毛泽东称之为"中国农民运动大王"。他还担任过第一——第六期农民运动讲习所的所长,毛泽东是第七期的所长。彭湃于 1929 年 8 月 24 日因叛徒出卖而被捕,不久就在上海龙华英勇就义,时年仅 33 岁。想来这么一个能干有才的人,死得太早了点。人这一辈子,还是不要轰轰烈烈地过,平平安安地过一辈子就是福气了。只是我当年不太明白(现在依然不明白),彭湃这么一个大户人家的公子,怎么就会革自家的命呢? 不过,想想也没有什么奇怪的,共产党当初闹革命的时候,类似彭湃这样的人似乎并不鲜见。

驱车将近两个多小时,车入汕尾,这儿确实与汕头颇有不同,感觉这儿的城市建设比起汕头来真还是"差"了不少。汕尾市民宗局的人开车在前面带路,直接把我们带到了觉源寺。该寺于 2002 年奠基,2010年开光的(我怎么依稀感觉到广东许多的佛寺道观都是 20 世纪 90 年代末、本世纪初开始动工兴建的),汕尾全市 190 多处宗教场所,这是唯一的由市宗教局管理的佛寺。住持(他是广东佛协副会长耀智法师的学生)告诉我们已填好了调查问卷。当问起场所是否应该有法人地位时,住持认为宗教场所还是有法人地位的好,可当问起场所有了法人地位后,与佛协的关系应该怎样时,一旁的汕尾市民宗局局长杨师访插话,他自以为是的"启发"了半天,说什么场所有法人地位对其维权是有利的,但对其的管理会变得较为麻烦,而法人每年要年审,年审时要加上业务主管部门即民宗部门的意见(这样便于管理),其实场所还是没有脱离其的领导。他又特别强调了宗教工作的特殊性什么的。我都听不明白这位局长大人绕来绕去,到底在讲些啥? 在局长(该局长是个颇有说话欲的人,据说他曾经当过镇长,难怪一开口就像作报告似的)的"引导"下,这个住持又改口说那场所还是不要法人地位的好。我内心不禁有点感触,真是不同的领导有不同的风格,有的人把简单的问题复杂化,说话转弯抹角,其实希望从别人口里说出自己的想法,如这位局长;而有人则把复杂的问题简单化,说话简单明了,虽然自己的思考清晰到位,但仍是尊重他人意见,总希望从他人口里听到其最真实的想法,如王丹处长。我很欣赏王丹,从去年到民宗委开会第一次认识她以来,就觉得她是个思考清晰、不盲从的人,而且很有亲和力。以她的能力,当个省民宗委的主任是没有问题的。听她说她已在处长的岗位上干了十多年,怎么就没有得到提拔呢? 现在她已年过五十,提拔的机会比较渺茫了,这是典型的中国特色的"性别歧视"与"年龄歧视"。我庆幸自己在高校而不是在政府部门工作。

扎远了，我的思绪老是要拽回来才是。接着我们又去了汕尾（伯多禄）天主堂。该堂始建于清光绪二十年（1894），是汕尾市区天主教徒集中举行宗教仪式的场所，也是市天主教爱国会驻地。该堂有一位驻堂神父（不巧今天神父不在），两位修女。自1998年至今，该堂先后投资100多万元，建成了司铎楼、副堂、圣母山、圣心亭及重新修整主堂、大门和内厅等，使教堂面貌焕然一新（在我看来这些修缮还是显得有点小气，也没有什么艺术特色）。在办公室的墙壁上，引人注目地挂着一张老外的旧照片，他是法国人麦兆良神父，他于民国二十二年（1933）任汕尾总堂。麦是考古学者，在汕尾传教时，他也同时进行考古研究工作。民国二十七年（1938），他在香港英文自然杂志发表《海丰考古收获》一文，同年，在新加坡第三届远东史学会发表《南中国考古收获的几个要点》论文，还带去人头骨化石、玉箭等一批珍贵文物展出，因此他也算是对汕尾的考古工作有贡献的老前辈。天主教的传教士其实一直以来都挺有学术修养和内涵的。

汕尾市民宗局局长说，汕尾城区的宗教场所以天主教为主，其他的为基督教、佛教等。汕尾"盛产"天主教的神职人员，神父们都是挺忙的，这里的驻堂神父要负责15个堂点，他每月的薪资只有1000元左右（虽说这儿的经济发展比较落后，但我没有想到神父的薪资这么少），此外还收点弥撒金。神父并不负责教堂的管理工作，而是由堂务组负责管理工作，堂务组由7个教友组成，神父不在其中。接待我们的应是堂务组成员之一的陈老师，她告诉我她曾经是医生，已年过八旬，但看上去颇显年轻，精神挺好。

令我吃惊的是这座教堂竟然无产权证，只有政府的"落实"文件和一些"合约"之类的文件（竟然是因为嫌麻烦而一直拖着未办），2013年初倒是在市农行开办了对公账户（城区目前有8个宗教场所开办了对公账户，都是民宗局张罗着办的，教职人员愿意买医保，却不愿意买社保。这时有一人插话，他认为有必要给宗教场所法律地位，因为随社会的发展，宗教场所的侵权问题会越来越多，现在这类问题基本上是由政府的民宗部门来协调解决，而民宗部门也是通过打点关系或动用私人关系来处理这类问题，但长久下去终不是办法。这人讲话颇有见地，与前面的杨局长颇有不同，王丹处长不禁问他是何方人士？他说他是民宗局的副局长，姓郑，已在民宗部门工作多年，他还补充说他在不同场合见过王丹不下 10 次,王丹有点不好意思了。出门上车后,她说有人在民宗部门工作多年,熟悉情况,也不是没有能力,却一直得不到提拔,这样的人相当于"绿叶",这话怎么听来令人有点心酸。我心里不禁对那位郑副局长多了几分同情。

我突然想起网上曾经看到的一篇文章,大意是说当公务员的话,若 35—40 岁还混不上个处长,一辈子就那么浑浑噩噩地干下去的话,没有什么意思。想想如今那么多年轻人还挤破头似地去考公务员,图的是一份安稳,却少了冒险和进取的勇气,这究竟是国家的悲哀还是个人的悲哀,我想应该两者都是。

晚餐时终于见到饭和馒头了,太好了,在汕头时总是左汤右汤,不见米饭,时常有点饥肠辘辘的感觉,看来我还是粗人一个,喜欢粗茶淡饭,有点青菜即可,自以为蛮好养的一个人。

晚餐后我们这一行人破天荒地出去在海边散了一个多小时的步,好不惬意!

2013 年 8 月 2 日

今天的第一站是汕尾陆丰的紫竹观(挺好听的名字),道观的名字中似乎常有个"紫"字,或许与"紫气东来"相关。

据说远在公元 265—420 年(晋代)道教卢循等起义失败,部分余众分散到海陆丰,散居于沿海港门及岛屿,史称"卢亭"。从那时起,海陆丰就有了道教、道徒及其道观、道乐等。紫竹观源于宋代甲子门的玉清宫,1688 年(清康熙二十七年)迁于陆丰县东海窖菜园仔称"觉生堂"。公元 1736—1795 年(清乾隆)期间,又再迁于陆丰市河西镇湖口大峰山,改"觉生堂"为"紫竹观",俗称"湖口庵"。

紫竹观属于道教的全真派,以坤道为主,这所道观的恢复重建得到了香港青松观的支持。紫竹观的道长是位女性,名林信专,已经 86 岁了,身材娇小,身板却比较硬朗,头发也是黑的,竟没有见几根白发。紫竹观以前属于子孙观(传女不传男),代代相传,传了 4 代,据说她母亲的姑姑、母亲的姐姐都曾相继为道观里的主事。她年仅 8 岁时就来到这个观里,文革时曾被迫还俗,嫁了人,还生了几个孩子,文革结束,当宗教信仰自由的政策开始落实后,她就离了婚,又回到观里,她告诉我们她从前的丈夫后来又结了婚。她有一个女儿去了香港,如今就在香港的青松观工作。目前紫竹观的道长是她，她以后就不知道谁来继承了。

道长与几个义工（我猜的，因为他们穿的也是俗人的服装）和我们围坐在一起，道长的当地话我听得不太明白，王丹与道长坐在一起，用轻柔的语调和她说起我们来此的目的，她们一问一答，不时那几个义工也插进话来，我乐得在一旁悠闲地吃着水果。不过我还是听明白了紫竹观已经办理了对公账户，但没有办房产证，村民们很是支持道观的一切事情，所以她们也不担心和在意有无房产证（不过道长又比较认真地说，如果道观有房产证的话，心里还是会安顿好多，看来她多少还是在意有无房产证的）。道观里还有专属的车，并聘了20几个义工，专门负责保安、种菜等，且能自给自足。一年大概可以收到40万—50万不等的奉献，每次开奉献箱，一般有3人（或3人以上）在场。道观的收入与支出大抵相等，能维持日常的正常开销，略有结余，若要搞什么土木建设就不够用了。这里常住人（包括义工等）有14人，每人每月的津贴约有2000元左右，这些人的社保在其户口所在地买，道士们有的买了医保，但不是由道观统一买，也是在其户口所在地买。看来这个观里道士们和义工们的日子还不算差。

一进入这所道观，就有幽幽的道教音乐传来，甚是好听，在我们整个的调研过程中，这种美妙的音乐声都不绝于耳。不知为什么，我历来就比较喜欢道教的音乐。曾听人说，道教音乐源于道教经曲念唱，它曲调优雅，超凡入胜。遗憾的是，直到车子开出后，我突然想起该找紫竹观"讨要"几盘音乐碟的。想起林道长与我们告别时说过欢迎我们再来的话，看来我还真要再来了，再来不忘讨要几盘音乐碟。

第二个去的地方是海丰有名的鸡鸣寺，鸡鸣寺位于海丰县北部莲花山森林管理区，距海丰县城13公里，在莲花与银瓶两山环抱的鸡心山上。始建于明崇祯六年（1633），原址在寺对面5里之莲花山下，因当初的住持慈任破晓时常闻鸡心山有公鸡啼鸣，认为灵瑞而迁于今址。还未进山门，就远远地看见有一个巨大的佛像高高地矗立在那儿。王丹说这是没有经过报批而建的。

现在的鸡鸣寺是在原来的旧址上兴建的，现鸡鸣寺已初具规模（且已经过"确权"，我猜是经过"公证"了吧），整个寺的设计恢宏壮丽、气象庄严。并先后建成外山门、三大士阁、禅房、钟鼓楼、素菜馆等，占地面积约5万平方米,颇有气势的一座佛寺!山门牌坊"鸡鸣寺"为著名书法家、前中国佛协会长赵朴初所题,并有名家题撰的楹联墨宝。这里的住持是超一法师,他是暨南大学行政管理专业86级毕业的(还是王丹处长的校友呢)。他告诉我们当年毕业后他曾一度想出国深造,没想到最后却成了这一方的僧人、海丰的佛协会长。或许他命中注定有佛缘吧。超一法师穿的不是我们常见的僧人穿的黄色袈裟,而是一袭白色袈裟,他解释说当年民国时期的佛教大师太虚就是强调穿白色袈裟,象征一尘不染。这有文化的僧人就是不一样。

鸡鸣寺有由5人组成的寺务委员会,当中有僧人,也有居士,当然凡事最后拍板的还是超一师。当我们聊起宗教场所是否应该有法人地位时,我本以为这位受过大学本科教育的超一师会侃侃而谈,没有想到他竟是支支吾吾,说不出个所以然来,最后咕哝了一句"还是维持现状的好"。倒是曾经在管理区工作过的海丰县民宗局的黄局长侃侃而谈起来,他说,佛协相当于行业协会,在目前的现状下,遇到问题都是佛协出面协调;如果宗教场所成了法律主体的话,场所与佛协的责任、义务与权利都是相等的,加之场所经济上相当独立,也能承担经济上的责任,协会就不能再对场所承担任何责任了,这势必会削弱佛协的地位。不过,从法律的角度看问题,从长远的眼光看问题,场所还是应当各方面都规范化,也即应有法人地位。这位黄局长和陪我们来的汕尾市的杨师访局长是同学,我记下了黄局长的手机。

鸡鸣寺后群峰叠起,翠秀异常。沿山门踏阶而上,径旁松杉交翠,这里刚刚下过一阵雨,满目更是郁郁葱葱,清风徐徐,不觉一阵清爽。周围有"如来盘石"、"猕猴奇石"、"犀牛望月"、"玉龙喷须"、"三井回音"等自然景观,真真是个秀丽赏景的好地方,我们来也匆匆,去也匆匆,真愿意再找个时间到此来好生住上几日,把一切琐事俗事烦心事都放下,只为清净修行几天。

在鸡鸣寺附近的一个地方吃完中餐,我们又匆匆驱车往惠州去,目标是广东道教的圣地——罗浮山。我们在车上抓紧时间打了个盹。到了罗浮山下,我们与从广州驾驶自己的私家车而来的何方耀汇合后,就一同前往罗浮山的冲虚观。我想起了两年前我们院曾组织老师们来此"一游"过。早就听说冲虚观是道教的著名宫观,位于惠州博罗县西北的罗浮山朱明洞南。于东晋咸和二年(327)由葛洪创建,初名都虚观,东晋安帝义熙初年称葛洪祠,唐天宝年间(742—756)扩建为葛仙祠,北宋元祐二年(1087)哲宗赐名"冲虚观"。

冲虚观的现存建筑为清代同治年间重修。主要建筑有山门、三清宝殿、钵堂、黄大仙祠、吕祖殿、丹房、廊房及库房与道舍等。主体建筑三清宝殿内供奉三清塑像,为观内道士举行各种宗教活动的场所。钵堂亦名斋堂,建在三清宝殿前左侧。黄大仙祠内供奉葛洪之弟子黄野人金身塑像,据传:黄野人随葛洪炼丹学道,后服葛洪之丹药而成地仙,后人称之曰"黄大仙"。吕祖殿在主殿左侧偏院中,因殿内供奉纯阳祖师吕洞宾,故名。罗浮山冲虚观建筑面积4400余平方米,院中雕梁画栋,古树郁郁,花木飘香,环境清幽,风景如画。观之周围峰峦叠嶂,树木苍翠,主要名胜古迹有桃源洞天、飞来石、遗履轩、仙人卧榻、泉源洞、会仙桥、东坡亭等。现在冲虚观为华南著名的道教活动场所,也是广东省重点文物保护单位和全国道教的重点开放宫观。

在冲虚观,我们见到了冲虚观的道长、广东省道教协会会长的赖保荣。会长就是会长,当我们一一坐定后,赖会长就侃侃而谈起来,显然他已经事先知道了我们的来意,且对我们调研的问题有所思考。在我们"调研"的过程中,大部分时间都是他一人在"演讲",我们几乎插不上什么话。他的表述大概有以下几层意思:1. 作为宗教场所来说,有法人地位到底好与不好,应认真思考调研后再做决定,不能匆忙。2. 场所一旦有了法人地位,与道教协会的关系肯定会变得疏松起来,场所与协会的关系会渐行渐远。协会所能发挥的作用就不大了。3. 若场所有了法人地位的话,那么场所的头儿即道长法人地位的年限是否有所规定,3年一任或几年一任,或连选连任只能任三届,即最多不能超过9年。但说到此时赖又话锋一转,说十一届三中全会后,中国道教协会培养了一批管理宫观的骨干,若道长的任期满了三届9年后,他们不再连任的话,此时还年富力强的他们又去做什么呢? 他似乎对道长最多不能任三届不太满意。(赖的广东普通话的语速稍有点快,我这儿不是听得太明白)4. 场所一旦有法人地位后,各宗教协会更应健全制度,广东省道教协会对宫观的管理也要有一整套的管理制度,应更规范。因为宫观若有法人代表后,对宫观的监控(他用"监控"这个字眼令我有点吃惊)会失控。他说是否可以宫观不设法定代表人,而是设负责人,还是由道教协会统一管理,人、财、物、车辆等都作统一管理。他还以江苏苏州、山东崂山为例,说明那儿的道教协会就是这样做的。所以宗教场所设法人还是负责人,哪个更有利于社会和谐,有利于庙产的保护与利用,还是要从长计议。5. 道协在工作上与宫观是挂钩的,目前道教宫观的住持需道教协会认可,协会的管理还是比较有效果的,具体而言,协会管了3件事即任命道长、培养人才和设立宗教场所,若场所不与协会挂钩,协会无财力,协会就成了空架子,协会无事干。6. 就宗教场所如何维权一事,赖会长认为,协会是联系政府和教职人员、信徒之间的桥梁和纽带,还是由政府管协会,协会管宫观比较好。一个协会一个章,宫观向协会负责,协会向政府负责。赖还强调,要么维持原有格局,赋予协会更高权力,协会对各宫观造册登记庙产,实行层级管理(我不明白怎么个层级管理),协会应向各道观收钱(广东省道教协会曾有决议,宫观每年要向协会上缴2万—3万,不缴的话,道协也没有办法,依现在的情形一般是收不上来的);要么打破原有格局,赋予场所法人地位。

赖还强调,2005年出台的宗教事务条例现在看来是有很多问题的,依赖道长的意思,现在更是要加强宗教团体(即各宗教协会)的建设,协会光有法人地位还不够,要改变其无办公经费(省财政每年拨给各宗教协会的开支只有25万,远远不够)、无人员、无收入(其实不是"三无"而是"三少"吧)的状况。这时王丹处长插话,省政府给五大宗教(即佛教、道教、天主教、基督教与伊斯兰教)协会每年拨的经费是200万,为的是解决各协会的办公地点问题,赖说他没有见过这200万,不知在哪儿? 赖会长甚至提到了应该及早出台宗教法,但他没有就此多说。

总而言之,赖会长希望不要打破原有格局,而是要更加强协会的力量,加强协会对宗教场所的人、财、物的控制权与管理权。解决宗教场所的法人地位问题,目前的时机并不成熟。我可能是小人一个,猜想赖的想法可能与他的道教协会会长的身份相符。不管是俗人还是出家人,谁愿意放弃自己手中的权力呢?

从冲虚观出来后,我们就去了黄龙观,我怎么觉得这儿的景色比较熟悉,突然想起冯达文老师几年前在这儿上课时曾带我们一班弟子来过此地,老师辛苦上课,弟子悠哉赏景,还是蛮有意思的。

罗浮山黄龙观号称广东第一大观,有关黄龙洞的历史传说可追溯至五代十国时期,为葛洪西庵故址。据说清代康熙年间山东崂山派道士张妙升在黄龙洞中凭吊古迹,发现黄龙洞风水势旺,紫气东来,实乃修身养性、悟道论玄的最佳洞天,于是创建了黄龙观。不过,"文革"时黄龙观的殿宇尽毁,只有败瓦残垣遗留在草丛中。1992年,香港青松观投资5000多万元,依山就势,重建黄龙观。现在的黄龙观有两座大殿、道学院、祖堂、仙苑等处,亭台楼阁,池塘瀑布,又位于罗浮山的山腰处,景色真有如仙境。

遗憾的是黄龙观寺管会的主任不在,由一个姓梁的副主任(俗名梁俊雄)接待我们,他似乎不愿多说或者是不善言谈,在简短的交谈中我只是知道了因为黄龙观是由香港青松观投资的,所以在管理上他们也有发言权,青松观有一代表常驻在此。

晚上我们在罗浮山下的一个宾馆里下榻,本准备去卡拉OK的,无奈天已下雨,不方便出去,宾馆的陈设也过于老旧,加之几天高强度的调研下来,确实大家都有点累了,早点休息罢了。

连着几天的调研确实很辛苦,一一数来,我们还是跑了不少地方,不少的宗教场所,脑子里也塞了不少东西,该是要回去整理整理了。

关于女性宗教信仰建立的几点思考

　　笔者曾在广州的一些寺庙和教堂作过一番考察,发现烧香拜佛的女信徒比男信徒多得多,每个星期日去做礼拜的女信徒一般也多过男信徒。女性与佛、与上帝之间究竟有怎样的内在关系? 在宗教中,为什么虔诚的女信徒比男信徒多? 女性的宗教信仰究竟是怎样确立的? 笔者曾就这些问题与许多女信徒(有佛教徒也有基督徒,有知识女性也有文化水平不高的女性)做过深入的交谈,她们的回答各各不同,但有几点是一致的,这种"一致"意味深长且令人深思。

一、女性的生存体验使她们更容易走近神

　　一般说来,女性在感性和直觉方面远胜于男性。在男人身上,理性的成熟每每以感性的退化为代价,值得庆幸的是,这种情形在女人身上较少发生。女性在和外部世界的接触中比较注重自己的感觉或直觉,她们用"心"多过用"脑",她们注重身心的感受而不习惯于或抽象的或理性的或泛泛的思考。女性生存的现实性和她们真实而鲜活的生存体验(相对于男性而言,女性其实更关心的是自己生活中的实际问题,自己身上发生的事,无论轻重,都不是小事;而对江山社稷,则不甚了了,更谈不上去较多地关注世界),使她们更容易接受宗教的信仰。有人说,女人在有稍稍地了解后,就会下跪,然后再信仰上帝;而男人则要先弄明白自己为什么要信仰上帝,然后再下跪。女人不像男人那样好作形而上学的沉思。这话不无道理。对于相当一部分女性来说,信仰是一种直截了当的情感,无需任何理念也用不着深沉的思索。在女人看来,何必无休无止地寻根问底,只要相信神是"向着我们的"就已足够。这个"向着我们"是根本,没有这个根本的话,人们将无法想象和接

受神。

　　说到底,女人一生最大的痛苦和不幸都是因为她是个女人。她对自己的"软弱"(来自身体和心灵两方面的软弱)有着比较透彻的了解。当上帝把男女两性的生理特点"天定"以后,在原始农业那种刀耕火种、茹毛饮血的蛮荒时代和强体力劳动之下,女性的生理特点使女性形成了对男性的最初依赖。当社会把基于体力原因而出现的这种人类的自然分工变成了"男主外、女主内"的一种固定模式以后,女性在一隅天地被长期禁锢的历史又使其形成了心理上的弱者心态。这种心态即使在她们经济上能够自立的今天仍是久久不能消失。万千事实证明,一个女性人格上的完全独立和充分站立起来往往要经过"脱胎换骨"甚至是"死去活来"的过程。

　　尽管比起以往的一切时代,当代女性的境遇确实"好"了许多,所谓"好"说得明白一点,就是女性拥有发展自我的权利,能有自己独立的社会身份,并通过努力得到一定的社会地位。能做自己想做的事,能选择自己的生活方式和生活道路。能够爱自己所爱,也能弃自己所不爱,如此等等。的确,我们这个社会和时代给女性的自强自立、独立自主已经提供了许多的条件和便利。但是,我们也应看到,今天的世界仍然不属于女人,社会环境也仍然较多地不利于女人。所谓自强自立、独立自主都与女性必须要自食其力联系在一起。这就要求女性必须要受到教育、要在社会上去谋求一份职业,并不断地谋求发展的机会。这也就注定了女性要同男性一样地去参与竞争、面临风险。今天的女人,也许比旧时的女人面临更多的选择机会,但也有了更多的生存的风险。过去,女人完全可以在一个男人或一个家庭的荫庇下终其一生,远离竞争、远离风险,养家主要是男人的责任和义务。家庭主妇的日子也许有许多痛苦、辛酸与无奈,但谁又能断定这种平淡安逸的家庭生活中女性就一定没有幸福可言?

　　我们常挂在口边的一句话是"男女平等",这四个字除了有其积极含义外,还蕴含着另一层含义,即在面临外界的压力、竞争与风险等方面,男女也是平等的。女性在压力、竞争与风险面前,不会因其性别而受到某些或特殊的照顾,甚至还会首当其冲地受到冲击,这就是为什么现在在不同的年龄段、不同职业的女性中会出现普遍的"职业焦灼",这对女性的社会认同和个人发展提出了严峻的挑战。如女大学生、女研究生们的找工作比同等学历的男性们要难,下岗的人群中女性比男性要多得多,而那些在职女性也得吭哧吭哧地在专业或业务上需不断有所进步或提高以充实自己,以免自己在强烈的竞争中被首先淘汰掉。

可以这样说,男女平等只是使女性有可能"尊严地"生活和发展的现实基础;但它也使得女性必须和男人一样,面对这个世界和这个时代所提供的全部现实和全部苦难。尤其在如今这种经济改革、社会发生剧烈变化的过程中,当代中国社会中所有的人,无论男女,都面临着重新调整自己的生存位置、寻找新的发展空间这一紧迫问题,而对女性而言,她们在社会变革中"集体地"处于被动和滞后状态,则是不争的事实。

当女人拖着疲惫不堪的身子回到家中,还有一大堆的家务以及孩子的教育等烦心的事。在女人也参加社会工作、分担男性养家责任的今天,男性却没有分担或较少分担在他们看来理应是女性的"天职"的家务劳动,女性在家务中投入的精力和时间比男人多得多。职业女性的负荷远远超过过去的女性,而男人们在无须供养女人的情况下却仍然要女人照料自己和自己的后代。这就使得许多女性不得不面临"双重角色紧张"的问题。女性付出了双重的努力,大多数女性的生活因而疲惫不堪,如牛负重。这当中的苦与累又是男人们很难体验到的。尽管这种努力或许在社会和家庭中也会得到回报,但幸运的女性总是少数,更多的女性则是"劳而无功",在家庭和社会中都没有得到她们所期望的回报,都没办法找到一个轻松、真实的自我。而且日常生活中的柴米油盐、衣食住行,琐琐碎碎、点点滴滴,渐渐会消磨女性的意志,吞噬掉她们自我发展的空间。没有人主动来帮助她们,哪怕是表示一点点同情。许许多多的"贤妻良母"们,将自己奉献尽了,掏空了,仍落得个一无所获的悲剧下场。

尽管"劳而无功",但只要家庭的形式仍然存在,大多数女性则仍然会"任劳任怨"。我们的社会和我们的生活正在逐渐现代化,许多女性不仅有现代的知识、现代的思想、现代的衣着、现代的职业,但她们在爱情和婚姻观上,却无论如何现代不起来。她们总是希望自己能拥有一个温馨、和睦且稳固的家庭,希望自己有一个可以信赖、负责任的丈夫。为此她们不得不压抑自己,放弃或修正自己的价值观、人生观、生活规范甚至包括自己的工作和交友圈等,以顺应自己的丈夫。而男性们则少有压抑、放弃或修正他们自己的这些方面,他们还将女性的"顺应"视为理所当然。由于历史的文化的原因,男性将个人在社会中的发展看得高于一切,甚至更新婚姻、重组家庭,都有可能成为他个人发展的组成部分。而女性即使人已走入社会,心却还困守在家庭,并将自己独立的人格和意志,在自觉不自觉之中全部奉献了出去。她们远远没有走出历史和她自身的身体所设定的局限。

当今时代是一个物欲横流的时代,男人们尤其是那些稍有成就的男人更容易受到各种诱惑,诸如权力、金钱与美女等等之类的诱惑。如此一来,大量的婚姻动荡、家庭裂变使得原本处于弱势地位的女性更是深受其害。一些男人们动不动就以"性格不合"而提出离婚,这四个字已成了一些人见异思迁、对家庭不负责任、情感转移的借口,甚至是"法宝"。不可否认,这当中有女性自己的责任,如太过于为丈夫、为孩子奉献自己,而忽略了自身方方面面的素质的提高,忽略了自己的"内外包装"等。但更多的则是由于历史和文化以及自身的原因,男性在抵御诱惑方面的能力远逊于女性,这常常使他们在年轻女性的"进攻"面前很难把持住自己。过去,家庭的意义更多地是表现为一个经济组织,夫妻之间的共同目标是挣钱、养家、过日子;而今,家庭的意义则多了对心灵和精神的契合的渴求。但即使是建立在文化、心灵、性等基础之上的婚姻,虽比之传统婚姻要进步、文明、高雅得多,则仍然是脆弱的。尤其对男人而言,在形形色色的诱惑面前,人的"自律"和"自我约束"实在是太难了。

事实就是如此,几千年的时光荏苒,女性们往往以宗教情感对待婚姻,把自己的全部身心都无私地奉献给自己心中的上帝——婚姻;而男人,则往往亲自把女性变成宗教祭坛上的牺牲品。

离婚的女人是不幸的,而中国目前的法律并没有给离婚的女性足够的、充分的尤其是经济上的保障。中国的婚姻法是 50 多年前计划经济时期制定的,而我国现在已进入市场经济的深入阶段,两种体制的区别和情况相差太大了,婚姻法的内容已经滞后于社会发展的现实,这是显然的事实。这就更使得女性不仅在离婚中身心两方面俱损,而且在今后的日子中单独承受经济上的巨大压力,婚姻的后遗症不得不长期孤独地面对与忍受。

上述种种女性在社会和在家庭中的遭遇,使得她们最深切地感受到了自己的孤寂和无所信靠,她们曾经的信靠如国家、社会、家庭、男人等一时间都像是失去了根基,再也靠不住了。因而她们无可奈何但却又不得不勇敢地承担起自己的命运。女人在这个社会中的奋斗何其艰难。来自身心的疲惫困倦使得女性更容易走近神,因为她们需要抚慰。尤其是那些精神上饥渴、心灵上饱受创伤的女人更需要神的抚慰。人的抚慰实在太有限了,神的抚慰却是无限、超然的。女人需要在这种抚慰中得到力量、得到信心与盼望。说到底,宗教是弱者的宗教、卑微者的宗教。正如《圣经》上所说:"凡劳苦担重担的人,可以到我这里来,我就使你们得安息。"(《马太福音》11:28)到神那里去,他就是答案、出路与安慰。正如耶稣的应许:"我就是生命的粮,到我这里来的,必定不饿;信我的,永远不渴。"(《约翰福音》6:35)有许多女性都常说起这么一句话,"人的尽头是神的开端"。的确如此,那些在现实生活中活得很"好"的人是想不起神来的。贫穷者、病弱者、患绝症者,以及处于弱势中的人、劳苦担重担的人、孤独无依的人,最终能在宗教信仰中找到自己的安慰、自己的信靠。

二、女性对人生意义的求索使她们更容易仰望神

女性在历史和在现实社会中的被侮辱与被损害的孤苦无告、无从诉说的弱者处境,使其更容易悟出现实世界的有限性和作为个体的人的有限性、短暂性和脆弱性。说真的,人生的悲苦,世情的无奈,抉择的艰难,以至于不同道德要求的互相冲突,都不是有限的我们所能通达了悟的。而越是对世界无能为力,就越是对个体生命的意义有限性洞若观火;越是意识到自我在浩浩宇宙中实在是渺若微尘,就越是迫切地渴望将自己有限的生命与冥冥之中无限的至高至善至爱的力量联系起来。因为只有神才能解脱束缚我们的所有羁绊,阻止我们向物质世界屈服,使我们的心灵得以超越这个有限的世界。

许多女性正是在经历了人生的苦难后,在品尝了生活的甜酸苦辣麻的种种无可言说的滋味后,对生命和人性的有限性有了非常透彻的体悟和认识。所谓生命的有限性,是指人的终有一死。人生一世,草木一秋,死亡最终把人的存在抹得干干净净,好像什么也不曾发生似的;人性的有限性是指人性的弱点,如各样的不义、虚伪、嫉妒、自私、诡诈、

算计、骄傲、偏执、好色、冷漠、背约、无亲情、不怜悯人、贪婪、邪恶、凶杀等等。人性的这些弱点,法律与道德伦理等只能加以限制、防范,却不能加以根除。由于有了这种体悟和认识,曾经沧海的女性对人、对这个世界再不抱任何幻想,转而追求一种无限的崇高的虽说不出却心向往之的世界,这个超越此世的无限的彼岸的世界应是永恒的、神圣的、正义的。人和世界的有限存在的事实一旦显明,无限性的境域也就同时敞开。由此可见,人是由她或他对无限性的觉知而被推向信仰的。而且,人同时也在其所确立的信仰中将自己与无限性的合一加工为自己生存的意义之域。

也有女性(包括有的男性在内)虽然在生活中比较顺利,没有或少有经历许多大的磨难,但由于心性的灵敏,仍然会感悟到无限的存在或神的存在。特别是当她或他置身于壮丽的大自然的美丽中时,在飞机上鸟瞰大地上的山川河流以及芸芸众生时,在大海边感慨大海的辽阔和深邃时,她或他会强烈地感受到自我的有限和渺小,感受到冥冥之中会有造物主的安排与美意,并进而追问生命的意义,渴望与无限的合一。其实,只要是人,都会求索人生的意义。没有意义,人会觉得生活空虚无聊。人可死于饥寒交迫,也可死于意义的缺失。在每个个体的人生中,在所有人的人生中,都有着神圣庄严的意义。

意义的预设总具有信仰主义的因子,而且信仰总是牵涉着未来。信仰之为信仰,其之所以不能被还原为一套客观封闭的知识系统,就是因为它是关乎生命、指向未来的。信仰若是真的,就必能为我们添加意义和勇气去面对生活和未来。这个信心,不是对抽象的未来的信心,而是对与今日息息相关的未来的信心。男性与女性对于意义的求索方式是不同的。对于超越性意义,理性主义者要求确证;而信仰主义者则只要求情感性认同。男性尤其是那些有知识、有学问的男性,会对意义进行理性主义的追问,而以理性的姿态追问意义,是很难找到结论、找到信仰的,因而也就无法摆脱生命的悲凉感。愈执着于此世的道理和游戏规则,便愈难以接纳那违反此世的道理和游戏规则的有关宗教的信仰。神的道理是不与人的知识和经验相协和的。所以保罗说,十字架的道理是世人看为愚拙的,愈以为自己为智慧的人,便愈不能谦卑地接受神的救恩——那愚拙的救法。女性对于意义的求索方式则不同于男性,女性更多地秉承了人类的神性的一方面,她们更容易从情感的角度追问意义,并在这种追寻中找到神、找到信仰、找到自己的精神家园。人们常常过多地把宗教信仰作为整体因素,作为个人所承受的社会压力因素来研究,而较少地把它作为个人情感来研究,而个人情感恰恰是信仰的首要和基本事实。

从表面看,宗教信仰只是人的一种行为,人的求意义的一种方式,与人的其他行为和其他求意义的方式如游戏、爱情与友谊等杂然并存;然而,信仰是心灵的最为核心的行为,它发生在个体生活的最核心处并涵盖了个体生活的所有方面。一个人的宗教信仰必然要影响到她或他的整个生活,会造成信仰者的根本转变。造成人对自己的方方面面的相应调整。如调整自己的人生道路、人生追求的次序、生活的方向以及价值观等。正是这种转变和调整使得人能从封闭走向开放,从卑微、自怜走向尊严、豁达,自信而坚强地拥抱世界与生活。许多有信仰的女性都经历了这种转变,并将这种转变看成是自己人生的或心灵的一个根本转折。

由神到人即是施与、拯救,由人到神则是仰望、祈祷、聆听,这是双向的存在于人与神之间的情感交流过程。祈祷者把自己全部倾注于无限仰望之中,这是因为她坚信:祈祷必蒙神的悦纳。神必能以人所不能理解的不可理喻的方式作用于她。她将对自己的信心转移到神的身上,全心全意地仰望他、信赖他,知道他定会恩待他的儿女,最终将她带到他所应许的福地。现代德国最著名的宗教哲学家、宗教存在主义的主要代表人物马丁·布伯认为,人与神的关系即是"我与你"的关系。这个"我"是作为人的每个个体。这个"你"是上帝、是至高无上的神。"我与你"的相遇,是一种超越时空、超越历史的精神性相遇。个体在这种"相遇"中,努力使自己全部的思想、感情、灵魂和力量与神融为一体。通过这种方式,宗教就成了通向生命深层和善良德行的重要途径。

三、女性对神圣价值的追寻使她们更容易跟随神

当代中国的发展,已经不可能离开"全球化"的总体背景。改革开放以后,中国迅速融入了国际化的轨道,我们由此可以分享世界的文明成果,但也不得不面对一切世界性的问题。世界性的信仰危机、生存危

机以及多元化价值的共生共存等,正是全球化问题的基本生长点,我们每个人身处其中都会对此有或多或少的感受。回顾世界各国现代化的历史,科学技术的大踏步前进,人类文明所取得的巨大成就,物质财富的大量积累等,都是无可否认的事实。但这些是否就像启蒙学者们曾许诺的那样理性主义的高扬一定会给人类带来普遍的永恒的幸福呢?

在马克思对资本主义制度提出尖锐的质疑之后,西方思想界也一再对此提出普遍的追问。在这种追问中,"怀疑"和"否定"的总体情绪成为一种普遍趋势。思想家们在对传统的"解构"中,更使得人类已有的真理彻底地相对化了。信仰的动摇和真理的相对化,必然导致传统道德观念和伦理标准的失效。物质的创造与道德的约束之间,越来越失去了平衡。而无论是信仰的危机、认识论的危机,还是道德伦理的危机,也是已加入到"全球化"过程中的当代中国人正在遭遇到的问题,并对之越来越有了深刻的体验。

现实世界的种种缺陷,使人们深深感受到绝对正义的动摇。可是,人们往往又不甘于此,人都有一种强烈的愿望,即期冀每个人在现实世界中的所作所为,都应得到准确无误的量度与评判;尤其女人,情感甚于理性,其脑子里总有某种什么东西潜存着,叫她的眼睛看着今天,同时也望向将来。因而更是期望苍天有眼,期望神的公正,期望善恶均有报,期望人的历史成为正义的历史。许多有信仰的女性,不管她信仰的是上帝还是菩萨,她都不怀疑上帝或菩萨的全知、全善、全能,相信其所信仰的对象对世间每一发生的行为及其性质都了如指掌,并能对这种行为及当事者进行处置,这种处置绝对公正无偏。而且这种处置并不因人的肉体的灭亡而取消,它穷追不舍直至彼岸来生。因而她们把目光投向了神圣的价值尺度及其执行者。从而愿意跟随神。

许多宗教都有一个共同特征,即都提出了一种灵魂与肉体二元对立的思想,这种思想认为现实世界是不真实的、不可靠的,肉体和现世的物质生活只是束缚灵魂的囚牢,是不值得留恋的囚牢;灵魂在几经肉体的熬炼(轮回)之后才能达到理想的永恒世界。而且天国高于俗国,来世优于现世。注重来世和永生也许是许多宗教的共同信条。并且这些宗教都认为此生的德行将决定来世的生活,一个人死后灵魂的归宿由他或她生前的德行所决定,善者的灵魂升入天国或净土与神同在,恶者的灵魂坠于地狱永受折磨。只有神才能对每一个个体进行最终的审判。通过神的干预,人的得救才有了希望,人才不至于在此世绝望至死。

对于相当一部分女性来说,上述信仰成为她们信教的基础。她们对上帝、对菩萨的信仰很是质朴单纯,虽然个人的宗教情感缺乏理性思索的成分,但却十分执着。她们认定神是掌管一切的主,在他永远不会有错误。在我们的屡屡犯错与跌倒之中,他仍然保守一切。他使得万事都互相效力,其睿智的安排,会使所有的错误变为正确,所有的坏事变为好事,所有的偶然变为必然。人纵然悖逆不顺,神则仍然引导历史,朝着他预定的计划发展。因而她们从精神上、心灵上十分仰赖神对世事的干预,并相信这种干预或在未来或就在现世。尤其在某些特别紧急的情况下,她们会期待神的超凡作为,就像有些女性常讲的那样,"把一切交给神了,相信神是公义的神"。一旦逢凶化吉,遇难呈祥,她们就会加倍地感谢神、信仰神,更加自觉地遵循她们所信的宗教的或其所信的神的教导。

综上所述,女性运用其独到的生存体验去洞察人与神的关系,用自己的身体去思考,并忠实于自己心灵的感觉与感受,这使得她们能有意识地回避或逃离理性或哲学的玄思,并能深入到生命的最深处与神相遇,从而探寻作为有限的个体的生命意义,期冀与无限的永生神的结合,进而为自己偶在的生存觅得某种目的与方向,并在对神圣价值的追寻中不断向上提升自己,使自己的得救有了希望。如此,女性的宗教信仰就是这样确立起来的。因此,我们可以说,女人确实比男人更靠近神。这或许是女人的幸运。

（原稿刊载于《华南师范大学学报》2001 年第 3 期）

从《圣经》看基督教的爱观

"神就是爱"这一句话是每一个基督徒常挂在嘴边的话,这句话出自《圣经·约翰一书》,经文是:"亲爱的弟兄啊,我们应当彼此相爱,因为爱是从神来的。凡有爱心的,都是由神而生,并且认识神。没有爱心的,就不认识神,因为神就是爱。"[①]在圣经对上帝所做的定义中,"神就是爱"这句话是人们最熟悉不过的了。

人常说基督教的本质是爱。爱是上帝的本质属性,是基督教信仰的基础和基石,爱在基督教中具有本体论上的绝对意义。上帝对人的爱和人对上帝爱的回应以及人与人之间的爱,构成了基督教伦理观的核心。但是基督教的"爱"并不同于父母对子女的关爱、夫妻之间的情爱、朋友之间的友爱和人对师长的敬爱等人间的爱。我们究竟应该怎样从更深的层面来理解和体味基督教的爱观呢?

一、旧约中的立约之爱与拣选之爱

在《旧约·圣经》中至少可从两方面来描述上帝的爱,即立约的爱与拣选的爱。就立约的爱而言,希伯来文旧约中有一个特殊的字,那就是"hesed",这字虽然也译作爱,而且是坚贞不渝或坚定不移的爱,但是这爱与立约有密切的关系,若没有约的存在,这一种爱也就不存在了。"hesed"主要用于上帝,用来描写上帝立约的爱,尤其专用于描写上帝对以色列立约的爱。在以色列先知们的笔下,这种爱是上帝恒久、永不

───────────

[①] 《圣经·约翰一书》4:7—8。本文所引《圣经》的经文出自采用简化字与现代标点符号的新标点和合本,中国基督教协会 2007 年版。该版采用"神"版,凡是称呼"神"的地方,也可以称"上帝"。

改变、决定性的爱,这种爱超过了人世间的任何一种爱。先知们坚定地相信:以色列的上帝是有立约之爱的上帝。

以先知《何西阿书》为例,先知何西阿是在他不贞的妻子身上领略到耶和华的爱。他深知无论以色列如何不遵守对上帝的约,上帝仍然守住他的那一方。耶和华对以色列爱之深切和坚强,绝对超过他对他不贞的妻子。《何西阿书》以婚姻关系来描写上帝与立约子民之间的盟约。以色列民背约失信,离弃耶和华去侍奉巴力①,就如不贞的妻子离开丈夫,归了别人为妻;但上帝好像一个眷爱妻子的丈夫,不断呼吁不忠的子民与自己重修旧好。《何西阿书》一方面指责以色列民的悖逆,并宣告亡国的审判;另一方面却以"爱"为全书的重点,"爱"最高的表达是上帝借着先知与妻子破镜重圆的经历,表明他仍然疼爱这将要被逐、漂流异处的子民,并要召回他们,与他们重新订立永远的盟约。"我必医治他们背道的病,甘心爱他们;因为我的怒气向他们转消。我必向以色列如甘露;他必如百合花开放,如黎巴嫩的树木扎根。他的枝条必延长,他的荣华如橄榄树,他的香气如黎巴嫩的香柏树。曾住在他荫下的必归回,发旺如五谷,开花如葡萄树。他的香气如黎巴嫩的酒。"②由此可见,尽管以色列寡情,耶和华却仍然有义,以色列遗弃了上帝,上帝却没有遗弃以色列,他仍要像从前那样爱她,这一种爱就叫"立约之爱"。

拣选的爱在希伯来文中是一个较为普通的用字"ahav"。这个字既可用在宗教术语上如上帝的爱人和人爱上帝等,它也可以是一普通的用字,爱一些没有生命的东西,如爱吃的食物,爱睡觉(即"贪睡")等,也可以用在一些抽象的名词上,如爱智慧、爱知识、爱善良、爱怜悯(即好怜悯)等,还有爱愚昧(即喜爱愚昧)、爱恶等,还有爱日头、月亮、星星等,也可以是人的自爱与人际之间的爱,如爱自己,爱儿子,男女之间的恋爱等等。

耶和华曾对以色列民说:"因为你归耶和华你神为圣洁的民,耶和华从地上的万民中,拣选你特做自己的子民。"③为什么耶和华单拣选以色列民而不拣选别的民族,而且从旧约历史可以清楚地看到以色列

---

① 巴力是迦南地的风雨神,被视为掌管诸生育繁殖之主宰。

② 《圣经·何西阿书》14:4—7。

③ 《圣经·申命记》14:2。

民常常是悖逆上帝的。其实,这是没有什么道理可讲,没有什么理由可以解释的。因为不同于立约之爱,拣选的爱是无条件的,没有因为有约和其他的拘束而爱,这种爱是出于爱者即上帝本身的意志和决定。或许正因为上帝对以色列有"拣选的爱",才与以色列立约。拣选的爱是立约之爱的因,正是上帝对其子民的拣选、立约表现出了他亘古不变的爱。

由此人们可以从上帝对以色列民的"拣选的爱"中深切感受到这种爱的没有道理与不可思议。也不难看出"拣选的爱"的两种特点。一是"拣选的爱"是出自于上帝、出自于上帝本身的主动。上帝的拣选一定有他的原因和目的,作为人的我们是无法测度这其中的奥秘的。二是"拣选的爱"是超乎寻常的爱,如上帝拣选了以色列民,并非他不爱其他世人或其他民族,只是他爱以色列是超乎寻常的爱就是了,这就显明了拣选者与被拣选者之间的关系是一种很亲密的关系。上帝赐给全世界的人民阳光、雨露、空气、水与人一切生存的需要,但是他给以色列民的爱却是超乎寻常的,因为他们是属他的子民。

二、新约中耶稣对于爱的教导及其榜样

新约圣经是用希腊文写的,希腊文中有许多"爱"字,常为人提起的有"Agape"与"eros"。有人统计,Agape 一词在新约中出现了近 120 多次,它的动词形式 agapan 更在 130 次以上。[①] Agape 主要是指从上到下的爱,而其所爱的对象是不值得爱的,如上帝对人类的爱。"eros"是一种期望"好"的爱,是一种力量促成人与他或她期待的目标联合的爱,男女之间的性爱就属于这一类别。这个字常用在一个值得爱的对象上。难怪乎常有人将"Agape"译成"圣爱",将"eros"译成"互爱",这是有道理的。

所以,新约圣经中描述上帝所赐给人的爱的用字是"Agape",即从上到下的爱。诚如《新约·约翰福音》所说:"神爱世人,甚至将他的独

---

① 巴克莱(William Barclay):《新约原文字解》,邓肇明译,香港,基督教文艺出版社 1983 年,第 5 页。

生子赐给他们,叫一切信他的,不至灭亡,反得永生。"①"唯有基督在我们还作罪人的时候为我们死,神的爱就在此向我们显明了。"②前一段经文说明了基督的降生之目的,即上帝爱世人;后一段经文说明耶稣在十字架上的受难,以无罪之身作全人类的赎价,在此更是显明了上帝的爱。由这两段经文可见:一、爱的主动是在上帝,人仅是接受此爱的对象,只有一位完全自由自主的上帝,才能完全自由自主地屈尊降贵来向不值得爱的人施予爱。这种"Agape"是从上帝永恒的至爱而来的。二、爱是从上帝那儿从上往下倾注的。"Agape"在新约圣经之外是很少用的。在旧约中,这样的爱可见于上帝对以色列民的爱。

众所周知,在犹太教的传统信仰中,上帝是宇宙的创造者和统治者,他是全知全能的,是圣洁信实的。这些观念为新约时代的耶稣所肯定。但耶稣同时主张,上帝与人的关系,不仅是创造者与被造者、统治者与被统治者的关系,而且是父亲和儿子的关系。在这以父子作比喻的上帝与人的关系中,耶稣指出其实质和核心就是上帝对人的爱。旧约圣经中说:"以色列啊,你要听!耶和华我们神是独一的主。你要尽心、尽性、尽力爱耶和华你的神。"③明确了人对上帝的责任就是爱的责任。这责任不是要人去被动和消极地敬拜和遵从耶和华,而是主动地来爱上帝。在《新约·马太福音》和《新约·路加福音》中,耶稣同样重复了这个教训。耶稣说:"你要尽心、尽性、尽意,爱主你的神。这是诫命中的第一,且是最大的。其次也相仿,就是要爱人如己。这两条诫命是律法和先知一切道理的总纲。"④

为什么我们要爱上帝?理由很简单,因为上帝先爱了我们,贯穿整部圣经的爱的理念都是建立在上帝先爱了我们的这一根基之上的。使徒约翰明确写道,"神爱我们的心,我们也知道、也信。神就是爱。"⑤或许这可从两个方面来理解:从第一个方面来看,上帝的爱是一种从上往下施予的爱。这种施予具体体现在:一、行动的爱。他将他的独生子赐给人类。这个"赐"就是具体的行动。耶稣的降世,无疑是人类历

---

① 《圣经·约翰福音》3:16。
② 《圣经·罗马书》5:8。
③ 《圣经·申命记》6:4—5。
④ 《圣经·马太福音》22:37—40。
⑤ 《圣经·约翰一书》4:16。

史当中最富有决定意义的事件。他来了,宣告:"神爱世人,甚至将他的独生子赐给他们,叫一切信他的,不致灭亡,反得永生。"[1]二、可见的爱。正如耶稣的门徒约翰所说:"道成了肉身,住在我们中间,充充满满地有恩典有真理。我们也见过他的荣光。正是父独生子的荣光……从来没有人看见神,只有在父怀里的独生子将他表明出来。"[2]三、普世的爱。所谓普世的爱即来自上帝的爱是给全人类的爱,并不关乎人的种族、民族、性别、阶级与阶层等一切有关人的外在身份。普世之爱,也可称为大爱,是一种宽广无边的爱,大到爱世人、爱人间一切的生灵,爱一切能及所爱……四、牺牲的爱。耶稣来到这世上,他完全把上帝的属性彰显了出来。而他的十字架上的惨死,却正是上帝之爱的最高和最神奇的表现。正如薇依在《期待上帝》中所言,"爱的神奇,就是被钉十字架。"[3]耶稣基督以其言行及生活道路揭示显现了上帝是爱每一个人的上帝;上帝爱每一个人并且关心其个人状况,仅仅因为他或她是人。正因为如此,耶稣来到世间抚慰人们的心灵并且救治他们的身体,而他尤爱弱势群体用今天的话讲即处在社会边缘的人。正是借着他的死和他的血,一个上帝与人之间崭新的约立定了。应验了先知的预言。在新约的设立上,上帝再一次表明了他亘古不变的大爱。正是道成肉身的基督,使我们得以在生活和历史中认识这样一位爱的上帝。

其次,我们来看人对上帝的爱。要明白:上帝造人是照着他自己的形象、样式所造的。所谓形象、样式是指上帝的公义、仁爱、圣洁、怜悯等本质和属性而言。人类既是上帝所造,本有这些特质,只不过因为人类的罪性而逐渐丧失了这些特质。人借着爱上帝,才能克服自己的罪性,重新找回或得到自己本有的那些良善的品质。人怎么爱上帝呢?耶稣要求门徒们追求"与上帝同在"。

对上帝的爱不在于形式而在于内心,"那真正拜父的,要用心灵和诚实拜他,因为父要这样的人拜他。"[4]耶稣多次批评只重外表、故作姿态的法利赛人。对上帝的爱是无条件的,超越一切的。对上帝的爱绝

[1] 《圣经·约翰福音》3:16。
[2] 《圣经·约翰福音》1:14、18。
[3] 转引自刘小枫:《走向十字架上的真》,上海三联书店1995年,第175页。
[4] 《圣经·约翰福音》4:23。

不是为了谋取物质利益,而是要使灵魂得拯救,进入永生。神学家卡尔·巴特在其名著《教会教义学》里将人对上帝的爱称之为"诚爱之爱"。他认为:诚爱之爱在于,人竭尽自己的认识和能力,决心和愿意过一种由此而来与向此而去的生活:这一切都没有意欲支配上帝的要求,这一切都没有为自己赢得上帝或从上帝那里得到某种东西的意图,这一切只是因为上帝是上帝,因为上帝作为上帝是值得爱的。①信徒爱上帝及由此产生的一切活动(诸如祈祷、感恩、诗歌、崇拜、圣礼等),不是一种为了提高心境的自我修炼(尽管有其效果),也不是积善行德,以图来世极乐世界的回报(基督徒是天国的子民,得救本乎恩,也因着信),乃是出于对上帝莫测大爱的感恩与回应。在基督徒看来,人生活的意义便在于以爱去回应上帝之爱。正如保罗所言:"既然蒙召,行事为人就当与蒙召的恩相称。"②不难看出,圣经中爱的伦理已经超越了一般意义上自然宗教和社会伦理之中对于敬神畏天的阐述。

再次,我们来看人与人之间的爱。很明显,人与人之间的爱也是以上帝的爱为根基的。爱是众人认出基督徒身份的途径与标记。耶稣在"最后的晚餐"后打来洗脚水依次为门徒们洗脚,洗脚时他对门徒们说,"我赐给你们一条新命令,乃是叫你们彼此相爱;我怎样爱你们,你们也要怎样相爱。你们若有彼此相爱的心,众人因此就认出你们是我的门徒了。"③耶稣还说:"你们要彼此相爱,像我爱你们一样,这就是我的命令。人为朋友舍命,人的爱心没有比这个大的。你们若遵行我所吩咐的,就是我的朋友了……我这样吩咐你们,是要叫你们彼此相爱。"④

人与人之间如何相爱呢? 耶稣又教导我们爱人的真义:爱人不仅只是言语的表现,更需有爱人的内心的态度。当一个律法师和耶稣探讨"谁是我的邻舍?"时,耶稣讲了一个故事,"有一个人从耶路撒冷下耶利哥去,落在强盗手中。他们剥去他的衣裳,把他打个半死,就丢下他走了。偶然有一个祭司从这条路下来,看见他,就从那边过去了。又有一个利未人来到这地方,看见他,也照样从那边过去了。惟有一个撒马

---

① 卡尔·巴特(Karl Barth):《教会教义学》(精选本),[德]戈尔维策选,何亚将,朱雁冰译,上海三联书店1998年6月,第316页。
② 《圣经·以弗所书》4:1。
③ 《圣经·约翰福音》13:34—35。
④ 《圣经·约翰福音》15:12—14;17。

利亚人行路来到那里,看见他,就动了慈心,上前用油和酒倒在他的伤处,包裹好了,扶他骑上自己的牲口,带到店里去照应他。第二天,拿出二钱银子来交给店主说:'你且照应他,此外所费用的,我回来必还你。'你想,这三个人哪一个是落在强盗手中的邻舍呢? 他说:'是怜悯他的。'耶稣说:'你去照样行吧。'①耶稣还为我们做出了榜样:耶稣基督在十字架上的牺牲说明了他爱人爱到底,这是爱的最崇高的境界。耶稣的榜样说明了对人的爱也应效法神对人的爱,也应是无条件的、自我牺牲的、普世性的。如同上帝"叫日头照好人,也照歹人;降雨给义人,也给不义的人。"②正是从这个意义上,他主张宽恕、主张爱仇敌。要求门徒们不要与恶人作对,他说:"你们听见有话说:'当爱你的邻舍,恨你的仇敌。'只是我告诉你们:要爱你们的仇敌,为那逼迫你们的祷告"③,他在被钉上十字架后还在为处死他的人祷告:"父啊,赦免他们! 因为他们所作的,他们不晓得。"④

新约中耶稣有许多具体的教导人与人之间相爱的论述,具体而言,一、严于律己,宽于待人。耶稣说:"为什么看见你弟兄眼中有刺,却不想自己眼中有梁木呢? 你自己眼中有梁木,怎能对你弟兄说:'容我去掉你眼中的刺'呢? 你这假冒为善的人! 先去掉自己眼中的梁木,然后才能看得清楚,去掉你弟兄眼中的刺。"⑤

二、饶恕人。耶稣说:"你们饶恕人的过犯,你们的天父也必饶恕你们的过犯;你们不饶恕人的过犯,你们的天父也必不饶恕你们的过犯。"⑥当彼得对耶稣说:"'主啊,我弟兄得罪我,我当饶恕他几次呢? 到七次可以吗?'耶稣说:'我对你说:不是到七次,乃是到七十个七次。'"⑦

三、爱仇敌。耶稣说:"只是我告诉你们这听道的人,你们的仇敌,要爱他;恨你们的,要待他好;诅咒你们的,要为他祝福;凌辱你们

---

① 《圣经·路加福音》10:30—37。

② 《圣经·马太福音》5:45。

③ 《圣经·马太福音》5:43—44。

④ 《圣经·路加福音》23:34。

⑤ 《圣经·马太福音》7:3—5。

⑥ 《圣经·马太福音》6:14—15。

⑦ 《圣经·马太福音》18:21—22。

的,要为他祷告。有人打你这边的脸,连那边的脸也由他打。有人夺你的外衣,连里衣也由他拿去。凡求你的,就给他。有人夺你的东西去,不用再要回来。你们愿意人怎样待你们,你们也要怎样待人。你们若单爱那爱你们的人,有什么可酬谢的呢? 就是罪人也爱那爱他们的人。你们若善待那善待你们的人,有什么可酬谢的呢? 就是罪人也是这样行。你们若借给人,指望从他收回,有什么可酬谢的呢? 就是罪人也借给罪人,要如数收回。你们倒要爱仇敌,也要善待他们,并要借给人不指望偿还,你们的赏赐就必大了,你们也必作至高者的儿子,因为他恩待那忘恩的和作恶的。你们要慈悲,像你们的父慈悲一样。"①

四、耶稣的榜样:耶稣以无罪之身担当人类的所有罪过,如前所述,当他被钉在十字架上时,还为将他钉在十字架上的人祷告。"父啊,赦免他们! 因为他们所作的,他们不晓得。"耶稣说过:"我是好牧人,好牧人为羊舍命。"②耶稣还教导门徒:"你们中间谁愿为大,就必作你们的用人;谁愿为首,就必作你们的仆人。正如人子来,不是要受人的服侍,乃是要服侍人,并且要舍命,作多人的赎价。"③

不难看出,在耶稣基督和他的工作上,我们看到上帝的圣洁和他的爱完美地连结合一。身为上帝,耶稣基督是上帝圣洁的具体表现,与罪恶完全分开,势不两立;但他的降生却是上帝对人类的罪和无助做出了爱的怜悯施恩的回应,上帝向人的怜悯施恩是必须付出重价的,这就包括了耶稣在十字架上的受难牺牲。上帝的爱与他的恩典总是分不开的。

基督教信仰相信,耶稣基督启示出了上帝的品格,如同美国 20 世纪最有影响的神学家尼布尔所认为的,"上帝就是爱"意味着被造的世界所依赖的,和用以审判这世界的终极的实在是一切生命以及生命与生命之间的和谐的源头。④

---

① 《圣经·路加福音》6:27—36。
② 《圣经·约翰福音》10:11。
③ 《圣经·马太福音》20:26—28。
④ 参见刘时工:《爱与正义——尼布尔基督教伦理思想研究》,中国社会科学出版社 2004 年,第 118 页。

三、保罗对"爱"的神学阐释

为早期基督教奠定教义方向和神学基础的保罗在《新约·哥林多前书》13章中强调了"爱"的重要性,他说:"我若能说万人的方言,并天使的话语,却没有爱,我就成了鸣的锣、响的钹一般。我若有先知讲道之能,也明白各样的奥秘、各样的知识、而且有全备的信,叫我能够移山,却没有爱,我就算不得什么。我若将所有的周济穷人,又舍己身叫人焚烧,却没有爱,仍然与我无益。"①由此可见,效仿基督的爱是进入天国的起点,信仰的起点,若没有爱,一切其他的资格都将是毫无价值的。

接着这段话保罗就对"爱"作了清楚透彻的阐释,这段阐释就是常被基督徒们称之为"爱的真谛"的那段话。"爱是恒久忍耐,又有恩慈;爱是不嫉妒,爱是不自夸,不张狂,不做害羞的事,不求自己的益处,不轻易发怒,不计算人的恶,不喜欢不义,只喜欢真理;凡事包容,凡事相信,凡事盼望,凡事忍耐。爱是永不止息。"②

在保罗看来,爱是"恩典",是由上往下倾注、浇灌的恩典。只有上帝才具有这种爱的能力。显然,有罪性的人是没有这个能力去完全实现这个"爱的真谛"的。在基督教看来,自人类始祖犯罪堕落后,世人都成了罪人,罪性成了人存在的本质属性,人性中已没有了善,人性即是罪性。所谓"罪"指的不是一件件具体的罪行,而是指所有人的生存状态。罪的希腊文的原意是"射箭未射中",即指射箭没有射中目标。所谓世人都有罪,是指世人都没有按照上帝所树立的目标去生活。罪是个明显的事实,且植根于人的内心。正如耶稣所说:"因为从里面,就是从人心里发出恶念、苟合、偷盗、凶杀、奸淫、贪婪、邪恶、诡诈、淫荡、嫉妒、谤讟、骄傲、狂妄。这一切的恶都是从里面出来,且能污秽人。"③也正如保罗所说:"我也知道在我里头,就是我肉体之中,没有良善。因为立志为善由得我,只是行出来由不得我。故此,我所愿意的善,我

---

① 《圣经·哥林多前书》13:2。
② 《圣经·哥林多前书》13:4—7。
③ 《圣经·马可福音》7:21—23。

反不作;我所不愿意的恶,我倒去作。"①保罗所说的"肉体"不是指人的血肉之体,而是指整个堕落的人性。保罗还说:"因为按着我里面的意思,我是喜欢神的律;但我觉得肢体中另有个律和我心中的律交战,把我掳去叫我附从那肢体中犯罪的律。"②

保罗认为,罪已腐蚀了人性,这个被罪所腐蚀的人性叫做"罪身",意思是被罪控制的自我,这个"自我"实际上指的是人滥用自己的自由反叛上帝,自我中心,骄傲自大。正如《创世记》中所讲的夏娃、亚当在意识到自己的智慧的有限之后,误用自己的自由去偷食禁果,为的是想超越自身的局限,把自己变成像上帝那样的人,自作主宰,自作上帝。因此,罪的基本含义是指人的傲慢自大和对上帝的背离,罪的后果是人与上帝关系的破裂。随着人与上帝关系的破裂而来的是人与自然、人与他人关系的破裂。因为人在把自己变成上帝的过程中,以自我为生存的中心,在满足私欲的行为中彻底毁灭了人与自然之间的和谐和人与人之间的和谐。正因为人的人性已跟上帝的原始创造不同,世人因而"都犯了罪,亏缺了神的荣耀"③。由此看来,基督教对人性的了解具有思想的穿透力,它把握住了人的生命的真实本相和人类罪恶的渊薮。

但因了上帝对人的爱(恩典),人领受了这种恩典并回应这种恩典才逐渐具有了爱人的能力。唯有上帝的爱进入人心,人成为蒙爱、蒙救赎的人以后,人才能以这种爱去爱上帝和其他人。因为人是按上帝的"形象"和"样式"来造的,这既说明上帝赐予了人的天性中有认识上帝的可能性,也说明人还可以"效法"上帝。这种"效法"其实就是《旧约》中人应"效法上帝"和《新约》中人应"效法基督"的根本依据。由此可见,基督教的爱的源头是上帝,人通过信仰获得一种爱上帝与爱人的可能性。人之所以能够去爱,是因为人与上帝的关系。即人通过自己与上帝的关系、通过信仰的途径,使自己能够去爱的能力逐步获得提升。即正是人与上帝的关系才使得人的爱,乃至大爱、博爱才有了实现的可能性。

简言之,基督教道德实践的方法,即是人要对上帝的恩典作出回

---

① 《圣经·罗马书》7:18—19。
② 《圣经·罗马书》7:22—23。
③ 《圣经·罗马书》3:23。

应。因为就每一个基督徒而言,道德实践及日常生活与信仰密切相关。"神就是爱"。爱是基督教的本质与精髓。耶稣在总结旧约律法的诫命时,把爱神和爱人两件事总结为所有诫命中最大的两条。保罗把耶稣归结的两条爱的诫命又归结为一条,称"命令的总归就是爱"①。这就是为什么保罗认为了解上帝的旨意最根本的就是要了解上帝的爱。如果没有爱,最高的知识、最大的恩赐、最佳的行动都算不得什么。人在信仰里体会或经历到上帝是爱人的上帝,那么人就当与上帝同行。人们已在"瞎子看见,瘸子行走,长大麻风的洁净,聋子听见,死人复活,穷人有福音传给他们"②的种种事实上看到了上帝的爱,人们被此种爱激发出感谢的心,并由此发现作为一个人的真正样式爱上帝,爱人如己。因而效法基督的爱可以看成是一个自发的对上帝的爱的回应。

　　总而言之,首先,人要转向上帝,与上帝重新建立和谐的关系。其次,效法基督,让基督的生命在人里面成长,上帝怎样爱我们,我们也要怎样去爱别人。在此过程中与他人、与自然重新建立起和谐的关系。人若与他人、与他物的关系不和谐,人就不可能与上帝的关系真正和谐。因为爱上帝就要爱上帝所创造的一切,就要共同从事上帝的工作,而上帝的工作就是要使他所创造的万事万物和谐共处。人只有参与这样的工作,才能在此过程中使自己转变成新人、重生的人、有新生命的人。

　　正如保罗所说:"惟有爱心能造就人。"③这是因为:当人一旦与上帝的爱发生关联后,接受了爱的拯救而"在基督里成为新造的人"④以后,他(她)就"凡事谦虚、温柔、忍耐,用爱心互相宽容,用和平彼此联络……凡事长进,连于元首基督,全身都靠他联络得合式,百节各按其职,照着各体的功用彼此相助,便叫身体渐渐增长,在爱中建立自己"。⑤ 就会对上帝的爱作出积极的回应,并体现在爱上帝、爱人的日常生活中。这种爱是超越血亲伦理的博爱,这种爱是从心底里发出的,

---

① 《圣经·提摩太前书》1:5。
② 《圣经·马太福音》11:5。
③ 《圣经·哥林多前书》8:1。
④ 经文原文是"若有人在基督里,他就是新造的人,旧事已过,都变成新的了"。见《圣经·哥林多后书》5:17。
⑤ 《圣经·以弗所书》4:2—3;15—16。

它激励人们放下自我,真正去践行"爱的真谛",活出"爱的真谛"。这种爱使世人的道德观念在信仰中深深扎根。这是任何世俗的道德无法逾越的。

世界是出自上帝的爱,组成这个世界的万物之间差别很大,然而各种世物之间都紧密的彼此相连。它们形成一个有关系的统一大网,一个包容一切的一致性。正如保罗所说:"我们晓得万事都互相效力,叫爱神的人得益处。"①应用到人与人之间,有更亲密的关系,所以我们可以说人类是一个大家庭。"创造包容一切的统一,在人类的领域里,是而且应该成为一个友爱的结合。"②

基督教这种思想,成为了后来新教基督徒参与社会生活,进而影响社会的动力,从爱邻舍到爱仇敌乃至到普世之爱,无论是路德还是加尔文都认为:"凡是那为上帝所规定的自然要你去做的事,都能够和信的精神——即对上帝和人类的爱——相关联。"③这样,基督教关切社会就找到了一个极佳的出发点,使基督教成为了一个从不消极遁世的普世性宗教。

从教会论角度来看,教会是爱的盟约。"教会应该是一个爱的团体。爱是教会的最深的奥秘。教会是一个爱的盟约,不是由于她的成员的联盟,而是由于天主的爱所安排而分施的……因此,教会是从上而来的爱的恩赐,同时也是由下而来的爱的回应;或者从一个历史的观点说,是传递下来但不断创新的爱的团体。"④在这个爱的盟约中,占一切之中的统治地位的,就是上帝和他的爱。

"这爱是从清洁的心和无亏的良心、无伪的信心生出来的。"⑤惟有爱,我们毫无惧怕,因为爱里没有惧怕。保罗说:"凡你们所作的,都要凭爱心而作。"⑥上帝就是爱,他的爱永远不对人上锁!不难理解,正是因为《圣经》中有如此丰富的深刻的对"爱"的阐述和教导,历代以来许

---

① 《圣经·罗马书》8:28。
② Michael Schmaus: Dogma(Volume two), London, *Originally published in English by Sheed and ward*, 1993, P. 115.
③ 特而慈:《基督教社会思想史》,戴盛虞、赵振嵩编译,香港基督教文艺出版社 1991 年,第309 页。
④ 薛迈斯:《信理神学》宋友兰翻译,香港生命意义出版社 1994 年,第80 页。
⑤ 《圣经·提摩太前书》1:5。
⑥ 《圣经·哥林多前书》16:14。

许多多虔诚的基督徒从这种"爱"的阐述和教导中去领会和理解爱神爱人的道理,从而在生活中活出基督的样式来。没有爱的世界是个冰冷的世界;有了爱,人与人之间才有了关怀,有了信任,这个世界才有了温暖,有了光明⋯⋯

　　（原稿刊载于广州基督教青年会 2012 年的"基督教文化与社区服务论坛文集"）

以《圣经》的婚姻家庭观试析当代
中国人的婚姻家庭状况

　　三十多来的改革开放和社会变迁,使得中国人的婚姻家庭领域发生了很大的变化。在婚姻方面,这种变化主要表现在:婚姻的越来越开放化,各种伦理界限和风俗习惯一再被冲破,婚姻的私人性得到强调,人们不再看重法律认可、社会舆论和社会承认。人们在结婚对象上的一些禁忌也纷纷被打破,同性恋、老太太嫁小伙子已不是什么新鲜事了。浪漫爱情式的情感不再是婚姻的唯一基础,婚姻关系也不再是终身的承诺,结婚、离婚、再婚,婚姻的不断震荡和整合重组,是当今社会的一道景观。在家庭领域,这种变化主要表现在:一是家庭结构的变化,除了核心家庭外,还有 AA 制家庭、丁克家庭、单身家庭、周末家庭、空巢家庭、合同家庭、群居家庭、虚拟家庭,甚至人与动物组成的家庭等。二是家庭的功能也越来越社会化,儿童教育、老人赡养的功能很大程度上移交社会来承担,就连像性、生育、情感抚慰这样一些过去只在家庭中才能得以实现的功能,现在也可以通过"一夜情"、"借腹生子"、"网恋"等形式在家庭之外得以实现。

　　上述变化说明,人们在婚姻家庭方面的伦理价值观念正在从一元走向多元,这体现出了社会正日益由封闭走向开放;不过,也应实事求是地看到,当代中国正处在一个历史转型时期,传统的婚姻家庭道德正日益式微,过度张扬的个性、追逐利益的功利意识使得许多人浮躁不安,这使得当代中国人的家庭伦理生活正面临巨大的道德困境。

　　婚姻家庭伦理的价值导向应如何定位? 婚姻家庭内部人际关系的和谐程度与全社会的和谐程度之间的关系是怎样的? 这些问题理应引起全社会的重视和思考。而《圣经》不仅是一部宗教经典,其中也有包括婚姻家庭伦理在内的许多社会伦理的内容,如性爱的美善、婚姻的神圣,关于独身、离婚以及夫妻的相处等,人们在阅读它时既可以了解到基督教的婚姻家庭伦理,同时也使我们不得不对现代人的婚姻有一番审视和反省……

一、人为什么要恋爱结婚

　　如今自愿独身过一辈子人的越来越多,越来越多的人不再把"男大当婚、女大当嫁"作为人生必须要完成的功课,不再把恋爱与婚姻作为人生轨迹中一个必要的环节和必须经历的阶段,这使得独身男女的比例有所上升。抛开婚姻市场的性别比例失调是造成很多人,特别是穷困地区的男性终生未婚的因素外,大龄的青年单身白领,尤其是女白领独身的现象在大城市越来越普遍,如去年的一项调查发现北京的"剩女"(这不是个很恰当的词)居于全国之首,竟达 50 万之多。

　　人为什么要恋爱结婚? 不可否认,性是婚姻的自然基础,满足性需求是人们结成婚姻、建立家庭的一个强烈的内在动因。孟子与告子在讨论人性的时候,告子曰:"食色,性也。"[1]这四个字言简意赅地表明了世上的男男女女对于性的需求,就如同吃饭一样,是人的本能和天性。孟子对此没有反驳,说明他认同告子所言。孟子也说:"好色,人之所欲。"[2]他还说:"人少,则慕父母;知好色,则慕少艾;有妻子则慕妻子。"[3]可见圣人对性并不贬斥。

　　本来嘛,性爱是人的最本能的欲望之一,是贯穿人类全部需求层次的最为基本也最为重要的一种需求。同时,它又是人类生物性的最高境界,是灵与肉浑然一体的神圣需求。阅读《圣经》,人们会在其中惊奇地发现《旧约》中的《雅歌》有对两性之爱的讴歌与赞美。雅歌论爱,开宗明义就在书名说出来:爱是一首歌,而且是歌中的"雅"歌。翻开《雅歌》,第一句话就是:"所罗门的歌,是歌中的雅歌。"[4]希伯来语言中并没有最高级的形容词,而用"王中之王"来形容最伟大的王,"歌中之歌"来形容最伟大的歌。《雅歌》是"歌中的雅歌",男女之间的爱不仅在《雅

---

① 《孟子·告子上》。
② 《孟子·万章上》。
③ 《孟子·万章上》。
④ 《圣经·雅歌》1:1。历代犹太人和教会的学者多认为所罗门是本书的作者,因为所罗门曾作诗歌 1005 首。笔者注:本文的圣经经文全引自圣经新标点和合本,中国基督教协会 1995 年版。

歌》中得到了最诗意的描述,而且《雅歌》中的许多篇章都有着性的暗示,表达了对性爱生活的渴求,如:

（新郎）……
我妹子,我新妇,
乃是关锁的园,
禁闭的井,封闭的泉源。
……
你是园中的泉,活水的井,
从黎巴嫩流下来的溪水。
（新娘）
北风啊,兴起!
南风啊,吹来!
吹在我的园内,
使其中的香气发出来。
愿我的良人进入自己园里,
吃他佳美的果子。①

上述诗歌中的用词如"果园"、"井"等其实是女子性器官的隐晦表达。《雅歌》中充满俯拾皆是的性爱描写,难怪乎有人认为,"在写恋情的诗歌方面,全部古代诗作无出其右者,对于两性爱情表现的大胆,对于两性肉体美描写的露骨,比东西方古代的诗作都超过了。"②值得注意的是:其中大部分的对性爱的赞美和渴望是以女性的口吻发出。《雅歌》清晰地向人们显示:性爱是造物主所愿意的,因而是美善的。诗人还将这种性爱升华为一种追求永恒的美好与坚贞。如:

求你将我放在心上如印记,
带在你臂上如戳记;

---

① 《圣经·雅歌》4:12—16。
② 朱维之:《外国文学史》(亚非部分),南开大学出版社1991年,第61页。

因为爱情如死之坚强，
嫉恨如阴间之残忍；
……
爱情，众水不能息灭，
大水也不能淹没，
若有人拿家中所有的财宝要换爱情，
就全被藐视。[①]

《雅歌》以对话体的方式写成，这恰好表明了爱本来就是一种对话，一种生命对生命的对话。历来的读者，都为《雅歌》中男女恋情的大胆表白而感到意外。19 世纪以前，人们常以寓意的方式来解经，以为《雅歌》或指上帝和以色列的关系，或指基督对教会的爱，但这显然不是将该作品收入希伯来圣经的人的想法。"对他们来说，上帝是万物的创造者，万物当中也包括性和各种人际关系。这样看来，这组情诗放在圣经里，就不比上帝与以色列民交往的故事显得更唐突了。"[②]这就是为什么 19 世纪以后越来越多的人倾向于把《雅歌》看成是关于"爱情"的诗篇。本来么，甜蜜的爱情与幸福的婚姻就是上帝给人在地上设立的天堂。

在此人们不得不提出一个疑问：难道独身的人就享受不到性爱生活的美善了吗？另外接踵而来的一个疑问是：如果真的没有性爱，生活就一定不美善了吗？当然，前一个疑问显得有点多余，在越来越开放的现代人中，独身的人不一定会禁欲，两者之间没有必然的联系。后一个疑问也显得有点多余，因为在《创世记》中上帝造男造女是自有美意在其中的。

《创世记》的第一章和第二章分别讲述了两个上帝造人的故事。在第一个故事中，上帝同时造了男人和女人，经文是："我们要照着我们的形像，按着我们的样式造人，使他们管理海里的鱼、空中的鸟、地上的牲畜和全地，并地上所爬的一切昆虫。神就照着自己的形像造人，乃是照着他的形像造男造女。"在第二个故事中，上帝先造了男人，然后才造

---

① 《圣经·雅歌》8：6—7。
② （英）约翰·德雷恩：《旧约概论》，许一新译，北京大学出版社 2004 年，第 108 页。

女人,经文是:耶和华神说:"那人独居不好,我要为他造一个配偶帮助他……耶和华神使他沉睡,他就睡了;于是取下他的一条肋骨,又把肉合起来。耶和华神就用那人身上所取的肋骨造成一个女人,领她到那人跟前。那人说:这是我骨中的骨,肉中的肉,可以称她为女人,因为她是从男人身上取出来的。"①由此可见,第一,上帝了解亚当的孤单和需要,于是为他造一个配偶,但上帝不是直接地从泥土中造出夏娃,而是从亚当的身上取一根肋骨造夏娃,夏娃就是亚当的"骨中的骨,肉中的肉",这表明亚当与夏娃的生命是合一的,这个合一是肉体上、精神上以及灵性上的完完全全的合一。第二,男女在角色和功用上彼此互补。因为上帝的用意很清楚,"我要为他造一个配偶帮助他"。上帝要这个女人以伴侣的身份而不是别的什么身份来帮助男人,上帝造男造女的美意不言自明。

人们不禁要问:《圣经》中到底有没有对独身的肯定论述呢? 当然有。在《新约》的《马太福音》中,耶稣提到了独身问题,他认为独身是一种"恩赐",不是谁都可以有这种恩赐的。他说"这话不是人都能领受的,惟独赐给谁,谁才能领受。因为有生来是阉人,也有被人阉的,并有为天国的缘故自阉的。这话谁能领受就可以领受。"②耶稣在此说明了独身的三种可能性,一是有的人生来是阉人,即指身体本有缺陷、完全性无能的人;二是有的人是因为人为原因而造成性无能的人;三是还有的是为天国即信仰的缘故自愿独身而不结婚的,如天主教的神父。显然,耶稣的回答并不说明他鼓励独身,因为独身不是一件容易的事,所以"惟独赐给谁,谁才能领受",这既是个人的自由选择,也关乎个人对神的旨意的领会。

不过,耶稣却是独身,这似乎让人感到,有一种生活比家庭生活更重要和更高超,他的生活方式显然对日后基督教发展出守独身的传统有一定的影响,而他的教导或许更强化了这一点。即如他所说"人从死里复活,也不娶也不嫁,乃像天上的使者一样"。③"基督徒对死人复活和永生的盼望,成为一种新的概念,向当时社会普遍以生育为延续团体

---

① 《圣经·创世记》2:18—24。
② 《圣经·马太福音》19:11—12。
③ 《圣经·马可福音》12:25。

的观点挑战——而基督教也是在这样的社会中逐渐增长的。"[1]

保罗在《哥林多前书》中也阐述了对婚姻与独身的看法与观点。简言之,即是:独身好过结婚,结婚好过通奸。他说:"我愿意众人像我一样;只是各人领受上帝的恩赐,一个是这样,一个是那样。我对着没有嫁娶的和寡妇说,若他们常像我就好。倘若自己禁止不住,就可以嫁娶。与其欲火攻心,倒不如嫁娶为妙。"[2]由此可见,保罗认为婚姻具有约束人们在婚姻之外的性行为、防止"淫乱"发生的功效。他没有提到孩子,也许在其看来,婚姻的生物目的无关紧要,婚姻的目的就在于使那些软弱的人免受诱惑。保罗在此没有回避男女情欲的问题,不管怎样,嫁娶总比情欲无着无落为好。婚姻总是好过通奸和淫乱,婚姻内的性关系是一条满足人的性欲的合法出路,它为男女之间的性生活提供了合法性。换言之,婚姻是对肉体软弱性的合理合法的退让。这说明婚姻本身包含了对性关系的某些规范和禁忌。性生活的社会调节功能与婚姻制度的形成和演变具有密不可分的关系。可见,人不一定非要结婚,如果一个人有坚强的坚持和信念,那么就像保罗一样过独身的禁欲生活也未尝不可,把灵魂献给上帝;如果自知定力不够,那么就过一种有道德的婚姻生活。

二、婚姻的本质

毋庸讳言,如今是爱情可以与婚姻分离;情人可以公开;妻子可以与第三者、第四者、N 个者并存;男色消费女色,女色也同样可以消费男色;可以试婚也可以试离婚;不仅可以"性交",还可以"网交"等。凡此种种,不一而足,人们对婚恋关系的宽容越来越开放,离婚率因之呈逐年上升的趋势。

毋庸置疑,社会单一的生存价值观,就是让整个社会的人遵循一种模式生存,正如上个世纪的阶级斗争和政治运动不断的年代,谁都不愿意倒回去过那样的日子,因为那不是文明的标志。或许眼下的独身、单

---

① (英)约翰·鲍克:《圣经的世界》,刘良淑、苏西译,台北猫头鹰出版社 2000 年初版,第 375 页。

② 《圣经·哥林多前书》7:7—9。

亲家庭、同居、老夫少妻、熟女少男恋、隔辈夫妻,甚至同性恋较以前多了,人们表达、宣泄情感的方式也比过去更多更复杂更让人不可思议,但这未尝不是社会进步的标志。它毕竟在一定程度上反映了今天的人们更加注重真实,注重情感和婚姻的质量,追求身心合一、灵肉融合。比起从前那种许许多多没有爱的"凑合"的婚姻是一种时代的进步。

但是,人们真的可以心安理得地享受这种时代的"进步"而不反思吗?对每个人而言,婚姻的本质究竟是什么呢?诚然,婚姻只是臻达幸福生活的手段,如果没有幸福快乐的生活,婚姻也就失去了意义。那么怎么保证婚姻这条船能够载着人驶向幸福生活的彼岸呢?

从《创世记》中人们可以清楚地看到,最初的男人和女人的结合是上帝的安排,是出自上帝的心意和直接的参与,而且神是独自为亚当预备配偶(亚当当时正在沉睡)。当神把夏娃领到亚当面前时,当亚当欣然接受神赐给他的配偶夏娃后,紧接着的经文是:"因此,人要离开父母,与妻子连合,二人成为一体。"①这就是基督教坚持一夫一妻制的婚姻制度的根据和基础。在亚伯拉罕、以撒、雅各等生活的"族长"时代,不乏族长们的纳妾故事,但随着时代的变迁,随着希伯来人逐渐从游牧生活转为定居的农业生活以及律法对一夫一妻制的提倡,到王国时期希伯来人的大家庭制度逐渐瓦解,一夫一妻制的小家庭已成为普遍模式。基督教无论是天主教还是新教,都强调和坚持一夫一妻制的婚姻制度。

圣经中把婚姻理解为一种"盟约"的关系,这种关系有平面与垂直的两层意义:就平面关系而言,亚当与夏娃彼此相连;就垂直关系而言,此盟约使作为伴侣的亚当与夏娃一起与上帝相连,神是他们婚姻的基石与保障。而且,在古代世界,盟约也是把关系扩展至自然的血缘关系以外的有效方法。若细细咀嚼"人要离开父母,与妻子连合,二人成为一体"的话语,似有深意。婚姻显然是基于"离开"、"连合"及"成为一体"。"离开"——不但就人心理上的独立而言,更涉及组成一个独立的新的经济共同体,绝非包含抛弃父母之意,它以一种关系(丈夫/妻子)取代了另一种关系(父母/子女),所以男女均要离开父母另组新家。

"离开"与"连合"不可分,"连合"是指男女双方的相互委身,这是婚

---

① 《圣经·创世记》2:24。

姻中的一个庄严的承诺,这种承诺只可在长久一生的关系中表达出来。而"成为一体"当然是指夫妻在身体、情感与社会等方面,在生活、生命的各个层面中的全面的相互结合,这种"成为一体"如同保罗所说"是极大的奥秘",其中必有神的祝福。被成为一体的夫妻拥有的不再是某个男人或某个女人的个体的生命,而是已成为一体的生命。他们不再是两个分开的人,而是一个完整统一的人。他们要共同承担他们生命旅程中所有的苦难与悲伤,也共同分享他们生命旅程中所有的幸福与快乐,这也许就是婚姻的本质。

也正因为如此,旧约中的先知们经常把神和他的子民的关系用婚姻来做比喻。对其而言,用丈夫与妻子的关系来比喻上帝和以色列的关系是最好不过的了。先知们还指出,神圣盟约的特征,类似于丈夫和妻子之间的盟约,即坚贞不移的爱,相互的体贴关怀,苦乐与共。正因为婚姻是上帝为人设立的,是神圣的,所以中世纪西欧教会在宣扬禁欲主义的同时,也没有否认婚姻的神圣性,婚礼因而成为七大圣事之一。

三、关于离婚

既然婚姻如此神圣,那么《圣经》又如何看待离婚之事呢？婚姻既是出自神的心意,而婚姻的瓦解自然是背离了神的心意,因而离婚是神所不喜欢的,但也不是绝对不允许的。《圣经》对于离婚之事持谨慎的具体事情具体分析、灵活处理的态度。

旧约中的《申命记》是希伯来人的律法的具体阐述,其中有一段经文是关于离婚理由的论述。"人若娶妻以后,见她有什么不合理的事,不喜悦她,就可以写休书交在她手中,打发她离开夫家。妇人离开夫家以后,可以去嫁别人。后夫若恨恶她,写休书交在她手中,打发她离开夫家,或是娶她为妻的后夫死了,打发她去的前夫不可在妇人玷污之后再娶她为妻,因为这是耶和华所恨恶的;不可使耶和华你神所赐为业之地被玷污了。"[①]与希伯来人邻近的民族相比,希伯来人对于休妻是慎重的。他们认为休妻只有口头声明还不够,还必须见诸文字,休书一般由女方保管。上述经文中有几点值得注意:其一,律法并非赞同离婚,

---

① 《圣经·申命记》24:1—4。

只是说,如果一个人休了妻子,如果他给了她休书(给休书是为了慎重起见,即必须有书面的明确理由),如果她离开他而再婚,如果她第二任丈夫又将她休了,或第二任丈夫死了,那么她的第一任丈夫不可以再娶她。而为什么她的第一任丈夫不可以再娶她?这段经文中有个关键的词,即"玷污"。而"玷污"是一个贞洁问题,古代的人不管是哪个民族通常都很看重女人的贞洁,所以娶她为妻的后夫死了,打发她去的前夫不可再娶回她,因为这既是耶和华所恨恶的,也为当时人的重贞洁的普遍观念所难以接受。

其二,不仅离婚不被鼓励,《旧约》中还明确地表示了耶和华恨恶离婚。如:"耶和华——以色列的上帝说:'休妻的事和以强暴待妻的人都是我所恨恶的。'"①但如果有理由的话,也不是不可。这个理由即是丈夫见妻子"有什么不合理的事",这个不合理的事一定不是指妻子犯奸淫,因为犯奸淫在当时的希伯来社会是犯死罪,而非离婚的理由。律法关于这一点是很清楚的。如"若遇见人与有丈夫的妇人行淫,就要将奸夫、淫妇一并治死……若有处女已经许配丈夫,有人在城里遇见她,与她行淫,你们就要把这二人带到本城门,用石头打死,女子是因为虽在城里却没有喊叫;男子是因为玷污别人的妻……若有男子在田野遇见已经许配人的女子,强与她行淫,只要将那男子治死,但不可办女子……女子喊叫并无人救她。"②可见,通奸与强奸是有区别的,女子若是通奸,必被治死;若是遭人强奸,则看她有无反抗。有学者认为"有什么不合理的事"或许还指男女之间有些不合规矩的事,但尚未达到犯奸淫的地步。或许是指妻子引起丈夫的不快的任何过失等。更或许是妻子不能生育等。

丈夫虽有离婚的权利,但这种特权并非毫无限制。《申命记》具体规定以下几种情况不允许离婚。一种情况是丈夫诬告妻子婚前不贞,是不允许离婚的。"人若娶妻,与她同房之后恨恶她,信口说她,将丑名加在她身上……女子的父母就要把女子贞洁的凭据拿出来,带到本城门长老那里……父母就把那布铺在本城的长老面前。本城的长老要拿住那人惩治他,并要罚他一百舍客勒银子,给女子的父亲,因为他将丑

---

① 《圣经·玛拉基书》2:16。
② 《圣经·申命记》22:22—27。

名加在以色列的一个处女身上。女子仍作他的妻,终身不可休她。"①

　　还有一种情况是男子与被他强奸过的女子结婚,也不能离婚。"若有男子遇见没有许配人的处女,抓住她,与她行淫,被人看见,这男子就要拿五十舍客勒银子给女子的父亲;因他玷污了这女子,就要娶她为妻,终身不可休她。"②上述规定用我们今天的话来讲,也许可以被视为保护女性权益的明文规定。因为按照当时习俗,一个未婚女子若被奸污,就难以找到丈夫,故此犯事的男人就一定得负起责任。

　　从上述旧约经文内容中不难看出希伯来人对于婚姻之外的性关系即行淫之类的事深恶痛绝。摩西十诫中的第七诫就是"不可奸淫"。这一诫中蕴涵了对女性的尊重。犯诫等于犯罪,一代君王大卫在奸淫拔示巴并设计杀害其丈夫乌利亚,同时犯了奸淫与杀人罪后,也难逃上帝的惩治。"耶和华如此说:'我必从你家中兴起祸患攻击你;我必在你眼前把你的妃嫔赐给别人……你在暗中行这事,我却要在以色列众人面前、日光之下,报应你。'"③

　　在《新约》中,耶稣也明确地斥责奸淫,反对离婚。《马太福音》与《马可福音》中均记载有几位法利赛人拿"人无论什么缘故都可以休妻吗"这个问题来试探耶稣,耶稣则明确表明了他对"休妻"的反对态度。他追溯神起初造男造女的原旨,强调"人要离开父母,与妻子连合,二人成为一体……既然如此,夫妻不再是两个人,乃是一体的了。所以,神配合的,人不能分开。"法利赛人争辩说:"这样,摩西为什么吩咐给妻子休书,就可以休她呢?"耶稣则回答说:"摩西因为你们的心硬,所以许你们休妻,但起初并不是这样。"言下之意,摩西的原意也不是赞成、鼓励人休妻,而是因为人们的心硬而不得不采取一个变通和程序的方法。耶稣还接着说:"我告诉你们,凡休妻另娶的,若不是为淫乱的缘故,就是犯奸淫了;有人娶那被休的妇人,也是犯奸淫了。"④显然,那些与耶稣争辩的法利赛人是把注意力放在"离婚的原因"和"需要证书"那个层面,而耶稣则提醒人注意起初神创造的原意。在耶稣看来,夫妻的

---

① 《圣经·申命记》22:13—19。
② 《圣经·申命记》22:28—29。
③ 《圣经·撒母耳记下》12:11—12。
④ 《圣经·马太福音》19:3—9。

结合是神的旨意,那么离婚当然是有悖于神的旨意,是对"二人成为一体"的背弃。

除了妻子犯淫乱这一例外,耶稣否定了犹太律法中其他休妻的理由。凡休妻另娶的就是犯了奸淫罪。耶稣说:"凡休妻另娶的,就是犯奸淫,辜负他的妻子;妻子若离丈夫另嫁,也是犯奸淫了。"①注意:耶稣在这里不只是说"休妻"(离婚),而是把"另娶"与"休妻"并列。"另娶"与"休妻"看上去是两件事,实际上它们是紧密相连。耶稣不只反对那些轻率离婚的人,他更反对喜新厌旧抛弃妻子的人,无故离婚或喜新而离婚在他看来都不可取。在这段话中,耶稣既表明了对男子随意休妻的谴责,也表明了对女子随意另嫁的反对,这正说明了耶稣在婚姻问题上的一贯立场和同一标准,也说明了耶稣在婚姻问题上所持的严肃态度。

不仅如此,耶稣还把"犯奸淫"的概念加以延伸,在他看来,"犯奸淫"不仅体现在人离婚的行为中,还体现在人的心思意念中。耶稣说:"你们听见有话说:不可奸淫。只是我告诉你们,凡看见妇女就动淫念的,这人心里已经与她犯奸淫了。"②耶稣在论到"能污秽人的东西"时说,"惟独出口的,是从心里发出来的,这才污秽人。因为从心里发出来的,有恶念、凶杀、奸淫、苟合、偷盗、妄证、谤讟。这都是污秽人的。"③耶稣在此强调的也是从心里发出来的污秽罪恶的欲念。"不可奸淫"本是摩西十诫之一,这条诫律是对人的行为的约束;而耶稣认为,只要动了"淫念"就是"犯奸淫",因此仅仅约束行为是不够的,还要约束人的心思意念。耶稣并没有警告女性对男子动淫念,这在那个时代是不可想象的,耶稣禁止对女性"动淫念",是针对男人卑下的动机与心思意念,在当时以男性为中心的社会,耶稣极为憎恨男人对女性的凌辱,于是毫不客气地指斥那些不尊重女性的男人。

保罗在书信中也明确地表示了他对离婚的不赞成。他说:"至于那已经嫁娶的,我吩咐他们,其实不是我吩咐,乃是主吩咐说:'妻子不可离开丈夫,若是离开了,不可再嫁,或是仍同丈夫和好。丈夫也不可离

---

① 《圣经·马可福音》10:11—12。
② 《圣经·马太福音》5:27—28。
③ 《圣经·马太福音》15:18—19。

弃妻子。'"①注意，保罗在此特别强调"其实不是我吩咐，乃是主吩咐说"，这就强调了夫妻任何一方都不可主动离婚，强调了夫妇间的忠诚与婚姻的神圣性。

保罗还说："丈夫活着的时候，妻子是被约束的；丈夫若死了，妻子就可以自由，随意再嫁"，②"就如女人有了丈夫，丈夫还活着，就被律法约束；丈夫若死了，就脱离了丈夫的律法。所以丈夫活着，她若归于别人，便叫淫妇；丈夫若死了，她就脱离了丈夫的律法，虽然归于别人，也不是淫妇。"③显然，这些话语仍然捍卫了夫妇间的忠诚与婚姻的神圣性。只是在丈夫死了后，作妻子的才有"随意再嫁"与"归于别人"的权利。在罗马帝国道德风尚的败坏日甚一日之时，保罗强调夫妇间的忠诚与婚姻的神圣性，无疑有其重要的意义。这就特别使得基督徒对夫妻关系以及婚姻的处理不同于一般的世俗之人。

保罗倾向于教内婚，因为这有利于同是基督徒的夫妻双方的协调与沟通。如果一方是基督徒，另一方不是，该怎么办？针对当时哥林多教会中有些信徒的担忧和顾虑，即以为如果配偶不信，两人结合而有了儿女，那儿女就不洁净了，保罗的回答是："倘若某弟兄有不信的妻子，妻子也情愿和他同住，他就不要离弃妻子；妻子有不信的丈夫，丈夫也情愿和她同住，她就不要离弃丈夫。因为不信的丈夫就因着妻子成了圣洁，并且不信的妻子就因着丈夫成了圣洁（'丈夫'原文作'兄弟'）。不然，你们的儿女就不洁净，但如今他们是圣洁的了。"④保罗认为不信的一方可因信的一方成为圣洁，他们的儿女也是圣洁的了。这一番话有其针对性：当基督教逐渐传开之后，基督徒与非基督徒的婚姻是个普遍现象，保罗在此强调的是夫妻二人的彼此尊重，不离不弃，夫妻之间的信仰不一致不能成为夫妻之间分手的理由，不管是丈夫还是妻子，信的都可以使不信的成为圣洁。保罗劝勉在家庭中已信者应关心未信者的皈依与得救，而不是简单地采取夫妻因为信仰的不同就散伙的做法。他说："你这作妻子的，怎么知道不能救你的丈夫呢？你这作丈夫

---

① 《圣经·哥林多前书》7：10—11。

② 《圣经·哥林多前书》7：39。

③ 《圣经·罗马书》7：2—3。

④ 《圣经·哥林多前书》7：12—14。

的,怎么知道不能救你的妻子呢?"①当然,保罗也认为婚姻的关系不可勉强,尤其是一方信了主,而另一方不信的人主动坚持要求离去的话,在这种情况下,离婚也是不得已的选择。所以,"倘若那不信的人要离去,就由他离去吧! 无论是弟兄,是姐妹,遇着这样的事都不必拘束。"②

四、夫妻的相处之道

如今的人们更为看重家庭内部男女的平等,而且这种"平等"的要求使得各成员的价值观念开始更多地向个人倾斜,家庭伦理观念从"家庭本位"向"个人本为"转移,这使得夫妻之间的相处变得不那么容易了,除了真正的感情破裂外,因为家庭琐事互不相让而导致的离婚也越来越多。有人专门统计,婚姻中常说的七年之痒已缩短为如今的三年之痒,尤其是年轻人中这种现象更为普遍。人们似乎越来越不知道夫妻之间的相处之道了。

《圣经》中对于夫妻的相处之道有许多论述,《传道书》说:"在你一生虚空的年日,就是上帝赐你在日光之下虚空的年日,当同你所爱的妻,快活度日,因为那是你生前在日光之下劳碌的事上所得的份。"③许多先知总是规劝人们专爱自己的妻子,如先知玛拉基说:"因耶和华在你和你幼年所娶的妻中间作见证……所以当谨守你们的心,谁也不可以诡诈待幼年所娶的妻。耶和华—以色列的上帝说:"休妻的事和以强暴待妻的人都是我所恨恶的。所以当谨守你们的心,不可行诡诈,这是万军之耶和华说的。"④在《新约》中,保罗也一再提及夫妻的相处之道。在《以弗所书》中,对于夫妻关系,他以耶稣与教会的关系相比照,明确提出了"彼此顺服"的原则。他说,"又当存敬畏基督的心,彼此顺服。你们作妻子的,当顺服自己的丈夫,如同顺服主。因为丈夫是妻子的头,如同基督是教会的头;他又是教会全体的救主。教会怎样顺服基

---

① 《圣经·哥林多前书》7：16。
② 《圣经·哥林多前书》7：15。
③ 《圣经·传道书》9：9。
④ 《圣经·玛拉基书》2：14、15—16。

督,妻子也要怎样凡事顺服丈夫。你们作丈夫的,要爱你们的妻子,正如基督爱教会,为教会舍己。要用水借着道把教会洗净,成为圣洁,可以献给自己,作个荣耀的教会,毫无玷污、皱纹等类的病,乃是圣洁没有瑕疵的。丈夫也当照样爱妻子,如同爱自己的身子;爱妻子便是爱自己了。从来没有人恨恶自己的身子,总是保养顾惜,正像基督待教会一样,因我们是他身上的肢体。为这个缘故,人要离开父母,与妻子连合,二人成为一体。这是极大的奥秘,但我是指着基督和教会说的。然而你们各人都当爱妻子,如同爱自己一样。妻子也当敬重她的丈夫。"①

保罗的这段话包含了以下几层意思:其一,妻子和丈夫的"彼此顺服"。彼此顺服是上帝的命令。既然是上帝的命令,它就含有神圣性与绝对性,是"非得如此"而不是"理应如此"。

其二,妻子和丈夫彼此如何相互"顺服"?保罗以耶稣与教会的关系作比喻来予以阐释。就妻子而言,顺服丈夫,当"如同顺服主",即妻子"顺服"丈夫是以教会顺服基督作标准或作比照,即"教会怎样顺服基督,妻子也要怎样凡事顺服丈夫。"就丈夫而言,顺服妻子,当"如基督爱教会,为教会舍己",简言之,丈夫应像耶稣一样有牺牲的精神。耶稣爱教会,为教会舍命。因而丈夫顺服妻子的标准,是要做到像耶稣一样完全地谦卑,并有舍己的爱。耶稣曾说过,"你们中间谁愿为大,就必做你们的用人;谁愿为首,就必作你们的仆人。正如人子来,不是要受人的服侍,乃是要服侍人,并且要舍命,作多人的赎价。"②耶稣从不为自己求什么,他"反倒虚己,取了奴仆的形象,成为人的样式;既有人的样子,就自己卑微,存心顺服,以至于死,且死在十字架上"。③ 可以说,彼此顺服的生活是建立在耶稣伟大的榜样上。只有这样的彼此顺服,才能使两个不完全的人和谐地生活在一起,使婚姻持久与幸福。由此看来,保罗的"彼此顺服"有其深刻的道理。在保罗所生活的时代,也许妻子顺服丈夫本是习以为常之事,但要求丈夫爱妻子像爱自己的身子一样,且有舍己的爱,且总是保养顾惜,则不多见。这在当时不能不说是一个"大胆"与"有创意"的主张。

---

① 《圣经·以弗所书》5:21—33。
② 《圣经·马太福音》20:26—28。
③ 《圣经·腓立比书》2:7—8。

其三,如何理解"头"与"身"的关系,保罗明确讲"丈夫是妻子的头",无疑,"身"是听"头"指挥的。保罗将丈夫喻为头、妻子喻为"身",这与柏拉图将男人与理性相连,女人与身体相连的观点或许有类似之处,如果我们了解保罗对希腊罗马文化的了解及对犹太教的精通,就会明白保罗说这番话很自然。但另一方面,保罗也强调头与身的一体性,如同基督与教会的一体性一样。因为男女之间的平等,就如同圣父与圣子是平等的一样。

值得注意的是:保罗在这段话中用了两个例子来说明"头"与"身"的关系,第一个例子是基督对他的身体—教会的态度;第二个例子是人出于自然本能对自己身体的保养顾惜。从第一个例子来看,"丈夫是妻子的头,如同基督是教会的头;他又是教会全体的救主",基督教中常把基督与教会的关系比喻成新郎与新娘的关系,虽然基督是教会的头,但他爱教会有如爱自己的新娘,他"为教会舍己,要用水借着道把教会洗净,成为圣洁,可以献给自己,作个荣耀的教会,毫无玷污、皱纹等类的病,乃是圣洁没有瑕疵的。"① 由此可见,基督作教会之头最重要的本质,是对她的牺牲之爱而不是对她的统治。

从第二个例子来看,"丈夫也当照样爱妻子,如同爱自己的身子;爱妻子便是爱自己了。从来没有人恨恶自己的身子,总是保养顾惜,正像基督待教会一样,因为我们是他身上的肢体。""肢体"二字更是说明了"头"与"身"的不可分,这儿很明显地有旧约中夫妻"二人成为一体"的意思在里面。而"保养顾惜"的词更是有珍视与爱惜的含义。结合上下文来看,保罗在此所用的一些词都有比较深刻的含义。由此可见,丈夫作妻子指头最重要的含义不是对妻子的通知与控制,二是含有对妻子的照顾和责任,含有对妻子的舍己的爱,如此才能称作"像季度一样"。由此可见保罗将夫妻关系理解为"头"与"身"的管制,其主旨仍是强调彼此的顺服、爱与不可分离性。

保罗在《彼得前书》②中,也提到了"彼此顺服",经文是:"你们作妻子的要顺服自己的丈夫,这样,若有不信从道理的丈夫,他们虽然不听

---

① 《圣经·以弗所书》5:25—27。
② 《彼得前书》的作者自称为"耶稣基督的使徒彼得",许多人接受彼得为作者,也有人认为这是一篇冒名的信,主要因为其中的内容与保罗的关联性很强。

道,也可以因妻子的品行被感化过来,这正是因看见你们有贞洁的品行和敬畏的心。你们不要以外面的编头发、戴金饰、穿美衣为妆饰,只要以里面存着长久温柔、安静的心为妆饰;这在上帝面前是极宝贵的。因为古时仰赖上帝的圣洁妇人正是以此为妆饰,顺服自己的丈夫,就如撒拉听从亚伯拉罕,称他为主。……你们作丈夫的也要按情理和妻子同住;因她比你软弱,与你一同承受生命之恩的,所以要敬重她,这样,便叫你们的祷告没有阻碍。"①在这段经文中,作者亚伯拉罕的妻子撒拉为例说明女性的美不在于外表而在于内在的长久温柔与安静的心及对丈夫的顺服和尊重,具有这样"品行"的妻子最终能"感化"不听道的丈夫。与此同时,做丈夫的也要体恤自己的妻子,因为夫妇是"一同承受生命之恩"。注意:这段经文中的"因她比你软弱"这句话,在希腊文的原文中,"软弱"一词原为"精美的瓶子",可见作者在此并不含有贬低女性之意,也许正因为"瓶子"的精美与高贵,才需要特别的精心呵护。丈夫若是如此对待自己的妻子,其祷告才会蒙上帝垂听;反之,其祷告不会蒙上帝悦纳。保罗不止一次地说道男人要随处祷告,女人要圣洁自守,如"我愿男人无忿怒,无争论,举起圣洁的受,岁出道高。又愿女人廉耻、自守,以正派衣裳为妆饰,不以编发、黄金、珍珠和贵价的衣裳为妆饰,只要有善行,这才与自称是敬神的女人相宜。"②保罗在此对丈夫和妻子都提出了要求,但他好像尤为强调女人的妆饰和衣着及一台上的端庄、沉静和温柔。从保罗关于妻子与丈夫相处之道的上述言语中,我们可以体会到保罗对婚姻持比较严肃认真的态度,他不仅强调丈夫与妻子之间的"彼此顺服",更强调婚姻带给人的是生命境界内在的丰盈和升华。

近年来,在关于和谐社会的讨论中,人们常提及两个方面的和谐,一是人与自然的和谐;二是人与社会(人与人)的和谐。而婚姻家庭的和谐当然也是人与社会即人与人和谐的一个组成部分。换言之,构建和谐婚姻家庭与构建和谐社会具有目标指向上的一致性。尽管如本文开头所指出的现在中国人的婚姻家庭领域正在发生一些变化,但在大部分中国人的家庭生活中,幸福仍是家庭生活追求的主要目标。如零

---

① 《圣经·彼得前书》3:1—7。
② 《圣经·提摩太前书》2:8—10。

点公司曾针对包括沈阳、北京、上海、广州、武汉、成都和西安等 7 个城市 1888 名 18—60 岁常住居民进行的一项调查显示,婚姻家庭逐渐成为现代男人人生价值的重心,家庭美满幸福已经成了众多男性的首选;而在女人心目中,家人健康最为重要,家庭幸福美满最值得骄傲。这说明,现代人的婚姻家庭观虽在急速发展的社会中悄然发生着变化,但也延续了传统模式。

虽然旧约和新约时代的人们的婚姻生活离我们已经很遥远了,但从《圣经》中的字里行间人们还是不难体味到其对婚姻的神圣意义的理解,不难发现其对爱情与婚姻的一种既现实又合理的灵活态度,从而使我们在对现代人的婚姻进行反省和审视时有了某种"超越"的眼光。《圣经》是否也可以为我们和谐社会的婚姻家庭伦理的道德建设提供宝贵的思想资源呢?……

（原稿刊载于李灵、刘杰、王新春主编:《中西文化精神与未来走向》,上海人民出版社,2010 年 4 月版）

孟子与基督教人性道德论之比较

　　人性本善还是本恶,孔子没有明言。孟子则明确地举起"人性本善"的旗帜。在孟子那里,人性其实就是指人的德性。基督教的《圣经》中也没有明确提到人性本善还是本恶,但从圣经和神学家们的论述中,我们仍可得到基督教对于人性的大致看法,即人性实质上就是人的罪性。对人性是德性或罪性的不同看法,导致了以孟子为代表的儒家伦理和基督教神学关于人的道德实践与道德追求的目标的不同。将孟子的人性道德论与基督教的人性道德论作一比较,对于我们理解人的本质以及人究竟应怎样提升自己的生命,过一种有意义的生活,或许有所启发。

一、人性: 德性与罪性

　　所谓人性,即是指人的本性、本质、天性等。在孟子看来,人性本善。就"善"这个字本身所蕴涵的伦理学色彩而言,我们完全可以把孟子的人性理解为"德性",所谓人性本善就是指人先天的德性是善。孟子思想的独创之处在于他把"性善"与"心善"相结合,并赋予了"善"形而上学的道德意义。

　　在孟子之前及同时代的文献《诗经》《左传》《国语》中,已有了"德心"、"仁心"、"帝心"等概念,说明古人已意识到了"心"之为善的道德意识,以及这种道德意识与天道法则相贯通的重要性,而孟子赋予了"心善"更加系统、更加完整的表述,使之成为其思想体系的一个核心范畴和基石。

　　孟子在论及"心"的道德性时,首先强调了人的"类感觉"、"类意识"是相同的。"口之于味也,有同耆焉耳之于色也,有同听焉目之于色也,有同美焉。至于心,独无所同然乎"(《孟子·告子上》,以下仅注篇名)紧接着孟子就阐述了"心"的道德性,强调理义道德是人心的共同之处,

"心之所同然者何也谓理也,义也。圣人先得我心之所同然耳。"(同上)"人皆有忍人之心。先王有不忍人之心,斯有不忍人之政矣。以不忍人之心,行不忍人之政,治天下可运之掌上。所以谓人皆有不忍人之心者。"(《公孙丑上》)可见,"仁政王道"由"不忍人之政"而来,而"不忍人之政"由"不忍人之心"而来,此"不忍人之心"并不具神秘性和特殊性,而是人人皆有、人人都可以从实践中认知的"善"。在孟子看来,"心"的这种"善"是"天"给予的,即所谓"此天之所与我者"。天不仅赋予人的"心"作为思维的器官,也赋予人的"心"具有内在的善性。所谓"仁,人心也"(《告子上》)。而"夫仁,天之尊爵,人之安宅也"(《公孙丑上》)。中国古代的"天"是世界万物也包括人存在的总根源。显然,孟子是要借用"天"的形而上性来肯定"心善"的形而上性。

孟子在对"心善"作了明确规定后,就将它与人性连结起来。在他看来,性善实际上即是心善,心善是性的源头,性是心善的显现。孟子在解释什么是"不忍人之心"时,说"所以谓人皆有不忍人之心者,今人乍见孺子将入于井,皆有怵惕恻隐之心,非所以内交于孺子之父母也,非所以要誉于乡党朋友也,非恶其声而然也。由是观之,无恻隐之心,非人也;无羞恶之心,非人也;无辞让之心,非人也;无是非之心,非人也。恻隐之心,仁之端也;羞恶之心,义之端也;辞让之心,礼之端也;是非之心,智之端也。人之有是四端也,犹其有四体也。"(《公孙丑上》)

这是著名的四端说。依孟子所言,人人生来就有"四心",即恻隐之心、羞恶之心、辞让之心和是非之心。所以当人看见一个小孩落在井里时,他自然会生出同情恻隐之心,这是不假思索的直接的"良知"、"良能"。人若无此恻隐之心,非人也。由心到内在的四端,再进而到外在的四德,人就可以行善,人的"性"才得以完全。"君子所性,仁、义、礼、智根于心"(《尽心上》),此心为道德心,也为人性的本真。

由孟子的话,不难得出"人性本善"的结论。在孟子看来,人的善性来源"非由外铄我也,我固有之"(《告子上》)。孟子的高明在于他既强调善的先验普遍性与绝对性,其根源与人的感性存在、经验世界毫无关系同时又将善的这种先验普遍性与绝对性同经验世界中人的心理、情感直接联系起来;心虽然不可言喻,却可以通过身体知觉直接感触到。这就使得先验的善可以通过人的心理、情感得以确认和证实。孟子列举同情怜悯、不忍他人受苦等感情,即用来说明善是心内在固有的本质。这样，先验的善就与人的经验世界、人的感性存在、人的身体与生命联系起来，成为人所能感觉和把握到的"君子所性，仁、义、礼、智根于心。其生色也睟然，见于面，盎于背，施于四体，四体不言而喻"。(《尽心上》)

孟子认为，虽然天赋的善在人之初就先天地存在于所有人的心中，但这种"善"实际上只是"善端"而已，并不是人人都能将这个"善端"完全实现出来，而人之所以不能行善，不能充分发挥其善性，其原因不在于人性本身，而是或在于环境污染的客观原因，或在于缺乏自身的道德努力而使良知受到蒙蔽的主观原因。因此，人若想存有和扩展先验的善性，就得学习。所以，孟子在强调"性善"的同时，又注重经验的"学"，"人之所以异于禽兽者几希，庶民去之，君子存之。"(《离娄下》)"求则得之，舍则失之，是求有益于得也，求在我者也。"(《尽心上》)孟子的话严肃地表达了学习做一个有道德的人这一任务的必要性和迫切性。而学习的过程，就是求智的过程。这个"智"属于道德方面是非善恶判断的智。孟子还认为，人的善性的实现是一个逐步的过程，"可欲之谓善，有诸己之谓信，充实之谓美，充实而有光辉之谓大，大而化之之谓圣，圣而不可知之之谓神"(《尽心下》)。此处的"神"，是最高层次的善的完成。

同孟子的人性实际上是一种德性的观点不同，基督教则认为善只是就上帝的原始创造而言，而自亚当、夏娃偷食禁果后，人性已不同于原始的创造。这即是说，自人类始祖犯罪堕落后，世人都成了罪人，罪性成了人存在的属性，人性中已没有了善，人性即是罪性。孟子认为圣人是全善的，但《圣经》却说世人都犯了罪，当然也包括圣人，毕竟圣人还是人。据《新约》记载，在耶稣看来，罪是个明显的事实，且植根于人的内心。他说"因为从里面，就是从人心里，发出恶念、苟合、偷盗、凶杀、奸淫、贪婪、邪恶、诡诈、淫荡、嫉妒、谤渎、骄傲、狂妄。这一切的恶，都从里面出来，且能污秽人"。(《马可福音》，7：21—23)

所谓"罪"指的不是一件件具体的罪行，而是指所有人的生存状态。罪的希腊文是 Hamarita，该字的原意是"射箭未射中"，即指射箭没有射中目标。所谓世人都有罪，是指世人都没有按照上帝所树立的目标去生活。古代希伯来人有一种人类一体的思想，认为世上的人都不是孤立的而是相互依赖相互影响的，因此始祖亚当的犯罪堕落对所有后世的人都有不利的影响。这种影响的结果就是保罗在《罗马书》里所说的"我也知道在我里头,就是我肉体之中,没有良善因为立志为善由得我,只是行出来由不得我"。(《罗马书》,7:18)保罗所说的"肉体"不是指人的血肉之体,而是指整个堕落的人性。正如保罗所说"因为按着我里面的意思,我是喜欢上帝的律但我觉得肢体中另有个律和我心中的律交战,把我掳去,叫我附从那肢体中犯罪的律。"(同上)这段话中"我里面的意思",指的就是人的"良心或善性"。保罗认为,罪已腐蚀了人性,这个被罪所腐蚀的人性叫做"罪身"(同上,6:6),意思是被罪控制的自我,这个"自我"实际上指的是人滥用自己的自由反叛上帝,自我中心,骄傲自大。正如《创世记》中所讲的夏娃、亚当在意识到自己的智慧的有限之后,误用自己的自由去偷食禁果,为的是想超越自身的局限,把自己变成像上帝那样的人,自作主宰,自作上帝。因此,罪的基本含义是指人的傲慢自大和对上帝的背离,罪的后果是人神关系的破裂。随着人神关系的破裂而来的是人与自然、人与他人关系的破裂。因为人在把自己变成上帝的过程中,以自我为生存的中心,在满足私欲的行为中彻底毁灭了人与自然之间的和谐和人与人之间的和谐。正因为人的人性已跟上帝的原始创造不同,世人因而都"亏缺了神的荣耀"(同上,3:23)。由此看来,基督教对人性的了解也许更具思想的穿透力,它把握住了人的生命的真实根源和人类罪恶的渊薮。

二、道德:修养与信仰

孟子的道德论从其人性论推出,其道德实践主要落实在个体的修养上。这种修养实际上是自我善性的开发,孟子为之提供了一种宇宙论的依据,这就是心、性、天贯通的思想。孟子说"尽其心者,知其性也,知其性,则知天矣。存其心,养其性,所以事天也"。(《尽心上》)这个"心"是道德心,这个"性"是人先验的善性,这个"天"是道德的形而上学根基,是宇宙精神。孟子引《诗经》"天生蒸民,有物有则,民之秉彝,好是懿德"(《告子上》)来说明人的道德心、人的先验的善性本来就存在于天地之中,人只要保存和充分扩张人的道德本心,就可体察和知晓人先验的善性和天的奥秘。当然,这个知天的"知"不是对"天"的科学意义上的"知",而是指对天的道德秩序或曰天的道德律的感悟与默契。换言之,外在的宇宙的道德律和内在的人的道德律是可以建立一种和谐关系的,即"天人合一"。因此人的主观修养、心性追求具有了融汇于宇宙精神的深刻意义。

基督教的道德源头是上帝,人通过信仰获得一种道德的可能性。人之所以能够为善,是因为人与上帝的关系。即人通过自己与上帝的关系、通过信仰的途径,使自己的道德逐步获得提升。为什么基督教要通过确立人与神的关系来谈道德实践的可能性呢? 理由很简单,因为人是上帝的创造物,人性出自上帝。人从存在的那一刻开始,便处于神人关系之中,神是创造主,人是受造物,神人关系决定了人的存在与人的本质。离开了人与上帝的关系,基督教则根本不能回答关于人性的问题。正如 20 世纪基督教最重要的神学家卡尔·巴特所言,人与上帝的关系是人最重要的本性,"要成为一个人就是与上帝关联"(Barth,pp. 135—139)。

在考察人与上帝之间的关系时,以下两点应加以注意。

1. 人与上帝之间的不可跨越。人是受造物,说明人永远都是一个有限的存在,无法摆脱自然本性的限制,这是基督教人性观的起点。创造者永恒是创造者,受造者永恒是受造者。神是神,人是人。如果说上帝全善,人则永远也不可能通过自我的修身、完善而最终变成上帝。上帝永远在天上,而人始终在地上。正因为人与上帝之间有一条不可跨越的鸿沟,所以人才是有限的,永远成不了上帝。正如神学家奥古斯丁所说:"我以为人总不能达到与上帝平等的地位,即令人内心达到了最完全的圣洁,不,我以为这是不可能的。"(奥古斯丁:《论自然与恩典》第 38 章,转引自尼布尔,第 174—175 页)

2. 人具有上帝的形象。人虽是神的受造物,但这绝不表明人是一个卑微的存在。在《创世记》第一章中,上帝造人是上帝创造整个世界活动的高潮,与其他受造物相比,人具有崇高而尊贵的地位。因为只有人是上帝按自己的"形象"和"样式"来造的,人因而具有自由的超越的秉赋。人是按上帝的"形象"和"样式"来造的,既说明上帝赐予了人的天性中有认识上帝的可能性,也说明人还可以"效法"上帝。这种"效法"其实就是《旧约》中人应"效法上帝"和《新约》中人应"效法基督"的根本依据。通过"效法",人神之间因此有可能建立起一种亲密相通的关系,人因此获得一种超越自身的可能性,道德实践才所以是可能的。可见,在基督教的人性观中,人既是一个有限的存在,同时也是一个自由的并具有超越的可能性的存在；人之所以能够为善，是因了人与上帝的关系。

尽管孟子为个体修养和个体的道德实践所提供的依据与基督教不同，但两者也有共同点，即都强调道德实践，都认为人的道德实践是一个无限的过程。在论及如何去进行道德实践时，两者的途径和方法显然不同。孟子以尽心—知性—知天、存心—养性—事天作为人的道德实践方向，并为人的道德修养实践提供了一整套方法。即：

（1）反求诸己："君子之守，修其身而天下平。"（《尽心下》）"仁者如射，射者正己而后发发而不中，不怨胜己者，反求诸己而矣。"（《公孙丑上》）"行有不得者皆反求诸己，其身正而天下归之。"（《离娄上》）"万物皆备于我矣。反身而诚，乐莫大焉。强恕而行，求仁莫近焉"。（《尽心上》）

（2）推己及人："老吾老，以及人之老，幼吾幼，以及人之幼，天下可运于掌……言举斯心，加诸彼而已。故推恩足以保四海，不推恩无以保妻子。古之人所以大过人者无他焉，善推其所为而已矣。"（《梁惠王上》）

（3）培养浩然正气："夫志，气之帅也气，体之充也……持其志，无暴其气……我善养吾浩然之气……其为气也，至大至刚，以直养而无害，则塞于天地之间。其为气也，配义与道；无是，馁也。是集义所生者，非义袭而取之也。行有不慊于心，则馁矣。告子未尝知义，以其外之也"。（《公孙丑上》）

无疑，孟子的道德修养方法对现代人的身心修养仍具一定的实践意义。不过，从孟子的论述中，不难看出孟子的性善论表现出一种自给自足性的特征。所谓自给，是指孟子以人的道德心作为人向上提升生命的内在、终极根源所谓自足，是指人在道德实践中不需仰仗外力，不需外求。在孟子看来，人的成圣、全善完全可能，"人皆可为尧舜"。换言之，人在道德上可以自救。问题是人在道德上真的能自救吗？古往今来，孟子的性善论的影响不可谓不深远，可我们在历史上见过几位圣人？孔子犹说"若圣与仁，则吾岂敢？"（《论语•述而》）

基督教道德实践的方法，简言之，即是人要对上帝的恩典作出回应。因为就每一个基督徒而言，道德实践与信仰密切相关。正直善良的行为"已不是出自努力服从一些琐屑的诫条，而是由于衷心信仰上帝在耶稣基督里给世人超特恩赐那种结果"(尼布尔,第184页)。"神就是爱"。爱是基督教的本质与精髓。耶稣在总结旧约律法的诫命时,把爱上帝和爱人两件事总结为所有诫命中最大的两条。保罗把耶稣归结的两条爱的诫命又归结为一条,称"命令的总归就是爱"(《提摩太前书》,1：5)。保罗认为,了解上帝的旨意最根本的就是要了解上帝的爱。如果没有爱,最高的知识、最大的恩赐、最佳的行动都算不得什么。人在信仰里体会或经历到上帝是爱人的上帝,那么人就当与上帝同行。人们已在"瞎子看见,瘸子行走,长大麻风的洁净,聋子听见,死人复活,穷人有福音传给他们"(《马太福音》,11：5)的种种事实上看到了上帝的爱,人们被此种爱激发出感谢的心,并由此发现作为一个人的真正样式爱上帝,爱人如己。因而效法基督的爱可以看成是一个自发的对上帝的爱的回应。

与性善论所表现出的自给自足性相反,基督教认为,人性既已堕落,人自身从已堕落的人性中不可能行出让上帝满意的行为。换言之,罪性是人的存在属性,人在道德上无法自救。人若要提升自己的生命,需要借助外力来医治已堕落的人性(《新约》中的"拯救"sozo,就有医治之意),这个"外力"即是人要接受从上帝而来的恩典即上帝通过耶稣为世人代罪赎死、且从死里复活所完成的救恩,并把此恩典融入到个人生命中去。如同诗人所吁求的"上帝啊,求你为我造清洁的心,使我里面重新有正直的灵"(《诗篇》,51：10)。一方面,人因信称义,罪得赦免,蒙上帝接纳另一方面,人因信其心、其性、其情都得着改变。换言之,首先,人要转向神,与神重新建立和谐的关系;其次,效法基督,让基督的生命在人里面成长,上帝怎样爱我们,我们也要怎样去爱别人。在此过程中与他人、与自然重新建立起和谐的关系。人若与他人、与他物的关系不和谐,人就不可能与上帝的关系真正和谐。因为爱上帝就要爱上帝所创造的一切,就要共同从事上帝的工作,而上帝的工作就是要使他所创造的万事万物和谐共处。人只有参与这样的工作,才能在此过程中使自己转变成新人、重生的人、有新生命的人。

由上可见,孟子的道德修养实践的方法给人规划出一条凡事反求诸己、然后推己及人的人生伦理取向。这是一条由内向外的人生取向,由这种取向所体现出来的是一种由下而上的境界性的自我超越与自我提升。也许这种自我超越与自我提升可以达致较高的层次,有积极的意义,但有两点值得深思:(1)可以肯定,不管人作出多么艰苦卓绝的努力,要达到全善、成圣几乎是不大可能的,这就是人之为人的有限性。对人性有充分了解的奥古斯丁认为,善是最容易朽坏的东西,任何东西如果没有丝毫善的因素,也就没有朽坏的可能。只有至善才是无法朽坏的。而至善只存在于上帝那里。因此,人应对自我的道德努力所能达到的目标持一种清醒、谨慎的态度,否则就会自欺欺人。(2)孟子的反求诸己、推己及人的道德修养方法,也有漏洞。在这种道德修养中,人可能会忽视对他人的独立意志和自我判断的尊重。推己及人的一个后果,很可能以自己的价值判断去涵盖他人的独立和判断,混淆和模糊了尽管对方和自己意见不同却依然应被尊重的空间,造成他人和自我的界限不分明。

三、目标:仁政与得救

就道德实践的目标而言,"成圣"是孟子以及历代儒家心目中所追求的目标。孟子对人的成圣持乐观的态度,他认为,通过自我努力和教化人性可得以完善。

众所周知,儒学讲内圣外王,内圣是仁义道德、心性修养,外王是德治、仁政、王道。为了治世,先得修人。修人是为了治世。只有内圣,没有外王,就不是儒学。由此可见,成圣并非道德修养的最终目标,最终目标是施仁政,即如何由一个有道德或德性的人来施仁政。孔孟都生活在礼崩乐坏的乱世,他们把救世济民作为自己的历史使命,不管是《论语》还是《孟子》,其中都有大量关于"问政"的内容。可以说,孔孟是在自觉地进行治国学说的研究,而不是在进行哲学的创造。他们的思想与学问均围绕如何建立合理有效的统治秩序的目标,这种合理有效的统治秩序即是仁政。孟子对人性的论证实际上是对仁政如何成为可能的论证,他把这种可能性建立在成圣的可能性上,而成圣的可能性建立在人性的基础上。孟子坚持认为人生来就具有通过是非善恶的认知、情感功能使自己成为完全的道德人的可能性,从而突出了个体所担负的道德责任和历史使命。

与孟子的道德实践是指向政治的目标不同,基督教道德实践的目标则是指向每一个个体生命的获救,上帝的爱是要使人得到不朽、永恒的生命。在基督教看来,既然道德实践不过是对上帝恩典的回应而已,那么道德实践的目标在基督徒那里永远不会想到成圣、成神,因为耶稣说过,"你们做完了一切所吩咐的,只当说我们是无用的仆人,所做的本是我们应分做的"(《路加福音》,17∶10)。人的最高成就仍然是人,不是神基督徒一生所力争达到的,仍只是成为一个真正的基督徒、谦卑的基督徒,而不是成为基督。可见,孟子的人性论与基督教的人性论的出发点与落脚点根本不同。

只要人类的本性尚未改变,人就不能掩饰或忽视人性的真相,人就应对人的道德努力所能达到的程度保持一种警觉和清醒的认识。这或许是基督教人性观给我们的某种启示。

(原稿刊载于《哲学研究》2003 年第 5 期)

巨人的一代给后人的启迪

——《从利玛窦到汤若望——晚明的耶稣会传教士》读后感

　　七月的洛杉矶,酷暑难当,正想找本书来"闲读",赶巧朋友送了我一本《从利玛窦到汤若望——晚明的耶稣会传教士》,读着读着,就不想再放下,用了两天时间,除了吃饭、睡觉就是读书,我是学历史的,很少见有历史著作写得像该书一样如此精彩、跌宕起伏、引人入胜。该书作者邓恩(George H. Dunne)神父生前曾是一名严谨的学者,在美国圣路易斯大学执过教,他将耶稣会传教士在晚明传教的那段扑朔迷离的历史像讲故事一样娓娓道来,字里行间不时夹杂一些精彩的评论。一气呵成地读完此书,掩卷深思,好像有许多话不得不说……

　　二十多年前,当我还是历史系的一名学生时,老师在讲到欧洲宗教改革的历史时,有褒有贬,印象深刻,褒的是马丁·路德和加尔文等人在北欧发起的宗教改革运动,贬的是南欧天主教内部进行的一场深入的自我革新,耶稣会就是此"自我革新"的产物,以往人们总是把耶稣会的创立解释为对欧洲宗教改革的反动,真是太有失公允了。

　　耶稣会创立之后犹如一个有着旺盛生命力的小伙子,在天主教的传教事业上,尝试着走新路,他们给当时的中国带来了欧洲最先进的科学和文化(当时来中国的耶稣会士都是擅长于天文、地理与数学计算之人),同时又自觉地努力地在中国这个有着悠久文明传统的国家进行"文化适应",在中国走出中世纪的前夜,是这批最早来华的耶稣会传教士充当了文化交流的载体,他们与当时一些具有开明开放精神的中国知识分子一道构筑了跨越东西两大文明的桥梁。要知道:桥的一端是将宋明理学当作唯一真理、固步自封、主张"宁使中国无好历法,不可使中国有西洋人"的食古不化的顽固卫道士;桥的另一端则是将欧洲文明视为文明终结,将一切非天主教民族都视为魔鬼的"欧洲人主义"者(即认为天主教和欧洲文化及习俗被无可置疑地认为是唯一正确的)和狭隘的"雅利安民族主义"者。筚路蓝缕、披荆斩棘的工作从一开始就注定是异常艰难的。

于是,晚明来华的耶稣会传教士,从利玛窦到汤若望,他们在中国的全部生活可以说是"一部非凡的忍耐力和高超智慧的记录"。他们自觉地"中国化",既表现在衣着、语言上,也表现在待人处事的谦逊态度上,更表现在对中国文化与传统的尊重上,他们采取"智力传教"的方法,正因如此,他们才能与当时许多优秀开明的知识分子、学者型官员建立了温馨感人的友谊,并得到了他们许多无私与及时的帮助,并借助这些人,开启了中国与欧洲间的自然科学与文化沟通的大门。而且,耶稣会士们在许多问题上表现出灵活性,如并不要求天主教徒在礼拜天和宗教节日时停止他们的工作,允许教徒们参加纪念家族祖先的隆重的但不包括焚烧纸钱的仪式,及允许教徒保留祖先牌位的习俗等,但在涉及教义的重大问题上则坚持了原则性,如他们对教徒必须恪守一夫一妻制的毫不妥协的态度。

在实行"文化适应"策略的过程中耶稣会传教士经历了无数次令人沮丧的失败,他们在失败中不断总结经验教训。尽管如此,他们还是受到了来自两方面的攻击,本书的作者叙述了仇视任何新思想、新事物的顽固官僚发动的"南京教案"和"汤若望冤案",但更主要的是叙述和批判了天主教会内部的"欧洲人主义"者给奉行"文化适应"策略的耶稣会士提出的种种诘难和干扰,如比耶稣会晚来中国的一些方济会、道明会的修士们,出于他们的无知与偏见,竟以为任何对文化的适应就是对信仰的背叛,他们对文化与信仰的狭隘理解、不顾客观环境的刻板的传教方式、不尊重中国人的感情的傲慢态度,以及对耶稣会在中国业已取得的成果的嫉妒等,他们在天主教内部引发了一场关于"礼仪"的争论,最后导致了教会关于礼仪的禁令。而这个禁令"在实践中产生的效果是双向的,禁止参加祭孔的禁令使得学者、官员们不可能成为天主教教徒,而教徒因而不可能进入学者行列,这就失去了得到学者和官员们同情和善待的可能性。而在耶稣会的传教策略中,这些学者和官员阶层是传教士们和平地渗透进中国社会的基础。在禁止祭祖礼仪的影响下,教会不得不处于与整个社会环境为敌的境地……如果由此产生的后果被教廷全部理解,它就一定会察觉到,所谓信仰纯洁性所需要付出的代价实在太高了。"

耶稣会士当年在中国的传教实践和最后的命运对于今天的基督

徒,尤其是希望在中国广传福音的基督徒们仍有启迪的意义。作者在书的"尾声"中说:"从天主教所揭示的信仰来说,是独一无二的。它既不认为在天主教社会之外就找不到闪光的真理,也不认为没有信仰的人就是恶棍和无赖。经常是一些狭隘、不宽容的信徒破坏了天主教的圣洁、玷污了天主教的真理,这些人要对一些人的不愿相信天主教负责。"作者振聋发聩的这段话难道不值得一切以热忱之心传播福音的人深思吗?

马丁·路德婚姻家庭观探略

马丁·路德(Martin Luther，1483—1546)是西欧宗教改革时期的最重要的神学家，西方学界关于路德的研究著作，可谓是汉牛充栋难以胜数，但华人对其的深入研究则是凤毛麟角，尤其是关于路德的婚姻家庭观的研究之类的论著与论文，更是少之又少。事实上路德在这方面的影响非常之大。

1517 年，当马丁·路德把《九十五条论纲》贴在维登堡教堂的大门上时，他首先对教堂以贩卖赎罪券来敛取钱财提出质疑，随即他又提出一系列有争议的问题，其中就包括修士、修女是否必须独身。路德坚决要求拆毁神职人员与平信徒之间的藩篱，反对神职人员过特别的生活、恪守特殊的宗教信仰及道德标准。在他看来，令神职人员结婚正是将他们平民化的一项重要手段。当今天的人们回顾宗教改革那一段历史时，人们普遍认为路德反对教堂以贩卖赎罪券来敛取钱财的做法是对的，赎罪券的推行实在是教皇的一个错误。但天主教神职人员的独身问题至今仍然颇具争议，罗马教廷在这个问题上仍然不肯让步。而路德当年不仅解除了教廷对神职人员结婚的禁令，也解除了神职人员本身对于婚姻的心理障碍，如今包括路德的信徒在内的新教徒遍布全世界，新教的神职人员如牧师等都像路德一样娶妻成家，生儿育女。这里，我们只有通过路德本人的婚姻与家庭生活和路德在这方面的有关论述来了解他的婚姻家庭观。

一、路德的婚姻与家庭生活

路德曾提及他之所以成为一名修士的偶然原因，据说 1505 年 7 月 2 日，路德在拿到硕士学位后离校返家的途中遭到雷击，当死亡的阴影骤然来临时,他声色凄惶地突然喊道:"圣亚拿(St. Anne)救我,我愿做个修道士。"圣亚拿是圣母马利亚的母亲,也是矿工的保护神(路德的父亲本是矿工出身,靠采矿发家)。当时路德只有 21 岁,他认真考虑这个誓愿达两星期之久,这期间有朋友劝他仍然走世俗的路,而且这也是他父亲的意愿,但他内心那种正直和道德的责任心使得他无法食言。7月 17 日,他结束了大学生活,进入奥古斯丁会修道院。此后,他终其一生都相信遭遇雷击实在是上帝对他的呼召,如同保罗在大马色(即大马士革)城外所经历的一样。他父亲起初不同意他的决定,后来还是让步了,那年秋季他得以正式入院当入门修道士,以一年为期。第二年秋季,他正式立下庄严的终生过修道生活的修道誓愿。1507 年 5 月,路德被按立为神父。

作为修士,路德可能从来不曾想到过有朝一日他会结婚,会建立自己的家庭和生养一大堆孩子,但这并不等于路德对婚姻和家庭从来不曾有过严肃的思考。1519 年,即路德正式与教皇决裂的前两年,也正是宗教改革进行得如火如荼的一年,当时支持改革一方的神父、修士、修女等正面临许多诸如应否继续独身、崇拜的方式、修院的存废等一类的实际问题,路德于此时写下了《婚姻的价值》一文,与罗马天主教会对婚姻的轻看与贬低不同,路德对婚姻给予了高度的肯定。路德在该文中还特别指出修士、修女的独身不符合圣经教导,他们对独身所立的誓可以无效。

路德的《婚姻的价值》一文犹如一块石头投进了本已不平静的湖水中,激起了强烈的反应。许多修士、修女在该文的影响下毅然放弃其独身誓言,离开修院,他们要重新开始自己的新的生活。正是在这样的情况下,作为宗教改革领袖的路德,觉得有义务帮助那些已离开修女院的修女建立她们的新生活,他更是直接安排筹划一些修女的婚嫁。而此时的路德,已被判定为异端,已被罗马教皇处以革除教籍的处罚,正处在萨克森选帝侯的保护下,他随时都有被捕并被当作异端处死的危险,所以尽管他奉劝别人结婚,他本人却并未想到过要结婚。

不过,世事难料,三年后,在路德的帮助下离开修女院的一班修女陆续有了自己的婚姻归宿,但其中一位修女凯蒂波拉(Katherine Von Bora,约 1499—1552)却仍未有着落,凯蒂波拉已经 26 岁,已到了当时社会所公认的失婚年龄的边缘。本来路德给她当过红娘,推荐过一位路德派的教区牧师,但她没有接受,她告诉别人,她倒是愿意考虑路德的一个朋友和路德本人。经过慎重考虑,路德决定娶凯蒂波拉,路德此时已届42岁。

　　1525年6月13日,路德正式与凯蒂波拉订婚,并于6月27日喜结良缘。路德曾概括他之所以结婚的理由有三条:一、取悦他的父亲;二、羞辱教皇和魔鬼;三、在殉道前给自己的见证捺上印记。当然,从这三条理由可以看出,这桩婚姻不是出于爱情,顶多是出于道义与关切。路德曾表示,就是拿法国或威尼斯跟我交换波拉,我也不愿意,因为上帝已经把她赐给我。路德的这番表示同样也不是出于爱情,而是出于他对婚姻的责任的理解。

　　婚姻生活给已经习惯独身的路德带来许多改变和许多新的适应,路德曾回想道:"未婚时床铺整年都没有收拾,而且因汗水而发臭。但我那样辛勤工作,疲累至极,倒在床上便睡而未加注意。婚后有凯蒂整理房子,还有别的调整要做……结婚的第一年有很多事情必须习惯,一早醒来,发现一对辫子在枕头上,这是以前没有的。"[①]当然,路德的改变和适应远不止这些。凯蒂波拉证明了自己是一个非常称职的妻子,她从身体和精神的各个方面精心照顾着自己的丈夫——他的饮食、健康及沮丧情绪。路德身体状况不太好,他时常患有痛风、感冒、痔疮、便秘、结石、晕眩和耳鸣等,凯蒂波拉精通药理,还会按摩,他们的儿子保罗曾说母亲是半个医生。凯蒂波拉精心设计路德的饮食,她禁止路德喝酒,只许他喝啤酒,因为啤酒可以用作医治失眠的镇定剂和结石的溶剂。当路德情绪不太好时,她会陪伴在他身旁,直到他的情绪好转。他们一共生养了六个孩子,并且还收养了六七个失去父母的侄子、侄女,路德的鳏夫朋友们的四个孩子,家中还有男女仆人、寄宿学生、客人等。他们的家庭从来都是一个大家庭,凯蒂波拉证明了自己不仅仅是一个贤惠能干的家庭主妇,也是一个非凡的管理者,她将一切都料理得井然有序。

　　路德不问家事,他有更重要的事情要操心,而且他还乐善好施,凯

---

① 罗伦培登:《这是我的立场——改教先导马丁路德传记》,香港道声出版社1987年,第351—352页。

蒂波拉却要为维持这个家庭的正常运转而尽心竭力。为了节省开支，她开辟了菜园、果园，自己还亲自养猪、养奶牛、挤奶、制作黄油和奶酪等。她身体健康，天刚亮就起床工作，路德称她为"威登堡的晨星"。凯蒂波拉为人平实，在公共场合似乎对路德显得很顺从，但在私下里，她知道什么时候该干涉并推翻路德的决定。路德也似乎已经不失尊严地接受了她的支配。他曾说："在家务事上，我顺从凯蒂其他方面，我受圣灵引导。"①路德与凯蒂波拉的婚姻生活是美满的，路德常常称凯蒂波拉为"我的上帝"，有时他甚至用俏皮话，偶尔用双关语揶揄她的名字，将"凯蒂（Katie）"的音发为"Kette"，听起来像是德文"锁链"的发音，这表明路德似乎甘愿被这条链子锁住。

为了证明自己的信仰而结婚的路德，有妻子管家务，有孩子跟在身边，他看重自己的家庭生活，享受家庭生活带给他的乐趣。作为宗教改革的领袖，路德总是很忙的，但他总会拿出时间与子女或学生在餐桌旁谈话，他们的谈话饶有风趣，他的学生将这些谈话都加以记录，在他去世后，他的学生将这些记录选录、分类，编了一本著名的《桌上谈》。《桌上谈》一共有 6596 个条目，其内容广泛丰富，从全能上帝的威严到易北河的青蛙都是路德谈话的范围，书中还有路德及家人在餐桌边的木刻插图。

路德对于婚姻的看法也在《桌上谈》中一再地表白，如他说："基督从未轻视过女人，他自己反为女子所生。这对于婚姻算是不小的荣耀。"又如"没有什么关系，也没有什么友谊，其佳美，信实，温柔过于夫妇一体平安快乐的同居的婚姻关系的。反之，世界痛苦的事也没有过于恩义断绝、夫妇分离的。"再如"娶妻容易，要常常爱她就难。这是上帝的一个恩赐，凡得了这个恩赐的，应该感谢上帝。若有人想娶妻，就应该认真地考虑，如此祷告说，'主啊，你的意旨若是要我过独居的生活，就求你帮助我能这样行。若不是这样，就求你赐给我一个善良虔诚的女子，我可与她终生同居，并值得我的爱。'"②婚姻生活给路德带来快活与满足。他认为世界上没有一件快乐能够比得上有一个美满家庭

---

① Roland Bainton, *Women of the Reformation in Germany and Italy* (Minneapolis, Minnesota : Augsburg Publishing House,1971) p. 27.

② 何礼魁:《马丁路德传》,戴怀仁、陈建勋译,香港道声出版社 1962 年,第 160—161 页。

的快乐,他的家成为全世界新教徒夫妇们的榜样。出于责任而结婚的路德深深爱上了自己的妻子,他在给凯蒂的信中,总是落款为"爱你并忠于你的"。路德晚年患有多种疾病,他的宗教改革事业也是忧多喜少,他的脾气也变得暴躁易怒,幸运的是,他的善解人意的妻子和他的家人都给了他不少安慰与支持。

二、路德的婚姻观

关于婚姻与家庭的思想是路德的整个宗教改革思想的重要组成部分之一。这是因为:路德对教会规程的否定必然要涉及教士的独身制问题。自从 11 世纪罗马教廷为教士和修士确立了独身制以后,神职人员的情欲是最令教会头痛和尴尬的问题,尤其在中世纪晚期,随着教士生活的腐败奢靡,教士们的情欲与风流成为世俗社会的攻击和嘲笑对象。而路德自然也不能回避这个问题,路德认为与其让修士和神职人员在罪恶里生活,还不如让他们结婚。

1520 年,路德在其《致德意志贵族的公开信》中,根据《新约》中保罗的有关论述,提出了应允许神父结婚的建议。在他所提的第 14 条建议中,他说:"我们也看见神甫怎样堕落了,许多可怜的神甫怎样为妻室儿女所累,良心怎样不安,虽然并不难帮助他们,但没有人肯帮助……我们从保罗清楚知道,每一教会应该推选一位有学问和虔敬的人,把牧养的职务委托他,他的生活费由公款供给,他结婚与否,可听其自便。他应该有几个神甫或执事做助手,他们结婚与否也可以自便。"①路德甚至认为:"罗马教皇无理干预,以禁止神甫结婚为一种普遍通行的命令,这样的做法是依照魔鬼的意思。如圣保罗在《提摩太前书》四章所说的:在后来的时候,必有人带来魔鬼的道理,禁止嫁娶。"②

基于以上认识,路德给人的忠告就是:是否结婚完全是每个人,包括神职人员在内自己决定的事,他特别强调罗马教皇干预、禁止神职人

---

① 《路德选集》上册,金陵神学院托事部、基督教文艺出版社联合出版,1968 年,第 202—203 页。
② 《路德选集》上册,金陵神学院托事部、基督教文艺出版社联合出版,1968 年,第 202—203 页。

员结婚不是依照上帝的意思,而是依照魔鬼的意思。实际上,路德的上述建议推翻了 11 世纪以来罗马教廷不许教士和修士结婚的规定。接着,路德对上述观点作了进一步的解释。他说:

"第一,神甫不都是能够没有一个女人的,不仅是因为肉体的软弱,更是因为家务的需要。假如他可以有一个女人,而教皇也许可他有,但不许他娶她,这岂不是让一男一女独在一起,同时又不许他们堕落吗?这好像是把火与一堆草放在一块,命令他们既不要冒烟,也不要燃烧。

"第二,教皇没有权命令这样的事,正如他没有权禁止人家吃喝,出恭或长胖一般,所以没有人应被迫遵守这条规……

"第三,当人违背教皇的法规而结婚时,教皇的法律就算完了,也不再发生效力了,因为上帝的诫命实不许人将丈夫和妻子分离,他的命令当然是超乎教皇法规之上,而且上帝的诫命必须不因教皇的命令而被破坏受忽视……但是你们说,神甫结婚乃是一种冒犯,非先由教皇颁特许不可,我就要回答说,若真的有什么冒犯,应该归咎于罗马教廷,应为它擅自制定了法规违反了上帝;神甫结婚在上帝和圣经面前并不算是冒犯。"①

显然,在路德看来,没有人有权将男人与女人分开,因为这是上帝的旨意。它高于教皇的旨意。路德在 1520 年所著的另一部著作《教会被掳于巴比伦》中更是以《圣经》的名义奉劝世人:无论修士还是凡人,都可以而且应该结婚。

不仅如此,路德还认为婚姻只是俗事而不是圣礼。中世纪的教会将婚姻列为七大圣礼之一,而路德在《教会被掳于巴比伦》中指出,婚姻不是圣礼,"把婚姻看作圣礼,不仅没有圣经依据,而且吹捧它为圣礼的规条,也将它变得异常滑稽。"②在路德看来,真正的圣礼只有三个,即洗礼、告解和圣餐。不过,结婚虽不是圣礼,但对于一个信仰上帝的人而言,这并不意味着结婚不重要;相反,结婚是人生中一件非常重要的事情,因为婚姻正如吃饭和喝水一样,乃是人在本性上所需要的东西。路德认为教会一直所宣扬的婚姻是必然的罪恶或是对罪恶的无可奈何的妥协的传统观点是不对的。

---

① 《路德选集》上册,金陵神学院托事部、基督教文艺出版社联合出版,1968 年,第 202—203 页。
② 伍渭民主编:《路德文集》第 1 卷,香港路德会文字部 2003 年,第 412 页。

　　针对当时普遍流行的"修道是圣洁的生活,更蒙上帝的悦纳,而婚姻并不为上帝所看好"的观点,路德指出,是否圣洁的生活,并不在人所处的环境——修道院还是家庭,而在于人在自己的生活中是否真正活出上帝的道。他说:"不论修士与神甫的行为多么圣洁,但在上帝眼中,它们与田间庄稼人的劳动和妇女的家务事并没有什么不同,因为上帝只以信心衡量一切行为。"①在他看来,神职的工作本身并不具有特殊神圣性,如果一个神甫、修士或修女,对上帝没有信心,他的"工作"本身比一个愿意信靠上帝的男仆或女佣更不如。因为事实上一个愿意信靠上帝的男仆或女佣的家务劳动比"神甫和修士们的禁食和别的行为更蒙上帝悦纳,因为后者没有信心"。②

　　13世纪的经院哲学大师托马斯·阿奎那在论述婚姻的不可解除性时,曾提出已经是处于婚姻状态中的婚姻绝对不可解除,但只是订了婚而没有结婚的男女则仍有选择进修道院的自由。因为,处于婚姻状态中的事实婚姻是以肉体结合为标志的,只有当夫妻中一方的肉体已经死亡,婚姻的义务才能解除,婚姻才随之宣告结束。没有肉体结合的婚姻只是一种精神婚姻,如果一方从中退出,决心献身上帝,进入修道院,这就等于他或她在这一精神婚姻中死亡了,那么在这种情况下,婚姻是可以解除的。阿奎那讲得很清楚:"没有圆房的婚姻只是双方的精神结合,圆房后就成了肉体的结合。因而,如果肉体的死亡可以结束已经圆房的婚姻,那么没有圆房的精神婚姻就可以通过进入宗教团体而结束,这是一种精神死亡,它使此人对于现实来说已经死亡,只是对于上帝来说才是活着的。"③

　　阿奎那的上述意见无疑有较大的权威性,罗马教廷为此还专门颁发过"尚未完婚的男女,一方未经另一方同意而进入修道院,婚约也就随之解除"的喻令。路德对此也予以了驳斥,他说:"哪个魔鬼将这荒唐的念头塞进了教宗的头脑里?上帝叫人守信,相互之间不要食言……配偶的一方必须因婚约而向对方守信,因为他并不属于自

① 伍渭民主编:《路德文集》第1卷,香港路德会文字部2003年,第429页。
② 同上书,第430页。
③ Thomas Aquinas: The Summa Theologica, sup2plement. 61.2.c. 转引自刘文明《上帝与女性——传统基督教文化视野中的西方女性》,武汉大学出版社2003年,第226页。

己……盲目瞎眼的人哪！上帝所要的忠诚与人所规定和选择的誓愿，二者何轻何重？"路德质问道："教宗啊，你不是在牧养灵魂吗？你鼓吹这些事情，你还是圣神学的博士吗？那你为什么还要宣扬这些呢？原来你美化誓言，将其置于婚姻之上。你不褒扬那提升一切的信仰，反倒抬高行为。其实在上帝眼中，行为算不得什么，就功德而言，它们并无两样。"①显然，在路德看来，对婚约的忠诚与守信比进修道院的誓愿更为重要。

前面曾提到，路德在正式与教宗决裂的前两年即1519年，出版了鼓励修士、修女们还俗的《婚姻的价值》一文。在《婚姻的价值》的第一部中，路德从四个方面来展开婚姻的话题。第一，他从《创世记》的有关经文来切入这个题目，他说："上帝造人……乃是造男造女，从这经文来看，我们可以断然地说，上帝将人分成两类，就是男的和女的，或说是他和她，这件事令他喜悦，故他自己也称这一切所造的都甚好……男人不应鄙视或藐视女人或她的身体，而女人也不应如此对待男人。每人都应互相尊敬对方的形象和身体，视为神圣和美好的创造，因为上帝也视它为好的。"②路德的上述说法显然与中世纪教会一直以来对女性身体的鄙视与轻看的说法迥然有别。

第二，路德借上帝的赐福说明"一个男人无论怎样都必须有一个女人，一个女人无论怎样亦必须有一个男人。"③因为"上帝造男人和女人之后，于是赐福给他们并对他们说：要生养众多。我们借此经文而获得保证，男人和女人为生养而必须结合"。④ 路德认为，要生养众多不是命令，它的含义比命令还要多，它既属于一项神圣的法令，也属于自然和性情。"就算有人企图抗拒这件事，结果仍然不能抑制的，它会通过苟合和隐秘的罪恶而进行，因为这是一件属于自然而非选择的事情。"⑤

第三，路德重申《马太福音》中耶稣所讲只有三类人可以不结婚，即

---

① 伍渭民主编：《路德文集》第1卷，香港路德会文字部2003年，第431页。
② 《路德文集——信仰与社会》，香港协同福利及教育协会出版，卓越书楼发行，1992年，第231页。
③ 同上书，第232页。
④ 同上书，第231页。
⑤ 《路德文集——信仰与社会》，香港协同福利及教育协会出版，卓越书楼发行，1992年，第232页。

"有生来是阉人的,也有被人阉的,并有为天国的缘故自阉的。"(《马太福音》19:12)若不是属于三类中的任何一种,"否则必须结婚而不应妄想别的事情。"正因为如此,路德认为人曾经起过的放弃婚姻的誓是无效的,"神父、修士和修女若发觉上帝要他们生养众多这个法令在他们内心发出强而有力的声音时,就有责任放弃他们所起的誓。上帝在他们里面所创造的,他们没有能力去阻止,任何权柄、法律、命令或起誓也不能够。"路德还认为,神父、修士和修女若真要阻止上帝在他们内心发出的"声音",他们也不会保持纯洁,他们"必然会通过隐秘的罪恶或苟合而玷污自己"。① 显然,路德的这种阐述既否定了教宗在此问题上的一直以来所具有的权威,也去除了那些意欲还俗的神父、修士与修女心中的障碍。

路德还具体分析了不能结婚的这三类人。就"生来是阉人"的而言,路德认为这是指那些性无能的人,这种人无须讨论,"因为上帝本身豁免了他们。"就"有被人阉的"而言,这种人亦无须讨论,"虽然他们遭受别人强行阉割,他们也是被分别出来而不必履行生养众多这条天然法令。"就"为天国的缘故自阉的"而言,他们是"灵性丰溢和被高举的人",他们虽然在其本能和体能上具备有结婚的条件与资格,但却自愿保持独身。而"这些人是极罕见的,在千人中也难找到一位,因他们委实是上帝创造的一个特别奇迹。没有人应该在生命中试图这样做,除非特别听闻上帝的呼召,像耶利米一样,或除非他的确感觉到上帝的恩典强烈地在他心中动工,以至神圣的法令'要生养众多'对他来说完全没有地位。"②

路德还特别提出了不愿结婚的第四类人,而这类人就是被魔鬼抓住的人,"魔鬼在人心里的挑拨好像比上帝更聪敏,他会找到更多人不遵守这神圣和自然的法令,使他们被困在人为的命令和起誓的蛛网中,像被关在重重深锁的黑牢里。"③当然,在路德看来,人是可以挣开魔鬼的束缚、逃脱重重深锁的黑牢的。

第四,路德探讨了哪些人可以互相结为夫妇。他具体批驳了教宗

① 《路德文集——信仰与社会》,香港协同福利及教育协会出版,卓越书楼发行,1992 年,第233 页。
② 同上书,第234 页。
③ 《路德文集——信仰与社会》,香港协同福利及教育协会出版,卓越书楼发行,1992 年,第235 页。

在教会法规里所列举的 18 条阻止或解除婚约的理由。这些障碍有血统的关系、姻亲的关系、属灵的关系、法律上的亲属关系、无信仰的人、犯法、公共的礼节和得体、严谨的誓言、由错误所形成的、奴役的情况（指女子还不是自由人的情况）、圣职、强迫（即强迫成婚）、订婚（指男子没有和订婚的女子而是同另一女子结婚的情况）、丈夫或妻子不适合结婚、主教的禁制、时间上的限制、习俗上的限制、视力与听觉有缺陷等。路德对这 18 条理由"差不多所有都反对和谴责"，并且根据圣经的有关论述对这 18 条理由逐条进行了批驳。

路德在《婚姻的价值》一文中的第三部专门论述了"如何在婚姻当中活出基督徒圣洁的生活"。他批驳了种种对婚姻的诬蔑和贬低之词他认为："一个人若是结了婚，却不明白婚姻的内涵，必然会遇上痛苦、单调和苦闷；他亦必然发出埋怨和亵渎的说话，就像那些不信的人和那些盲从、失去理智的人一样。反之，如果他明白婚姻的景况，就会找到喜乐、爱和无穷的乐趣。"路德还说，"许多人都'有'妻子，但很少人能'得着'妻子。为什么呢？ 因为他们是眼瞎的；他们看不见他们与妻子所过的生活与行为是上帝的作为，并且在他眼中蒙喜悦。"①而"人若不能靠着坚固的信心看得出婚姻景况，以及它的一切工作都是上帝所喜悦的和在他眼中看为宝贵的不管它是多么不重要，他决不会在婚姻中找到快乐。"②

在路德看来，"凡明白婚姻意义的人就是那些坚定地相信婚姻是上帝自己所设立的；他把丈夫和妻子撮合，和吩咐他们生儿育女并照顾他们……他们确实知道这个婚姻意义和它带来的每一件事情，包括行为、工作，和痛苦，在上帝眼中，都是看为好的，并且取悦他……倘若一个人能认定他的景况、行为和工作都能取悦上帝，心中还有什么东西能比在上帝那里所得的好处、欢欣和快乐更大的呢？"③正因为如此，路德认为在世俗的婚姻生活中，也许有许多琐碎的事情和令人感到痛苦和枯燥乏味的时候，如照料婴儿、养活妻子、打理事业等等，如果人能看到并体会

---

① 同上书，第 248—249 页。
② 同上书，第 252 页。
③ 《路德文集——信仰与社会》，香港协同福利及教育协会出版，卓越书楼发行，1992 年，第248 页。

到它们都是上帝所允准的,就能把种种烦心和琐碎的家事看成是真正高贵和重要的工作,"这些工作足以安慰和鼓励妇人抵受生育时的剧痛"并使洗尿布的父亲得到"上帝与所有天使的微笑"。如此,人们就会在忧愁中找到平安,在悲痛中找到快乐,在苦难中找到欢欣。

总而言之,路德认定既然婚姻是上帝给人的旨意,因此婚姻生活同样可以成就成圣的生活而且婚姻生活较之修道院的生活更能活出上帝的心意来。在他看来:"一个生活在信仰中和明白她的景况的已婚妇人跟一个缺乏信仰,却以本身教会地位自炫,又住在修道院的修女根本不能相比,犹如上帝的道路和人的道路是不能相比一样。"①

显然,在路德看来,婚姻的价值不单在于肉体的满足,属灵操练也不在于地点而在于上帝的道。而无论是在修道院还是在家庭,都同样可以遵行上帝的旨意,活出上帝的话语,活出上帝的真道。婚姻的价值也在于此。路德说:"生活在上帝所设置那种景况是一件多么值得敬重的事情,在它里面我们找到上帝的道和令他喜悦的东西,而一切与那景况相关的工作,行为和受苦也会因此而变成神圣、圣洁和宝贵,以至所罗门甚至在箴言 5 章 18 节这样恭贺一个男人说:'要喜悦你幼年所娶的妻'。另外在传道书 9 章 9 节又说:'在你一生虚空的年日……当同你所爱的妻,快活度日'。"②

路德本人在有了对婚姻生活的实际体验后,他对婚姻的意义的思考更深入了。他在其讲道和书信中都一再阐述了自己对婚姻的看法,概括起来,有如下几方面:

其一,尊敬婚姻。路德在论到摩西十诫时说,"紧接着在尊敬上帝的诫命之后,在第五条诫中就要人尊敬婚姻,吩咐说:你当孝敬父母。请告诉我,在天上、地上除了尊敬上帝以外,还有什么比得上这一尊敬呢? 无论是属肉体的事或属灵的事都没有比婚姻更可尊贵的了。"③

其二,婚姻是陶冶德性的学校。教会曾将修道院视为德行训练的场所和上天堂最可靠的途径,路德虽然将婚姻取代了修道院,但仍然认

① 《路德文集——信仰与社会》,香港协同福利及教育协会出版,卓越书楼发行,1992 年,第 251 页。
② 同上。
③ 见《给条顿道院武士书》,转引自克尔编订、王敬轩译:《路德神学类编》,香港道声出版社 2000 年重版,第 217—218 页。

为刚毅、忍耐、信任、仁爱与谦卑等对于信仰上帝的人来说是所应具有的最重要的品质。而在他看来,操劳、琐碎、艰辛的家庭生活对于培养人的这些品质仍然大有益处。一次,路德突然喊叫道:慈悲的上帝啊,结婚的难处何其多啊!亚当把我们的本性弄成乱七八糟了。试想想,亚当和夏娃在他们一生九百年的过程中必定会有的一切争吵。夏娃会说,'你吃了苹果',而亚当反驳道,'那是你给我的'。"又有一次,路德大发感慨:"我一生都忍耐。我要忍耐教皇、传异端者、我家人,和凯蒂。"①当然,他承认这对于他是有益的。路德还说过:"男女相爱,又彼此感觉满意,又彻底相信他们的爱情的时候,是谁教导他们如何相处,当作什么,不当作什么,当说什么,不当说什么呢?只有信任二字能以教导他们这一切,还要更多。"②

其三,婚姻中要有爱,夫妻间心灵上的情投意合最为重要。路德说:"娶个妻子是很容易的事,但能够恒心不变地爱自己的妻子却是个难事。凡能爱她的,他就该为此而感谢上帝。因此凡愿意娶妻的人,他应该把婚姻看为严重的事,且为此祷告我们的主上帝说:主啊,若你的圣旨意我应该生活不娶妻,求你帮助我如此行!如若不然,求你给我一个我能终身与她同居的,我所爱的,爱我的善良而虔敬的女子。因为只有肉身上的结合是不够的。夫妻必须情投意合才可度美满的生活。"③

如前所述,路德本人出于责任而结婚,但他确确实实在婚姻中产生了对妻子深厚的爱。他称保罗的加拉太书为"我的凯蒂波拉"以示对妻子的尊重,他甚至忧虑爱妻子比爱基督更多。他曾对妻子说:"凯蒂,你现在有一位爱你的丈夫。让别人去作皇后吧。"当凯蒂生病时,路德嚷道:"啊,凯蒂,不要有三长两短撇下我。"④路德的婚姻观远比中世纪那种普遍的视婚姻为巩固家族财产的做法来得浪漫,也比视爱情在婚姻之外的所谓的骑士之爱情更令人倾心与感动。

---

① 罗伦培登:《这是我的立场——改教先导马丁路德传记》,香港道声出版社 1987 年,第 365 页。
② 见《论善功》,转引自《路德神学类编》,香港道声出版社 2000 年重版,第 218 页。
③ 见《路德对话集》,转引自《路德神学类编》,第 218 页。
④ 同①,第 365—366 页。

三、路德对离婚的态度与观点

路德明确反对离婚。他甚至提出：宁可重婚，而不可离婚。他在婚前写的《教会被囚于巴比伦》一文中曾说："论到离婚一事仍是一个难以解决的问题。究竟应该不应该离婚尚是问题。以我看来，宁可重婚而不可离婚，因为离婚是极其可痛恶的事。至于说应该不应该，我尚不敢下断语……关于这件事我不下什么断语，虽说没有什么事比这事我更愿解决，因为现在没有什么事比这事更多，也更叫我感受困惑。"①显然，这段话表明路德在理性上对是否应该离婚持谨慎态度，不随意下断语，但他在其感情与态度上则是非常厌恶和痛恨离婚的，而"宁可重婚而不可离婚"是这种"痛恨"表达的偏激之词，并不是表明他就赞成重婚。

其实，路德虽对离婚"不随意下断语"，但不表明他对离婚没有思考，他在早于《教会被囚于巴比伦》前写的《婚姻的价值》一文中的第二部就专门论述了离婚的问题。他明确说："我们在第二部，将考虑哪些人可以离婚"，路德首先提到"据我所知有两个准许离婚的理由，第一是……丈夫或妻子由于身体或任何一种自然缺陷而没有条件结婚……第二个理由是奸淫。"②对第一个理由，路德认为"已经有足够的论述，在此毋须再提。"路德对第二个理由则讲得比较多，并肯定了这条理由。他说："在摩西的律法中，上帝设立两个管辖范围；他赐两种诫命。一些是属灵方面的，教导在上帝面前称义，诸如爱心和服从；遵守这些诫命的人不会抛弃妻子，但却晓得容忍和抵受妻子的行为。另一些是世俗的，是为那些守不住属灵的诫命的人而设立的，目的是在他们不检点的行为中划一界限，防止他们再坏下去和完全依着他们自己的恶毒心肠而行事。照此情形，他就命令他们如果不能容忍他们的妻子，也不可治死或严厉伤害她们，宁可给她们一张休书而遣走她们。"但路德明确

---

① 见《教会被囚于巴比伦》，转引自《路德神学类编》，香港道声出版社 2000 年重版，第 219 页。
② 《路德文集——信仰与社会》，香港协同福利及教育协会出版，卓越书楼发行，1992 年，第 242 页。

指出,"这律法不适用于基督徒。"如果妻子犯了奸淫,路德认为作丈夫的应该采取两种途径,即"首先,他可以私下以兄弟友爱的态度斥责他的妻子,而当她改邪归正,仍然保留她。第二,像约瑟希望做到的和她离婚。"①(约瑟即圣母马利亚的丈夫——笔者注)如果作丈夫的犯了奸淫,这两条途径也同样适用。

此外,路德还提到了另外两个理由,"第三个准许离婚的例子是一方亏负或避开对方,拒绝履行婚姻关系的责任,或与另外的人居住。"路德此处的"责任"主要是指夫妻在性关系中的"责任",他根据保罗的话说明"夫妻不可彼此亏负,除非两厢情愿",他说:"在婚约誓言中每人都许诺尽婚姻关系的责任而将自己的身体献给对方。当人拒绝对方和拒绝履行婚姻关系的责任时,她无异把她曾献给的身体从对方手中抢回来。此举实与结婚的精神相违背⋯⋯丈夫就必须理解到他的妻子已经被偷走,和被贼人杀死;他必须另找一个人。"②

第四种理由即是"双方合不来"的理由,在这种情形下,夫妻双方要么分手后都不准再婚,要么他们就寻求复合。路德说:"如果一方赋有基督徒的坚忍精神而能容忍对方的丑脾气,毫无疑问他所背负的就是一个奇妙而蒙福的十字架驱使他直入天堂。因为一个邪恶的配偶,若以另一方式来说,实在担当了魔鬼的功能。假若他能够认出魔鬼和抵抗他,就能被彻底洁净。然而,如果他不能够,他就应该在还未干出任何更糟的事情之前就和她离婚,但必须终身保持不再婚。如果他试图解释过失是他的配偶而非他引起,而容许他再结婚,这种做法是不可以的,因为他在这件事上有义务抵受邪恶,或者只有上帝才能松懈他背负的十字架,因为他仍要肩负婚姻关系上的责任。"

路德还特别提到"当妻子是个伤残者因此不能履行婚姻关系的责任"的情况,他认为在这种情形下丈夫不可以再娶妻,而是要"借着服事一个伤残者像服事上帝一样",要为上帝的缘故服事伤残的妻子,因为这是一件"恩赐的礼物",丈夫因此而蒙双重的赐福。但在这种婚姻里,有的丈夫也许会说"我不能克制欲火",路德认为这是一句说谎的话,因

① 《路德文集——信仰与社会》,香港协同福利及教育协会出版,卓越书楼发行,1992年,第242—243页。
② 《路德文集——信仰与社会》,第244—245页。

为在路德看来，这个丈夫只要明白"这是上帝加诸你身上的担子，并且能够向他感谢，你只管把事情让他照顾就够了。他必会赐恩典给你，足够你使用和能背负应忍受的担子。只要你愿意和忠诚地服事你的伤残妻子，他是信实的，他既赐你有足够的力量，使你能与患病的妻子共扶持，也必会同时禁止你欲火攻心的"。①

实事求是地讲，若不是一个虔诚的基督徒，路德的上述要求也许一般人很难做到。路德在后来写的《山上宝训注解》一文中也有一大段关于离婚的论述，从这些论述中我们可以看到他对这个问题思考的逐渐深入。他说：

"凡要作基督徒的都不该离婚，夫妻应该同偕到老，甘苦相共。纵然一方性情特别，不无过错，也得互相宽恕。假使要离婚，双方都不可再结婚。我们不可看婚姻是件可自由更换的事。我们没有这个权柄可以随意更换。当顺从耶稣的话说：上帝配合的，人不可分开。

夫妻间所有的困难全因为作丈夫的不把婚姻看为是上帝所命定的，是他所成就的事，不遵行他的旨意，不认为是他把某女子给他作妻子。他该知道妻子如有错误他就应当忍耐宽容。他却看婚姻为人为的事，看为一件俗事，且与上帝不相干的事。因此，人结婚不久就觉厌烦了。如若妻子不能随他自己的意思说话行事，他就与她分离，再换个妻子……谁知他变动了以后更加倍地甚至十倍地不舒服，不但在某一事上不称心，万事都不称心……或者你要问：夫妻间没有离婚的理由了么？答：基督在《马太福音》五章 31—32 节与十九章 9 节中只提了一个理由，就是奸淫。他引用了摩西的律法，犯奸淫的应受死刑。既然只有死才可以解除婚姻，才可使人脱离婚姻的责任；那么，犯奸淫的人就已经离婚了，但不是出于人乃是出于上帝自己，不仅与他的妻子断绝了关系，与生命也断绝了……在上帝面前已经是死了的人。

离婚虽然是经政府许可的，是由法庭办的手续，不是由自己作主办的，作基督徒的也不应当离婚。最好劝说双方仍为夫妻，彼此再和好如初，使受冤枉的一方与有错的一方和好（如若有错的一方认错改过），以基督徒的爱赦免对方。除非有过错的人永不改过自新，辜负对方的善意，仍然继续放荡无忌……

① 《路德文集——信仰与社会》，第 246 页。

  另有一个离婚的理由：……基督徒如若娶了异教徒为妻,或像如今有时候一方是福音教徒,另一方不是的,在这样的情形下应该离婚么？保罗的主张是：如若一方不愿意分离,另一方就不应该离婚。纵然夫妻之间在宗教信仰上有不同之处,也不该因信仰而解除婚约。然而一方假使要坚决离婚,就可离去；但你不负离婚的责任。如若一个人不经妻子同意,甚至妻子尚不知情,就离弃了他的家庭,妻子儿女,两三年之久也不回家,或说,他喜欢在外住好久就住好久……像这样人不但应该被逐出家门,更应该驱逐他离开本国。为妻子的,在遗弃她的人曾被法庭传唤,又长久等候了他之后,应该受同情被宣告为自由的人。"①

  显然,路德的这一大段的论述较之前面所提到的"宁可重婚不可离婚"的态度有所松动,而且也不再那么"困惑"。一方面,他强调了婚姻的神圣性与严肃性,强调基督徒当顺从上帝的话语,即"上帝配合的,人不可分开"。而且,他把婚姻失败的主要责任归于男人,他说"夫妻间所有的困难全因为作丈夫的不把婚姻看为是上帝所命定的,是他所成就的事,不遵行它的旨意,不认为是他把某女子给他作妻子……"尽管不是所有的婚姻遭遇到困难或失败都应由男人来负主要责任,但在一个父权的社会中,男人对婚姻的理解与态度当然是决定婚姻质量的一个关键因素。路德的看法应该说是比较接近婚姻的实际情形的。

  另一方面,路德也给出了离婚的几条理由,即,一,他根据新约,说明人若犯了奸淫,他就与生命、与上帝都断绝了关系,在上帝面前此人已是死了的人,上帝也就因此而解除了婚姻的责任,双方也就不再受婚姻的约束。二,有过错的人永不改过自新,辜负对方的善意,仍然继续放荡无忌,在这种情形下,可以离婚。三,与一个有不同信仰的人结婚,不能因信仰的不同而解除婚约；但若对方坚决要求离婚,作为基督徒的这一方就不负离婚的责任。四,一个人若不经妻子同意或妻子不知情就离弃家庭,且长期不归家,而为妻子的,在长久等候之后,应该受到同情而不再受婚姻的束缚,成为自由的人。从这一条中路德对不负责任的男人的痛恨、对无辜遭受离弃的妻子的同情显而易见。可以说,路德给出的上述理由既符合他对婚姻的一贯的态度与原则,同时又是比较

---

① 见《山上宝训注解》,转引自克尔编订、王敬轩译：《路德神学类编》,香港道声出版社 2000年,第 219—221 页。

理性和可取的。

四、路德的家长制传统观点

在家庭的世界里,路德则持比较传统的的家长制观点,他认为父母之命是择偶的重要因素,他自己的婚姻得到了其父的首肯,而且他把取悦他的父亲列为他之所以结婚的三条理由之一,这条理由且在三条理由中位居第一,可见其重要。当然,他父亲之所以赞同这桩婚姻主要也是出于儿子应娶妻生子、传宗接代的传统想法。对路德来说,人因为爱而自主地择偶是不可理解的,尽管爱情开始与婚姻结合在一起的现象已在路德所生活的那个时代,尤其在人文主义思潮最为兴盛的意大利等地有所体现,但这股新潮流对路德而言是比较陌生的。路德认为:"择偶应由家人来做,然而父母不应强行撮合,同样地,儿女也不应因迷恋而拒绝长辈合理的选择……他的理想模范是利百加(旧约中以撒的妻子——笔者注),她接受由家庭给她选择的配偶。"①

概而言之,路德的家长制的传统观点主要体现在以下方面:其一,他多次引用保罗的话来说明:女人是为男人而造的,女人的位置在男人之下,男人是女人的头,因为他先受造,女人不但要爱他,还要尊重他并顺服他。当然,男人要温和地照管她而不是统治她。其二,女人的本职在于有智慧及合理地教养孩童、打理家务。他认为女人有女人的活动范围,这个活动范围在他看来就是家庭和儿女,作妻子的用一个指头给儿女做的比作丈夫的用两个拳头能做的还多,女人要使自己陷入自己的范围中。路德还说上帝之所以给女人的臀部造得大,就是要她们留在家中,并且是用来坐的。其三,在儿女和父母的关系中,儿女要顺从父母,而且特别要顺从父亲,父亲在家庭中行使的权柄与长官在国家中行使的权柄是一样的,不孝敬父母便是违背十诫。而父亲对儿女的管教应恩威并施。显然,在路德的心目中,家庭里也存在等级制度,丈

---

① 罗伦培登:《这是我的立场——改教先导马丁路德传记》,香港道声出版社 1987 年,第 362—363 页。

夫是第一位的,妻子排第二,孩子则应无条件地服从父母。[①]

由此可见,路德在关于婚姻、性道德的看法上背叛了天主教,这种"背叛"主要体现在主张神职人员的婚配上。但作为修士、作为神学教授,在关于家庭的观念中他并没有改变女人是附属于男人的传统观点,他基本上还是接受了阿奎那对于婚姻和性道德的一套看法,如反对私婚、婚前性行为和通奸等;支持婚姻、忠贞、未婚者的贞洁以及以婚姻的主要目的为生育等。对于路德以及他的先辈、他的同辈人来说,女人生来就是要服务于男人、作男人的助手的。其实,不仅是路德那个时代,时至今天,很多人在骨子里可能仍然持有这种看法。

五、路德的婚姻家庭观的意义

如前所述,路德的婚姻家庭观是他的宗教改革思想的重要组成部分之一,路德当时提出这些看法与观点,并以自己的婚姻家庭生活作为见证,有其重大意义。中世纪的天主教会除了建立极其复杂的神学体系和教阶体制外,还为人对天国的向往、对信仰的追求指引了一条繁琐而迂回的路径,设立了一道又一道的鸿沟,无论是对圣人、圣物、圣地的敬拜,还是各种名目的圣事圣礼、各种各样的补赎或救赎方法,名目繁多的属灵操练,各类各等的神职人员等等,均是这种路径与鸿沟的体现;正是在这种所谓的敬虔形式的伪装下,信仰的追求变得越来越精英化,只有少数特殊的神职精英分子才能与上帝交流,普通大众与上帝的距离则愈来愈远。而路德的改革,就是使基督教信仰回复它原来的单纯与直接的状态,将人与上帝之间一切人为的障碍与隔阂都去掉,让每个人都能自由地坦然无惧地直接来到上帝的面前。

只有明白这一点,人们才能真正理解宗教改革后的新教为什么要废弃天主教会绝大多数繁琐的教会仪式,拆毁修院,修士、修女大批地还俗结婚、简化宗教仪式,强调个人读经,拒绝教会与神职人员在上帝救恩中的中介位置等等。也只有明白这一点,人们才不会轻看婚姻生活、家庭生活,并在这种生活中体验上帝造男造女、两人成为一体的奥

---

① 罗伦培登:《这是我的立场——改教先导马丁路德传记》,香港道声出版社 1987 年,第 362—363 页。

妙,体验神创造的美意……路德的婚姻家庭观对今天的人们不也同样
具有积极的启示吗?

（原稿刊载于《宗教学研究》2005 年第 4 期）

圣·奥古斯丁神学历史观探略

　　被西方学者誉为"历史哲学之父"的圣·奥古斯丁,在西方史学发展史上占有重要地位。其神学历史观的提出,被认为是史学领域发生的一场"智力革命",它不仅成为整个中世纪基督教史学研究的理论框架,而且对近代启蒙学者的进步史观也产生了一定的影响。探讨奥古斯丁的神学历史观,对我们从整体上把握和研究西方史学史,尤其是西方近现代史学观念的发展,将大有裨益。

一

　　奥古斯丁的神学历史观是建立在对古典史观的批判基础之上的。在古希腊人看来,神明所创造的人类世界,最初是完美的,但它并非不朽,在它之中就已包含有衰退的种子,随时间的推移,人类世界的历史不断倒退,当倒退到终极的状态时,神明便插手改造使之又恢复到原初的完美状态,如此循环不已。因而,人类历史是一种无目的的周期性循环运动。最早表现这种思想的是彼阿提亚的农民和诗人赫西俄德。他在其教谕诗《田功农时》中,提出混沌初开,万物衍生之后始有人类,人类社会经历了五个时代,即黄金时代、白银时代、黄铜时代、英雄时代和黑铁时代。当潘多拉将包含"生命的罪恶"的盒子之盖打开时,黄金时代便结束了,其后的每一个时代都比先前的时代更加糟糕、更加堕落、更加艰难。而到了他所处的黑铁时代,简直就是到了世界的末日。他相信神明不会对此坐视不管,而是将插手改造并使之又恢复到最初的黄金时代。可见,在赫西俄德看来,历史不过是一种由秩序到混乱、由混乱复归为秩序的不断循环往复的过程,是一种圆周运动。柏拉图在其《蒂迈欧》篇中也反映了这种历史思想。他认为人类历史分为两个阶段,共经过 72000 年。在前一个 36000 年中,由于造物主的控制,人类还不致于退化,而在后一个 36000 年中,造物主的控制日益松弛,结果人类不断走向堕落,最后陷入大混乱。希腊人的倒退循环历史观,不仅反映在其史学,也反映在其诗歌、神话、哲学、伦理学、政治学诸学术领域之中。

古希腊历史观念的基础是自然本体论。一方面,古希腊人强烈地感受和体验到自然和人类社会生活的变动和不和谐;但另一方面,他们又顽强执着地追求永恒与和谐,并企图用宇宙的本质和秩序的必然永恒来调和变动的事实,他们习惯于将问题指向自然,指向不变的本质。习惯于将个人和人类的一切遭遇和行为都当作根据同样规律自我重复的世界、宇宙变化过程的特殊表现形态。正因为此,历史是没有意义的。也正因为此,在古希腊思想家那里,"探索人类历史的整体意义,探索历史发展的系统关联,这个问题还从未有人提出过,当然更说不上古代思想家曾想到过在这当中去认识世界原来的本质。"①无怪乎西方有学者认为希腊人只是西方哲学和历史学的创造者,但严格说来他们于历史哲学并没有什么创造。

历史虽然无意义,但它同样地对希腊人具有一种确切的价值。希腊人的历史精神取向基本上是实用主义的,希罗多德对历史知识的执着追求是个例外,即强调历史的垂训或教育作用。懂得过去,是为了现在,是为了能够度过现世的欢愉的人生。因而他们比较关注政治、军事和道德问题,不愿意在更广泛的时间之流与空间之域中去探讨人类历史的发生和发展,从他们的著作中不难找到道德教训和政治行为准则,却难以找到对历史的真正解释。古希腊人的这种重叙述历史而轻反思历史的倾向,为罗马人所继承。历史在罗马人的心目中,同样也只是人生的镜子和生活的教科书而已。

奥古斯丁着重从以下两方面对古典史观进行了批判:

首先,奥古斯丁力图以一种由上帝指导的世界历史的神学,来说明历史的含目的性。如前所述,古希腊人认为人类历史是一部无目的的、周期性的循环运动。而在奥古斯丁看来,上帝创造并主宰一切,上帝的意志显示在世界的万事万物之中,无论是自然界还是人类社会。一部人类历史就是上帝意志实现的过程。人类历史以创世和堕落为原初开端,以末日审判和复活为终极目标,是由固定的起点到终点的线性运

① 文德而班:《哲学史教程》(上卷),商务印书馆 1987 年,第 343 页。

动,是一种含目的的运动。人类历史上发生过的或即将发生的每一事件,都不过是实现上帝意志过程中的小插曲。在他看来,《旧约》和《新约》中所提到的各个帝国和个人如亚历山大、恺撒等,都只不过是实现上帝计划的背景和工具。"按照这种新看法,历史的过程并非人类的目的,而是上帝目的的实践。因为上帝的目的就是一种对人类的目的,是一种要在人生之中且通过人类意志的活动而体现的目的。在这一实践中,上帝这个角色仅限于预先确定目的的且时时确定着人类所渴望的对象。"①历史之所以是普世的,正是因为它是由一个唯一的上帝和一个唯一的目标指导的。而这一历史的真正发生,乃是"上帝的国"与"地上的国"之间的不断斗争,而前者终将战胜后者。可见,历史在奥古斯丁那里"成为走向某种目标的进步过程"。这就打破了古希腊的"循环史观",历史第一次被理解为含"目的"的"进步',这种历史观念的诞生对史学本身的发展至关重要,且对启蒙时代的理性主义史家们产生了深刻影响,他们在世俗的层面上保存了这种目的论与进步观。

其次,奥古斯丁从信仰的角度出发,阐明了历史的意义。对于古希腊人、古罗马人而言,历史没有任何意义。"上上下下,来来去去,如此循环而已,这就是宇宙单调而无意义的规律。"②奥古斯丁则认为,如果过去的时间和未来的时间只是不断地循环重复内部具有同等价值的阶段,那就不可能有真正的未来。奥古斯丁将其历史解释的目光对准了未来,而未来末日审判和复活是一个确定的目标,历史就是朝着这个目标的虽从未完结,但却是不断进步的过程。正是由于期待上帝之国对地上之国在历史时间彼岸的最终胜利,整个历史过程才是进步的、有意义的和可理解的。

以世俗的眼睛来看,历史进程本身,仅仅表现出在各个时代生活着的各世代无望的前后相继和死亡。若以信仰的眼睛来看,整个历史进程都表现为预定的上帝的秩序。各帝国的历史,都是朝向一个终极的终结的。奥古斯丁认为,根据循环论的观点,人们只能期待不幸与幸运,即虚假的幸运和真正的不幸的一种盲目回旋,而不能期待永恒的天福。只能期待同一事物无休止的重复,而不能期待任何新颖的、终极的

---

① 柯林武德:《历史的观念》,上海译文出版社 1986 年,第 56 页。
② 转引自阿巴·埃班:《犹太史》,中国社会科学出版社 1987 年,第 13 页。

东西。而基督教的信仰为爱上帝的人真实无妄地许诺了拯救和永恒的天福。奥古斯丁用超自然的论据即基督的降临和复活提供了上帝力量的最有力证明。在奥古斯丁看来,古希腊的循环论使得希望和爱失去力量。而基督教则是对随着耶稣基督降临世界及其历史所出现的,不可重复的新事物的信仰。如果灵魂以它过去从未用过的方式而得救,永不再返回到不幸,那么,在它里面就出现了一种过去从未出现过的东西,而且是某种极其伟大的东西,即永不会再终止的永恒幸福。但是,如果在不死的品类身上发生了既不是循环中的重复,也将不会有一种重复的全新的东西,为什么这样的东西不会也发生在有死的事物身上呢?[①]

由上可见,奥古斯丁不是从理论的角度,而是从信仰的角度,以道德的神学的方式来反驳古典的理论的。古希腊的理论基于对世界的观察,奥古斯丁的看法则基于某种信念,即基于虔诚的基督徒对不可见的上帝的无条件的信赖。它是不可以证明却是可以认信的。

二

奥古斯丁在对古希腊循环史观进行批判的基础上,提出了他的神学历史观。当然,他不是将神学纳入历史,而是将历史纳入神学。他的神学历史观概括起来,有如下几方面:

第一,上帝意志决定论。如前所述,奥古斯丁认为由上帝创世开始的人类历史过程,不过是上帝的神圣计划的实现过程,人只是实现上帝的神圣计划的手段和工具,历史是上帝的作品。可见,在奥古斯丁那里,只有上帝才是历史的主人。历史是服从上帝的,上帝在历史中的作为并不是人所能支配的,上帝能预见到人们的意图,并且超越人们的意图之上,因而人的活动方式及方向都是由上帝意志决定的。在他看来,首先是犹太人的命运说明世界的全部历史都是合理地安排的,都是服从上帝的审判的。既然上帝主宰并安排了一切,那么人的意志活动在任何一个给定的时间只能导致这一种结果,而不是别的什么结果。这种对人类活动的新看法完全不同于古希腊的人本史观。古典史家认为

---

① 奥古斯丁:《上帝之国》卷十二,第二十章。

历史是人的活动,强调历史的机遇或偶然因素。奥古斯丁认为历史是一部拯救史,强调历史的发展不再是人类致力于达到自己目标的过程,而是实现上帝计划的过程。奥古斯丁把人类历史看作不以人的意志为转移的过程,从而否定了意外和机遇,这无疑有助或激发后来的思想家抛开他的上帝意志决定论,去探索在人类历史过程中起决定作用的因素,探索历史的本质及其动因。

第二,普遍统一的整体史观和新的世界史体系的建立。古典时期,史家所叙述的基本上是他们所知道的那个世界的历史,是以希腊罗马为中心的地域史,他们将自己的文化同"蛮族的"相区别,缺乏整体观和世界史的意识。而古代犹太教虽然已有"人类一致、历史普遍的朦胧意识但由于他们过于强调只有犹太人才是上帝的选民而显得有点自我中心。在早期的基督教思想中,却有了"天上地下最后终归于一"的看法,早期的基督教史家认为某一民族、某一地区、某一国家的局部的特殊的历史并不能阐明上帝意志在人类生活中实现的过程,因为上帝面前人人平等,众人都是上帝的儿女,因而没有哪个人类集团的命运比其他集团更重要,历史过程在任何地方都属于同样的性质,它的每一部分都是同一整体的一部分,它们都理应进入历史的考察视野之中。因而,基督教的世界史所要写的是"一种意义较为深刻的、普遍的东西的历史,一种格外普遍的东西的历史"。[①] 即将人类历史看成是一个统一的整体,它要溯及所有人类的起源,述及各个民族的起源与扩展,论述各个文明和各个政权的兴衰与更迭,最终归结到上帝意志的实现。

奥古斯丁的《上帝之国》对上述观点进行了最详尽的发挥,他所论述的世界通史无疑最符合这种要求。可以说,他是第一位严肃思考人类命运、集早期基督教史家"人类大一统"思想之大成,并建立起完整的世界史框架的学者。奥古斯丁在其《上帝之国》中首先指出了《圣经》的权威性,在他看来,《圣经·旧约》不仅是历史的预言和信条,而且由于其预言的实现因而可以被看作是得到了证明的真实的历史。他从"创世记"出发,以"上帝之国"与"地上之国"之间的对立与斗争为发展线索,构筑了一种贯彻人类始终、囊括所有民族、朝着上帝预定目标与方向前进的世界史的新体系。抛开这种历史体系的神学色彩,这种普遍

---

① 克罗齐:《历史学的理论和实际》,商务印书馆 1982 年,第 163 页。

统一的历史观念不仅抛弃了希腊罗马史学中的地域观念,也否弃了犹太教的排他性的狭隘的民族主义史观,且孕育并产生了大一统的世界史意识,从而使得历史成为普遍的历史。实际上,自亚历山大的东征至罗马帝国的建立,地中海沿岸地区各国、各民族的历史已逐渐成为一个有联系的整体。罗马史家波里比阿、李维等人业已具备"通史"眼光,但由于他们未从哲学高度来把握整个人类的历史,因而他们跳不出城邦史、帝国史的圈子,正是由奥古斯丁开始,历史学才从地区史、民族史孤立狭窄的圈子里走出来,由此而出现普遍意义的世界通史。尽管奥古斯丁的世界通史的主题是"上帝对人生目的普遍开展的通史①",而非世俗的人类大一统的世界史,但这种历史观毕竟提供了一种新的思维方式,并促使历史研究向着整体性发展。

第三,划分时段的观念和新的分期法。奥古斯丁认为古典作家关于时间无方向性的观念是错误的,根据这种观念,只会把历史看成是一种毫无目的的周期性转换和无意义的重复。对于奥古斯丁来说,时间的方向性是十分清楚的,即从《创世记》到末日审判,这是一个统一的不断进步的过程。在这一长过程中,每一段时间各有其特点,都以某一桩重大事件与前一段时间相区分,它们都应被看作是人类要达到永恒胜利的一个部分。奥古斯丁据此提出了以历史(他的"历史"其实就是宗教史)上的重大事件作为划分时代的标准。他将整个人类历史分为两个大的时期,以基督降生为标志,前者为福音准备时期,后者为福音传播和胜利时期。然后再加细分,又划分了六个时期,它们与上帝创世的六天一一对应,第一个时期从亚当到洪水,第二个时期从挪亚到亚伯拉罕,第三个时期从亚伯拉罕到大卫,第四个时期从大卫到巴比伦之囚,第五个时期从巴比伦之囚到基督诞生,第六个也是最后一个时期,它从基督的第一次降临一直绵延到世界末日基督的再次降临。前五个时期的存续期是确定的,而第六个时期即最后一个时期的存续期则是不确定的,奥古斯丁不愿对这一时代的存续期作任何启示录式的估算,以他的末世论的观点来看,决定性的不是几百年或是几千年的细微差异,而是世界是被创造的和短暂的这一事实。由于视觉的转变,奥古斯丁对于历史时期的划分,往往有多种分法,如将历史经验对应于人生的六个

① AH. 卡尔:《历史是什么》,商务印书馆 1981 年,第 120 页。

阶段而划分为婴儿期、童年期、青年期、成年期、壮年期、老年期。奥古斯丁之所以将基督降临时代比之于人的老年期,是基于这种考虑即种族的老年不同于个体的老年,种族的老年并不必然意味着活力衰竭,只是意味着在这个阶段,内心生活即精神生活是首要的,它优于对外物的关怀,这个阶段因此可视作是一个精神复兴和脱胎还童的时代。① 奥古斯丁有时又按精神进步的标准将历史划分为三个时期前律法期、律法期、恩宠期。而不管哪种分法,都反映了奥古斯丁的历史发展的统一性和阶段性的思想。

第四,奥古斯丁继承了保罗关于肉体和精神应作严格区分的思想,强调属灵的而不是属世的生命和意义。保罗说:"岂不知我们这受洗归于基督耶稣的人,是受洗归于他的死吗? ……我们若在他死的形状上与他联合,也要在他复活的形状上与他联合。因为知道我们的旧人和他同钉十字架,使罪身灭绝,叫我们不再作罪的奴仆。因为已死的人是脱离了罪,我们若是与基督同死,就信必与他同活。"②"所以你们若真与基督一同复活,就当求在上面的事……不要思念地上的事。因为你们已经死了,你们的生命与基督一同藏在神里面。"③保罗严格区别了基督徒和俗人的不同的人生观和立场。基督徒是活在基督之中的,尽管他也生活在这个世俗世界中,或是自由人或是奴隶,或是希腊人或是罗马人,但他是属于上天的,他依靠他的信仰而获得上帝的恩典。

奥古斯丁发展了保罗的教义,在其《上帝之国》中详细论述了"上帝之国"和"地上之国"的起源、发展和命运。他指出,人类原先是一个整体,自从亚当犯了原罪以后,人类的整体性被破坏,因而产生了两种人和两种城市,这两个城市一个是天上的神国,一个是地上的俗国;神国的人依圣灵而活,俗国的人则依肉体而活。但现在,这两种国却是一种混合状态,并非纯粹形式,"它们从时间的开头就混在一起,又要这样子一齐到时间的结束……这两个城市的居民都一样享用今世的财货,也一齐受今生疾痛的困扰。但是他们在信仰上是多么不同,在希望上又是多么相异,在爱上又是多么有差别。这个情况一直会持续到它们被

---

① 奥古斯丁:《再思录》卷一,第 26 节,《驳摩尼教的通信》卷一,第 40 节。
② 《圣经·罗马书》,第 6 章,第 3—8 节。
③ 《圣经·歌罗西书》第 3 章,第 1—3 节。

分开为止,即在最后的审判日,各个城市会完成它们自己被指定的目标。"①"地上的国"是从该隐杀弟开始的,该隐是世俗世界的公民,并且由于他的罪行而是尘世各帝国的建立者;"上帝的国"是从亚伯开始的,亚伯及其精神后裔在这个世俗世界里虽然也生活在该隐的国度,但不是它的建立者和开拓者。他们是向着一个超世俗目标进发的朝圣者。地上的国是由功利心、傲慢和野心引导的,而上帝的国则是由奉献、服从和谦恭引导的;"地上的国度爱自己乃至蔑视上帝,天上的国度爱上帝乃至蔑视自己……地上的国度靠威严统治诸王和各族,天上的国度君臣互爱,君王体恤全体臣民,臣民乐于服从。"②前者是虚妄,后者是真理;前者是凭借自然的生育存在的,是有时间规定的,有死的,后者则是通过精神的再生而获得新生,是永恒的,不死的。"地上之国"既无意义又无稳定性可言,每个城邦和帝国在完成其历史使命之后就会永远消失,基督徒只有从"上帝之国"中期待历史的稳定和秩序。不过,奥古斯丁并不否认"地上之国"也有某些有意义和有价值的东西,如他对罗马人的爱国主义精神的肯定。他认为"这种精神的价值不仅在于罗马公民因此而得到帝国疆域扩展和声名远播的回报,而且还在于使不朽之城的公民在其朝圣天国的旅程中得以勤勉严肃地沉思这些榜样;如果地上的国家尚且由于人间的荣耀而被其臣民如此深爱,那么由于可以获得永恒的生命,他们会将怎样的爱奉献给天国啊!"③奥古斯丁虽极力贬低世俗事件的意义,但并不完全否认世俗世界的存在,并对它作出严肃认真的思考。他的神学历史观的提出,正是基于他对"罗马的陷落"这一世俗事件的反思。正因为此,"当他戴着一种思想之冠,以一个世俗史家讲话时,他可以谈论古代异教徒的美德,当他戴着另一种思想之冠时,这些美德本身就被描写为恶,用这种方式,他给世俗史一个地位。"④且对世俗历史提出许多富有创见性的解释。如对文明在何处兴起? 最初的罗马人为何获得巨大成功? 它的继承者怎样建立了一个如此广阔的帝国诸如此类问题的解释。他还告诫人们,"地上之国"虽说

---

① 奥古斯丁:《上帝之国》,第 18 卷,见《西洋史学名著选》,台北时报文化出版事业有限公司 1984 年,第 115 页。
② 引自 RM. 哈特金斯主编:《西方名著选集)),1980 年英文版,第 18 卷,第 397 页。
③ 引自 W. 蒙歌玛利:《奥古斯丁》,中国社会科学出版社 1992 年,第 204 页。
④ 赫伯特·巴特菲尔德:《历史的起源》,伦敦,1981 年,第 184 页。

是恶的,但也表现为保卫和平,维护正义,体现着人们善的愿望。奥古斯丁这种对世俗历史的态度和见解对后来的基督教史家有启迪作用,随着人类地上的生命和历史不断地趋向世俗化,他们将摒弃奥古斯丁历史神学思想的消极方面,进而肯定世俗事件的意义和人类世俗历史的进步性。

三

由于基督神学在欧洲的全面胜利,以及它与哲学上的逻各斯中心主义的合流,神学—哲学的精神统治为奥古斯丁史学观的正当性奠定了基础,也注定了它对后世的深远影响。纵观欧洲史学史,且不说中世纪神学领域内的历史研究如何框定在奥古斯丁的思想模式中,就是近现代世俗领域的历史研究也打上了奥古斯丁的胎记。对我们来说,似乎把握后者更为重要。因为这是理解近现代占主导地位的世俗历史观何以具有浓厚的神学意味的关键所在。奥古斯丁的神学历史观提供了这样一个理解历史的框架将"历史"设定为一种超历史的"神意"的安排,因而它是有意的、预定的、有目的的;再者,将"神意"设定为"善",整个历史的运动是善意的安排、善意的运动,因而它是线性进步的。

近现代世俗的进步史观史是置换了那个被称为"神意"的超历史的"历史意志"。在伏尔泰等启蒙思想家那里,"神意"被置换成了"理性";在黑格尔那里,"神意"被置换成了"绝对精神";在马克思那里,"神意"被置换成了"历史规律"。在此,"理性"、"绝对精神"、"历史规律"是历史进步的终极基础。

值得注意的是,"历史意志"虽然被置换了,但在奥古斯丁那里所确定的"历史意志"的功能却进一步以世俗的方式强化了,那就是,在世俗化的"历史意志"(不管是理性、绝对精神还是历史规律)的善意安排下,"历史"所具有的预定性、目的性和进步性。正是在这一点上,我们说奥古斯丁的神学史观在伏尔泰、黑格尔、马克思的无限进步的世俗历史观中留下了烙印。

问题在于:一种超历史的"善的历史意志"是否存在? 如果回答是肯定的,我们当如何看待个人的自由意志? 如何理解人类历史不绝的苦难? 如何面对人类历史进程的偶然与断裂? 凡此种种却是奥古斯丁式的神学历史观无法解释的。

　　随着神学—哲学世界观及其精神统治的整体动摇,奥古斯丁式的神学历史观也受到了根本的质疑,尤其在 20 世纪,这种质疑已经深入到对启蒙进步史观的深刻反思。如何走出神学—形而上学逻各斯中心主义的史学模式,以更为历史的眼光看待历史,是当代史学的基本任务。也只有站在这一非神学的当代立场,我们才不至于因袭神学史观造成的评价尺度,单纯从进步与否来判断奥古斯丁神学史观对古典史观的批判与抛弃。同样地也只有站在神学历史观之外,我们才能更为切当地将古典史观看作与神学史观一样的有关人类历史的假说,并努力在这种假说中寻找某种被掩盖的启示。

　　　　　　　　　(原稿刊载于《史学理论研究》1999 年第 3 期)

后 记

上世纪 90 年代初自九省通衢的武汉来到广州，不经意间二十多年就过去了。《庄子·知北游》曰："人生天地之间，若白驹之过隙，忽然而已。"时光飞逝，韶华难追，所幸留下了这些文字。

本书收录了本人自 2001 年以来撰述的 27 篇文章，也算是对自己在宗教学术研究领域辛勤耕耘的一个小结吧，这些文章大多已经公开发表，只有几篇例外；这 27 篇文章中有 25 篇是本人独立撰写的，一篇是与同行合作撰写的论文；一篇是本人指导学生所完成的课题报告（书中均有注明）。从撰述内容看，涉及儒家（儒教）、天主教、基督新教、伊斯兰教、佛教、道教、民间信仰、巴哈伊教、女性主义等。自硕士研究生毕业以后，本人就与宗教研究结缘，不管是制度性的宗教、新兴宗教，还是民间信仰，我总怀有深厚的兴趣去了解，去探究，各种宗教在我的眼中都如同深邃的大海，是那样的深不见底、丰富复杂、神秘莫测……我的所思所想所得，如同大海中的一滴水、宇宙中的一粒微尘，是那么渺小不足道，"摸索"了半天可能只是刚进门而已，但是这个过程令我享受、陶醉和流连忘返。活着能做自己愿意做、喜欢做的，便是人生的一大幸事！

从书中文章的写作体裁看，既有专论、调研报告、当代宗教治理方面的建言献策等，也有札记、散文、读后感、访问记等多种类型。笔者一直以为，作为学者，最好有两支笔，一支笔是逻辑的，能进行细密严谨的论文写作；另一支笔是灵动的，笔下流出的文字活泼泼、有韵味、有水墨画的意境。我常常佩服一些老一辈或同辈的学者，他们就有这种本事；而本人才疏学浅，文字功底也薄，对那些有两支笔的学者，可谓难望其项背,最后只有一声叹息的份儿……

本书的书名为"岭南信仰研究",所谓岭南是指五岭之南,五岭由越城岭、都庞岭、萌渚岭、骑田岭、大庾岭五座山组成。岭南古为百越之地,自唐朝宰相张九龄在大庾岭开凿了梅关古道以后,岭南地区逐步得到了开发,其经济,文化也逐步得到发展。岭南的宗教是中华民族传统文化中最具特色和活力的地域宗教文化传统之一,不仅历史悠久,且宗教文化遗产丰富,还有着鲜明的地域特色。对于做宗教研究的学者而言,岭南这块土地真是如同一块风水宝地。由于能力与精力所限,我所去到的地方、所做的相关研究都只是岭南宗教文化传统中的九牛之一毛,甚至是极微小的一毫毛而已。当然,为尽可能地呈现本人所做的宗教研究之全貌,本书所收录的有些文章虽与"岭南"无关,但还是与"宗教信仰"相关。

从华中到华南的这二十多年,我深深地爱上了"岭南"这块土地,这里也算是我的第二故乡。回首往事,我很幸运地得到了许多师友在我工作、研究和生活中的帮助、安慰和鼓励。如我的博士生导师冯达文先生,他经常教导弟子们,人活在世上,总要有宗教情怀,他开阔的心胸、治学的严谨与为人的宽厚是我学习的榜样。感谢我的同事林中泽教授,不吝赐"序",我们同事二十多年,对彼此的治学为人都比较了解,他为人的坦诚、对学问的渊博和执着,总让我佩服不已。感谢我的同事陈文海教授、张来仪教授、何方耀教授、夏志前教授以及我以前的研究生、现在的同事代国庆等,感谢我的朋友与同行江泓博士、吴宁博士等,他们所作的有关研究、我和他们之间的真诚交往以及就某种宗教、某种专题研究进行的探讨常常使我脑洞大开、获益匪浅。感谢华南师范大学岭南研究中心的主任左鹏军教授,正是在他的大力支持和提议下,才有这本集子的问世。还要感谢我的责任编辑殷亚平女士,她已经是第二次做我的责任编辑了,人虽然年轻,但她对本书的赏识与热情,对编辑工作的敬业与效力令我深深叹服。

"小结"虽然完成,但对于人生、对于生命、对于宗教的体验与思考却仍在"进行时",或许只要一息尚存,这种"进行时"就永远不会变成"完成时"。

图书在版编目(CIP)数据

岭南信仰研究/贺璋瑢著. —上海:上海三联书店,2017.7
ISBN 978 - 7 - 5426 - 5947 - 7

Ⅰ.① 岭 … Ⅱ.① 贺 … Ⅲ.① 信 仰－广 东－文 集
Ⅳ.①B933－53

中国版本图书馆 CIP 数据核字(2017)第 152268 号

本书由上海文化发展基金会图书出版专项基金立项

岭南信仰研究

著　　　者 / 贺璋瑢

责任编辑 / 殷亚平
装帧设计 / 周剑峰
监　　制 / 姚　军
责任校对 / 张大伟

出版发行 / 上海三联书店
　　　　　　(201199)中国上海市都市路 4855 号 2 座 10 楼
邮购电话 / 021 - 22895557
印　　刷 / 上海盛通时代印刷有限公司

版　　次 / 2017 年 7 月第 1 版
印　　次 / 2017 年 7 月第 1 次印刷
开　　本 / 640×960　1/16
字　　数 / 350 千字
印　　张 / 25
书　　号 / ISBN 978 - 7 - 5426 - 5947 - 7/B・531
定　　价 / 68.00 元

敬启读者,如发现本书有印装质量问题,请与印刷厂联系 021 - 37910000